Jenny Weggen
Vertrauen, Solidarität und Emotionen in Non-Profit-Organisationen

Jenny Weggen

Vertrauen, Solidarität und Emotionen in Non-Profit-Organisationen

Eine soziologische Analyse des Dritten Sektors in Deutschland

Hamburg University Press
Verlag der Staats- und Universitätsbibliothek Hamburg
Carl von Ossietzky

Zugl.: Dissertation, Universität Hamburg, 2016 u.d.T.
Vertrauen, Solidarität und Emotionen in Non-Profit-Organisationen.
Eine soziologische Analyse des Dritten Sektors in Deutschland

BIBLIOGRAFISCHE INFORMATION DER DEUTSCHEN NATIONALBIBLIOTHEK
Die Deutsche Nationalbibliothek verzeichnet diese Publikation in der Deutschen Nationalbibliografie; detaillierte bibliografische Daten sind im Internet über https://portal.dnb.de abrufbar.

ONLINE-AUSGABE
Die Online-Ausgabe dieses Werkes ist eine Open-Access-Publikation und ist auf den Verlagswebseiten frei verfügbar. Die Deutsche Nationalbibliothek hat die Online-Ausgabe archiviert. Diese ist dauerhaft auf dem Archivserver der Deutschen Nationalbibliothek (https://portal.dnb.de/) verfügbar.

DOI 10.15460/HUP.HHD.001.179

PRINTAUSGABE
ISBN 978-3-943423-48-8

GESTALTUNG Merle Papenfuß
SCHRIFT Gentium / Source Sans Pro
DRUCK UND BINDUNG Books on Demand - Norderstedt

VERLAG Hamburg University Press, Verlag der Staats- und Universitätsbibliothek Hamburg Carl von Ossietzky, Hamburg (Deutschland), 2017
http://hup.sub.uni-hamburg.de

Ein Verein ist ein ganz zerbrechliches Gebilde. [...] Es sind Biotope in denen die Emotionen hoch kochen. [...] Ich glaube nicht daran, dass es einen idealen Verein gibt, weil ich glaube, dass der Verein genau diese Emotionalität braucht.

(Ehrenamtliche)

Danksagung

Wie mir zahlreiche Gespräche mit Engagierten im Non-Profit-Sektor gezeigt haben, ist Dankbarkeit etwas, mit dem man unter keinen Umständen geizen sollte. Dankbarkeit schafft positive Emotionen, Vertrauen und solidarische Verbundenheit. Mit allen hier erwähnten Menschen, Organisationen und Institutionen verbinde ich genau dies: Dankbarkeit, vertrauensvolle Beziehungen und solidarische Unterstützung während der unterschiedlichen Phasen meiner Promotion.

Mein besonderer Dank gilt meinem Doktorvater Prof. Dr. Rolf von Lüde, von dem ich mich in seiner engagierten, aber immer entspannten Art in jeder Hinsicht geistig, akademisch und emotional unterstützt gefühlt habe. Er trägt einen großen Anteil daran, dass ich die Zeit meiner Promotion in sehr guter Erinnerung behalten werde. Dazu trug auch die kollegiale, stets kreative und kritisch-konstruktive Atmosphäre im Doktoranden-Kolleg bei.

Mein Dank gilt ferner:

Prof. Neal Ashkanasy, der mir nicht nur ermöglicht hat, an der University of Queensland zu forschen, sondern mich auch an seinem großen Engagement für seine Studierenden hat teilhaben lassen.

Meinem Zweitgutachter Prof. Dr. Friedrich Krotz, der mich sehr unkompliziert unterstützt hat und mir für einen sehr fruchtbaren fachlichen Austausch zur Verfügung stand. Er und die weiteren Mitglieder der „Hamburger Forschungswerkstatt", insbesondere Prof. Dr. Gerhard Kleining und Dr. Thomas Burkart, haben mich unter anderem im Rahmen unserer regelmäßigen Treffen mit ihrer Leidenschaft für qualitative Forschungsverfahren angesteckt und mich auf meinem nicht immer einfachen methodischen Weg stets ermutigt.

Den Kommilitoninnen und Kommilitonen, die mir in unterschiedlichen Konstellationen von Kolloquientreffen wertvolle Anregungen mit auf den Weg gegeben haben. Besonders danken möchte ich Melanie Lehmann und Ina Rothe für ihre Denkanstöße.

Den Organisationen und ihren Mitgliedern, die mir so offen Auskunft erteilt und mir tiefe Einblicke in ihr Organisationsgeschehen gewährt haben. Ich bin nachhaltig beeindruckt von der Leidenschaft und dem Engagement für ihre Arbeit im Non-Profit-Sektor meiner Interviewpartnerinnen und -partner.

Der Stiftung der Deutschen Wirtschaft e.V., mit deren Hilfe ich finanziell und geistig unabhängig in Deutschland und Australien forschen konnte und ihren Mitarbeiterinnen und Mitarbeitern in der Geschäftsstelle, die mich in allen Situationen sehr engagiert und hilfsbereit unterstützt haben.

Mein Dank gilt schließlich Maria von Eschwege, die auf vielen Seiten den Fehlerteufel gejagt und unzählige Runden mit unserem Sohn Bo im Kinderwagen zurückgelegt hat.

Und nicht zuletzt meiner Familie: meiner Mutter, meinem Vater und meinem Bruder für die emotionale Unterstützung auf dem gesamten Weg meiner Promotion. Meinem Mann, Malte Turski, für die liebevolle und kritische Begleitung. Schließlich unseren Söhnen Bo und Laslo, die während meiner Promotion das Licht der Welt erblickten und mich Pragmatismus und schnelle Entscheidungen gelehrt haben.

INHALT

1

Emotionen in Dritte-Sektor-Organisationen: eine Annäherung

Wir sind täglich mit Nachrichten und Bildern von Krieg, Hunger und Flucht aus vielen Teilen der Welt konfrontiert. Für viele Westeuropäer wirken diese Ereignisse sehr weit entfernt, ohne Bezug zu ihrem alltäglichen Leben. Im Zuge anhaltender starker Flüchtlingsbewegungen unter anderem aus Ländern wie Syrien, dem Irak, Afghanistan und verschiedenen afrikanischen Ländern nach Deutschland seit 2015 scheint hier ein Umdenken einzukehren. 2015 sind so viele Flüchtlinge wie noch nie zuvor in einem Jahr in Deutschland angekommen, um hier Asyl zu beantragen. Die deutschen Behörden waren und sind mit großen Herausforderungen konfrontiert, um die Neuankömmlinge zu registrieren, zu versorgen und unterzubringen. Viele Menschen engagieren sich, um den ankommenden Flüchtlingen zu helfen, sie mit dem Nötigsten einzudecken, sie beim Deutschlernen und der Integration in Deutschland zu unterstützen.

Wahrscheinlich ist es vor allem die räumliche Nähe, die bei den Ehrenamtlichen[1] ein Gefühl der Betroffenheit erzeugt und das Engagement motiviert. Hinzu kommen die Bilder von Flüchtlingen, die an Grenzzäunen mit Tränengas an der Einreise gehindert werden, zu Fuß über die Autobahn laufen oder die auf seeuntauglichen Booten versuchen über das Mittelmeer zu gelangen. Besondere Aufmerksamkeit hat vor allem ein Bild erhalten, das einen kleinen syrischen Jungen, ertrunken an einem türkischen Strand liegend, zeigt.

Die Nachrichten und Bilder, die das Leid der flüchtenden Menschen dokumentieren, erzeugen bei der Betrachterin beziehungsweise beim Betrachter starke Gefühle wie etwa Traurigkeit, Ohnmacht oder Verzweiflung. Aktiv zu werden, indem man den ankommenden Menschen hilft, kann ein Weg sein, um mit den eigenen Gefühlen umzugehen. Hieran zeigt sich beispielhaft, welche Rolle Emotionen bei der Motivation von Engagement spielen können.

Das Engagement von Bürgerinnen und Bürgern in der Flüchtlingshilfe ist zu einem großen Teil spontan, indem es auf aktuelle gesellschaftliche Entwicklungen reagiert. Die Engagierten finden sich in Initiativen zusammen, die neu gegründet anfangs noch unstrukturiert waren und ständig im Wandel begriffen sind. Dennoch

---

1 In der vorliegenden Arbeit wird der Begriff Ehrenamtliche so verstanden, dass er Personen benennt, die sich freiwillig und unbezahlt in Rahmen von Dritte-Sektor-Organisationen engagieren. Zwar wird er damit weiter gefasst als gemeinhin verstanden: er umfasst nicht nur Personen, die ein Ehrenamt innehaben, also eine qua Amt festgelegte Funktion übernehmen, sondern auch Organisationsmitglieder, die sich sporadisch und in wechselnden Tätigkeiten engagieren. Der alternative Begriff Freiwillige wird als unpassend angesehen, da er suggeriert, dass hauptamtlich beschäftigte Personen ihrer Tätigkeit unfreiwillig nachgehen. Unter Engagierten werden in der vorliegenden Arbeit sowohl Hauptamtliche als auch Ehrenamtliche verstanden, die in Dritte-Sektor-Organisationen tätig sind.

dockt das Engagement vielfach an bestehende Strukturen an. Die ehrenamtliche Hilfe wird von staatlichen Einrichtungen, aber auch von Organisationen des Dritten Sektors[2] mit koordiniert: Organisationen wie die Stiftung ProAsyl oder andere bereits bestehende Vereine oder Bürgerinitiativen, die sich extra für diesen Zweck gegründet haben, informieren und vernetzen die Engagierten. Ferner versorgen – neben staatlichen Organisationen – auch Non-Profit-Organisationen wie das Deutsche Rote Kreuz Flüchtlinge in Erstaufnahmeeinrichtungen. Zur Erfüllung dieser Aufgaben tragen auch Ehrenamtliche bei.

Die bestehenden Organisationen sind vor große Herausforderungen gestellt, die beträchtliche Menge an neuem Engagement zu koordinieren. Einerseits ist das große Interesse an der Arbeit der betreffenden Organisation und der Wille vieler neuer Menschen zu helfen bei den schon länger engagierten Mitgliedern sicherlich mit Emotionen von Freude und Dankbarkeit verbunden. Andererseits kann aufgrund der neuen Situation auch Stress und Überforderung entstehen, da der große Andrang an bereitwilligen Helferinnen und Helfern auch einen großen Arbeitsaufwand für die bestehenden Organisationen mit sich bringt. Schließlich können auch negative Emotionen wie Ärger hervorgerufen werden, etwa wenn Neuengagierte bestimmte Vorstellungen haben, wie man die Arbeit besser erledigen könnte.

Der politische Umgang mit den Flüchtlingen und die praktische Umsetzung ihrer Versorgung und Unterbringung in Deutschland rufen viele Emotionen hervor: Die politische und mediale Auseinandersetzung geht teilweise hitzig vonstatten. Bürger/innen engagieren sich auch aufgrund emotionaler Faktoren. In den Organisationen, die eine wichtige Rolle bei der Vernetzung der Hilfstätigkeiten spielen, entstehen und wirken Emotionen bei der täglichen Arbeit. Die Emotionen auf all diesen Ebenen wirken auch aufeinander ein und haben Einfluss auf den Umgang der verschiedenen Akteure in der Flüchtlingshilfe miteinander.

Emotionen spielen aber nicht nur eine Rolle, wenn es um das Engagement für Themen geht, die aktuell von hoher gesellschaftlicher Relevanz sind und von hitzigen Debatten begleitet werden. Auch die jahrzehntelange Tätigkeit im Vorstand eines Sportvereins wird emotional erlebt, beispielsweise in Form von Freude über die Vorstandssitzungen mit anderen Engagierten, mit denen man freundschaftlich verbunden ist.

Emotionen sind generell Teil des Erlebens in allen Lebenslagen. Sie beeinflussen, wie die Umwelt wahrgenommen wird, sie setzen Handlungsimpulse und nehmen Einfluss auf Interaktionen von Menschen untereinander. Auch Organisationen

2 Der Terminus Dritter Sektor wird im Folgenden gleichbedeutend mit Non-Profit-Sektor verwendet. Das gleiche gilt für Dritte-Sektor-Organisationen und Non-Profit-Organisationen.

sind grundsätzlich Orte, in denen Emotionen eine wichtige Rolle zukommt. Es gibt Sympathien und Antipathien von Kollegen untereinander; es entstehen Freundschaften in Organisationen; es kommt zu Ärger und Konflikten, wenn Zusammenarbeit nicht gelingt; Freude entsteht als Antwort auf Erfolge.

Die Organisationen im so genannten Dritten Sektor weisen besondere Strukturmerkmale auf, die auch ein besonderes Licht auf die Bedeutung von Emotionen in ihrem Organisationsgeschehen werfen. Der Dritte Sektor – oder auch Non-Profit-Sektor – wird gemeinhin gegenüber den beiden Sektoren Staat und Markt definitorisch abgegrenzt. Die Arbeit der Organisationen wird unter anderem dadurch bestimmt, dass ihre Zielsetzungen gemeinwohlorientiert sind und die Organisationen, teilweise zu einem sehr hohen Prozentsatz, auf ehrenamtliche Tätigkeit angewiesen sind, um ihre Ziele zu verfolgen. Damit gehen mehrere Besonderheiten einher: in den Zielen der Organisationen ist oft die Verbesserung der gesellschaftlichen Umstände verankert. Hiermit sind gemeinhin hohe moralische Standards verbunden, die auch einen ausgeprägten emotionalen Anteil aufweisen. Genauso wie die Zielsetzungen der Organisationen häufig moralisch begründet sind, motiviert sich auch das Engagement oftmals über die Verfolgung von Werten – sowohl die ehrenamtliche als auch die hauptamtliche Tätigkeit für die Organisationen. Im Zuge dessen entstehen teilweise starke Emotionen – wie etwa Wut über bestehende gesellschaftliche Ungerechtigkeiten –, die motivierend wirken.

Es können erste emotionale Faktoren für die initiale Motivation respektive die Aufnahme von Engagement für Non-Profit-Organisationen ausgemacht werden. Darüber hinaus stellt sich aber auch die Frage, warum das Engagement fortgesetzt wird beziehungsweise warum sich die Engagierten dauerhaft verpflichtet fühlen, der Tätigkeit nachzugehen. Vor allem für die Organisationen, die zu einem wesentlichen Anteil auf ehrenamtliches Engagement angewiesen sind, berührt diese Frage ihre Funktionsfähigkeit im Kern. Es gibt keine Verträge, die die Zusammenarbeit regeln. Die Organisationen haben keine formalen Handhabungen, um Ehrenamtliche zur Erfüllung der von ihnen übernommenen Aufgaben zu verpflichten. Ehrenamtliche agieren vollständig freiwillig. Die Organisationen müssen auf besondere Art und Weise auf die Engagierten reagieren, um sie dauerhaft einzubinden. Hierbei ist auch ein gewisses Fingerspitzengefühl gefragt, um emotionale Befindlichkeiten zu berücksichtigen. Darüber hinaus ist auch ein großes Potential für Frust und Ärger vorhanden, wenn die Integration in die Organisationen nicht gelingt. Diese Emotionen können auch dazu beitragen, dass ehrenamtliches Engagement beendet wird.

1.1 Fragestellung

Es können verschiedene Bereiche ausgemacht werden, in denen Emotionen ein hoher Stellenwert in Dritte-Sektor-Organisationen zukommt. Die Frage nach der Funktionsfähigkeit der Organisationen ist hiervon wesentlich berührt. Emotionen haben eine zentrale Bedeutung für das in ihnen stattfindende Engagement und spielen darüber hinaus eine wichtige Rolle in der Zusammenarbeit und dem gemeinsamen Engagement in den Organisationen.

Das Forschungsanliegen der vorliegenden Arbeit besteht darin, eben diese Bereiche zu beleuchten: Wie wirken Emotionen im Organisationsalltag? Wie strukturieren und beeinflussen sie beispielsweise die Zusammenarbeit? Wie tragen Emotionen dazu bei, dass Engagement – ehrenamtlich und hauptamtlich – für die Organisation aufgenommen wird? Welchen Anteil haben Emotionen an einer Bindung an die Organisation? Wie wird auf Emotionen im Organisationsgeschehen Einfluss genommen?

Diese aufgeworfenen Fragen bilden den Ausgangspunkt der vorliegenden Untersuchung. Weitere Fragen ergeben sich im Laufe des Forschungsprozesses, in dem wiederum nach Antworten gesucht wird. Dies ist zulässig, da die vorliegende Untersuchung nicht theorieüberprüfend, sondern theorieentwickelnd ausgerichtet ist.

Die eingangs aufgeworfenen Fragen werden nicht als erschöpfend angesehen, so dass während der gesamten Untersuchung eine Offenheit für weitere forschungsrelevante Aspekte vorhanden ist. Im Laufe der Erhebung und Auswertung der Daten haben sich vor allem Vertrauen und Solidarität als weitere wichtige Aspekte des Organisationsgeschehens offenbart, die zudem in substantieller Wechselwirkung mit Emotionen stehen.

1.2 Festlegung des Untersuchungsgegenstands: der deutsche Dritte Sektor

Bevor der Forschungsprozess begonnen werden kann, besteht zunächst die Notwendigkeit, den Untersuchungsgegenstand genau festzulegen. Dazu ist festzustellen, welche Typen von Organisationen als dem Dritten Sektor zugehörig gelten können.

In Kapitel 2 wird ausgeführt, was unter dem Begriff „Dritter Sektor" beziehungsweise „Non-Profit-Sektor" zu verstehen ist. Dazu wird der deutsche Dritte Sektor in seiner historischen Entwicklung nachgezeichnet und die gesetzlichen Rahmenbedingungen werden skizziert. In Abgrenzung zu den Dritten Sektoren in anderen Ländern wird deutlich, worin die spezifischen Besonderheiten des deutschen Dritten Sektors bestehen. Es ist in diesem Zusammenhang kaum möglich, von einem einheitlichen globalen Dritten Sektor zu sprechen, deshalb wurde für die vorliegende Untersuchung eine Beschränkung auf Organisationen des deutschen Dritten Sektors vorgenommen. Bei den Organisationen kann es sich zwar auch um Non-Profit-Organisationen handeln, die in internationalen Kontexten tätig sind. Die Organisationen müssen aber ihren Sitz in Deutschland haben und in ihrer Organisationsform dem deutschen Recht entsprechen.

In Kapitel 2 werden außerdem die Herausforderungen skizziert, mit denen Dritte-Sektor-Organisationen konfrontiert sind: beispielsweise besteht Professionalisierungsdruck bei gleichzeitig zunehmend schwierigerer Akquirierung von finanziellen Mitteln. Eine weitere ständige Aufgabe besteht für Non-Profit-Organisationen in der Einbindung von Ehrenamtlichen.

Ferner wird unter Verweis auf Stecker & Nährlich (2005) darauf eingegangen, dass der Dritte Sektor auch Schattenseiten aufweisen kann, indem die zugehörigen Organisationen nicht immer als „Hüter des Gemeinwohls" bezeichnet werden können. Es gibt auch rechtsradikale Organisationen, die nach gängigem Verständnis trotzdem dem Dritten Sektor zugewiesen werden. In der vorliegenden Arbeit wurde bei der Auswahl der teilnehmenden Organisationen besonderer Wert darauf gelegt, dass ihre Ziele im allgemeinen Verständnis als gemeinwohlorientiert gelten können.

Ferner wird dargelegt, dass sich eine Theoretisierung des Dritten Sektors aufgrund seiner ausgeprägten Heterogenität als schwierig darstellt (vgl. u.a. Birkhölzer 2005). In der vorliegenden Arbeit wird aber argumentiert, dass dies dennoch möglich ist, wenn auch kein Idealtyp einer Non-Profit-Organisation in Struktur und Ausprägung einzelner Merkmale skizziert werden kann.

Um den deutschen Dritten Sektor in seinen Ausprägungen darzustellen und Kriterien für die Zuweisung von Organisationen zum Dritten Sektor zur Verfügung zu haben, wird in erster Linie auf die Ergebnisse des Johns Hopkins Comparative Nonprofit Sector Project zurückgegriffen, das 1991 initiiert wurde und in der Folge in vielen Ländern weltweit die Dritten Sektoren systematisch untersuchte. Es gibt auch einen deutschen Teil des Forschungsprojektes, der vor allem in Zimmer & Priller (2007) dargestellt wird. Unter Bezugnahme darauf werden Dritte-Sektor-Organisationen als solche bezeichnet, die folgende Kriterien erfüllen: Sie sind formal organisiert beziehungsweise strukturiert, sie sind nichtstaatlich, sie sind nicht gewinnorientiert, sie sind eigenständig verwaltet und die Mitgliedschaft ist freiwillig. Darüber hinaus wird in der vorliegenden Arbeit argumentiert, dass Dritte-Sektor-Organisationen durch die zentralen Strukturprinzipien Gemeinnützigkeit, Solidarität und Werte sowie Ehrenamt und Freiwilligkeit bestimmt sind.

Daraus folgt, dass folgende Organisationstypen dem Dritten Sektor zuzurechnen sind: Vereine, Stiftungen, gemeinnützige GmbHs, Gewerkschaften, Genossenschaften sowie Bürgerinitiativen und Selbsthilfegruppen. Beide letztere wurden für die vorliegende Untersuchung nicht berücksichtigt, da bei diesen häufig unklar ist, ob sie aufgrund ihres teilweise geringen Institutionalisierungsgrads überhaupt als Organisation zu bezeichnen sind. Anders als bei Zimmer & Priller (2007) wurden ebenfalls keine Wirtschafts- und Berufsverbände für die Untersuchung berücksichtigt, da diese nach Meinung der Autorin größtenteils nicht das Kriterium der Gemeinnützigkeit beziehungsweise Gemeinwohlorientierung erfüllen.

Bei Genossenschaften lässt sich diskutieren, ob sie Teil des Dritten Sektors sind, da sie Dividende an ihre Mitglieder auszahlen. Streng genommen wird so das Kriterium der fehlenden Gewinnorientierung verletzt. Es wird aber argumentiert, dass sie dazugehören, da die Auszahlungsbeträge einerseits sehr gering sind. Andererseits sind Genossenschaften nur dann Teil des Dritten Sektor, wenn ihre Ziele als gemeinwohlorientiert gelten können – dies ist von Fall zu Fall zu bewerten. Bei der Genossenschaft, die an meiner Untersuchung teilgenommen hat, trifft dies zu, da die Organisation eine klare Ausrichtung an Zielen des Umwelt- und Ressourcenschutzes hat.

Für die Teilnahme an der Untersuchung konnten folgende Organisationen gewonnen werden: EnergieNetz Hamburg eG, Förderkreis Mahnmal St. Nikolai e.V., Greenpeace e.V., Hamburger Tafel e.V., Hundebande e.V., Jüdischer Salon am Grindel e.V., Stiftung Mittagskinder, Der PARITÄTISCHE Wohlfahrtsverband Hamburg e.V., peace brigades international (pbi) Deutscher Zweig e.V., Sportvereinigung Polizei von 1920 e.V. Abteilung Boxen, Staatspolitische Gesellschaft e.V., Stiftung steps for children, Transparency International Deutschland e.V. Regionalgruppe Hamburg/Schleswig Holstein, umdenken Heinrich-Böll-Stiftung Hamburg e.V., Verbraucherzentrale Hamburg e.V., ver.di Landesbezirk Hamburg, Verwaiste Eltern und Geschwister Hamburg e.V. und der Weltladen Osterstraße. Ferner hat ein Verein teilgenommen, der anonym bleiben möchte.

Wie aus der Übersicht hervorgeht, sind sowohl Vereine als auch Stiftungen, eine Gewerkschaft, eine Genossenschaft sowie eine GmbH mit gemeinnütziger Ausrichtung in der Untersuchung berücksichtigt. Aus forschungsökonomischen Gründen sind alle Organisationen in Hamburg ansässig. Die Tätigkeitsfelder sind teilweise an Hamburg ausgerichtet, einige Organisationen agieren aber auch weit über die Grenzen Hamburgs hinaus.

1.3 Methodologie: Qualitative Heuristik

Es war von Anfang an das erklärte Ziel, den Forschungsprozess so zu gestalten, dass auch Aspekte Berücksichtigung finden, die erst zu Tage treten, wenn nach Antworten auf die Forschungsfrage gesucht wird. Darin besteht einer der Gründe, warum ein qualitatives Forschungsverfahren gewählt wurde: es sollte eine Offenheit im Forschungsprozess gewährleistet sein. Die Forschungsergebnisse beruhen nicht auf der Überprüfung von Hypothesen, die aus der vorhandenen Forschungsliteratur abgeleitet wurden. Ein qualitatives Vorgehen ermöglicht, die soziale Wirklichkeit zu befragen und flexibel auf die so generierten Ergebnisse zu reagieren. Außerdem können mithilfe eines qualitativen Forschungsverfahrens explorative Einblicke in das zu untersuchende Forschungsfeld erzielt werden. Dies ist in Bezug auf das zu untersuchende Forschungsfeld von besonderem Interesse, da zur Bedeutung von Emotionen in Dritte-Sektor-Organisationen bisher wenig Forschungsaktivität zu verzeichnen ist.

Als qualitative Methodologie, die den Forschungsprozess strukturiert, wurde die Qualitative Heuristik (Kleining 1982, 1994, 1995) gewählt. Sie ist ein theoriegenerierendes Verfahren und somit sehr gut dazu geeignet, Forschungsfelder zu erschließen, die theoretisch erst wenig bearbeitet sind. Aufgrund verschiedener Regeln, Prinzipien und Entdeckungsstrategien, an denen sich das Forschungsvorgehen orientiert, wird eine offene Annäherung an den Untersuchungsgegenstand ermöglicht. Vor allem das Dialogprinzip und die systematische Variation der Perspektiven sind hier zu nennen. In einem Dialog werden Fragen an den Untersuchungsgegenstand gestellt und aus den Antworten ergeben sich wiederum neue Fragen. Die Perspektive auf den Untersuchungsgegenstand wird unter anderem durch unterschiedliche Erhebungsmethoden und eine Variation auf Basis von Eigenschaften der befragten Personen verändert.

Die Qualitative Heuristik weist in ihrer Elaboriertheit, Komplexität und Präzision im skizzierten Forschungsvorgehen über andere qualitative Verfahren hinaus. Beispielhaft wird in Kapitel 3 die Qualitative Heuristik der Methodologie der Grounded Theory (vgl. u.a. Glaser & Strauss 1967; Glaser 1978, 1992; Strauss 1987; Strauss & Corbin 1990) gegenüber gestellt. Bei beiden handelt es sich um theoriegenerierende Verfahren, so dass eine Vergleichbarkeit gewährleistet ist. Zudem ist die Grounded Theory das am weitesten verbreitete qualitative Forschungsverfahren überhaupt (vgl. Titscher et al. 2000).

In Kapitel 3 werden beide Methodologien mit ihren Bezugnahmen auf andere Theorien, in ihrer theoretischen Entwicklung sowie mit ihren Grundelementen dargestellt. Abschließend wird begründet, warum die Qualitative Heuristik das elaboriertere Verfahren darstellt. Vor allem ist das theoretische und methodologische Fundament der Qualitativen Heuristik weitaus stabiler, da Kleining sich bei der Entwicklung der Methodologie auf zahlreiche theoretische und methodologische Ansätze bezieht. Darüber hinaus ermöglicht die Qualitative Heuristik zu weitergehenderen Erkenntnissen zu gelangen, als dies mithilfe von anderen Methodologien der Fall wäre. Sie begreift den Dialog mit dem Untersuchungsgegenstand auf radikalere Art und Weise, so dass es sich nicht nur um einen Dialog zwischen Forschungsperson und befragter Person handelt, sondern auch um einen inneren Dialog zwischen Forschungsperson und den Daten. Zudem müssen alle Daten in der Analyse Berücksichtigung finden (100%-Regel) gegenüber einer theoretischen Sättigung bei der Grounded Theory, die beendet ist, wenn die beziehungsweise der Forschende bei der Analyse vermeintlich zu keinen neuen Ergebnissen kommt.

1.4 Strukturierung des Forschungsprozesses

Der Forschungsprozess fand im Sinne der Qualitativen Heuristik zirkulär statt. Nachdem der Untersuchungsgegenstand festgelegt wurde, begann die Datenerhebung anhand des Forschungsverfahrens der Dialogischen Introspektion sowie mittels Leitfadeninterviews. Die Datenanalyse wurden nach Durchführung der ersten Datenerhebungen mithilfe der transkribierten Protokolle eröffnet. Die dort erzielten Ergebnisse fanden wiederum in den weiteren Datenerhebungen Berücksichtigung. Es wurden stets neue Fragen an den Untersuchungsgegenstand formuliert und die so erlangten Antworten fanden abermals Berücksichtigung im weiteren Forschungsprozess.

In Kapitel 4 wird beschrieben, wie die Organisationen initial ausgewählt wurden, die zur Teilnahme an der Untersuchung gewonnen werden konnten. Ferner wird die Wahl der Erhebungsmethoden begründet und es werden Besonderheiten bei der Durchführung der Befragungen beschrieben. Schließlich wird der Prozess der Auswertung der Daten skizziert.

Die Auswahl der potentiell teilnehmenden Organisationen fand anhand der Kriterien statt, die ihre Zugehörigkeit zum Dritten Sektor dokumentieren. Um ein beispielhaftes Abbild des Sektors zu erzielen, wurden die teilnehmenden Organisationen zudem aufgrund weiterer Merkmale ausgewählt, in denen sie sich unterscheiden. Sie variieren in den von ihnen bearbeiteten Themen, in ihrer Größe (beispielsweise festgelegt anhand der Zahl ihrer Mitarbeiter/innen), im Anteil an Haupt- und Ehrenamtlichen, in der Rechtsform, in ihren finanziellen Ausstattungen, darin ob es sich um neu gegründete oder etablierte Organisationen handelt und weiterem mehr. Mit der Heterogenität der teilnehmenden Organisationen wird auch einem zentralen Prinzip der Qualitativen Heuristik entsprochen: der maximal strukturellen Variation der Perspektiven auf den Untersuchungsgegenstand.

In den Organisationen wurden hauptamtliche Mitarbeiter/innen und ehrenamtlich Engagierte befragt. Es sind Frauen und Männer aller Altersgruppen vertreten, die verschiedene Aufgaben in den Organisationen innehaben. Es wurden Ehrenamtliche befragt, die sich sporadisch engagieren, aber auch solche, die in bestimmte Ämter gewählt wurden und somit mit regelmäßigen Aufgaben befasst sind. Dementsprechend variiert auch die Zeit, die für das Engagement investiert wird, von wenigen Stunden im Monat bis hin zu 40 Stunden in der Woche und mehr. Auch die Hauptamtlichen haben unterschiedliche Positionen in den Organisationen inne. Geschäftsführer/innen wurden ebenso interviewt wie Angestellte in Verwaltungstätigkeiten.

Die Kombination von Dialogischen Introspektionen und Interviews als Methoden für die Datenerhebungen wurde gewählt, da sich verschiedene Vorteile der beiden Instrumente ergänzen.

Die Dialogische Introspektion (vgl. Burkart, Kleining & Witt 2010) wird in Gruppensituationen angewendet. Einer Gruppe von minimal vier bis maximal 14 Personen wird eine Frage präsentiert, worauf die Teilnehmenden individuell introspektieren und danach reihum die Berichte ihrer Selbstbeobachtungen vortragen. In einer zweiten Runde können Ergänzungen vorgenommen werden. Durch die gleichzeitige Teilnahme von mehreren Personen kann vielfältiges Datenmaterial mit nur einer Befragung generiert werden. Die Teilnehmenden werden durch die Berichte der anderen in ihrem eigenen Erleben zusätzlich stimuliert, bestimmte Aspekte zu erinnern oder zu vertiefen. Außerdem wird der Erzählfluss angeregt und es werden oftmals selbsterklärende Episoden von Erlebtem berichtet. Die Forschungsperson greift so gut wie nicht steuernd ein, da nur eine initiale Eingangsfrage gestellt wird. Die Dialogische Introspektion kam aufgrund ihres offenen Charakters vor allem zu Beginn der Datenerhebung zum Einsatz.

Leitfadeninterviews ergänzen die Dialogischen Introspektionen, da sie in direkten Interaktionssituationen erlauben, auch Nachfragen an die interviewten Personen zu stellen und individuelles Erleben der Befragten so eventuell vertieft erfasst werden kann.

Insgesamt wurden im Rahmen von 19 Organisationen 44 Personen in sechs Dialogischen Introspektionen und 16 Interviews befragt.

Beide Methoden sind mutmaßlich sehr gut zur Erhebung von Emotionen geeignet, da sie ermöglichen, das individuelle Erleben der befragten Personen zu erfragen. Erleben hat immer auch emotionale Komponenten und der Zugang zu Emotionen findet vor allem über ihren subjektiven Charakter statt. Die Forschungsverfahren räumen darüber hinaus in den Erhebungssituationen Freiräume ein, die den Befragten erlauben, ihr Erleben vertieft zu reflektieren und darüber zu berichten. Die Antworten in den Dialogischen Introspektionen und Interviews sind somit individuell bedeutungsvoll.

Die Auswertung der Daten findet anhand der Analyse auf Gemeinsamkeiten statt. Durch das zirkuläre Vorgehen im Forschungsprozess wurden Themenbereiche erschlossen und Erkenntnisse ermöglicht, die zu Beginn des Forschungsprozesses nicht als relevant eingestuft wurden. Das Forschungsverfahren erlaubt, die zu Beginn des Forschungsprozesses getroffenen Annahmen im selbigen ständig zu überprüfen. In der vorliegenden Arbeit sind auf diese Art mit Vertrauen und Solidarität zwei weitere Aspekte in den Blick geraten, denen eine besondere Bedeutung im Organisationsgeschehen zukommt. Es können die jeweils singulären Bedeutungen aufgezeigt werden, aber auch ihre Wechselwirkungen mit Emotionen.

Anzumerken ist, dass die Untersuchungsergebnisse keine Rückschlüsse auf die einzelnen, an der Erhebung teilnehmenden Organisationen zulassen. Die Analyse besteht in einer zusammenfassenden Auswertung des Datenmaterials. Dabei werden organisationsübergreifende Muster und Zusammenhänge zu Tage gefördert, die aber jeweils nicht notwendigerweise in allen Organisationen vorzufinden sind.

1.5 Minimaldefinition von Emotionen

Aufgrund des offenen Vorgehens im Forschungsprozess muss für die Analyse auf das Alltagsverständnis der Befragten in Bezug auf Emotionen zurückgegriffen werden. Es kann individuell verschieden sein, was unter Emotionen verstanden wird und welches Gefühlserleben dem zugerechnet wird. Ferner kann es vorkommen, dass Befragte Erleben schildern, dass sie nicht explizit als emotional kennzeichnen, das aber trotzdem einen wesentlichen emotionalen Gehalt aufweist. Insofern ist im Vorgang der Analyse des Datenmaterials von Fall zu Fall zu unterscheiden, ob es sich im Geschilderten um Zusammenhänge mit emotionalem Gehalt handelt oder nicht. Ferner führt die Analyse auf Gemeinsamkeiten in den sukzessiv erlangten Abstraktionsebenen dazu, dass emotionale Zusammenhänge verdeutlicht werden können.

Da vom Alltagsverständnis der Befragten auszugehen ist, wird für die Datenanalyse der vorliegenden Untersuchung nicht anhand eines Schemas oder einer festgelegten Definition vorgegeben, wobei es sich um Emotionen handelt und wobei nicht. Eine Minimaldefinition von Emotionen kann aber die Identifikation von Emotionen und emotionalen Zusammenhängen erleichtern und liefert gleichzeitig ein Verständnis, wie Emotionen wissenschaftlich gefasst werden. Von Scheve

(2009, 71) beschreibt im Rückgriff auf Scherer (2000) eine knappe Begriffsfassung von Emotionen, die vor allem den „episodischen Charakter“ (ebenda) von Emotionen herausstellt. Emotionen werden durch ein internes oder externes Ereignis ausgelöst, sie haben eine gewisse Dauer und klingen dann ab. Das Ereignis muss für den Akteur (oder Organismus), der die Emotion erlebt, mit einer bestimmten Bedeutung verbunden sein, die Emotion ist eine Reaktion darauf. Von Scheve betont den Prozesscharakter von Emotionen, da die an der Emotion beteiligten Komponenten einem schnellen Wandel unterworfen sind. Die Komponenten bestehen in drei Kernkomponenten und weiteren Elementen.

> (1) die physiologische Erregung, (2) der motorische Ausdruck und (3) das phänomenologische Empfinden (das subjektive Gefühl). Als weitere Komponenten werden motivationale Faktoren wie Handlungstendenzen und -impulse (Frijda 1986/2004), kognitive Wahrnehmungs-, Einschätzungs- und Bewertungsprozesse (Roseman/Smith 2001), der soziale Kontext (Solomon 2004), die Valenz sowie ein intentionales, formales Objekt (Elster 2004a; de Sousa 1997) genannt. (ebenda)

1.6 Ausblick: Vertrauen, Solidarität und Emotionen in Dritte-Sektor-Organisationen

Neben Emotionen wurden in der Datenanalyse Vertrauen und Solidarität als zentrale Phänomene für das Organisationsgeschehen der befragten Organisationen sichtbar. Die einzelnen Aspekte werden deshalb jeweils in eigenen Kapiteln behandelt.

In Kapitel 5 werden Zusammenhänge und Bedingungen von Vertrauen in Non-Profit-Organisationen beleuchtet. Dazu wird zunächst der Forschungsstand dargestellt, bevor vertieft auf theoretische Konzepte zu Vertrauen eingegangen wird.

In der sozialwissenschaftlichen Forschung im Allgemeinen aber auch zu Organisationen im Speziellen sind verschiedene Forschungsaktivitäten zu Vertrauen zu verzeichnen. Auch zur Bedeutung von Vertrauen in Non-Profit-Organisationen gibt es verschiedene Versuche, die Thematik zu erschließen (vgl. u.a. Tonkiss & Passey 1999). Hier geht es etwa um die Bedingungen von Vertrauen in interorganisationalen Netzwerken (vgl. Lee et al 2012) oder um Mechanismen zur Sicherstellung von Vertrauen bei externen Spendern (vgl. Prakash & Gugerty 2010). Allerdings gerät hier weniger Vertrauen als Steuerungsmechanismus in den Blick, in dessen Zusammenhang Vertrauen auf allen organisationsrelevanten Ebenen beleuchtet würde.

Um ein umfassendes Bild von Vertrauen im Organisationsgeschehen zu erlangen, bietet sich vor allem die Theorie Luhmanns (vgl. 1984, 1989, 2001) an. Sie kann als wichtige theoretische Grundlage für die nachfolgende Forschung zu Vertrauen in den Sozialwissenschaften gelten. Deshalb werden zunächst die zentralen Aussagen der Luhmannschen Forschung zu Vertrauen vorgestellt und anschließend durch weitere Forschungsergebnisse von Vertrauen kritisch ergänzt (vgl. Gargiulo & Ertug 2006; McEvily & Zaheer 2006; McLeod 2011; Zucker 1986). So kann ein allgemeines Begriffsverständnis von Vertrauen erlangt werden. Außerdem werden die Voraussetzungen, die Funktion und die Folgen von Vertrauen in Organisationen erörtert.

Luhmann benennt Vertrauen als zentralen Mechanismus der Reduktion sozialer Komplexität. Unsicherheiten im Umgang mit anderen Personen werden vermindert, indem möglicher Betrug oder Vertrauensmissbrauch ausgeblendet wird. Vertrauen ist eine Voraussetzung für das Gelingen von sozialem Miteinander – auch in Organisationen. Die Reduktion sozialer Komplexität findet dabei über Erwartungserwartungen statt, indem die Erwartungen anderer antizipiert und in den eigenen Erwartungen berücksichtigt werden.

Luhmann unterscheidet ferner die sozialen Phänomene Vertrauen, Vertrautheit und Zuversicht voneinander. Vertrautheit umfasst die tägliche, bekannte Lebenswelt und bildet die Voraussetzung für Vertrauen und Zuversicht. Zuversicht beschreibt eine Situation, in der keine Möglichkeit besteht, ihren Ausgang zu beeinflussen. Den hiermit verbundenen Gefahren wird mit Zuversicht begegnet. Vertrauen findet hingegen immer dann statt, wenn eine Entscheidung die Möglichkeit eines Verlustes birgt, es handelt sich um eine Entscheidung unter Risiko. Vertrauen hilft aber dabei, das Risiko auszublenden.

Misstrauen ist in diesem Zusammenhang einerseits das Gegenteil von Vertrauen, andererseits ist Misstrauen ebenfalls ein Mechanismus zur Reduktion sozialer Komplexität: es wird ausgeblendet, dass die Interaktionspartnerin beziehungsweise der Interaktionspartner auch vertrauenswürdig sein könnte.

Außerdem unterscheidet Luhmann zwei Ebenen von Vertrauen: personales Vertrauen findet in persönlichen Interaktionen statt. Systemvertrauen findet sich hingegen in komplexeren und abstrakteren Zusammenhängen. Zucker (1986) unterscheidet entsprechend ebenfalls verschiedene Ebenen von Vertrauen: prozessbasiertes, charakterbasiertes und institutionelles Vertrauen. Die ersten beiden finden in direkten Interaktionen zwischen Personen statt, letzteres auf organisationaler und interorganisationaler Ebene.

Bei Luhmann lassen sich ferner bereits erste Hinweise auf das Zusammenspiel von Vertrauen und Emotionen finden: es handelt es sich bei beiden um Mechanismen zur Reduktion sozialer Komplexität, sie stehen im Wechselverhältnis und schaffen gegenseitige Voraussetzungen füreinander.

Kritik am Luhmannschen Konzept besteht vor allem darin, dass Vertrauen nicht grundsätzlich eine positive Funktion zukommt. In Organisationen ist es nicht nur Garant für ihre Funktionsfähigkeit, Vertrauen hat auch Schattenseiten (vgl. u.a. McLeod 2011; Gargiulo & Ertug 2006).

Im Anschluss an den Überblick der theoretischen Konzepte von Vertrauen werden die Untersuchungsergebnisse vorgestellt. Die Analyse zeigt unter anderem Entstehungsbedingungen, Voraussetzungen des Fortbestehens sowie Prämissen des Wandels von Vertrauen und Misstrauen in den Prozessen und Strukturen von Dritte-Sektor-Organisationen auf. Es wird ebenfalls deutlich, auf welchen Ebenen Vertrauen zu verorten ist. Ferner wird sichtbar, wie Vertrauen und Emotionen interagieren und Vertrauenszusammenhänge so entweder gestärkt werden oder aber zu Vertrauensverlust beitragen. Die zentralen Aussagen der Untersuchung werden mithilfe von Zitaten aus den Erhebungen beispielhaft illustriert. Abschließend wird erörtert, inwiefern die Kombination von Untersuchungsergebnissen und Theorie zu neuen, erweiterten Erkenntnissen zum sozialen Steuerungsmechanismus Vertrauen verhilft – insbesondere in Bezug auf den Organisationstyp der Dritte-Sektor-Organisation.

In Kapitel 6 wird die Rolle beleuchtet, die Solidarität als Handlungsmaxime und Steuerungselement in Non-Profit-Organisationen zukommt. Zunächst wird dafür der Forschungsstand dargestellt und eine Begriffsbestimmung anhand der Theorie zu Solidarität vorgenommen. In der Literatur zum Dritten Sektor wird Solidarität eine besondere Bedeutung zugewiesen, und zwar als Maxime, an der sich die Handlungen im Dritten Sektor orientieren. Demgegenüber werden die Handlungsmaximen Macht (im Staat) und Wettbewerb (im Markt) benannt (vgl. Zimmer & Priller 2007). Da aber nur skizzenhaft ausgeführt ist, was darunter verstanden werden kann, muss auf andere Literatur zu Solidarität zurückgegriffen werden, um die Bedeutung von Solidarität für Non-Profit-Organisationen zu erschließen.

Ein einheitliches Begriffsverständnis von Solidarität ist in der soziologischen Forschung nicht zu verzeichnen, obwohl Versuche unternommen werden, einen neuen Solidaritätsbegriff zu entwickeln (vgl. Tranow 2012). Allerdings bleiben auch diese Unterfangen in zwei verschiedenen Paradigmen verhaftet. Einerseits findet eine Orientierung an Erklärungsansätzen der Rational-Choice-Theorien statt (vgl. u.a. Hechter 1987; Tranow 2012; Wittek & Flache 2001), andererseits wird die Erklärung für Solidarität primär in der Befolgung von Werten und Normen gesehen (vgl. u.a. Durkheim 1992 (Original 1893); Kaufmann 1984, 2002 und 2004). Eine Verbindung beider Ansätze könnte ein einheitliches Konzept von Solidarität befördern.

Um zu einer Begriffsbestimmung zu gelangen, die die Bedeutung von Solidarität für Non-Profit-Organisationen eröffnet, wird vor allem auf Durkheim (1992) zurückgegriffen. Seine Unterscheidung von mechanischer und organischer Solidarität gilt immer noch als aktuell und wird immer wieder aufgegriffen (vgl. u.a. Dallinger 2009; Hondrich & Koch-Arzberger 1992; Shin & Schwartz 2006). Es wird auch auf Kritik am Durkheimschen Ansatz Bezug genommen. Der Einwand der Übersozialisierung kann hier zurückgewiesen werden, an einigen Stellen wäre aber eine stärkere Präzisierung angezeigt, wie zu Recht beanstandet wird. Vor allem kann aber als überholt gelten, dass mechanische Solidarität in modernen Gesellschaften keinen Platz mehr habe.

Trotzdem kann die Durkheimsche Konzeption einen Einblick in Entstehungsbedingungen von Solidarität eröffnen. Eine Bezugnahme auf Ansätze, die die Verfolgung eigennütziger Motive als Erklärung für solidarisches Verhalten anführt, als auch ein Verweis auf das Konzept der Reziprozität (vgl. Bode & Brose 1999) können die Durkheimsche Begriffsfassung aktualisieren.

Um die Bedeutung von Solidarität als Steuerungselement im Dritten Sektor zu beleuchten, wird ferner Kaufmanns Konzept von Solidarität als Steuerungsform einbezogen (vgl. Kaufmann 2004, 2002, 1984). Außerdem wird anhand der theoretischen Literatur die Steuerbarkeit des Steuerungselements Solidarität diskutiert. Die Mikroebene des Akteurs und seine Interaktionen mit anderen sind hier ein Ansatzpunkt, indem Solidarität möglicherweise befördert werden kann. Gesichert wird solidarisches Verhalten in diesem Zusammenhang durch gegenseitige Sanktionierung (vgl. Kaufmann 2004).

Im Anschluss werden die Untersuchungsergebnisse zu Solidarität in Dritte-Sektor-Organisationen vorgestellt. Vor allem werden Solidarität als Handlungsmaxime, Solidarität als Steuerungsmechanismus und das Zusammenspiel von Solidarität und Emotionen mithilfe der Daten verdeutlicht.

Abschließend werden die theoretischen Annäherungen an das soziale Phänomen Solidarität mithilfe der Untersuchungsergebnisse überprüft und erweitert. Hier wird auch die Relevanz von Emotionen für Solidarität beleuchtet, deren Berücksichtigung schließlich zu einer Weiterentwicklung des begrifflichen Konzeptes von Solidarität führen kann.

In Kapitel 7 wird schließlich die Bedeutung von Emotionen im Organisationsgeschehen von Non-Profit-Organisationen diskutiert. Zunächst wird dafür der Forschungsstand zu Emotionen in Organisationen in der Emotionssoziologie und in der Organisationssoziologie dargestellt. Zur Funktion und Wirkungsweise von Emotionen in Non-Profit-Organisationen gibt es bisher keine systematischen Untersuchungen weshalb auf Ansätze der Emotionssoziologie und Organisationssoziologie verwiesen wird. Hier sind unter anderem Fineman (1993, 2008) und Hochschild

(1979) zu nennen. Es werden aber vor allem von Scheve & von Lüde (2005) als grundlegender Text und von Scheve (2009) als weitere Ausführung der theoretischen Überlegungen herangezogen. Einerseits werden die relevanten Ansätze in der Emotionssoziologie zusammenführt. Andererseits wird detailliert auf die Grundlagen der Emotionsentstehung eingegangen und werden dabei auch Erkenntnisse aus der neurowissenschaftlichen Emotionsforschung einbezogen. Schließlich wird die soziale Bedeutung von Emotionen anhand der Wechselwirkung von Emotionen und sozialen Strukturen aufgezeigt. Emotionen kommt hier die Rolle als bidirektionaler Vermittler zwischen Handlung und sozialer Struktur zu. Insbesondere lässt sich so die Bedeutung von Emotionen für die Aufrechterhaltung sozialer Ordnung dokumentieren.

Vor allem die Wechselwirkungen von Emotionen und Kognitionen sind zentral, um die Bedeutung von Emotionen für soziale Kontexte zu bewerten. Erfahrungen werden mithilfe von Schemas gespeichert und in ähnlichen Situationen mithilfe von Emotionen wieder reaktiviert. Situationsbewertungen und daraus folgende Handlungen sind also immer kognitiv und emotional zu verstehen.

Eine wichtige Bedeutung kommt auch Prozessen der Emotionsregulation zu, indem eine Anpassung an externe Anforderungen in Form von Emotionsnormen stattfindet. In diesem Zusammenhang wird auch auf die von Hochschild geprägten Konzepte von Emotionsarbeit und Emotionsmanagement zurückgegriffen, die eine Regulierung und Einflussnahme auf Emotionen beschreiben. In Anlehnung an von Scheve werden die Konzepte in der vorliegenden Arbeit aber – anders als bei Hochschild – sowohl auf individueller, interaktionaler und organisationaler Ebene vorkommend verstanden.

Die zentralen Argumente der dargestellten Theorie werden in Kapitel 7 zunächst in ihrer Bedeutung für die Erklärung des emotionalen Geschehens in Dritte-Sektor-Organisationen beleuchtet. Vor allem die Beschreibung der grundlegenden Mechanismen der Emotionsentstehung illustriert den Ausgangspunkt, von dem aus Emotionen in allen sozialen Kontexten und somit auch in Dritte-Sektor-Organisationen zu betrachten sind. Berücksichtigt wird auch, dass Emotionen nicht nur als individuellen Phänomenen eine wichtige Bedeutung zukommt, sondern auch als kollektiven. Die Auseinandersetzung mit kollektiven Emotionen stellt einen recht neuen Forschungsbereich in der Emotionssoziologie dar (vgl. Kelly et al. 2014; von Scheve & Ismer 2013; von Scheve & Salmela 2014). Es wird argumentiert, dass Emotionen nicht nur als rein individuelle Phänomene zu verstehen sind, sondern dass sie als kollektive Emotionen in ihrer sozialen Geteiltheit verschiedene Wirkungen entfalten. Beispielsweise werden bestimmte Gefühlszustände in Gruppen durch emotionale Ansteckung übertragen. Außerdem werden die Zusammengehörigkeit und Kooperation in sozialen Zusammenschlüssen – wie auch Organisationen – auch dadurch gestärkt, dass gemeinsam positive Emotionen erlebt werden. Kollektive Emotionen befördern die emotionale und soziale Kohäsion. Allerdings sind auch disruptive Folgen möglich (vgl. Kelly et al. 2014).

Anschließend werden die Ergebnisse der qualitativen Untersuchung in Bezug auf Emotionen in Dritte-Sektor-Organisationen vorgestellt. Die Analyse macht die Zusammenhänge der Entstehung und Wirkung von Emotionen sowie Versuche der Steuerung von Emotionen in Dritte-Sektor-Organisationen sichtbar. Unter anderem werden dabei unterschiedliche Emotionen mit verschiedenen Wirkungen in den jeweiligen Kontexten sowie verschiedene Ebenen von Emotionen offenbar. Dies wird detailliert vorgestellt und mithilfe von Zitaten aus den Datenerhebungen verdeutlicht.

Abschließend werden die zentralen Untersuchungsergebnisse mit der theoretischen Argumentation aus dem ersten Teil des Kapitels kontrastiert. So wird illustriert, inwiefern Theorie und Untersuchungsergebnisse gemeinsam zu einer theoretischen Annäherung an die Bedeutung von Emotionen in Dritte-Sektor-Organisationen beitragen.

Kapitel 8 fasst abschließend die Ergebnisse der vorangehenden drei Kapitel zusammen und geht insbesondere auf Gemeinsamkeiten und Unterschiede in den Entstehungsbedingungen, den Wirkungen und den Möglichkeiten der Einflussnahme auf Vertrauen, Solidarität und Emotionen im Organisationsgeschehen ein. So wird schließlich herausgearbeitet, worin die Voraussetzungen für die Motivation ehrenamtlichen Engagements und eine Bindung an die Organisation liegen. Ferner wird ein Ausblick auf zukünftige Arbeiten gegeben.

2

Der Dritte Sektor in Deutschland

Der Dritte Sektor in Deutschland ist in den letzten zwei Jahrzehnten nicht nur immer mehr in den wissenschaftlichen Fokus gelangt, sondern hat ebenfalls einen Aufmerksamkeitsschub durch Öffentlichkeit und Politik erfahren. Im Jahr 1999 rief der Deutsche Bundestag eine Enquete-Kommission ins Leben, um die Bedeutung des ehrenamtlichen Engagements für den gesellschaftlichen Zusammenhalt zu ergründen, eine Bestandsaufnahme vorzunehmen und Strategien für seine Förderung zu erarbeiten.[3] Die Enquete-Kommission kann als Indiz dafür verstanden werden, dass bürgerschaftlichem Engagement und dem Dritten Sektor, in dem dies größtenteils stattfindet, ein immer höherer gesellschaftlicher Stellenwert beigemessen wird.

Die hohe gesellschaftliche Bedeutung wird dabei vor allem auf zweierlei Art und Weise verstanden: Erstens wird den dort agierenden Organisationen (sie werden weitestgehend als Dritte-Sektor-Organisationen, als Non-Profit-Organisationen oder freiwillige Vereinigungen bezeichnet), auch aus wissenschaftlicher Perspektive, eine zentrale gesellschaftlich-integrative Funktion zugeschrieben (vgl. Braun 2005; Zimmer & Priller 2007). Dritte-Sektor-Organisationen würden somit benötigt, um den gesellschaftlichen Zusammenhalt zu erhalten und zu fördern.

Zweitens ist eine Erwartungshaltung der Politik an Dritte-Sektor-Organisationen zu beobachten, Dienstleistungen und andere Aufgaben in spezifischen gesellschaftlichen Bereichen (zum Beispiel Freizeit, Soziales, etc.) zu übernehmen, mit der Folge, dass der Staat sich aus diesen Bereichen teilweise zurückzieht.[4] Begründet würde dies vor allem damit, dass die Staatsbürger/innen „bei den Herausforderungen des Systems Selbstverantwortung und Eigeninitiative für ihre Lebensrisiken“ (Stecker & Nährlich 2005, 194) übernehmen sollten. Die Nutzung der Ressource des freiwilligen Engagements steht hier im Fokus des Interesses von Politik und Staat.

Der Dritte Sektor (oder Non-Profit-Sektor[5]) ist generell in Abgrenzung von den Sektoren Markt und Staat zu verstehen. Birkhölzer konstatiert, dass der Dritte

---

3 Vgl. Enquete-Kommission: „Zukunft des bürgerschaftlichen Engagements“ (2002).

4 Es handelt sich dabei allerdings nicht grundsätzlich um eine neue Entwicklung. Bereits im 19. Jahrhundert übernahmen Dritte-Sektor-Organisationen in Deutschland genuin staatliche Aufgaben (Zimmer & Priller 2007, 51). Wie anhand des Bereichs der Sozialen Dienste deutlich wird, ist die Aufgabenübertragung teilweise historisch bedingt und findet im Subsidiaritätsprinzip ihren Ausdruck. Schon im 19. Jahrhundert wurden verschiedene Dienstleistungen von den Vorläufern der großen Wohlfahrtsverbände übernommen. Für einen Großteil der Finanzierung kommt dabei der Staat auf.

5 Vor allem im angloamerikanischen Bereich wird meist der Begriff Non-Profit-Sektor verwendet. Eine Übersicht und Erläuterung der verschiedenen englischsprachigen Bezeichnungen, die sich mit dem Dritten Sektor und dem Non-Profit-Sektor überschneiden (voluntary sector, independent sector, not-for-profit sector, charitable sector, philanthropic sector, tax-exempt sector, und social sector) findet sich bei Tschirhart & Bielefeld (2012, 7).

Sektor nur in Beziehung zu den anderen beiden Sektoren verstanden werden kann, er habe eine dynamische Beschaffenheit und könne deshalb nicht gesondert betrachtet werden (Birkhölzer 2005, 73). Die ihm zugeordneten Organisationen sind aufgrund der sektoralen Dynamik im ständigen Wandel begriffen.

Dem Dritten Sektor werden gemeinhin eine Gemeinwohlorientierung sowie eine fehlende Profitorientierung zugewiesen. Gegenüber dem Markt (Wettbewerb) und dem Staat (Macht) verfügt der Non-Profit-Sektor über die Handlungsmaxime beziehungsweise den sozialen Koordinationsmechanismus Solidarität (Zimmer & Priller 2007, 6). Diese Bestimmung des Dritten Sektors ist im wissenschaftlichen Verständnis weitestgehend einheitlich. Anders sieht es aus, wenn konkretisiert wird, welche Organisationen als Dritte-Sektor-Organisationen zu bezeichnen sind. Die Zuordnungen weichen teilweise erheblich voneinander ab, so dass eine einheitliche Bestimmung des Dritten-Sektors noch aussteht.

2.1 Forschungsstand und aktuelle Entwicklungen

Die vorliegende Untersuchung befasst sich mit dem deutschen Dritten Sektor, hier hat sich die Forschung vor allem in den 1990er Jahren intensiviert. Im englischsprachigen Raum – vorwiegend in den USA – ist die Auseinandersetzung mit dem Dritten Sektor als Forschungsbereich hingegen deutlich früher zu verzeichnen. Bereits 1973 prägte der Soziologe Amitai Etzioni den Begriff und beschrieb den Dritten Sektor als eine Alternative zu Staat und Markt, die dort tätigen Organisationen seien in der Lage, einen Ausgleich zu den Schwächen der anderen beiden Sektoren zu schaffen und ihre Aufgaben teilweise zu übernehmen (vgl. Etzioni 1973). In der Folge fand eine wissenschaftliche Auseinandersetzung mit dem Dritten Sektor in den USA zunächst in den Verwaltungs- und Wirtschaftswissenschaften statt (Zimmer & Priller 2007, 18). Neben großen Fortschritten in der sozialwissenschaftlichen Forschung geraten Dritte-Sektor-Organisationen auch vermehrt in den Fokus der Management-Forschung (vgl. u.a. Pynes 2011; Tschirhart & Bielefeld 2012). Im englischsprachigen Raum sind zudem einige Fachzeitschriften zu verzeichnen, die sich alleinig dem Non-Profit-Sektor widmen.[6]

---

6 Hier können Voluntas, Annual für Public und Cooperative Economics, Nonprofit Management and Leadership, Journal for Nonprofit and Public Sector Marketing, Nonprofit Quarterly und Voluntary Sector Quarterly (NVSQ) genannt werden.

Als wegweisend für die sozialwissenschaftliche Forschung und grundlegend für eine Bestandsaufnahme des Dritten Sektors kann das Johns Hopkins Comparative Nonprofit Sector Project[7] der Johns Hopkins University bezeichnet werden. Es handelt sich dabei um ein internationales Forschungsprojekt, das 1991 mit dem Ziel initiiert wurde, den Dritten Sektor weltweit vergleichend zu untersuchen und eine Bestandsaufnahme in den teilnehmenden Ländern vorzunehmen. Eine wichtige Rolle spielten dabei sowohl die unterschiedlichen Entwicklungen der jeweiligen Dritten Sektoren und die Gründe dafür sowie die unterschiedlichen Möglichkeiten ihrer Organisationen zur Einflussnahme auf gesellschaftliche Prozesse. Insgesamt umfasst das Projekt, das in mehreren Stufen erweitert wurde, mehr als 45 Länder. Auch die Bundesrepublik Deutschland ist teilnehmendes Land der Studie. Es handelt sich bis heute um die umfassendste empirische Untersuchung dieser Art und bildet eine wichtige Grundlage für folgende Forschungsprojekte. Die Zielsetzung des Projektes umfasste im Einzelnen:

- Empirisch fundiert die Struktur, Reichweite, Finanzierung und Rolle der Zivilgesellschaft darzustellen.
- Erklärungen zu finden, warum die Sektoren sich in Größe, Zusammensetzung, Eigenschaften und ihrer Rolle von Land zu Land unterscheiden und die Faktoren zu identifizieren, die ihre Entwicklungen fördern oder hemmen, unter Berücksichtigung der Unterschiede in historischer Entwicklung, gesetzlichen Regelungen, religiösen Hintergründen, Kultur, sozioökonomischen Strukturen und unterschiedlichen Gesetzgebungen.
- Die Wirkungsweisen der Organisationen zu bewerten, sowohl in Form ihrer Verdienste als auch ihrer Schattenseiten.
- Die Institutionen und die Folgen ihrer Arbeit verstärkt sichtbar zu machen.
- Lokale Kapazitäten der Organisationen zu unterstützen, so dass sie ihre Arbeit in der Zukunft fortsetzen können.

Eingebunden in den deutschen Teil des Johns-Hopkins-Projektes wurde von der Hans-Böckler-Stiftung in den 1990er Jahren das Projekt „Arbeitsplatzressourcen im Nonprofit-Sektor – Beschäftigungspotentiale, -strukturen und –risiken" finanziert, mit dem Ziel die Potentiale des Dritten Sektors als Arbeitgeber zu untersuchen. Die wesentlichen Ergebnisse beider Studien sind in Zimmer & Priller 2007 zusammengefasst.

---

7 Vgl. http://ccss.jhu.edu/research-projects/comparative-nonprofit-sector-project/, (abgerufen am 4. Oktober 2015).

Bis dato galten die Ergebnisse aus den 90er Jahren als die aktuellsten Daten. Zwei neue deutsche Forschungsprojekte knüpfen jedoch daran an, um die Forschungslage zum Dritten Sektor in der Bundesrepublik zu aktualisieren und zu ergänzen:

Das von der Hans-Böckler-Stiftung finanzierte und vom Wissenschaftszentrum Berlin für Sozialforschung (WZB) durchgeführte Projekt „Arbeits- und Beschäftigungsverhältnisse im Dritten Sektor“ richtet den Blick auf die sich verändernden Organisationen und den davon ausgehenden Wandel der Arbeits- und Beschäftigungsverhältnisse im Sektor.

„Zivilgesellschaft in Zahlen“ (ZIVIZ)[8] ist ein Projekt der Bertelsmann Stiftung, des Stifterverbandes für die Deutsche Wissenschaft und der Fritz Thyssen Stiftung mit dem Ziel, das Feld der Zivilgesellschaft in seiner Gesamtheit abzubilden und im Anschluss an die statistische Erhebung des Johns-Hopkins-Projektes in den 1990er Jahren die Datenlage zu aktualisieren.

Die zugrunde gelegten Begriffsbestimmungen beziehungsweise Zuordnungen von Organisationen zum Dritten Sektor weichen in den einzelnen Studien teilweise voneinander ab, eine vollständige Vergleichbarkeit der Daten ist somit nicht gegeben.

In der deutschsprachigen sozialwissenschaftlichen Forschung sind zudem weitere empirische und theoretische Zugänge zum Dritten Sektor zu verzeichnen (vgl. u.a.; Betzelt & Bauer 2000; Birkhölzer et al. 2005; Salamon et al. 1999) sowie Auseinandersetzungen mit Zivilgesellschaft (vgl. u.a. Bode, Evers & Klein 2009; Olk et al. 2010) und Ehrenamt (vgl. u.a. Ehrhardt 2011).

2.2 Der Dritte Sektor in Deutschland und im internationalen Vergleich

Im internationalen Vergleich unterscheiden sich die einzelnen Länder und ihre jeweiligen Dritten Sektoren sowohl anhand der Organisationen, die ihnen zugeordnet werden und deren jeweiligen anteiligen Gewichtungen als auch anhand der gesellschaftlichen Bereiche, in denen die Organisationen ihre Tätigkeiten ausüben. Diese Unterschiede sind in erster Linie historisch bedingt durch die abweichenden Entwicklungen in den einzelnen Ländern und den damit verbundenen – durch die Politik gesetzten – rechtlichen Rahmenbedingungen zu erklären. In Deutschland

8 Vgl. http://www.ziviz.info/ (abgerufen am 4. Oktober 2015).

wurden die beiden Rechtsformen des Vereins und der Stiftung im 19. Jahrhundert im Bürgerlichen Gesetzbuch festgeschrieben. Für ihre weite Verbreitung bis heute ist der Grundstein somit bereits damals gelegt worden. Vereine machen immer noch mehr als 80 Prozent der Organisationen im deutschen Dritten Sektor aus (Zimmer & Priller 2007, 47). Ähnliches gilt für weitere Dritte-Sektor-Organisationen wie gemeinnützige Genossenschaften oder die großen Sozialverbände wie etwa die Caritas oder der Paritätische Wohlfahrtsverband. Auch ihre Wurzeln reichen bis ins 19. Jahrhundert zurück. Ebenfalls aus dieser Zeit stammt die Festlegung des Haupttätigkeitsbereichs von Dritte-Sektor-Organisationen im Bereich Sozialer Dienste: durch das gesetzlich festgelegte Subsidiaritätsprinzip wurde ein Teil der staatlichen Aufgaben im sozialen Bereich den Wohlfahrtsverbänden übertragen, wobei die staatliche Finanzierung überwiegend aufrecht erhalten wurde (für weitere Ausführungen siehe: ebenda, 45 ff.).

In anderen Ländern sind die Tätigkeitsschwerpunkte teilweise anders gelagert: in den USA, den Niederlanden und Japan liegen sie etwa im Gesundheitswesen und in Argentinien, Großbritannien und Israel im Bereich Bildung und Forschung (ebenda, 41).

Durch die Besonderheit der Finanzierungsstruktur des deutschen Dritten Sektors weist dieser zudem eine starke Nähe zum Staat auf, hier unterscheidet er sich von den meisten anderen Ländern und ihren Dritten Sektoren (ebenda, 60).

Eine Besonderheit ergibt sich zudem aus der Wiedervereinigung von Ost- und Westdeutschland im Jahr 1990. Zwei unterschiedliche Gesellschaftssysteme trafen aufeinander und eine Neuorientierung war unvermeidbar. Es wurde weitestgehend das System der Bundesrepublik übernommen, was zu einem starken Wachstum des Dritten Sektors in Ostdeutschland in den 1990er Jahren führte. Mittlerweile ist der Dritte Sektor dort fest etabliert, allerdings noch nicht auf dem gleichen Stand wie in den alten Bundesländern (ebenda, 65). Das drückt sich vor allem in niedrigeren prozentualen Mitgliedschaftszahlen in Vereinen und Verbänden und geringerem ehrenamtlichen Engagement aus. Priller und Zimmer beschreiben dies als Zeichen für eine schwächere Ausprägung der Zivilgesellschaft in den neuen Bundesländern (ebenda, 71).

Fast 50 Prozent der Vereine und 60 Prozent der Stiftungen in der Bundesrepublik wurden seit den 1980er Jahren gegründet. Der Gründungsboom ebbte wieder ab und seit einigen Jahren haben sich die Neugründungen in den Bereich gemeinnütziger GmbHs verlagert.

Insgesamt spielt der Dritte Sektor auch eine wichtige Rolle als Arbeitgeber: 2008 waren etwa 2,5 Millionen Menschen im Dritten Sektor beschäftigt, davon 1,7 bis 1,9 Millionen sozialversicherungspflichtig, der Rest als freie Mitarbeiter/innen, Praktikantinnen und Praktikanten, geringfügig Beschäftigte oder Ein-Euro-

Jobber/innen (Dahte, Hohendanner & Priller 2009, 2). Der Anteil von Dritte-Sektor-Organisationen am Bruttoinlandsprodukt wird laut Statistischem Bundesamt auf vier Prozent geschätzt (vgl. Rosenski 2012, 217).

2.3 Suche nach einer Begriffsbestimmung des Dritten Sektors

Den Dritten Sektor mit seinen Organisationen exakt zu bestimmen und zu theoretisieren stellt sich aufgrund seiner verschiedenartigen Struktur als schwierig dar. Backhaus-Maul beschreibt sogar, dass es unzulässig sei von einem eigenständigen Dritten Sektor zu sprechen, da ein konstitutives gemeinsames Moment nicht erkennbar sei. Zielführender sei es, den Blick auf die Organisationen zu richten, die dem Sektor zugeordnet werden (vgl. Backhaus-Maul 2011). Auch Bauer sieht eine große Schwierigkeit, den Dritten Sektor begrifflich zu fassen: „Der ‚Dritte Sektor' als äußerst heterogener Gegenstand sperrt sich gegen die begriffliche und definitorische – im Interesse der Theoriebildung als notwendig erachtete – Systematisierung." (Bauer 2005, 108)

Bauer konstatiert, dass die Organisationen zu unterschiedlich seien, als dass sie theoretisch wirklich einheitlich gefasst werden könnten, sie unterschieden sich sowohl in Bezug auf den Grad ihrer Autonomie als auch bezüglich ihrer Nähe beziehungsweise Ferne zu Staat und Verwaltung und anderen gesellschaftlichen Kräften wie religiösen Gemeinschaften. Die Definitionen und Zuordnungen, die vorgenommen werden, seien „Vereinfachungen, Beliebigkeiten und affirmative Idealisierungen" (ebenda). Allerdings sieht Bauer in der Schwierigkeit der Theoretisierung auch eine Chance. Gerade die Unähnlichkeiten würden den Zugang zu einer Theorie des Dritten Sektors ermöglichen: Dritte-Sektor-Organisationen würden Vermittlungsleistungen zwischen dem Profit-Bereich einerseits und staatlichen Institutionen und Organisationen andererseits wahrnehmen. Bauer beschreibt dies mit dem Paradigma der „Intermediarität" (ebenda, 109). Allerdings stünde eine Analyse und Konzeptualisierung dieser Vermittlungsleistung und der Ursachen der Schwierigkeiten zur Theoretisierung noch aus, bevor der theoretische Zugang erschlossen werden könne (ebenda).

Die Feststellung, dass der Dritte Sektor ein sehr heterogenes Feld darstellt, ist zentral für das Verständnis von Dritte-Sektor-Organisationen. Dennoch muss ein Zugang gefunden werden, der eine systematische Analyse überhaupt zulässt. Dafür ist auch eine Zuordnung von Organisationen zum Dritten Sektor nach bestimmten Kriterien notwendig, darin besteht ein erster Schritt, um den theoretischen Zugang zu eröffnen. Durch die vorliegende Untersuchung wird ein Baustein der Theoretisierung von Dritte-Sektor-Organisationen geliefert, indem die in ihrem Organisationsgeschehen wirkenden Emotionen systematisch untersucht werden. Es wird deutlich, dass sich der Dritte-Sektor zwar sehr heterogen darstellt, allerdings können trotzdem Gemeinsamkeiten von Dritte-Sektor-Organisationen aufgezeigt werden. Die Vorbehalte gegenüber einer Theoretisierung des Dritten Sektors von Backhaus-Maul und Bauer werden ernst genommen, aber in ihrer Konsequenz nicht geteilt.

2.4 Zentrale Strukturprinzipien von Dritte-Sektor-Organisationen

Aufgrund der unterschiedlichen Ausgestaltung der Dritten Sektoren und der gesetzlichen und politischen Rahmenbedingungen in den einzelnen Ländern ist eine international gültige Begriffsbestimmung des Dritten Sektors und der dazugehörigen Organisationen kaum möglich. Noch nicht einmal in den Arbeiten zum deutschen Dritten Sektor gibt es eine allgemein geteilte Definition, wie an den oben genannten Positionen zu erkennen ist. Auch wenn eine einheitliche Bestimmung nicht zu finden ist, so gibt es doch zumindest Gemeinsamkeiten, bei denen die verschiedenen Ansätze weitgehend übereinstimmen. Neben der Abgrenzung von den beiden Sektoren Markt und Staat fungieren Gemeinnützigkeit, Freiwilligkeit und Ehrenamt als Kriterien, die Organisationen erfüllen müssen, um dem Dritten Sektor zugeordnet zu werden. Außerdem wird Solidarität als zugrunde liegende Handlungsmaxime benannt (vgl. Birkhölzer et al 2005; Zimmer & Priller 2007) und die Bedeutung von Werten konstatiert (vgl. Anheier 2005). Diese Strukturprinzipien werden im Folgenden weiter ausgeführt. Zunächst wird jedoch das Augenmerk auf die Definition gerichtet, die dem deutschen Teil des Johns Hopkins Projektes zugrunde liegt: hier werden konkrete Organisationen als dem Dritten Sektor zugehörig identifiziert, andere Publikationen zum Thema sind hier weniger präzise oder lassen nicht eindeutig nachvollziehen, wie sie zu ihren Zuordnungen kommen.[9] Viele der deutschen Publikationen zum Thema wurden von Personen im Umfeld des deutschen Teils des Johns Hopkins Projektes verfasst und beziehen sich

9 Das ZIVIC beispielweise berücksichtigt Glaubensgemeinschaften und Parteien und bezieht sich in seiner Definition auf das Johns Hopkins Projekt, obwohl im Original diese Organisationen für den deutschen Teil des Projektes ausgeschlossen wurden (Zimmer & Priller 2007, 34).

auf diese Definition und Klassifikation. Das Johns Hopkins Projekt entwickelte eine strukturell-operationale Definition, an denen sich die Identifikation der betreffenden Organisationen in den einzelnen Ländern orientierte:

- Formal organisiert beziehungsweise institutionalisiert: die Organisationen bräuchten einen gewissen Grad an formaler Struktur, Organisiertheit und Institutionalisierung, der bestimmten Rechtsvorschriften entsprechen könne, aber nicht müsse. Es kann sich also sowohl um formelle als auch um informelle Organisationen handeln.
- Nichtstaatlich: eine strukturelle Unabhängigkeit vom Staat sei notwendig; es könne aber zu Kooperationen und zur (teilweisen) staatlichen Finanzierung kommen.
- Nicht gewinnorientiert: eine Gewinnerwirtschaftung sei zwar möglich, diese müsse aber wieder dem Organisationszweck zugeführt werden und dürfe nicht an Privatleute ausgeschüttet werden.
- Eigenständig verwaltet: die Organisationen müssten sich selbst verwalten und einen gewissen Grad an Autonomie aufweisen, das heißt, sie dürften in ihren Entscheidungen nicht durch staatliche oder wirtschaftliche Institutionen bestimmt sein.
- Freiwillig: Die Mitgliedschaft müsse einerseits freiwillig sein (keine Zwangskörperschaft) und andererseits müssten Ehrenamtliche in die Arbeit der Organisation eingebunden sein – entweder in den Entscheidungsstrukturen oder der operationalen Arbeit. (Salamon & Anheier 1997, 33f.)

Anhand dieser Definition wurden dem deutschen Dritten Sektor folgende Organisationen zugeordnet:

- Vereine
- Stiftungen
- Einrichtungen der freien Wohlfahrtspflege
- Krankenhäuser und Gesundheitseinrichtungen in freier Trägerschaft
- gemeinnützige GmbHs und ähnliche Gesellschaftsformen
- Wirtschafts- und Berufsverbände
- Gewerkschaften
- Verbraucherorganisationen
- Selbsthilfegruppen
- Bürgerinitiativen
- Umweltschutzgruppen
- Staatsbürgerliche Vereinigungen. (Zimmer & Priller 2007, 33)

Zu dieser Zuordnung der Organisationen ist anzumerken, dass viele der genannten Organisationen auch gleichzeitig als Vereine organisiert sein können, wie etwa manche Verbraucherorganisationen, Umweltschutzgruppen oder sogar Bürgerinitiativen. Wenn man berücksichtigt, welche Rechtsformen die meisten Dritte-Sektor-Organisationen wählen, sind dies vor allem Vereine, Stiftungen, gemeinnützige GmbHs (gGmbHs), Gewerkschaften und Genossenschaften. Organisierte Vereinigungen, die sich nicht offiziell als solche eintragen lassen, können auch Selbsthilfegruppen und Bürgerinitiativen sein. Allerdings muss bei diesen von Fall zu Fall anhand ihres Institutionalisierungsgrades festgelegt werden, ob es sich um Organisationen oder nur um Initiativen handelt.

Darüber hinaus wurde der Sektor aufgrund seiner Aufgabenbereiche klassifiziert. Die Klassifikation baut auf dem ISIC System der UN (the U.N. International Standard Industrial Classification System) auf, entwickelt dieses im Laufe des Projektes aufgrund der Erfahrungen aus den von Beginn an teilnehmenden Ländern weiter zum ICNPO (the International Classification of Nonprofit Organizations). Die Aufgabenfelder von Non-Profit-Organisationen werden in zwölf verschiedene Bereiche aufgeteilt und wiederum in 24 Unterbereiche und diese wiederum in verschiedene Aktivitäten. Die zwölf Aufgabenfelder seien:

- Kultur und Erholung
- Bildungs- und Forschungswesen
- Gesundheitswesen
- Soziale Dienste und Hilfen
- Umwelt- und Naturschutz
- Entwicklung, Wohungswesen, Beschäftigungsinitiativen
- Rechtswesen, Bürger- und Verbraucherinteressen, Politik
- Stiftungswesen, Spendenwesen, allgemeine ehrenamtliche Arbeit
- Internationale Aktivitäten
- Religion
- Wirtschaftsverbände, Berufsverbände, Gewerkschaften
- Sonstiges

  (Für eine genaue Übersicht, die Unterbereiche und Aktivitäten siehe: Salamon & Anheier 1997, 70 ff.)

Auch wenn die strukturell-operationale Definition des Johns-Hopkins-Projektes so umfassend ist, dass sie die Strukturprinzipien Gemeinnützigkeit, Freiwilligkeit, Ehrenamt, Solidarität und Werte teilweise bereits einschließt, erscheint es sinnvoll, die Prinzipien in Bezug auf die Situation des deutschen Dritten Sektors detaillierter auszuführen. Sie können als zentral beschrieben werden, um Dritte-Sektor-

Organisationen in der Bundesrepublik zu identifizieren und sind eng mit den rechtlichen Rahmenbedingungen verbunden.

2.4.1 Gemeinnützigkeit

Das Strukturprinzip der Gemeinnützigkeit ist Ausdruck der Maxime, dass Dritte-Sektor-Organisationen nicht gewinnorientiert seien. Sie können zwar Gewinn erwirtschaften, müssen diesen jedoch wieder dem Organisationszweck zuführen und dürfen ihn nicht an die Mitglieder ausschütten. Im deutschen Rechtssystem ist dieses Prinzip strukturell verankert: Vereine, Stiftungen, Genossenschaften, etc. können sich durch den rechtskräftigen Zusatz „gemeinnützig" gegenüber nicht gemeinnützigen Organisationen steuerlich begünstigen lassen.[10]

Darüber hinaus impliziert Gemeinnützigkeit aber noch eine weitere Eigenschaft von Dritte-Sektor-Organisationen, die über die finanzielle Ordnung hinausweist: Gemeinnützigkeit als Organisationsprinzip kann auch bedeuten, dass die Organisationsziele gemeinwohlorientiert sind. Sie sind am Gemeinwohl ausgerichtet und somit nicht nur auf individuelle Partikularinteressen bezogen, sondern haben den Anspruch einen gesamtgesellschaftlichen Zweck zu erfüllen. Über 95 Prozent der Organisationen, die im Rahmen der Organisationsbefragung „Organisationen heute – zwischen eigenen Ansprüchen und ökonomischen Herausforderungen" befragt wurden gaben an, dass Gemeinwohlorientierung eine sehr wichtige oder wichtige Leitlinie in ihrer Arbeit sei (Priller et al. 2012, 49).

An dieser Stelle wird deutlich, wie schwierig sich eine genaue Zuordnung der einzelnen Organisationen darstellt. Sind wirklich alle Dritte-Sektor-Organisationen am Gemeinwohl orientiert? Wann ist eine Interessensvertretung in diesem Sinne gemeinnützig und wann sind die verfolgten Ziele alleiniger Ausdruck kollektiver Partikularinteressen? Zwei Beispiele können dies verdeutlichen, wenn man den Blick auf die Interessen ihrer Mitglieder richtet: Wirtschafts- und Berufsverbände sowie Selbsthilfeeinrichtungen.

Wirtschafts- und Berufsverbände stellen einen Zusammenschluss von verschiedenen Firmen oder Berufsgruppen dar, die sich durch das Bündnis eine Ver-

---

10 Durch den Status der Gemeinnützigkeit sind die Organisationen von der Körperschaftssteuer befreit und haben weitere steuerliche Vorteile. Gemeinnützigkeit ist nach §52 der Abgabenordnung (AO) folgendermaßen definiert: „(1) Eine Körperschaft verfolgt gemeinnützige Zwecke, wenn ihre Tätigkeit darauf ausgerichtet ist, die Allgemeinheit auf materiellem, geistigem oder sittlichem Gebiet selbstlos zu fördern." http://www.gesetze-im-internet.de/ao_1977/__52.html (abgerufen am 4. Oktober 2015).

besserung ihrer wirtschaftlichen Lage erhoffen. Somit ist zwar die organisationale Struktur des Zusammenschlusses nicht gewinnorientiert, aber die Interessen ihrer Mitglieder sind es nach wie vor. Es geht ihnen ausschließlich um die Verfolgung ihrer erwerbswirtschaftlichen Partikularinteressen, nicht aber um die Verbesserung gesamtgesellschaftlicher Bedingungen, eine Gemeinwohlorientierung ist somit nicht erkennbar.

Anders stellt sich die Lage bei Selbsthilfegruppen dar: sie finden sich zwar ebenfalls aufgrund von Partikularinteressen zusammen, beispielweise der Überwindung von Suchtverhalten oder der gegenseitigen Anteilnahme an Krankheiten oder anderen schwerwiegenden und gegebenenfalls traumatischen Erfahrungen. Die Partikularinteressen sind jedoch nicht an Profitmaximierung ausgerichtet. Außerdem verfolgen Selbsthilfegruppen gemeinhin auch den Anspruch gesamtgesellschaftliche Prozesse anzustoßen, um Verständnis und Toleranz gegenüber besonderen Lebenslagen wie Suchtkrankheiten oder anderen besonderen Lebenslagen gesellschaftlich zu verankern. Das Ziel besteht darin, dass die Menschen nicht isoliert werden, sondern in eine Gemeinschaft eingebunden sind – sowohl in der Selbsthilfegruppe, als auch darüber hinaus.

Aufgrund dieses Verständnisses von Gemeinnützigkeit auch als Verankerung der Gemeinwohlorientierung in den Organisationszielen, wurde darauf verzichtet, Berufs- und Wirtschaftsverbände in der vorliegenden Untersuchung zu berücksichtigen.[11] Zwar können sie auch gemeinwohlorientierte Ziele verfolgen, indem vermeintliche Frauenberufe für Männer geöffnet werden sollen und umgekehrt und die jeweiligen Berufsverbände hier initiativ aktiv werden. Allerdings führt die Verfolgung einzelner gemeinwohlorientierter Ziele nicht dazu, dass die gesamte Zielsetzung der betreffenden Organisation am Prinzip Gemeinnützigkeit ausgerichtet ist.

2.4.2 Solidarität und Werte

Das oben beschriebene Prinzip der Gemeinnützigkeit als Gemeinwohlorientierung ist eng mit dem Handlungsprinzip der Solidarität verbunden. Solidarität stellt eine genuine Logik des Dritten Sektors dar,[12] bei der die Handlungen der Akteure an einer gegenseitigen Hilfestellung und dem Gemeinwohl ausgerichtet seien, sie koordinieren die Handlungen und sind ein wichtiges Motiv für das Engagement der

---

11 Ihre Verortung wird im Sektor des Marktes vermutet.

12 „Solidarität“ und „Sinnstiftung“ im Dritten Sektor gegenüber „Hierarchie“ und „Macht“ im staatlichen Sektor und „Wettbewerb“ und „Tausch“ im Markt (Zimmer & Priller 2007, 16).

Mitglieder (vgl. Zimmer & Priller 2007, 16). Solidarität kann somit als Handlungslogik verstanden werden, die eine praktische Umsetzung des Kriteriums der Gemeinnützigkeit in Bezug auf die Organisationsziele im Handeln der Organisationsmitglieder darstellt. Die Ergebnisse der Datenanalyse zeigen in Kapitel 6 ein detailliertes Bild der Zusammenhänge von Solidarität in den Dritte-Sektor-Organisationen und die Zusammenhänge mit Emotionen auf. Darüber hinaus sind Werte zentral: "At the same time nonprofit organizations are different not only because of the non-distribution constraint but also because values (religious, political, humanitarian, moral) are a distinct feature of many." (Anheier 2005, 41)

Werte können entweder als ideelle Ziele in den Organisationszielen festgeschrieben sein oder aber informell verbindlich sein – sie stellen immer auch eine Handlungsorientierung für die Organisationsmitglieder dar.

2.4.3 Freiwilligkeit und Ehrenamt

Über die Prinzipien der Gemeinnützigkeit, Solidarität und Werte hinaus sind Dritte-Sektor-Organisationen in ihrer Struktur zudem von der Handlungsmaxime Freiwilligkeit und dem sozialen Prinzip Ehrenamt bestimmt. Unter Freiwilligkeit ist hier zu verstehen, dass die Mitgliedschaft in der Organisation wahlfrei ist und es sich nicht um eine Zwangsmitgliedschaft handelt – wie etwa in den Verfassten Studierendenschaften von Hochschulen. Dieses Prinzip entspricht dem Kriterium der Freiwilligkeit der Johns-Hopkins-Definition. Darüber hinaus haben Dritte-Sektor-Organisationen ehrenamtlich engagierte Mitglieder, wobei die Tätigkeit verschiedener Ausprägung sein kann: es kann sich dabei um das Innehaben und Ausüben von Ämtern (im Stiftungsrat oder Vereinsvorstand) oder aber um freiwillige – teilweise lose angebundene – Aktivitäten handeln, die nicht an Ämter gebunden sind. Unter Ehrenamt wird Ehrhardt folgend verstanden:

> Tätigkeiten, die (1.) freiwillig, (2.) nicht auf Entgelt ausgerichtet sind, (3.) auch zugunsten familienfremder Personen erfolgen, (4.) im Rahmen von Organisationen oder <verfestigten> Gruppen erbracht werden sowie (5.) sich nicht auf einige wenige Situationen beschränken, sondern sich über einen gewissen Zeitraum erstrecken, werden im Folgenden als ehrenamtliches, freiwilliges oder bürgerschaftliches Engagement bezeichnet (vgl. zum Beispiel Kohli/Künemund 1996; Roth/Simoneit 1993). (Erhardt 2011, 15)

Liebig & Rauschenbach beschreiben in diesem Zusammenhang, dass freiwilliges Engagement seinen „originären, identitätsstiftenden Ort im Dritten Sektor [hat]“ (Liebig & Rauschenbach 2010, 261), was vor allem darauf zurückzuführen ist, dass sich Menschen ursächlich zusammentun und somit engagieren, um im Privaten erlebte Problematiken gemeinsam mit anderen anzugehen. Liebig & Rauschenbach verweisen hier auf Habermas:

> Die Zivilgesellschaft setzt sich aus jenen mehr oder weniger spontan entstandenen Vereinigungen, Organisationen und Bewegungen zusammen, welche die Resonanz, die die gesellschaftlichen Problemlagen in den privaten Lebensbereichen finden, aufnehmen, kondensieren und lautverstärkend an die politische Öffentlichkeit weiterleiten. (Habermas 1992, 443, zitiert nach: Liebig & Rauschenbach 2010, 265)

Die Bedeutung des Ehrenamtes für den Dritten Sektor wird deutlich, wenn man den Umfang betrachtet, in dem ehrenamtliche Tätigkeit in Dritte-Sektor-Organisationen stattfindet. Zimmer & Priller beschreiben,[13] dass dem Arbeitsumfang von drei Vollzeitbeschäftigten hauptamtlichen Arbeitskräften der Arbeitsumfang von zwei Ehrenamtlichen (äquivalent zur Vollzeitbeschäftigung) gegenüberstünden, insgesamt kann das Engagement der Ehrenamtlichen auf den Gegenwert von ungefähr einer Million Beschäftigten beziffert werden (Zimmer & Priller 2007, 59f.).

Der Umfang des Ehrenamtes stellt sich dabei je nach Aufgabenbereich und Organisationstyp sehr unterschiedlich dar: prozentual sind die meisten Ehrenamtlichen im Bereich Kultur und Erholung anzutreffen, nämlich ungefähr 50 Prozent aller Ehrenamtlichen im Dritten Sektor. Zum größten Teil handelt es sich hierbei um Sportvereine. Gemessen am Verhältnis von Haupt- zu Ehrenamtlichen spielen Ehrenamtliche außerdem in den Bereichen Umwelt- und Naturschutz, Bürger- und Verbraucherinteressen und Stiftungen eine wichtige Rolle. Unterdurchschnittlich vertreten sind Ehrenamtliche in den Bereichen Bildung und Forschung, Gesundheitswesen und Soziale Dienste.

---

13 Beruhend auf Zahlen aus dem Jahr 1995, die im Rahmen des Johns-Hopkins-Projekts erhoben wurden.

Tabelle 1: Ehrenamtliche im Non-Profit-Sektor

Bereich	Ehrenamtliche in Tausend	In Prozent
Kultur und Erholung	5.866	50,7
Bildung und Forschung	330	2,9
Gesundheitswesen	1.318	11,4
Soziale Dienste	1.187	10,2
Umwelt- und Naturschutz	857	7,4
Wohnungswesen und Beschäftigung	132	1,1
Bürger- und Verbraucherinteressen	725	6,2
Stiftungen	198	1,7
Internationale Aktivitäten	396	3,4
Wirtschafts- und Berufsverbände	593	5,1
Insgesamt	16.678	100

Datenbasis: Johns Hopkins Comparative Nonprofit Sector Project, Teilstudie Deutschland
Quelle: Zimmer & Priller 2007, Tabelle 4.2.2.1, 59

2.4.4 Strukturelle Merkmale von Dritte-Sektor-Organisationen

Auch wenn die Definition des Dritten Sektors des Johns-Hopkins-Projekts sehr umfassend und elaboriert erscheint, so sollte sie mithilfe von neuen empirischen Arbeiten stets kritisch überprüft werden. Eine Zuordnung der jeweiligen Organisationen zum Dritten Sektor ist nicht immer eindeutig. Es ist aber zentral, dass es sich um Organisationen handelt, die einer originär eigenen Logik folgen, die sich nicht nach den Prinzipien von Staat und Markt richtet, sondern nach eigenen Grundsätzen, die am besten mit Gemeinwohlorientierung und Solidarität betitelt werden können. Schon aufgrund ihrer eigenen Logik sind sie einem eigenen Sektor – dem Dritten Sektor – zuzuordnen und erfüllen eine genuine gesellschaftliche Funktion.

In der vorliegenden Untersuchung wird aufgrund ihrer empirischen und theoretischen Elaboriertheit auf die Begriffsbestimmung des Johns Hopkins Projektes weitgehend zurückgegriffen sowie auf die Ergänzungen, die durch die zentralen Strukturprinzipien Gemeinnützigkeit, Solidarität, Werte, Freiwilligkeit und Ehrenamt ausgeführt wurden. Aufgrund des Verständnisses von Gemeinnützigkeit als Gemeinwohlorientierung wird auf die Berücksichtigung von Berufs- und Wirtschaftsverbänden verzichtet. Ein Anspruch auf Vollständigkeit wird nicht erhoben, nicht zuletzt, da auch der Dritte Sektor einem stetigen Wandel unterworfen ist.

Die vorliegende Untersuchung ist aufgrund der gewählten Methodik nicht darauf ausgelegt den Dritten Sektor in seiner Gänze und repräsentativ abzubilden, somit wurden nicht alle Bereiche systematisch berücksichtigt. Es geht hier weniger darum, die definitorisch gezogenen Grenzen zu überprüfen und gegebenenfalls anzupassen. Der Blick wird vielmehr nach innen auf das Geschehen in den dort angesiedelten Organisationen und die damit verbundenen Emotionen gerichtet. Die beschriebenen Prinzipien liefern erste Hinweise darauf, welche Strukturbesonderheiten Dritte-Sektor-Organisationen aufweisen.

Vor allem das Nebeneinander von Haupt- und Ehrenamtlichen in einer Organisationsstruktur ist hier zu nennen, worin sich Dritte-Sektor-Organisationen fundamental von Organisationen des Marktes abgrenzen. Die eigenständige Organisationsstruktur – etwa formal als Stiftung, Verein oder auch Gewerkschaft – unterscheidet sie wiederum von Organisationen und Institutionen des Staates. Allerdings gibt es keine typische Struktur, der alle Organisationen zugeordnet werden können. Dritte-Sektor-Organisationen unterscheiden sich unter anderem anhand des Finanzvolumens, über das sie verfügen, der Anzahl ihrer Beschäftigten sowie der Anzahl ihrer Mitglieder (vgl. Tabelle 2). Deutlich wird, dass die meisten Organisationen über eine geringe Anzahl von Beschäftigten und eher geringe Finanzmittel verfügen. Darüber hinaus haben nur weniger als ein Drittel der Organisationen mehr als 500 Mitglieder.

Aufgrund der Vielfältigkeit lässt sich kein einfaches Modell eines Idealtyps entwickeln. Eine Schablone, die schemenhaft auf alle Dritte-Sektor-Organisationen gelegt werden kann, gibt es nicht. Tschirhart & Bielefeld beschreiben in diesem Kontext, wie wichtig es sei, den Blick auf die Beziehungen von internen und äußeren Aspekten der Organisationen zu richten:

> Nonprofit structure does not exist in a vacuum of course, and it is important to understand its relationship to other aspects of the organization. Most of the writing about organizations, by both practioners and academics, is organized around the essential elements of all organizations, including structure. As Figure 4.2 shows, structure (formal and informal) connects to goals and strategy, work and (63) technology, and people. (Tschirhart & Bielefeld 2012, 62f.)

Im Folgenden wird noch deutlich werden, dass zwar keine Schablone, sehr wohl aber typische Strukturen und Prozesse zu identifizieren sind – in diesem Fall wird der Blick besonders auf die damit verbundenen Emotionen, aber auch Zusammenhänge von Vertrauen und Solidarität in den Organisationen gerichtet. Bevor dies weiter vertieft wird, wird der Blick zunächst erneut auf die Einbettung der Organisationen in die Gesellschaft gerichtet: es wird kurz darauf eingegangen, dass bei weitem nicht alle Dritte-Sektor-Organisationen im allgemeinen Verständnis als gemeinwohlorientiert gelten. Außerdem wird skizziert, mit welchen Herausforderungen Non-Profit-Organisationen aufgrund aktueller gesellschaftlicher Entwicklungen konfrontiert sind.

Tabelle 2: Organisationsgröße nach Beschäftigung, Finanzvolumen und Mitgliedschaft (in %)

Anzahl der Beschäftigten (in Organisationen mit Beschäftigten)			
1 bis 5	6 bis 20	21 bis 100	Mehr als 100
40	26	21	13

Finanzvolumen		
0 bis 100.000 €	101.000 bis 1 Mio. €	Mehr als 1 Mio. €
54	24	22

Anzahl der natürlichen Mitglieder (in Mitgliederorganisationen*)		
1 bis 50	51 bis 500	Mehr als 500
27	50	23

**Vereine und Genossenschaften*
Datenbasis: Organisationen heute 2011/2012; n= 3.001/2.749
Quelle: Priller et al. 2012, Tabelle 3.2, 15

2.5 Schattenseiten Dritter-Sektor-Organisationen

Dritte-Sektor-Organisationen sind gemeinhin sehr positiv – auch normativ – besetzt, ihnen wird eine sozialintegrative Funktion zugeschrieben, die den gesellschaftlichen Zusammenhalt fördert. Zudem wird ihnen eine gesellschaftlich innovative Funktion beigemessen. Es sollte jedoch nicht unerwähnt bleiben, dass sie auch intern und extern negative Funktionen entfalten können (vgl. Stecker & Nährlich 2005).

Die ihnen zugeschriebene Rolle als „Hüter des Gemeinwohls" trifft bei weitem nicht immer zu, das kann sich etwa in ihren Organisationszielen manifestieren. Auch rechtsextreme oder linksextreme organisationale Zusammenschlüsse können fremdenfeindlich oder auf andere Art gegen die gesellschaftliche Ordnung gerichtet sein. Intern kann dies dazu führen, dass sich ihre Mitglieder immer weiter von der Mehrheitsgesellschaft entfernen – organisationsintern können die Mitglieder aber trotzdem immer weiter integriert werden. So lange die betreffenden Organisationen den im vorherigen Abschnitt dieses Kapitels beschriebenen Kriterien entsprechen und nicht vom Verfassungsschutz verboten sind, können sie offiziell als Teil des Dritten Sektors gelten. Allerdings stellt sich in diesem Zusammenhang die Frage, wer Gemeinnützigkeit beziehungsweise Gemeinwohlorientierung definiert. In letzter Instanz tut dies der Staat, wenn er Gemeinnützigkeit gewährt oder verweigert. Beispielhaft wird das Dilemma an der Bürgerbewegung Pegida deutlich. Die Anhänger/innen würden die Bewegung sicherlich als gemeinwohlorientiert beschreiben, Mitglieder von ProAsyl oder der Antifa sehen dies sicherlich anders.

Stecker & Nährlich beschreiben das Dilemma anhand des Vereins „Hilfsorganisation für nationale politische Gefangene und deren Angehörige e.V.", die als soziale Hilfsorganisation gelten könne und gleichzeitig eine der bedeutendsten und größten rechtsextremen Organisationen der Bundesrepublik sei (ebenda, 189). Aber auch wenn die betreffenden Organisationen nicht als eingetragene Vereine auftreten, sondern einen eher informellen Organisationsgrad aufweisen, könnten sie Teil des Sektors sein. Als solche Organisationen könnten etwa „Kameradschaften" oder „Freie Nationalisten" gelten (ebenda).

Allerdings entsprechen diese Organisationen und Bewegungen wohl nicht dem, was gemeinhin unter Gemeinwohlorientierung verstanden wird. Die Schwierigkeit resultiert vor allem daraus, dass solche Organisationen in der Analyse normalerweise nicht bedacht werden, indem gemeinhin angenommen wird, dass Dritte-Sektor-Organisationen philanthropische Ziele verfolgen. Die Frage stellt sich nun, ob dies wirklich immer der Fall sein muss und wer im Zweifel die Definitionsmacht erhält: die Organisationsmitglieder oder die Öffentlichkeit? In ihrer eigenen ideologischen Weltsicht würden die genannten rechtsextremen Organisationen sich selbst vermutlich eine Gemeinwohlorientierung zuschreiben, auch wenn die allgemeine öffentliche Meinung diese Sichtweise nicht teilt. Wie mit derartigen Organisationen definitorisch umzugehen ist, wird die Wissenschaft sicherlich noch weiter beschäftigen.

Auch andere Organisationen des Dritten Sektors wie Stiftungen geraten in die Kritik, allerdings weniger aufgrund einer Ablehnung der gesellschaftlichen Ordnung. Vielmehr wird ihnen mitunter fehlende Transparenz vorgeworfen. Im Zuge des Ankaufs von Steuerdaten-CDs aus der Schweiz sind auch Stiftungen in die Kritik geraten Steuern zu hinterziehen. Über die Gründe kann spekuliert werden: versuchen hier eventuell Privatpersonen durch Stiftungsgründungen ihr Geld am deutschen Fiskus vorbei ins Ausland zu schaffen? Auch Unternehmen nutzen vermehrt die Gründung von Stiftungen, um die Firma anschließend der Stiftung zu überschreiben.[14] Über die Intentionen kann gemutmaßt werden. Zwar werden Stiftungen bei ihrer Gründung von der Stiftungsaufsicht begutachtet und unterstehen ihr auch in der Folge. Allerdings wird die Kontrolle durch Staat und Öffentlichkeit oftmals als unzureichend kritisiert – steuerliche Begünstigungen erhalten sie aber weiterhin.

Viele Stiftungen allerdings sind sich der öffentlichen Wirkung derartiger Vorgänge offenbar bewusst: 64 Prozent bedienen sich konkreter Maßnahmen zur Herstellung von Transparenz, allerdings ist dies vergleichsweise gering im Vergleich zu anderen Organisationstypen (92 Prozent der gGmbHs, 90 Prozent der Genossenschaften und 88 Prozent der Vereine) (Priller et al. 2012, 38). Dies ist vermutlich vor allem darauf zurückzuführen, dass Vereine und Genossenschaften ihren Mitgliedern gegenüber rechenschaftspflichtig sind.

2.6 Herausforderungen für Dritte-Sektor-Organisationen

Es kann generell als unbestritten gelten, dass Dritte-Sektor-Organisationen zentrale gesellschaftliche Aufgaben übernehmen und ihnen damit einhergehend eine sozialintegrative Funktion zukommt. Die Organisationen werden gemeinhin als sozialer Kitt der Gesellschaft verstanden und in diesem Zusammenhang als „Ge-

14 Vgl. „Milliardenschwer und steuerbegünstigt. Wer kontrolliert die Stiftungen?“ von Matthias Holland-Letz, Deutschlandfunk, 23.10.2012, http://www.dradio.de/dlf/sendungen/ dasfeature/1859553/ (abgerufen am 4. Oktober 2015).

heimwaffe“ bei gesellschaftlichen Problemen angesehen. Der Staat erwartet von ihnen eine Beihilfe zur Problemlösung (Priller et al. 2012, 9).

Die Erwartungen, die damit einhergehend an die Organisationen gestellt werden, können jedoch häufig als überzogen gelten:

> Weder ist die steuerrechtliche Gemeinnützigkeit ein (alleiniger) Garant für das Erfüllen bestimmter positiver Funktionen und das Zustandekommen positiver externer Effekte, noch stellen Engagement und Dritter Sektor eine ‚Generallösung‘ für alle gesellschaftlichen Probleme dar. (Stecker & Nährlich 2005, 195f.)

Zielführend ist vielmehr, die Wirkungsweisen der Organisationen differenziert zu betrachten und zu bewerten; nicht zuletzt ist dies geboten, wenn man auch ihre „Schattenseiten“ einbezieht.

Die Zuschreibungen und teilweise überzogenen Erwartungen – verbunden mit aktuellen gesellschaftlichen Entwicklungen – stellen die Organisationen vor große Herausforderungen. Sie sind vermehrt Professionalisierungsanforderungen und Rationalisierungsdruck ausgesetzt, der vor allem auf veränderte Finanzierungsstrukturen zurückgeführt werden kann. Auch die Einbindung von Ehrenamtlichen ist in weiten Teilen eine große Herausforderung für die Organisationen. Ein immer weiteres Auseinanderdriften der Erwartungen an die Organisationen und dem, was sie tatsächlich leisten können, ist zu beobachten.

2.6.1 Professionalisierungsanforderungen und Finanzierungsdruck

Verschiedene gesellschaftliche Entwicklungen können für veränderte Rahmenbedingungen verantwortlich gemacht werden, innerhalb derer Dritte-Sektor-Organisationen ihren Aufgaben nachkommen.

Ein großer Teil der betreffenden Organisationen ist in ihrer Finanzierung maßgeblich von staatlichen Geldern abhängig. Die finanziellen Mittel werden jedoch in vielen Bereichen zunehmend abgebaut, das betrifft vor allem die institutionelle Förderung. Die Vergabe von Geldern wird an immer strengeren Kriterien ausgerichtet und ist in erster Linie projektgebunden. Die Organisationen finden sich vermehrt im Wettbewerb mit anderen Organisationen wieder, die im gleichen Bereich tätig sind (Alscher et al. 2013, 2). Das führe nicht zuletzt zu Spannungen zwischen den Organisationen, aber auch zwischen Organisationen und Staat (ebenda). Immer mehr Organisationen versuchen deshalb eigene Mittel zu akquirieren, etwa indem sie Dienstleistungen anbieten. Viele greifen auch vermehrt auf betriebswirtschaftliche Instrumente (Qualitätsmanagement, Controlling) zurück.[15] Als Folge der finanziellen Unsicherheit wird es für die Organisationen zunehmend schwierig, langfristig zu planen.

Auch an den Beschäftigungsbedingungen im Dritten Sektor gehen diese Veränderungen nicht spurlos vorüber: vor allem befristete Beschäftigungsverhältnisse, Teilzeitarbeit und geringfügige Beschäftigungen nehmen zu. Zwei Drittel der Neueinstellungen sind befristet und der Anteil von Teilzeitarbeit ist von 29 Prozent (1996) auf 49 Prozent (2008) gestiegen (Dahte, Hohendanner & Priller 2009, 2f.). Von diesen Entwicklungen sind vor allem Frauen betroffen, die den größeren Anteil der Beschäftigten im Dritten Sektor darstellen (ebenda, 3).

Zwar stellen Non-Profit-Organisationen nach wie vor einen bedeutenden Anteil an bezahlten und unbezahlten Beschäftigungsverhältnissen, die hohen Erwartungen, dass der Dritte Sektor eine zunehmend wichtige Rolle als Arbeitgeber spielen würde (Zimmer & Priller 2007, 27) scheinen jedoch nach unten korrigiert werden zu müssen. Dahte, Hohendanner & Priller beschreiben die Gefahr, dass sich der Dritte Sektor in einen Niedriglohnsektor verwandele, was wiederum negative Folgen für seine Leistungsfähigkeit mit sich brächte (Dahte, Hohendanner & Priller 2009, 5).

Priller et al. sehen den zivilgesellschaftlichen Kern des Sektors gefährdet, da die Organisationen sich zunehmend an den Arbeitsprinzipien von marktwirtschaftlichen Unternehmen orientieren würden (Priller et al. 2012, 42). Auch die Veränderung des Sektors in seiner Rolle als Arbeitgeber kann hier eine negative Wirkung entfalten. Dennoch scheint es sich zunächst nur um erste Tendenzen zu handeln, ein vollständiger Wandel hat noch nicht stattgefunden: die Organisationen beschreiben sich weiterhin als am Gemeinwohl ausgerichtet (Alscher et al. 2013, 4).

2.6.2 Einbindung von Ehrenamtlichen

Auch wenn ein direkter Zusammenhang an dieser Stelle nicht belegt werden kann, ist zumindest zu vermuten, dass auch die zunehmende Orientierung an marktwirtschaftlichen Prinzipien für Organisationen teilweise zu Schwierigkeiten führt, ausreichend Ehrenamtliche für ihre Arbeit zu gewinnen. Die Organisationen selbst beschreiben ein schwindendes Gemeinschaftsgefühl und Überalterung; es sei be-

15 Vgl. „Gemeinnützige Organisationen in der Rationalisierungsfalle", Pressemitteilung des WZB vom 31.07.2012, http://www.wzb.eu/de/pressemitteilung/gemeinnuetzige-organisationen-in-der-rationalisierungsfalle (abgerufen am 4. Oktober 2015).

sonders schwierig, junge Menschen für die ehrenamtliche Arbeit zu gewinnen (ebenda, 2). Ein zurückgehendes Gemeinschaftsgefühl könnte ein Hinweis dafür sein, dass die Handlungsmaxime Solidarität, die für den Dritten Sektor als konstitutiv benannt wird, ebenfalls im Rückgang begriffen ist.

Abnehmende Zahlen von Ehrenamtlichen bedrohen den Sektor in seiner Leistungsfähigkeit: für 89 Prozent der Vereine, 84 Prozent der Genossenschaften und 75 Prozent der Stiftungen ist ehrenamtliches Engagement existenzsichernd (Priller et al. 2012, 22). Vor allem Vereine (80 Prozent) und Genossenschaften (75 Prozent) hätten vermehrt Schwierigkeiten, ihre ehrenamtlichen Gremien zu besetzen (ebenda, 23). Allerdings zeigen aktuelle Zahlen, dass die Bereitschaft zu Engagement und Engagement insgesamt leicht zunehmen: 1999 waren noch 34 Prozent der Bevölkerung in der Bundesrepublik ab 14 Jahren engagiert, 2004 und 2009 waren es bereits 36 Prozent. 2009 gaben 37 Prozent die Auskunft, dass sie eventuell oder bestimmt bereit wären sich zu engagieren, gegenüber 32 Prozent in 2004 und 26 Prozent in 1999.[16] Allerdings wird hier nicht nur das Engagement in originären Dritte-Sektor-Organisationen erfasst, sondern auch in Kirchen oder anderen religiösen Institutionen und in staatlichen oder kommunalen Einrichtungen. Sich an diesen Zahlen orientierend wird eine leicht steigende Tendenz von ehrenamtlich Engagierten in den Jahren von 2012 bis 2015 verzeichnet: von 12,21 Millionen Engagierten ab 14 Jahren im Jahr 2012 über 12,67 Millionen in 2013 und 12,96 Millionen in 2014 hin zu 13,44 Millionen in 2015.[17] Es wird allerdings nicht genau spezifiziert, in welchen Organisationen das Engagement stattfindet, es wird nur offen nach Bürgerinitiativen, Sportvereinen, sozialen Organisationen oder Ähnlichem gefragt.

Es bleibt an dieser Stelle offen, ob und vor allem in welchen Bereichen ehrenamtliches Engagement im Dritten Sektor tatsächlich im Rückgang begriffen ist oder es aber zunimmt. In diesem Zusammenhang stellt sich die Frage, ob Solidarität als Handlungsmaxime schwindet oder eine steigende Tendenz verzeichnet. Neuere Zahlen deuten eher in Richtung zunehmenden Engagements. Trotzdem beschreiben viele Organisationen, dass es schwierig sei ausreichend Engagierte zu gewinnen. Hierin bestehen große Herausforderungen für viele Organisationen, um ihre Aufgabenerfüllung zu gewährleisten.

---

16 Vgl. Statista: „Freiwilliges Engagement und Bereitschaft zum freiwilligen Engagement in Deutschland in den Jahren 1999, 2004 und 2009“, https://de.statista.com/statistik/daten/studie/191057/umfrage/freiwilliges-engagement-der-bevoelkerung--in-deutschland/ (abgerufen am 9. März 2016).

17 Vgl. „Anzahl der Personen in Deutschland, die ehrenamtlich tätig sind, von 2012 bis 2015 (in Millionen)“, http://de.statista.com/statistik/daten/studie/173632/umfrage/verbreitung-ehrenamtlicher-arbeit/ (abgerufen am 9. März 2016).

2.7 Ausblick: Emotionen in Dritte-Sektor-Organisationen

Viele Dritte-Sektor-Organisationen sind auf ehrenamtliches Engagement unbedingt angewiesen, um ihre Organisation am Laufen zu halten und die angestrebten Aufgaben zu erfüllen. Zum einen ist in diesem Zusammenhang relevant, wie Engagierte in die Organisationen erfolgreich eingebunden werden können und neue Freiwillige für die Mitarbeit gewonnen werden können. Zum anderen erlauben weiterführende Erkenntnisse über das organisationsinterne Geschehen von Dritte-Sektor-Organisationen auch Hinweise darauf, wie die Funktionsfähigkeit von Organisationen insgesamt verbessert werden kann.

Wie in Kapitel 7 dieser Arbeit ausgeführt wird, kommen Emotionen im Organisationsgeschehen generell eine wichtige Bedeutung zu. Obwohl in der Forschung lange Zeit das Ideal rationaler Organisationen vorherrschte, kann es mittlerweile als überholt gelten. Aktuelle Forschung zu Dritte-Sektor-Organisationen klammert die Bedeutung von Emotionen jedoch immer noch weitgehend aus. Tschirhart & Bielefeld beschreiben zwar, dass Non-Profit-Organisationen nicht alleinig rational und vorhersehbar arbeiten würden und die Organisationsstruktur auch durch politische und strategische sowie kulturelle und institutionelle Faktoren beeinflusst würde:

> Organizations, including nonprofits, seek to be rational and to design their structure for efficiency and effectiveness. Organizational design, however, is a far from simple process with predictable outcomes. [...] Structure is also affected by the politics of strategy formation and cultural and institutional factors. (Tschirhart & Bielefeld 2012, 76)

Emotionen als wichtigen Einflussfaktor nennen sie nicht. Die Organisationsforschung ist hier jedoch schon viel weiter und Emotionen werden unter anderem in der Emotionssoziologie prinzipiell berücksichtigt, wie in Kapitel 7 zu sehen ist.

Neuere Studien zu Non-Profit-Organisationen beobachten aktuelle Entwicklungen im Dritten Sektor, die Hinweise darauf liefern, welche Rolle Emotionen im Organisationsgeschehen von Dritte-Sektor-Organisationen spielen. Sie erfassen Emotionen jedoch nicht als eigenständige Analysekategorie. Der Professionalisierungsdruck und die zunehmende finanzielle Unsicherheit haben Leistungsdruck und Überforderung sowie Arbeitsunzufriedenheit für die Beschäftigten zur Folge (Dahte, Hohendanner & Priller 2009, 5, sie verweisen auf Haubl/Voß 2009). Je mehr Zufriedenheit und Bindung an die Organisation abnehmen, desto geringer wird allerdings auch die Integrationsleistung der Organisationen.

> Aus dieser Perspektive sind Vereine fragile Gebilde, denn die Mitglieder können sich von den Organisationen abwenden, ebenso wie die Organisation sich von den Mitgliedern ‚entfremden' kann. Die Einbindung der Mitglieder erfolgt nach Knoke/Prensky (1984) eher durch normative und emotionale Faktoren. (Ehrhardt 2011, 70)

Was die Berücksichtigung von „Arbeitszufriedenheit" und „emotionalen Faktoren" in der Analyse von Dritte-Sektor-Organisationen genau bedeutet, wird nicht weiter ausgeführt. Wenn man nun, wie in der vorliegenden Untersuchung, den Blick auf die Emotionen im Organisationsgeschehen richtet und systematisch und explorativ untersucht, ist mit neuen Erkenntnissen zur Wirkung von Emotionen im Organisationsgeschehen von Dritte-Sektor-Organisationen zu rechnen. Die Untersuchungsergebnisse, die in Kapitel 5, 6 und 7 ausgeführt sind, zeigen die Bedeutung von Emotionen – im Zusammenspiel mit Vertrauen und Solidarität – auf. Nicht zuletzt können so Antworten darauf gefunden werden, wie Arbeitszufriedenheit hergestellt, Ehrenamtliche für ihr Engagement motiviert und Organisationsmitglieder in ihre Organisationen integriert werden.

Ein Zugang zu den Emotionen, die innerhalb der Organisationen wirksam sind, wird über ein offenes qualitatives Verfahren erlangt. Im folgenden Kapitel wird das für diese Untersuchung gewählte Forschungsverfahren der Qualitativen Heuristik vorgestellt und mit dem in der Sozialforschung gängigsten qualitativen Verfahren, der Grounded Theory, kontrastiert. Es werden zahlreiche Übereinstimmungen deutlich, aber auch Unterschiede, die belegen, dass die Qualitative Heuristik in vielen Aspekten das elaboriertere Verfahren darstellt.

3

Theoriegenerierende Forschungsverfahren

Die Erfolgsgeschichte der Grounded Theory spricht für sich: seitdem die Methodologie von Glaser und Strauss in „Discovery of Grounded Theory“ (1967) zum ersten Mal umfassend beschrieben wurde, hat sie sich kontinuierlich zum meistverwendeten qualitativen Verfahren entwickelt. Es mag zwar das bekannteste Forschungsverfahren sein, das Theorieentwicklung als zentrales Ziel benennt – es ist bei weitem nicht das Einzige. Neben der sozialwissenschaftlichen Hermeneutik (Soeffner 2010, 173) können hier auch die Ethnographie und die Heuristische Sozialforschung (vgl. Krotz 2005) genannt werden. Vor allem das Forschungsverfahren der Heuristischen Sozialforschung (oder auch: Qualitativen Heuristik, vgl. Kleining 1982, 1994, 1995) weist zahlreiche Übereinstimmungen mit der Grounded Theory auf. In der Entwicklung bezog sich Kleining teilweise auf Glaser und Strauss, mit dem Anspruch ein elaborierteres Verfahren zu entwickeln (Kleining 1994, 191). Wie im Folgenden dargelegt wird, verweist die Qualitative Heuristik auf weitere klassische methodische Verfahren und verbindet alle zu einer systematischen Methodologie mit zu verfolgenden Prinzipien und Regeln im Forschungsprozess. Die Qualitative Heuristik ist ein sehr fundiertes und systematisches Verfahren, das in seiner Präzision und Komplexität über die Grounded Theory hinausweist.

Krotz erörtert, dass beide Verfahren aufgrund ihrer Verwandtschaft einem Typ von Forschungsverfahren zugeordnet werden können.[18] Dieser Argumentation wird hier gefolgt und beide theoriegenerierende Verfahren werden in ihren theoretischen Begründungen, Prinzipien und Regeln und ihrem praktischen Vorgehen im Forschungsprozess dargestellt und anschließend ihre Gemeinsamkeiten und Unterschiede aufgezeigt.

Die Heuristische Sozialforschung ist angetreten, ein über die Grounded Theory hinausgehendes Verfahren zu entwickeln. Deshalb sollte die Methodologie auch einen prominenten Platz in der wissenschaftlichen Auseinandersetzung mit der Grounded Theory eingeräumt bekommen. Im Folgenden wird argumentiert, dass der Begriff der Grounded Theory, der die verschiedenen Grounded Theory Methodologien beschreibt, um eben dieses Verfahren erweitert werden sollte. Es wird dabei aber nicht infrage gestellt, dass die Heuristische Sozialforschung ein eigenständiges Forschungsverfahren darstellt, wie Krotz es beschreibt:

> Die Heuristische Sozialforschung ist deshalb erstens eine Abstraktion und Radikalisierung der Grounded Theory, insofern sie deren Regeln weiter entwickelt. Zweitens ist sie

18 Krotz (2005) führt detailliert aus, dass beide Arten des methodischen Vorgehens – neben der Ethnologie – theoriegenerierende Verfahren darstellen.

> aber auch ein eigenständiger Forschungsansatz, weil sie auf einem eigenständigen Satz von Regeln beruht und zusätzliche Anwendungsmöglichkeiten bietet. (Krotz 2005, 204)

An dieser Stelle wird der Blick auf die Gemeinsamkeiten beider Verfahren gerichtet. Anstatt die Dichotomie der Verfahren zu betonen, findet eine Einordnung der Heuristischen Sozialforschung in den Kontext der Grounded Theory statt. Das Ziel besteht in einer Gegenüberstellung beider theoriegenerierender Verfahren.

3.1 Forschungsverfahren Grounded Theory

Das theoriegenerierende Forschungsverfahren Grounded Theory wurde in den 1960er Jahren in den USA von Barney G. Glaser und Anselm L. Strauss entwickelt. Das zentrale Anliegen bestand darin, eine alternative methodische Vorgehensweise zu formulieren, bei der es sich nicht um eine alleinige quantifizierte Überprüfung und Verifizierung von Theorie handelte, wie dies in der sozialwissenschaftlichen Forschung der Zeit vorherrschende Praxis war. Im Gegenteil sollte Theorie aus der sozialen Wirklichkeit abgeleitet werden.

> By making generation a legitimate enterprise, and suggesting methods for it, we hope to provide the ingredients of a defense against internalized professional mandates dictating that sociologists research and write in the verification rhetoric, and against the protests of colleagues who object to their freedom in research from the rigorous rules of verification (so stifling to the creative energies required for discovering theory). (Glaser & Strauss 1967, 7)

Theorieentwicklung sollte systematisiert und nachprüfbar stattfinden und sich dabei so dicht wie möglich an Daten orientieren, die in der Realität vorgefundenen werden.

Erstmals umfassend skizziert wurde die Grounded Theory als Forschungsstrategie von Glaser und Strauss 1967 mit der Veröffentlichung von „The Discovery of Grounded Theory".[19] Sie entwickelten den methodologischen Ansatz vor dem Hin-

19 „Discovery of Grounded Theory" war der erste Versuch, ein theoriegenerierendes Forschungsverfahren zu skizzieren. Die folgenden methodologischen Auseinandersetzungen mit Theoriegenerierung bezogen sich weitgehend auf dieses Standardwerk, bzw. bauten auf den Ausführungen von Glaser & Strauss auf.

tergrund ihrer Erfahrungen und ihres methodischen Vorgehens im praktischen Forschungsprozess.

Das Forschungsvorgehen ist davon geprägt, dass Datenerhebung und Analyse iterativ stattfinden. Neue Daten werden auf Grundlage von Erkenntnissen aus dem Forschungsprozess erhoben – entscheidend ist dabei, dass die Forschungsperson theoretisch sensibel vorgeht. Die Daten werden anschließend anhand von Kodierprozessen systematisch vergleichend analysiert. Der Erhebungs- und Analyseprozess ist abgeschlossen, wenn neue Daten keine neuen Erkenntnisse mehr versprechen.

Glaser und Strauss befassten sich zu dieser Zeit in erster Linie mit der Gesundheitsforschung und hatten gerade eine umfassende Studie in Krankenhäusern zum Bewusstsein des Sterbens („Awareness of Dying“, vgl. Glaser & Strauss 1965) durchgeführt. Sie praktizierten bereits eine Generierung von theoretischen Erkenntnissen aus der vorgefundenen Wirklichkeit und beobachteten dies auch bei Kolleginnen und Kollegen, es fehlte ihnen jedoch eine methodologische Begründung, die sie in „Discovery of Grounded Theory“ schriftlich fixierten. Damit erfüllten sie ein offensichtliches Bedürfnis nach einem systematisierten Verfahren qualitativer Forschung, das einerseits theoretisch-methodologisch begründet ist und andererseits ein detailliertes Vorgehen im Forschungsprozess beschreibt. Glaser und Strauss legten mit ihrer Veröffentlichung die Grundlage und den Bezugspunkt für einen großen Teil empirischer Sozialforschung der Folgejahrzehnte und den größten Teil der davon stattfindenden qualitativen akademischen Forschung.

Wie überfällig eine solche Forschungsstrategie war, die nicht nur eine testende oder beschreibende, sondern eine theorieentwickelnde Ausrichtung hatte, sieht man auch an der in der Folge sehr schnellen und weitläufigen Verbreitung der Methodologie (Mey & Mruck 2011, 15): sie ist die am meisten verwendete qualitative Forschungsstrategie überhaupt, indem sie mehr als die Hälfte aller Nennungen bezüglich der verwendeten Methode darstellt. Eine bibliometrische Analyse von Titscher, Meyer, Wodak und Vetter (2000) belegt die Bedeutung und Verbreitung der Grounded Theory Methodologie (GTM) empirisch:

> Grounded theory is the most prominent among the so-called ‚qualitative‘ approaches to data analysis. This does not necessarily mean the methodologies developed by Anselm Strauss and Barney Glaser are used to any great extent. (Titscher et al. 2010, 74)

Wie Titscher et al. anklingen lassen, findet oft nur ein Hinweis darauf statt, dass die Grounded Theory Methodologie zugrunde liegt. Eine methodologische Begründung und eine Erklärung, wie sich das genau ausgestaltet, werden jedoch nicht gegeben. Häufig ist dabei in den einzelnen Studien eine große Unsicherheit bezüglich des korrekten Gebrauchs festzustellen (Mey & Mruck 2007, 15 ff.; vgl. Suddaby 2006). Eine Erklärung lässt sich eventuell darin finden, dass:

> [...] die [GTM] in erster Linie ein Forschungsstil, eine Vorgehensweise, eine Haltung ist und erst in zweiter Linie eine ‚einfache' Auswertungsmethode, ein Verfahren, das angewendet werden kann (anstelle anderer ‚konkurrierender' Methoden). (ebenda, 17)

Die Grounded Theory Methodologie wird auch als Strategie des „freedom of research" bezeichnet. Jede Forscherin und jeder Forscher sollte danach streben einen eigenen Forschungsstil im Sinne der Grounded Theory Methodologie hervorzubringen. Corbin schreibt über die dritte Auflage von Basics of Qualitative Research (2008):

> The Basics of Qualitative Research, Third Edition, is not a recipe for doing qualitative research and I would be offended if it was viewed as such. Rather it presents a set of analytical techniques that can be used to make sense out of masses of qualitative data. Researchers are encouraged to use the procedures in their own way. (x)

Doch gerade darin kann auch eine Unsicherheit bestehen: die Forschungsstrategie, wie Glaser und Strauss sie 1967 entwickelten, bietet eher Richtlinien und Prinzipien als konkrete Anleitungen. Allerdings wurde diese Lücke immer weiter geschlossen, indem auch konkrete Handhabungen geschaffen wurden. Glaser und Strauss entwickelten getrennt voneinander ausdifferenzierte Leitfäden für die Anwendung der Grounded Theory (Glaser 1978, 1992; Strauss 1987; Strauss & Corbin 1990). Aktuell erheben vor allem Birks & Mills die Forderung nach noch präzisen Kriterien, nach denen festgelegt wird, wann eine Studie den Anforderungen der Grounded Theory gerecht wird beziehungsweise welche Methoden im Forschungsdesign verwendet werden müssen. Sie stellen hierfür methodische Notwendigkeiten auf,[20] allerdings entsprechen diese weitgehend den Grundelementen der Grounded Theory von Glaser & Strauss.

---

20 Ihrer Meinung nach sind die zentralen Methoden der Grounded Theory: „initial coding and categorization of data; concurrent data generation or collection and analysis; writing memos; theoretical sampling; costant comparative analysis using inductive and abductive logic; theoretical sensitivity; intermediate coding; selecting a core category; theoretical saturation and theoretical integration" (Birks & Mills 2011, 9).

3.1.1 Grounded Theory nach Discovery of Grounded Theory

Nach der gemeinsamen Buchveröffentlichung entwickelten Glaser und Strauss die Grounded Theory Methodologie in erster Linie getrennt voneinander weiter.[21] Im deutschsprachigen Raum wird häufig irrtümlicherweise darauf hingewiesen, dass nur Strauss (der in der Folge vor allem gemeinsam mit Juliet Corbin veröffentlichte) die Grounded Theory Methodologie fortentwickelte. Das ist aber vor allem darauf zurückzuführen, dass hier zunächst nur die Schriften von Strauss und Corbin Verbreitung fanden und ins Deutsche übersetzt wurden. Es fand zudem eine Weiterentwicklung neben Glaser und Strauss statt, so dass mittlerweile von einer zweiten Generation von Grounded Theory Ansätzen gesprochen wird. Diese zeichnen sich durch eine Interpretation der Grounded Theory von Glaser und Strauss und deren theoretischer Fundierung aus und dienten als Grundlage für die Entwicklung eigener Vorgehensweisen; hier können unter anderem Bowers & Schatzman (2009), Charmaz (2006) und Clarke (2005) genannt werden (Birks & Mills 2011, 3). Zu den Vertretern der zweiten Generation können darüber hinaus Juliet Corbin und Janice Morse gezählt werden (Mey & Mruck 2011, 12). In Tabelle 3 findet sich ein Verzeichnis von Texten, die Birks und Mills als zentrale Texte der Grounded Theory Methodologie identifizieren.

---

21 Über das Verhältnis von Glaser und Strauss in der Zeit nach der Veröffentlichung von „Discovery of Grounded Theory" finden sich in der Literatur unterschiedliche Versionen. Ob die Beziehung ab den 1990er Jahren durch „unüberbrückbare Differenzen" geprägt war (Mey & Mruck 2007, 22) und es sich nur im inhaltliche Differenzen handelte und die Freundschaft bis zum Tod von Strauss 1996 weiterbestand (Birks & Mills 2011, 3), kann an dieser Stelle nicht einwandfrei geklärt werden. Sicher ist, dass sich die methodologischen Weiterentwicklungen und Implikationen der beiden unterschieden und sie mit der jeweils anderen Seite und den zugrunde liegenden Annahmen offenbar in den Folgejahren und -jahrzehnten weitestgehend nicht mehr einverstanden waren.

„Sukzessive sind so aus dem von Glaser und Strauss 1967 gemeinsam unterbreiteten Vorschlag zur Grounded Theory zwei – so meine These – in wichtigen Punkten gravierend voneinander verschiedene Verfahrensvorschläge auf der Basis weitgehend divergenter methodologischer und sozialtheoretischer Positionen entstanden" (Strübing 2011, 62).

Die öffentliche Kritik an der Entwicklung des jeweils anderen war allerdings weitgehend einseitig, Glaser kritisierte Strauss teilweise sehr hart und polemisch und richtete sich damit vor allem gegen die gemeinsamen Veröffentlichungen von Strauss & Corbin (1990, 1994, 1998). Inhaltlich richtete sich seine Kritik vor allem gegen die Vorgehensweise von Strauss und Corbin im Analyseprozess: Glaser geht davon aus, dass Theorie aus den Daten hervortritt ohne theoretische Konzepte hinzuziehen („Emergence"), er wirft Strauss und Corbin ein „Forcieren von Daten" (Glaser 2011, 62) vor, da sie auch die Konsultation bestehender Literatur empfehlen.

Tabelle 3: Übersicht zentraler Texte der Grounded Theory Methodologie

Year	Author	Title
1967	Glaser and Strauss	The discovery of grounded theory
1978	Glaser	Theoretical sensitivity
1987	Strauss	Qualitative analysis for social scientists
1990	Strauss and Corbin	Basics of qualitative research: Grounded theory procedures and techniques
1992	Glaser	Basics of grounded theory analysis
1994	Strauss and Corbin	‚Grounded theory methodology: An overview' in Handbook of qualitative research (1st Edition)
1995	Charmaz	‚Grounded theory' in: Rethinking methods in psychology
1998	Strauss and Corbin	Basics of qualitative research: Grounded theory procedures and techniques (2nd Edition)
2000	Charmaz	‚Grounded theory: Objectivist and constructivist methods' in Handbook of qualitative research (2nd Edition)
2005	Clarke	Situational analysis: Grounded theory after the postmodern turn
2006	Charmaz	Constructing grounded theory: A practical guide through qualitative analysis

Quelle: Birks & Mills 2011, 3

Ob die einzelnen Ansätze wirklich noch einer gemeinsamen Grounded Theory Methodologie zugeordnet werden können, ist zumindest fraglich. Mey und Mruck regen an, vielmehr von Grounded Theory Methodologien zu sprechen oder zumindest anzuerkennen, dass es mittlerweile eine Vielfalt an verschiedenen Verfahren für den Forschungsprozess sowie verschiedener Interpretationen gibt (Mey & Mruck 2011, 12). Strübing postuliert, dass sich die Grounded Theory Methodologie aufgrund der getrennt voneinander stattfindenden Weiterentwicklungen von Glaser einerseits und Strauss andererseits in so unterschiedliche Richtungen ausgebildet hätten, dass man sich für eine Variante der beiden entscheiden müsse (Strübing 2011, 262). Bryant und Charmaz sprechen überdies von mindestens drei Schulen: „At the simplest level, we have the Glaserian school of GTM, the Strauss and Corbin school, and the Constructivist" (Bryant & Charmaz 2007, 10).

Denzin benennt sogar sieben verschiedene Versionen der Grounded Theory Methodologie „positivist, postpositivist, constructivist, objectivist, postmodern, situational, and computer assisted" (Denzin 2007, 454).

Die einzelnen vorzufindenden Ansätze der Grounded Theory Methodologie – sowohl von Glaser und Strauss, als auch von den Ansätzen der zweiten Generation – unterscheiden sich in ihren zugrunde liegenden theoretischen und methodologischen Auffassungen, aber auch darin, inwiefern explizite Anleitungen und Kriterien für den Forschungsprozess entwickelt und wie diese ausgestaltet werden.

> Die GTM [wurde] von einem gemeinsamen, eher programmatischen Ausgangspunkt zu einem ausgefeilten Forschungsprogramm [...], und es wird in den Interviews sehr anschaulich, dass heute unterschiedliche methodische Auffassungen der GTM existieren, verbunden mit verschiedenen epistemologischen und (meta-)theoretischen Verständnissen. (Mey & Mruck 2011, 51)

Gleichwohl beschreiben Mey und Mruck, dass die Grundelemente der Grounded Theory auch in der Weiterentwicklung noch mit denen übereinstimmen, die Glaser und Strauss 1967 formuliert haben (ebenda, 15 f.). Diese werden im Folgenden genauer ausgeführt.

3.1.2 Theoretische Begründungen der Grounded Theory als Methodologie

Eine ausführliche theoretisch-methodologische Begründung der Grounded Theory Methodologie fand erst mehr als zwei Jahrzehnte nach der Veröffentlichung von „Discovery of Grounded Theory" statt. Am ursprünglich von Glaser und Strauss formulierten Forschungsverfahren wurde kritisiert, dass es sich eher um eine Sammlung von Techniken und Strategien handele, als um eine Erläuterung der Grounded Theory als kongruente Methodologie. Erst 2008 machte Corbin den Pragmatismus und Symbolischen Interaktionismus als zugrunde liegenden theoretischen Bezugsrahmen explizit (vgl. Strauss & Corbin 2008). Glaser selbst hat sich nie auf einen spezifischen theoretischen Unterbau festlegen lassen und kritisiert die Festlegung anderer (vgl. Glaser 2005). Er beschreibt sogar, dass die Grounded Theory eine komplett eigenständige Methodologie und gleichzeitig Theorie sei: „Methodology is the theory of methods, and in this case, the grounded theory methodology is itself a theory which is generated alongside the substantive theory it is generating." (Glaser 1992, 7)

Allerdings ist davon auszugehen, dass die wissenschaftlichen Milieus, aus denen Strauss einerseits und Glaser andererseits stammen, die Entwicklung der Grounded Theory grundlegend methodologisch beeinflusst haben. Bei Strauss handelt es sich dabei, als Schüler von Herbert Blumer, weitgehend um den Pragmatismus und den Symbolischen Interaktionismus der Chicagoer Schule. Glaser war ein Schüler von Robert K. Merton und entstammte dem Forschungskontext der Columbia School, die vor allem durch Peter Lazarsfeld quantitativ ausgerichtet und kritisch-rationalistisch geprägt war (Krotz 2005, 60 f.).

Die methodologischen Ansätze der zweiten Generation versuchten sich in der Interpretation der theoretischen Grundlagen der Grounded Theory und entwickelten sie mit eigenen Bezugnahmen weiter, beispielsweise bei Charmaz oder Clarke durch die Einbeziehung von postkonstruktivistischen und postmodernistischen Paradigmen (vgl. Charmaz 2000; Clarke 2005).

3.1.3 Methodologische Grundelemente der Grounded Theory

Auch für den konkreten Forschungsprozess formulierten Glaser und Strauss in „Discovery of Grounded Theory" 1967 noch keine explizite Handhabung der Methodologie. Mey und Mruck beschreiben das Buch eher als einen „programmatische[n] Band, eine Kampfansage an die damals in der nordamerikanischen Soziologie dominanten grand theories und das hypothetiko-deduktive Modell". (Mey & Mruck 2011, 13)

Eine Ausarbeitung genauer Instruktionen für den Forschungsprozess entwickelten Glaser und Strauss erst später und getrennt voneinander. Glaser und Strauss stellten jedoch theoretisch begründete Prinzipien auf, die bei der Datenerhebung und -analyse sowie der damit verzahnten Theorieentwicklung zu befolgen sind, sie orientieren sich am Verlauf des Forschungsprozesses und strukturieren diesen. Diese Grundzüge sind nach Mey und Mruck (ebenda, 15 f.) auch bei den Weiterentwicklungen der Grounded Theory Methodologie zu finden und können somit als Grundelemente der Grounded Theory insgesamt bezeichnet werden: sie umfassen: die konkrete Vorgehensweise im Forschungsprozess, die durch Kodierprozesse systematisierte Analyse, Theoretical Sampling, Theoretical Sensitivity, Theoretical Saturation, Theorieentwicklung als Ziel des Forschungsprozesses sowie festgelegte Gütekriterien. Aufgrund der fortbestehenden Gültigkeit dieser Grundelemente, auch für die weiterentwickelten Grounded Theory Methodologie(n), werden diese im Folgenden skizziert. Die folgenden Darstellungen der einzelnen Elemente beruhen auf Glaser und Strauss (1967), sofern nicht anders angegeben.

Vorgehensweise im Forschungsprozess

Die einzelnen Phasen im Forschungsprozess – Erhebung, Kodierung und Analyse – finden, anders als die gängigen (quantitativen) Vorgehensweisen in der Zeit der Entstehung von „Discovery of Grounded Theory", nicht isoliert voneinander und aufeinanderfolgend statt, sondern sind miteinander verwoben und gleichzeitig. Die Analyse folgt unmittelbar auf die erste Erhebung von Datenmaterial, somit beginnt auch die Theorieentwicklung direkt zu Beginn des Forschungsprojekts. Theorieentwicklung wird dabei als prozessual verstanden und die einzelnen Phasen überlagern sich so lange, bis die Theoriegenerierung abgeschlossen ist.

Kodierprozesse

Während des Forschungsprozesses werden die erhobenen Daten in Bezug auf die darin vorkommenden Phänomene kodiert, das heißt einzelne Abschnitte werden mit Codes versehen, die sich aus dem Datenmaterial ergeben, um sie in Kategorien überführen zu können und der Analyse verfügbar zu machen. Damit verbunden ist ein stetiger Vergleich mit bereits kodiertem Datenmaterial und daraus schon hervorgegangenen Kategorien. Glaser & Strauss nennen dieses Vorgehen komparative Analyse. Der jeweilige Stand der Analyse wird in Memos schriftlich festgehalten.

Sowohl Glaser als auch Strauss werden erst ab den 90er Jahren konkret, wie sich das Kodieren genau ausgestalten sollte. Glaser entwickelt in „Theoretical Sensitivity" zwei Kodierschritte und verschiedene Kodierfamilien (Glaser 1978, 1992), und Strauss (1987) sowie Strauss & Corbin (1990) entwickeln drei Kodierprozeduren sowie ein Kodierparadigma. Alle Kodierverfahren sollen beschreiben, wie systematisch durch das Kodieren höhere Abstraktionsebenen in Bezug auf das Datenmaterial erreicht werden, um Theorie zu generieren.

Theoretical Sampling

Im Datenerhebungsprozess richtet sich die Auswahl der weiteren Daten und Gruppen in denen diese erhoben werden, nach dem Prinzip des Theoretical Samplings. Um die Forschungsfrage zu beantworten, die Kategorien zu entwickeln und die Kernkategorie zu sättigen, wird immer neues Datenmaterial benötigt. Im iterativen Forschungsprozess von Datenerhebung, Analyse und Theorieentwicklung entscheidet die Forschungsperson ihr Vorgehen anhand der entstehenden Theorie. Zunächst erhebt sie Datenmaterial, das Auskunft über die Kernfragestellung zulässt, die Unterschiede zwischen den Gruppen werden zunächst verringert. An den initial gewonnenen Einsichten in den Forschungsbereich orientiert sie im Folgenden ihr weiteres methodisches Vorgehen.

Das methodische Vorgehen orientiert sich dabei an spezifischen Kriterien "our criteria are those of theoretical purpose and relevance – not of structural circumstance". (Glaser & Strauss 1967, 48) Es werden so viele verschiedene Gruppen für die Datenerhebung hinzugezogen, dass maximal viele Kategorien und Eigenschaften bezüglich des Forschungsgegenstandes bestimmt werden können. Die Kategorien entstehen dabei aus den Daten heraus und werden nicht durch existente Theorie vorstrukturiert – dabei würde die Gefahr bestehen, den Erkenntnisgewinn deutlich zu schmälern.

Mithilfe des theoretischen Samplings werden neue Fälle durch ergänzendes Datenmaterial einbezogen, solange daraus neue Erkenntnisse in Bezug auf die Forschungsfrage gewonnen werden können. Ein dabei zugrunde liegendes Prinzip ist eine Maximierung der Differenzen: das erhobene Datenmaterial sollte im Verlauf der Datenerhebung in sich maximal unterschiedlich sein und es sollten immer neue Aspekte hinzugezogen werden.

> Maximizing brings out the widest possible coverage of ranges, continua, degrees, types, uniformities, variations, causes, conditions, consequences, probabilities of relationships, strategies, process, structural mechanisms, and so forth, all necessary for elaboration of the theory. (ebenda, 57)

Theoretical Sensitivity

Um zur Theorieentwicklung die maximale Erkenntnis aus den Daten zu gewinnen, sollte die Forschungsperson so theoretisch sensibel wie möglich sein. Die theoretische Sensibilität entsteht zum einen aus subjektiven Faktoren wie den persönlichen Fähigkeiten, dem Temperament und den Interessen der Forschungsperson. Zum anderen ergibt sie sich aus dem vorhandenen theoretischen Wissen, das dabei behilflich ist Erkenntnisse in einen systematischen Rahmen einzuordnen. Die theoretische Sensibilität verbessert sich im Verlauf des Forschungsprozesses fortdauernd, auch indem immer neue und verschiedenartige Konzepte und Theorien vergleichend befragt werden.

Theoretical Saturation

Die theoretische Sensibilität ist dabei behilflich zu erkennen, wann die theoretische Absicht und Relevanz beim theoretischen Sampling erfüllt und die Hauptkategorie gesättigt ist. Sofern keine neuen Erkenntnisse in Bezug auf die bestehenden Kategorien bestimmt und keine neuen Kategorien mehr aus dem erhobenen Datenmaterial entwickelt werden können, ist eine theoretische Sättigung vorhanden, das ist beispielsweise bei fortdauernden Wiederholungen in den Daten der Fall.

Sofern auch eine Maximierung der Differenzen zu keinen neuen Erkenntnissen führt, kann die Datenerhebung beendet werden.

Theorieentwicklung

Die gesamte Theoriegenerierung findet in vier Phasen statt: "(1) comparing incidents applicable to each category, (2) integrating categories and their properties, (3) delimiting the theory, and (4) writing the theory." (ebenda, 105) Ihr zentraler strategischer Bestandteil ist dabei die komparative Analyse. Das Datenmaterial wird vergleichend analysiert und so die Theorie entwickelt.

> Whether or not there is a previous speculative theory, discovery gives us a theory that 'fits or works' in a substantive or formal area (though further testing, clarification, or reformulation is still necessary), since the theory has been derived from data, not deduced from logical assumptions. (ebenda, 29f.)

Die generierte Theorie kann materiell oder formal sein, bei beiden handelt es sich um „Theorien mittlerer Reichweite". Materiale oder auch substantive Theorien sind innerhalb eines bestimmten Bereichs entwickelt und somit darauf bezogen und gültig. Formal sind demgegenüber Theorien, die sich auf abstrakte und konzeptuelle Bereiche beziehen und somit einen höheren Abstraktionsgrad aufweisen und auch auf andere Sachgebiete übertragbar sind.

Gütekriterien

Der Forschungsprozess der Grounded Theory ist in seinen einzelnen Schritten durch drei Gütekriterien bestimmt, die befolgt werden müssen, diese sind Glaubwürdigkeit, Plausibilität und Vertrauenswürdigkeit (credibility, plausibility, und trustworthiness). bei einer Prüfung der gewonnenen Erkenntnisse und beobachteten Prozesse müssen diese Kriterien weiterhin gültig sein. Insgesamt richtet sich der Forschungsprozess nach der Prämisse: „the theory should fit the data“. (ebenda, 261)

3.1.4 Zusammenfassung

Mit „Discovery of Grounded Theory“ formulierten Glaser und Strauss eines der grundlegenden Werke theoriegenerierender Forschungsverfahren überhaupt. Das Werk bildet bis heute den Hauptbezugspunkt qualitativer empirischer Forschung mit dem Ziel der Theoriegenerierung. Das Verfahren der Grounded Theory wurde von Glaser und Strauss aus der praktischen empirischen Arbeit heraus entwickelt und in der Folge von beiden Autoren getrennt voneinander weiterentwickelt. Vertreter der zweiten Generation von Grounded Theory Methodologien entwickelten das Verfahren ebenfalls fort.

Grundsätzlich handelt es sich bei der Grounded Theory Methodologie um ein systematisiertes Vorgehen im Forschungsprozess, das durch mehrere Grundprinzipien strukturiert ist. Das Forschungsvorgehen findet zirkulär und spiralförmig statt – während der Analyse werden immer neue Daten einbezogen, wobei der Analysegrad mit der Zeit eine immer höhere Abstraktion erreicht. Der Forschungsprozess ist abgeschlossen, sobald die Daten gesättigt sind und die generierte Theorie formuliert werden kann.

3.2 Qualitative Heuristik: Ein Such- und Findeverfahren

Ebenso wie bei der Grounded Theory handelt es sich bei der Qualitativen Heuristik um ein methodisches Verfahren und eine Methodologie, die maßgeblich für die qualitative empirische Sozialforschung entwickelt wurde.[22] Die Grundidee besteht darin, wissenschaftliche Erkenntnis mithilfe eines Such- und Findeverfahrens aus der sozialen Wirklichkeit abzuleiten. Die Methodologie der Qualitativen Heuristik wurde von Gerhard Kleining ab den 1950er Jahren praktiziert und ab 1982 als ausgearbeitete Methodologie vorgestellt. Kleining verbrachte in der Nachkriegszeit im

22 Beide Verfahren sind jedoch auch für quantitative Daten geeignet (Kleining 1995, 226). Das gilt laut Krotz für alle theoriegenerierende Verfahren (Krotz 2005, 14).

Rahmen seiner Ausbildung in der Marktforschung einige Zeit in den USA und lernte so die dortige qualitative Sozialforschung in Theorie und Praxis kennen.[23] Vor allem kam er hierdurch mit Arbeiten von – aus dem deutschsprachigen Raum emigrierten – Psychologinnen und Psychologen um Lazarsfeld und den praktischen Marktforschungsarbeiten des Chicago Research Inc. in Berührung und lernte Vertreter des Symbolischen Interaktionismus der Chicagoer Schule und des Pragmatismus kennen. Außerdem begegnete er der Grounded Theory von Glaser und Strauss. Wie unten genauer erläutert wird, weisen beide Verfahren viele Übereinstimmungen auf. Kleining versteht die Heuristische Sozialforschung vor allem aber als Weiterentwicklung von theoriegenerierenden Verfahren generell.

> Kleining bezieht sich bei der Darstellung seines Ansatzes explizit auf die Grounded Theory, aber auch auf vielfältige andere Wurzeln, empirische Verfahren bzw. wissenschaftliche Teildisziplinen und erhebt den Anspruch, die theoriegenerierenden Verfahren grundlegend weiterentwickelt zu haben. (Krotz 2005, 207)

Allerdings verweist die Qualitative Heuristik vor allem auf methodologische Entwicklungen im deutschsprachigen Raum. Kleining bezieht sich auf die Dialektik von Georg Friedrich Wilhelm Hegel und Karl Marx, auf die heuristischen Verfahren bei Friedrich Schleiermacher und in der naturwissenschaftlichen Forschung von Albert Einstein und Ernst Mach sowie auf psychologische Verfahren von Wilhelm Wundt, die Würzburger Schule um Karl Bühler, auf die Gestaltpsychologie und auf die psychoanalytischen Verfahren von Sigmund Freud. In allen methodischen Vorgehensweisen sieht er heuristische Verfahren als Kernprinzip und Hauptelement der Methodologie.

Kleining führte die unterschiedlichen Ansätze heuristischer Methodologie mit den Ansätzen zusammen, denen er in den USA begegnet war und brachte beides in den sozialwissenschaftlichen Methodendiskurs der Zeit in der Bundesrepublik ein. Dieser war – ebenso wie in den USA – geprägt durch die Vorherrschaft quantitativer Methoden oder der „Einseitigkeit der positivistischen Weltsicht". (Kleining 1995, 28) Die qualitative Sozialforschung der damaligen Zeit in der Bundesrepublik machte nur einen sehr kleinen Teil der gesamten empirischen Forschung aus und bewegte sich vorwiegend innerhalb des hermeneutischen Paradigmas.

---

23 Bis in die 1970er Jahre hinein betrieb Kleining die empirische Sozialforschung vor allem aus der Perspektive des Marktforschers in der Praxis; anschließend wechselte er die Profession und erhielt 1976 einen Ruf als Professor für Allgemeine Soziologie an die Universität Hamburg.

3.2.1 Theoretische Bezüge und Implikationen der Qualitativen Heuristik

Anders als Glaser und Strauss entwickelte Kleining seine Methodologie nicht nur in Abgrenzung zur gängigen Vormachtstellung quantitativer Methoden, sondern auch zur damals in der qualitativen Forschung der Bundesrepublik vorherrschenden Hermeneutik. Das am weitest verbreitetste Verständnis der Hermeneutik besteht darin, dass Analyse deutend und interpretativ stattfinden müsse.[24]

Kleining zeigt auf, dass in den Anfängen qualitativer Forschung bereits heuristische Prinzipien Teil der Analyseprozesse waren, jedoch in der Folge größtenteils verloren gegangen seien und dass die Rückbesinnung auf die selbigen zu einer Erweiterung des Erkenntnisertrags in der empirischen Sozialforschung führe.[25] Er attestierte der neueren Hermeneutik eine Verengung auf subjektive Sichtweisen der mit der Deutung befassten Person und postulierte, dass heuristische Verfahren den Forschungsgegenstand deutlich besser in seiner Struktur und Gesamtheit erfassen könnten. Die Subjekt-Objekt-Spaltung[26] könne zwar nicht überwunden werden, aber die Schlucht zumindest verringert, indem ein Dialog zwischen Forschungsperson und -gegenstand stattfinde und nicht nur eine einseitige Interpretation, wie Kleining die Hermeneutik beschreibt.

> Der heuristische Verstehensbegriff entspricht der ‚Anpassung der Gedanken an die Tatsachen und aneinander' von Ernst Mach und ist von der dialogischen Bewegung des Subjektes zum Objekt zur Erkennung seiner Struktur und Bewegung abgeleitet. Er widerspricht dem der geisteswissenschaftlichen Hermeneutik, indem er Subjektivität und für wissenschaftliche Forschung unangemessene Überhöhung des Forschenden zum Künstler und Experten vorwirft. (ebenda, 153)

Die Qualitative Heuristik hat im Gegensatz zur Hermeneutik zudem den Anspruch, allen Wissenschaften als entdeckendes Verfahren zugänglich zu sein. Die Hermeneutik beschreibt er als Methode, die nur auf die Geistes- und Sozialwissenschaften ausgerichtet sei (ebenda, 226).

---

24 Prominente Vertreter der Hermeneutik sind u.a. Dilthey und Wilson. Eine wichtige Position zur Bewertung der Hermeneutik kommt auch Habermas zu (siehe auch die Gadamer-Habermas-Kontroverse).

25 In der Hermeneutik Schleiermachers finden sich beispielsweise dialektische Elemente (Kleining 1994, 18).

26 Kleining benennt dies als eines der Grundprobleme von Sozialforschung (Kleining 1995, 152).

Die Qualitative Heuristik als Methodologie wurde somit als Forschungsverfahren auch in kritischer Auseinandersetzung mit den Implikationen und Vorgehensweisen der Hermeneutik entwickelt, indem es die Hermeneutik als deutendes Konzept begreift und in Abgrenzung dazu entdeckende Prinzipien und Regeln aufstellte, um Schwächen der hermeneutischen Verfahren zu vermeiden und zu überwinden. Wie im Folgenden ausgeführt wird, bezieht es sich aber auch kritisch auf das theoriegenerierende Verfahren der Grounded Theory.

3.2.2 Grundelemente der Qualitativen Heuristik

Mithilfe verschiedener Regeln und Strategien soll im Forschungsverfahren sichergestellt werden, relevante Zusammenhänge und Strukturen in Bezug auf die Forschungsfrage in den qualitativen Daten zu „entdecken" – und sie nicht allein rein interpretativ-deutend zu erschließen. Kleining nennt das Vorgehen der Qualitativen Heuristik auch „Such- und Findeverfahren". Aus den entdeckten Zusammenhängen leitet sich schließlich Theorie ab. Kleining bewegt sich mit dem Leitsatz entdeckender Forschung in erster Linie in der Tradition heuristischer Forschung und den entdeckenden Verfahren der Naturwissenschaften. Er sieht diese eng verwandt mit Alltagsverfahren, bei denen vorgefundene Informationen zu bestimmten Themen befragt werden, um zu Alltagsentscheidungen zu kommen. Dabei kann es sich etwa um die Auswahl eines Kinofilms handeln: Beschreibungen von verschiedenen Filmen und Rezensionen werden studiert, Freunde oder Bekannte befragt. Dabei werden die unterschiedlichen Meinungen, Medien und Inhalte nach subjektiven Kriterien sortiert, bis schließlich eine Entscheidung getroffen wird, welcher derzeit in den Kinos laufende Film der eigenen Neigung am ehesten entspricht.

In der qualitativ-heuristischen Sozialforschung werden diese Verfahren systematisiert: „Wissenschaftliche Heuristik ist die Entwicklung und Anwendung von Entdeckungsverfahren in regelgeleiteter Form." (ebenda, 225)
Der Forschungsprozess ist durch verschiedene Regeln und Prinzipien strukturiert, um ein hohes Maß an Objektivität zu gewährleisten und Prüfverfahren der Gütekriterien (Verlässlichkeit, Gültigkeit und Geltungsbereich) einzuhalten. Er bedient sich des Dialogprinzips und richtet sich nach vier Regeln: (1) Offenheit der Forschungsperson, (2) Offenheit des Forschungsgegenstandes, (3) Maximale strukturelle Variation der Perspektiven und (4) Analyse auf Gemeinsamkeiten. Außerdem beschreibt Kleining drei Entdeckungsstrategien, nach denen sich Forschungsverfahren, die nach der Qualitativen Heuristik durchgeführt werden, richten sollten: (1) Maximierung/ Minimierung, (2) Testen der Grenzen und (3) Anpassung der

Gedanken an die Tatsachen. Soweit nicht anders vermerkt, beziehen sich die Ausführungen in den folgenden vier Abschnitten auf Kleining 1995.

Dialogverfahren

Das Dialogprinzip beschreibt eine grundsätzliche Haltung zum Gegenstand der Forschung. Die Forschungsperson tritt in den Dialog mit dem Forschungsgegenstand ein, ganz nach dem echten Vorbild eines Dialogs zwischen zwei Individuen. Allerdings kann der Dialog auch zwischen der Forschungsperson und bereits existierendem Datenmaterial stattfinden, es handelt sich nicht zwangsläufig um ein Gespräch zwischen zwei Personen. Die/der Forschende befragt den Forschungsgegenstand (beziehungsweise das Forschungssubjekt). Der Forschungsgegenstand gibt im Dialog Antworten, woraufhin die Forschungsperson unter Bezugnahme auf die neuen Erkenntnisse immer wieder neue Fragen stellt, bis der Gegenstand von allen möglichen Seiten aus befragt wurde und schließlich erschöpfend Auskunft gegeben hat. Im Falle des konkreten Prozesses der Datenerhebung setzt sich dieser aus verschiedenen Einheiten von Fragen und Antworten zusammen. Das Befragen findet etwa als Beobachtung statt oder indem ganz konkret in Interviews Fragen an die interviewte Person gestellt werden. Das generierte Datenmaterial (zumeist in Textform) formuliert die Antworten. Es können aber auch bereits vorhandene Texte, etwa in Form von Briefen oder auch Lyrik, befragt werden. Bei der Analyse der Daten setzt sich das Wechselspiel aus Fragen und Antworten fort. „Das Erkenntnispotential des Dialogs wird durch Anwendung von ‚Regeln‘ in ein wissenschaftliches Entdeckungsverfahren verwandelt. Das Dialogprinzip ist die Basis qualitativ-heuristischer Forschung.“ (ebenda, 228)

Vier Regeln

Das Dialogprinzip wird durch die vier Regeln im Forschungsprozess konkretisiert. Sie werden zwar getrennt voneinander bestimmt und definiert, treten im realen Forschungsprozess allerdings stets als Einheit auf und wirken wechsel- und gleichzeitig. Durch die Befolgung der Regeln wird der Forschungsprozess objektiviert, indem er in seinem Verlauf die Gesamtheit des Gegenstandes erfasst. Initial seien die Daten noch subjektiv durch die Forschungsperson bestimmt, dies nehme im Forschungsverlauf jedoch nach und nach ab (Kleining 1994, 42).

Zunächst verlangt Kleining der Forschungsperson Unvoreingenommenheit und Aufgeschlossenheit ab (Regel 1: Offenheit der Forschungsperson/ des Subjektes). Falls die Daten Auskünfte geben, die nicht mit den Annahmen der Forschungsperson übereinstimmen, ist diese angehalten, ihre Auffassung zu korrigieren. Ideal kann in diesem Zusammenhang auch sein, zu Beginn möglichst wenig Vorkenntnis zu besitzen oder aber sich im Vorfeld mit inkongruenten Informationen vertraut zu machen. Theoretische Vorkenntnisse sollten zunächst weitestgehend außen Acht gelassen werden.

Ähnliches gilt bei der zweiten Regel (Regel 2: Offenheit des Forschungsgegenstandes/ des Objektes), die Einsichten sind so lange unvollständig und provisorisch, bis der Gegenstand in seiner Gesamtheit mit allen seinen Facetten beschrieben werden kann. Bis dahin sind neue Informationen mit der bisherigen Auffassung in Einklang zu bringen.

Regel 3 und 4 beziehen sich auf das Verhältnis von Datenerhebung und –analyse. Im Zuge der beiden Prozesse, die iterativ und zirkulär ablaufen – die Datenerhebung wird so lange fortgesetzt, bis in der Analyse keine neuen Erkenntnisse mehr generiert werden – wird der Gegenstand aus so vielen Blickwinkeln wie möglich begutachtet, um ihn mit allen seinen Facetten zu erfassen (Regel 3: Maximal strukturelle Variation der Perspektiven). Dazu werden die Forschungsbedingungen variiert (Variation von Methoden, Fragestellungen, befragten Personen, Ort und Umstände der Befragung, etc.) um die Vorrausetzungen zu ändern, unter denen die Daten erhoben werden. Je heterogener die Bedingungen, umso vielfältiger ist voraussichtlich auch das Datenmaterial, das Auskunft über den Forschungsgegenstand gibt. Dies gilt insbesondere auch für die Auswahl der Samples, sie verändern sich im Laufe der Datenerhebung, je nachdem welche Aspekte noch genauerer Anschauung bedürfen. „Sie sind ein Mittel, die Regeln zu verwirklichen, besonders die der maximalen strukturellen Variation der Perspektiven. Deswegen sind Extremgruppensamples bevorzugte Datenzusammenstellungen.“ (Kleining 1995, 229)

Die Datenerhebung ist abgeschlossen, wenn neue Daten zu keiner neuen Erkenntnis führen, dabei gilt die 100-Prozent-Regel. „100% Regel: ‚Alle Daten müssen die Analyse bestätigen‘“. (ebenda, 272)

Nachdem durch Regel 3 möglichst große Unterschiede im Datenmaterial generiert wurden, werden die Daten nach der vierten Regel (Regel 4: Analyse auf Gemeinsamkeiten) auf Übereinstimmungen hin untersucht. Indem die Daten vergleichend analysiert werden, werden auf den ersten Blick nicht zwangsläufig sichtbare Zusammenhänge und dem Forschungsgegenstand inhärente Strukturen aufgedeckt. „Das Verfahren entdeckt das Gemeinsame in den Verschiedenheiten“ (ebenda, 228).

Dabei sind nicht nur offensichtliche Gemeinsamkeiten von Relevanz: „Gemeinsamkeiten drücken sich nicht nur durch Ähnlichkeiten, Analogien oder den in ihnen enthaltenen Identitäten aus, sondern auch durch vollständige Unähnlichkeit, durch Widerspruch oder Negation." (ebenda, 249)

Die Daten werden nach den Ähnlichkeiten oder vollständigen Unähnlichkeiten gruppiert, konkret kann die Analyse also als Clusteranalyse durchgeführt werden. Allerdings sind die Cluster bis zum Ende der Analyse immer vorläufig – sie können sich im Verlauf stets verändern. Die gruppierten Daten werden immer wieder auf Gemeinsamkeiten hin befragt, dabei werden die Analyseebenen immer abstrakter, bis am Ende die entwickelte Theorie steht.

Drei Entdeckungsstrategien

Während die vier Regeln den Forschungsprozess direkt steuern, geben die drei Entdeckungsstrategien einen erweiterten Rahmen vor. Es handelt sich um Prinzipien, welche die Forschungsperson während des gesamten Forschungsprozesses präsent haben und den Verlauf der Forschung stets daraufhin überprüfen sollte. „Die Entdeckungsstrategien sind: Maximierung/Minimierung, Testen der Grenzen, Anpassung der Gedanken an die Tatsachen." (ebenda, 229)

1. Maximierung/Minimierung: Die verwendeten Methoden sollten möglichst maximal und minimal eingesetzt werden, etwa durch sensible Auswahl und Variation von Forschungsmethoden (zum Beispiel maximal: direkte Befragung, minimal: verdeckte Beobachtung) oder unterschiedliche Intensität von Fragen (zum Beispiel offene Eingangsfrage vs. Suggestivfrage um Widersprüche aufzudecken).
2. Testen der Grenzen: Mithilfe von Variation sollte der Gegenstand mit seinen gesamten Ausprägungen ausgeleuchtet werden (zum Beispiel durch Extremsamples aufgrund von Alter oder Bildungsstand).
3. Anpassung der Gedanken an die Tatsachen: Je mehr Kenntnis über den Forschungsgegenstand im Verlauf von Datenerhebung und Analyse gewonnen wird, desto stärker sollte die Forschungsperson ihr Verständnis aktiv anpassen und sich diesen Vorgang auch bewusst machen.

Prüfverfahren

Die Prüfverfahren der Qualitativen Heuristik sind Reliabilität/Verlässlichkeit, Validität/Gültigkeit, und Geltungsbereich. Sie orientieren sich zwar an den Messverfahren quantitativer Sozialforschung, unterscheiden sich aber von diesen.[27] Es geht nicht darum, vor Beginn der Datenerhebung mit Messverfahren feststellen zu können, wie verlässlich und gültig die Verfahren sind. Vielmehr sollten die Analyseergebnisse und somit die generierte Theorie „innere Validität“ aufweisen und die erzeugten Kategorien alle Aspekte des Untersuchungsgegenstandes abdecken beziehungsweise neue Daten sich diesen Kategorien zuordnen lassen. Hier gilt der „0%-Charakter“: „kein Datum darf der Analyse widersprechen“ (ebenda, 280).

Durch die Analyse auf Gemeinsamkeiten wird die Unterschiedlichkeit subjektiver Sichtweisen aufgelöst, indem sich intersubjektive Strukturen und Muster herausbilden. Objektivität wird hergestellt, die in der Heuristik (wie eigentlich generell in den Sozialwissenschaften) gleichbedeutend mit Intersubjektivität ist.

Der Untersuchungsgegenstand ist schließlich in seiner Gänze erfasst und die Daten sind sowohl valide (gültig) als auch reliabel (verlässlich). Der Geltungsbereich wird durch den untersuchten Gegenstand selbst festgelegt: er wird definiert durch die verwendeten Samples, die einbezogenen Facetten und die erfassten Grenzen des Gegenstandes. Dabei sind die Ergebnisse immer in ihrem Kontext zu bewerten: „Alle Ergebnisse in den Humanwissenschaften (wie alle Phänomene) sind auf bestimmte Situationen und Zeiten bezogen, denen Individuen und Gesellschaften im historischen Prozess unterworfen sind.“ ([13] (Kleining & Witt 2000))

3.2.3 Zusammenfassung

Die Qualitative Heuristik, oder auch Heuristische Sozialforschung, beschreibt ein theoriegenerierendes Forschungsverfahren, das sich durch den Bezug auf unterschiedliche methodische Traditionen verschiedener Disziplinen auszeichnet. Den methodischen Schwächen anderer Verfahren (vor allem hermeneutischer und quantitativer Vorgehensweisen, aber auch die der Grounded Theory) wird so begegnet. Die verschiedenen Prinzipien, die sich aus den theoretischen Bezugnahmen ergeben, finden in vier Regeln und drei Forschungsstrategien Ausdruck, die zu einer Systematisierung des Forschungsprozesses führen. Offenheit von Forschungs-

---

[27] Reliabilität: Stabilität der messtechnischen Verfahren, Validität: Tauglichkeit der verwendeten Verfahren.

person und Forschungsgegenstand, die Befragung des Gegenstandes und die damit verbundene systematische Variation der Betrachtungsweise auf unterschiedlichen Ebenen und die Analyse aller Daten auf Gemeinsamkeiten gewährleisten, dass der Untersuchungsgegenstand in seiner Gänze dargestellt wird, ohne wichtige Komponenten zu übersehen.

Die Qualitative Heuristik wurde auch in Abgrenzung zur Grounded Theory von Glaser und Strauss entwickelt. Wie im Folgenden zu sehen sein wird, gibt es zahlreiche Übereinstimmungen, wobei Kleining mit der Qualitativen Heuristik ein systematisches Vorgehen formuliert, das verlässlichere und gesichertere Ergebnisse verspricht.

3.3 Gemeinsamkeiten und Unterschiede von Qualitativer Heuristik und Grounded Theory

Sowohl die Qualitative Heuristik, als auch die Grounded Theory sind qualitative systematisierte Forschungsverfahren, die mit der Absicht der Theorieentwicklung formuliert wurden: aus der beobachteten sozialen Wirklichkeit wird Theorie abgeleitet. Es wird davon ausgegangen, dass die dort erhobenen Daten Auskunft über soziale Strukturen und Prozesse geben.

Wie bereits erwähnt wurde, handelt es sich bei den Forschungsverfahren der Grounded Theory und der Qualitativen Heuristik nicht um zwei Verfahren, die unabhängig voneinander entwickelt wurden und nur zufällig Ähnlichkeiten aufweisen. Im Gegenteil entwickelte Kleining die Heuristische Sozialforschung auch in Abgrenzung zur Grounded Theory Methodologie von Glaser und Strauss.

Im Folgenden (Abschnitt 3.3.1 und 3.3.2) werden die Grundprinzipien beider Methodologien kontrastiert und dabei die Gemeinsamkeiten und Unterschiede aufgezeigt. Dabei wird auf Kleining (1995) Bezug genommen. Bezüglich der Grounded Theory wird wieder auf den Originaltext von Glaser und Strauss (1967) zurückgegriffen. Einerseits stehen die weiterentwickelten Ansätze, wie bereits ausgeführt, in der Kontinuität der Grundprinzipien. Andererseits sind mit der Qualitativen Heuristik und der Grounded Theory des Originalwerks von Glaser und Strauss die meisten Übereinstimmungen zu verzeichnen, da Kleining sich bei der Entwicklung seiner Methodologie explizit darauf bezog. Kleining beschreibt selbst, dass die Übereinstimmungen in der Folge eher abnahmen – heuristische Verfahren seien zwar mit den Überlegungen von Glaser und Strauss 1967 in Einklang zu bringen, nicht jedoch mit den späteren methodischen Weiterentwicklungen (Kleining & Witt 2000, Absatz 4).

3.3.1 Theoretische und methodologische Grundannahmen beider Verfahren

Theoriegenerierende Verfahren haben nicht nur eine größtenteils übereinstimmende Zielrichtung. Auch die theoretischen Bezüge, welche die Methodologien begründen, weisen Parallelen auf. Dabei bezieht sich die Qualitative Heuristik von Kleining unter anderem auf theoretische Konzepte, die ebenfalls der Grounded Theory von Glaser und Strauss zugeschrieben werden. Kleining geht mit seinem umfangreichen Katalog methodischer Verfahren und theoretischer Konzeptionen, der die Basis seiner Heuristischen Sozialforschung bildet, jedoch weit darüber hinaus.

Zunächst wird als gemeinsames Fundament theoriegenerierender Forschung der Pragmatismus benannt, der als Verfahren darauf ausgerichtet ist, neues Wissen mit möglichst geringem Aufwand zu integrieren: „Neues Wissen in pragmatischer Hinsicht zu entwickeln heißt dann, dass wir Ideen, Theorien, Wissen finden müssen, die unser altes Wissen erweitern und für das, was wir tun wollen, hinreichend sind.“ (Krotz 2005, 93)

Darüber hinaus sind in der Grounded Theory von Glaser & Strauss die theoretischen Bezüge größtenteils implizit. Da beide unterschiedlichen Denkschulen entstammten, konnten sie sich vermutlich nicht auf die Präzisierung eines gemeinsamen Bezugs einigen. Nichts desto trotz ist zumindest „Anselm Strauss [...] dem Symbolischen Interaktionismus zuzurechnen und orientierte sich an den sozialanthropologischen Erhebungsmethoden und Forschungsverfahren der so genannten ›Chicago School‹“ (ebenda, 161).

Somit gibt es hier eine Schnittmenge in der theoretischen Fundierung der Methodologien: auch Kleining bezieht sich auf den Symbolischen Interaktionismus und die Chicago School: „Der symbolische Interaktionismus ist, neben der phänomenologischen Ethnomethodologie, der wichtigste soziologische Beitrag zur Theorie und Methodologie qualitativer Sozialforschung.“ (Kleining 1995, 37)

Gemeinsam ist ihnen bezüglich der theoretischen Bezüge, dass sie empirische, theoriegenerierende Forschung einerseits als möglichst unmittelbar und alltagsnah – also pragmatisch – und andererseits Handlungen und Kommunikation in den Mittelpunkt des Interesses stellen.

3.3.2 Vorgehen im Forschungsprozess

Durch die Bezüge auf übereinstimmende Denktraditionen lässt sich auch begründen, dass beide Verfahren Sprache als zentrales Vermittlungsmedium begreifen, um Theorie zu generieren. Die Forschungsperson entwickelt die Theorie als Ergebnis eines Kommunikationsprozesses mit dem Untersuchungsgegenstand, der von der Forschungsfrage angeleitet wird. Krotz beschreibt, dass theoriegenerierende Forschung generell als kommunikativer Prozess gestaltet sei: Sprache ist der Schlüssel, um das Expertenwissen der Menschen zu erfassen, deren (alltägliches) Leben mit dem Untersuchungsgegenstand verwoben ist, um daraus Theorie zu entwickeln (Krotz 2005, 113 f.). Der Forschungsprozess ist bei beiden Verfahren zirkulär angelegt, Datenerhebung und -auswertung finden nicht aufeinanderfolgend, sondern miteinander verschränkt statt und sind als Dialog angelegt.

Grundsätzlich widersprechen sich die Forschungsvorgehen von Grounded Theory nach Glaser & Strauss (1967) und der Heuristischen Sozialforschung nicht. Im Gegenteil spricht nichts dagegen, einzelne Verfahrensweisen der einen Methodologie bei der anderen ergänzend hinzuzuziehen – beispielsweise das Memo-Schreiben in einem Forschungsprozess nach der Qualitativen Heuristik. Nichts desto trotz läuft der jeweilige Forschungsprozess nach den eigens definierten Prinzipien ab und folgt damit seiner jeweils eigenen Logik.

Auswahl des Samples

Bei der Grounded Theory beginnt die Datenerhebung mit der Zielsetzung, hinsichtlich der Kernfragestellung Wissen zu generieren. Anschließend wird versucht, mithilfe des Theoretical Sampling alle möglichen Ausprägungen des Untersuchungsgegenstandes abzubilden. Es wird von der Kernfragestellung Abstand genommen, um sich ihr anschließend wieder anzunähern. Bei der Qualitativen Heuristik wird zunächst naheliegend begonnen, um anschließend Grenzen zu testen. Kleining beschreibt den Eintritt in die Datenerhebung als eigentlich willkürlich: „Weil alle Daten in einen Gesamtzusammenhang eingeordnet werden sollen, ist der Anfang beliebig. Man beginnt dort, wozu man Lust hat oder wo der Zugang zum Material einfach erscheint, ähnlich wie bei einem Kreuzworträtsel oder Puzzle." (Kleining 2010, 71)

Beide Verfahren weisen insoweit Übereinstimmungen auf, als dass der Untersuchungsgegenstand in seiner Ganzheit erfasst werden soll. Die Grounded Theory variiert ihr Sample jedoch nur in Bezug auf befragte Personen und erhofft sich dadurch ein lückenloses Verständnis des Untersuchungsgegenstandes. Die Qualitative Heuristik variiert demgegenüber auf vielfältigere Art und Weise: sie berücksichtigt systematisch die Unterschiedlichkeit der befragten Personen, der Daten und der verschiedenen Aspekte des Untersuchungsgegenstandes, um deren Grenzen bestmöglich auszutesten.

Datenanalyse

Bei der Grounded Theory richtet sich die weitere Datenerhebung nach den Analyseergebnissen. Es werden eine oder mehrere Kernkategorien im Kodierungsprozess gebildet. Das Ziel besteht darin, diese immer weiter auszudifferenzieren und gleichzeitig einen höheren Abstraktionsgrad zu erreichen. Die Fortschritte im Forschungsprozess werden in Memos festgehalten. Die Analyse findet dabei nach festgelegten Kodierschritten statt, die nach „Discovery of Grounded Theory" immer weiter präzisiert wurden. Das „Testen" der Daten wird dadurch erreicht, dass versucht wird, die Befragten aufgrund der Theoretical Sensitivity und des Theoretical Sampling soweit wie möglich zu variieren.

Ein ähnliches Prinzip verfolgt die Qualitative Heuristik durch die Regel der „maximalen Variation der Perspektiven" und durch die Forschungsstrategien, das Vorgehen im Forschungsprozess immer so anzupassen, dass der Gegenstand in seiner Gänze beleuchtet wird. Dabei werden allerdings nicht nur die Befragten variiert, sondern systematisch auch die Erhebungsinstrumente, die eigenen Gedanken und die Fragen, die im Dialog an den Untersuchungsgegenstand gestellt werden. Die Analyse auf Gemeinsamkeiten findet dabei nicht nach einem festgelegten Vorgehen statt; es wird stattdessen immer wieder neu nach Gemeinsamkeiten gesucht und es werden immer wieder neue Fragen an das Material formuliert, um die Gemeinsamkeiten zu finden. Dabei müssen alle Daten in der Analyse berücksichtigt werden. Sie werden so lange neu gruppiert, bis der höchstmögliche Abstraktionsgrad erreicht ist und alle Daten untergebracht sind. Außerdem werden nicht nur offensichtliche Übereinstimmungen gesucht, sondern Gemeinsamkeiten lassen sich (nach der Logik der Dialektik) auch über Widersprüche oder Negationen finden. Die Überschriften, die gefunden werden um die Texte (zunächst vorläufig) unter ihnen zu subsumieren, ergeben sich direkt aus den Gemeinsamkeiten, die in zwei der mehr Textstellen gefunden werden. Sie leiten sich also direkt aus den Daten ab. Bei der Grounded Theory hingegen werden teilweise vorher festgelegte Kodierschemata angewendet, was die Analyse stark strukturiert und leitet und sich weniger aus der Datenanalyse heraus ergibt.

Ein weiterer Unterschied besteht darin, dass die Qualitative Heuristik gezielt nach Gemeinsamkeiten sucht, auch in vermeintlich Unähnlichem. Die Grounded Theory hingegen sucht nach Gemeinsamkeiten und Unterschieden. Kleining zufolge ist dies „irreführend, da die Differenzen unendlich sind"[28].

---

28 Unveröffentlichter Text.

Bei beiden Verfahren findet das Vorgehen als Dialog statt. Bei der Qualitativen Heuristik handelt es sich allerdings nicht alleine um einen Dialog zwischen Forschungsperson und befragten Personen, sondern auch um Dialoge mit sich selbst und mit den Daten. Das Vorgehen ist somit systematisierter, umfassender und gleichzeitig offener als bei der Grounded Theory. Außerdem besteht nicht die Gefahr, dass Material unberücksichtigt bleibt, nur weil die Forschungsperson es als nicht wichtig erachtet hat, es aber eines Perspektivwechsels bedurft hätte – etwa durch die Suche nach Widersprüchen – um die Relevanz zu erkennen.

Abschluss des Forschungsprozesses

Bei der Grounded Theory sind die Datenerhebung und Analyse beendet, sobald neue Befragungen keine neuen Auskünfte mehr bezüglich der Kernkategorie(n) zulassen, dann ist Theoretical Saturation erreicht. Eine vollständige Berücksichtigung aller Daten ist hierbei keine zwingende Notwendigkeit. Nach Kleining ist dieses Vorgehen zu kritisieren: „Eine qualitative, d.h. strukturaufzeigende Analyse, ist unfertig und nahezu beliebig, wenn sie nicht alle vorhandenen, maximal unterschiedlichen Daten als strukturell zusammengehörig aufzeigen kann." (Kleining 1994, 33)

Alles Datenmaterial müsse dabei untergebracht sein (100%-Regel). Bei der Qualitativen Heuristik ist der Forschungsprozess beendet, wenn eine Maximierung/Minimierung und neue Fragen an den Untersuchungsgegenstand auf allen Ebenen keine neuen Erkenntnisse liefern. Dabei geht es nicht nur darum, bestehende Kategorien weiter zu sättigen, sondern die Grenzen soweit auszutesten, dass die 0%-Regel erfüllt wird.

3.3.3 Fazit

Wenn man den Begriff der Grounded-Theory-Methodologie als Sammlung von methodischen Verfahren zur Theoriegenerierung begreift, dann kann auch die Qualitative Heuristik darunter subsumiert werden.

Mey und Mruck spezifizieren die Kriterien, nach denen eine Methodologie der Grounded Theory zuzuordnen ist in mehreren Punkten (Mey & Mruck 2011, 15f.):

- Die Methodologie sei darauf ausgerichtet, sowohl neue Theorien zu entdecken, als auch Vorhandene zu überprüfen.

- Die Datenerhebung und -analyse finde in einem zirkulären Prozess statt, bei dem in miteinander verzahnten Schritten Daten gewonnen, analysiert und die Theorie gebildet werde.
- Der Abstraktionsgrad der Grounded Theory werde dadurch erreicht, dass bestimmte Kodierprozeduren verfolgt würden. Die Analyse finde anhand eines Vergleiches sowohl von Gemeinsamkeiten als auch von Unterschieden statt.
- Die Auswahl der Fälle zur Datenerhebung werde anhand von Theoretical Sampling bestimmt.
- Der Forschungsperson werde eine theoretische Sensibilität abverlangt, außerdem müsse immer wieder zu den Daten zurückgekehrt werden, dieser Prozess sei zudem durch das Schreiben von Memos zu unterstützen.
- Die Datenerhebung sei abgeschlossen, wenn neue Daten keine neuen Erkenntnisse liefern, dann sei theoretische Sättigung erreicht.
- Das Resultat sei eine aus den Daten gewonnene Grounded Theory.
- Gütekriterien von Glaubwürdigkeit, Plausibilität und Vertrauenswürdigkeit seien einzuhalten, es gelte das Prinzip "the theory should fit the data" (Glaser & Strauss 1967, 261).

Auch wenn die Qualitative Heuristik sich teilweise mit den gewählten Begrifflichkeiten unterscheidet, die einzelne Arbeitsschritte bezeichnen und andere Schwerpunkte setzt, widerspricht sie diesen Kriterien nicht grundsätzlich, sie systematisiert und modifiziert sie vielmehr. Beispielsweise findet die Analyse begründet nur als Analyse auf Gemeinsamkeiten statt und sucht nach gemeinsamen Strukturen, außerdem wird bewusst auf komplexe Kodierprozeduren verzichtet.

Der Qualitativen Heuristik wird die alleinige Zuschreibung als Grounded Theory Methodologie nicht gerecht, sie geht in ihrem methodologischen Verständnis und mit ihren theoretischen Grundannahmen weit darüber hinaus. Wenn man sie allerdings in die gängigen Schemata der qualitativen Forschungsverfahren einordnen möchte, dann ist sie am ehesten der Grounded Theory zugehörig. Wenn ihre Prinzipien in die gängigen Grounded Theory Methodologien übernommen würden, könnte dies eine substantielle Weiterentwicklung bewirken.

Grundsätzlich hat die Qualitative Heuristik als Forschungsverfahren das stärkere methodologische und theoretische Fundament als die Grounded Theory. Dies ist vor allem auf die Systematik zurückzuführen, die den Forschungsprozess der Heuristischen Sozialforschung einerseits strukturiert, andererseits aber auch ausreichend Freiräume lässt, um den Forschungsgegenstand in seiner gesamten Strukturiertheit zu erfassen. Auf den ersten Blick scheint die Qualitative Heuristik zwar weniger systematisiert als die Grounded Theory, die teilweise deutlich stringentere Vorschriften für den Forschungsprozess macht, etwa wenn man die unterschiedlichen Vorschriften zum Kodieren betrachtet. Allerdings bieten die Regeln und Prinzipien der Qualitativen Heuristik einen Rahmen, der erlaubt den Weg zu verfolgen, der zu einem bestmöglichen Ergebnis führt. Die Elaboriertheit der Methode ist vor allem auf die Bezugnahmen auf die verschiedenen methodischen Verfahren und Theorien zurückzuführen. Bei der Analyse auf Gemeinsamkeiten wird beispielsweise nicht nur so lange kodiert – und das Datenmaterial somit auf seinen Sinngehalt reduziert – bis die Eigenschaften, Strukturen und Kontexte als Theorie formuliert werden können, sondern bis das ganze Datenmaterial in die Analyse eingeflossen ist.

Kleining kritisiert – auch bezogen auf die weiterentwickelte Methodologie von Strauss – dass die Grounded Theory eher deskriptiv als originär kritisch sei und eine statische Beschreibung gegenüber einer Dynamischen bevorzuge, die Kleining durch die Einbeziehung der Dialektik zu erreichen sucht (Kleining 1995, 37). In der Heuristischen Sozialforschung wird folgend der dialektischen Idee einbezogen, dass sich der Forschungsgegenstand nicht nur im Dialog mit den Forschungspersonen theoretisch entwickelt, sondern auch, indem immer neue Fragen an die Daten zu neuen An- und Einsichten führen. Eine völlige Verschiedenheit der Eigenschaften hat auch wiederum Gemeinsamkeiten, die beschreibbar sind.

Durch das Aufzeigen der übereinstimmenden und unterscheidenden Prinzipien und theoretischen Bezüge der Grounded Theory und der Qualitativen Heuristik wird deutlich, dass beide Methodologien als theoriegenerierende Verfahren einem Typ zugeordnet werden können (vgl. auch Krotz 2005). Beide Verfahren weisen viele Übereinstimmungen auf. Die Grundprinzipien der Qualitativen Heuristik stimmen weitestgehend mit der Grounded Theory überein und widersprechen ihnen somit nicht, im Gegenteil gehen sie darüber hinaus, indem sie weitergehende Prinzipien bieten. Das erlaubt einen Rahmen, in dem das Forschungsvorgehen einerseits „freier“ stattfinden kann, andererseits aber durch eine stärker theoretisch fundierte Systematisierung verlässlichere Ergebnisse zu erwarten sind. Genau an dieser Rahmengebung orientiert sich das methodische Vorgehen der vorliegenden Untersuchung.

4 Forschungsprozess: Erhebung von Emotionen in Dritte-Sektor-Organisationen

Aufgrund der Vorteile, welche die Heuristische Sozialforschung gegenüber der Grounded Theory bietet – die Möglichkeit eines offeneren Vorgehens im Forschungsprozess bei gleichzeitig elaborierteren Regeln und Prinzipien, die den Forschungsprozess strukturieren – wurde die vorliegende empirische Untersuchung nach den Regeln und Prinzipien der Qualitativen Heuristik durchgeführt. Das qualitativ-heuristische Vorgehen erlaubt einerseits eine weitestgehend unvoreingenommene Annäherung an den Untersuchungsgegenstand und eine Ausrichtung des weiteren Vorgehens an den Antworten des Untersuchungsgegenstands auf die Forschungsfragen. Es besteht so die Chance zu Erkenntnissen zu gelangen, die nicht aus dem theoretischen Vorverständnis zum Thema ableitbar waren. Andererseits bietet die Methode mit ihren Prinzipien und Regeln einen verständlichen Wegweiser, der durch den Forschungsprozess leitet.

Die Forschungsfrage der vorliegenden Untersuchung beleuchtet die Bedeutung von Emotionen im Kontext von Non-Profit-Organisationen; unter anderem spielt dabei eine Rolle, wie die Emotionen im Miteinander innerhalb der Organisation und im Austausch mit der Organisationsumwelt entstehen und wirken, wie die Organisation emotional wahrgenommen wird und welche Emotionen ihr zugeschrieben werden.

Die Wahl fiel auf zwei unterschiedliche Forschungsverfahren, um Daten verfügbar zu machen, die diese Aspekte beleuchten: die Dialogische Introspektion sowie das Leitfadeninterview. Beide Methoden der Datenerhebung erscheinen als geeignete Instrumente, um Emotionen in diesen Kontexten zu erfassen und der Analyse zuzuführen.

Ein Zugang zu Emotionen findet vor allem über ihren subjektiven Charakter statt; die Befragten werden durch Dialogische Introspektion oder Interview zur detaillierten Darstellung ihres emotionalen Erlebens angeregt. Auch emotionale Zustände, die der Organisation zugeschrieben werden – wie emotionale Aspekte der Atmosphäre – werden in diesem Zusammenhang erwähnt.

Beide Methoden ergänzen sich im Forschungsprozess, indem die Dialogische Introspektion durch den dialogischen Aspekt der Gruppensituation eine Anregung des Erlebens der Teilnehmenden über das eigene Erinnerte hinaus ermöglicht, ohne dass jedoch von außen steuernd durch die Forschungsperson eingegriffen wird. Die Situation des Einzelinterviews erlaubt hingegen die Beeinflussung des Erzählten in der Erhebungssituation, etwa durch gezielte Nachfragen. Weitere Vor- und Nachteile von Dialogischer Introspektion und Leitfadeninterview werden im Folgenden dargelegt und die Auswahl der Forschungsverfahren wird weiter erläutert. Außerdem werden beide Methoden mit ihren Kennzeichen und Eigenschaften vorgestellt. Abschließend werden die Besonderheiten der praktischen Durchführung von Datenerhebung und Auswertung skizziert und mit konkreten Beispielen aus den Erhebungssituationen illustriert.

Insgesamt haben die Methoden zu sehr reichhaltigem Datenmaterial in Bezug auf Emotionen geführt und die Analyse hat verdeutlicht, dass auch Vertrauen und Solidarität wichtige Aspekte im Zusammenspiel mit Emotionen für das Organisationsgeschehen von Dritte-Sektor-Organisationen darstellen.

Bevor im Folgenden auf die gewählten Forschungsverfahren und die Durchführung des Forschungsprozesses eingegangen wird, wird zunächst kurz veranschaulicht, welche Organisationen für die Untersuchung gewonnen werden konnten und nach welchen Kriterien ihre Auswahl stattfand.

4.1 Auswahl der teilnehmenden Organisationen

Ein wichtiges Prinzip der Qualitativen Heuristik besteht in der maximalstrukturellen Variation der Perspektiven in Bezug auf den zu untersuchenden Gegenstand. Die Absicht besteht darin, durch einen Perspektivwechsel möglichst viele Eigenschaften des Untersuchungsgegenstandes zu erfassen.

Zunächst ist festzulegen, worin der Untersuchungsgegenstand genau besteht. Im Kapitel 2 wurde ausgeführt, welche Organisationen als dem Dritten Sektor zugehörig verstanden werden können. Die Auswahlkriterien für die an der Untersuchung teilnehmenden Organisationen sind somit festgelegt. Aus forschungsökonomischen Gründen wurden nur Organisationen bei der Untersuchung berücksichtigt, die ihren Sitz in Hamburg haben. Dabei kann es sich um Hamburger Regionalgruppen einer deutschland- oder sogar weltweiten Organisation handeln oder auch um die Deutschlandvertretung einer internationalen Organisation. Außerdem können die Organisationen zwar in Hamburg ansässig sein, aber über Hamburg hinaus agieren – beziehungsweise dies planen. Schließlich sind es auch Organisationen dabei, die nur für den Hamburger Raum tätig sind. Wie der unten stehenden Liste der teilnehmenden Organisationen zu entnehmen ist, sind alle diese Organisationstypen vertreten. Hier ist eine erste Variation der Perspektiven in Bezug auf Eigenschaften der Organisationen zu erkennen.

Des Weiteren sind alle Rechtsformen der Organisationen vertreten, die den Dritte Sektor konstituieren: es haben Vereine, Stiftungen, eine Genossenschaft, eine GmbH mit gemeinnütziger Ausrichtung und eine Gewerkschaft an der Studie teilgenommen. Auch verschiedene Aufgabenbereiche der Organisationen, wie sie in Kapitel 2 dargestellt werden, konnten berücksichtigt werden, wie in Tabelle 4 ersichtlich ist. Darüber hinaus besetzen die Organisationen sehr unterschiedliche

Themenfelder, anhand derer die Übersicht strukturiert ist. Die Liste ist aber nicht abschließend, da die Befragten teils auch aus dem Geschehen von Non-Profit-Organisationen berichtet haben, in denen sie ebenfalls Mitglied sind. Die Daten wurden teilweise ebenfalls anonymisiert der Analyse zugänglich gemacht.

Tabelle 4: Übersicht der teilnehmenden Organisationen mit ihren Aufgabenfeldern

Teilnehmende Organisationen	Aufgabenfelder
Hamburger Tafel e.V.	Soziale Dienste und Hilfen
Stiftung Mittagskinder	Soziale Dienste und Hilfen
Hundebande e.V.	Soziale Dienste und Hilfen, Gesundheitswesen
Der PARITÄTISCHE Wohlfahrtsverband Hamburg e.V.	Soziale Dienste und Hilfen
Greenpeace e.V.	Natur- und Umweltschutz
EnergieNetz Hamburg eG	Natur- und Umweltschutz
Weltladen Osterstrasse	Internationale Aktivitäten
Stiftung steps for children	Internationale Aktivitäten
peace brigades international (pbi) Deutscher Zweig e.V.	Internationale Aktivitäten
Transparency International Deutschland e.V. Regionalgruppe Hamburg/Schleswig Holstein	Rechtswesen, Bürger- und Verbraucherinteressen, Politik
Verbraucherzentrale Hamburg e.V.	Rechtswesen, Bürger- und Verbraucherinteressen
ver.di Landesbezirk Hamburg	Gewerkschaften
Jüdischer Salon am Grindel e.V.	Kultur und Erholung
Förderkreis Mahnmal St. Nikolai e.V.	Kultur und Erholung
Sportvereinigung Polizei von 1920 e.V. Abteilung Boxen	Kultur und Erholung
anonym[29]	Bildungs- und Forschungswesen/ Soziale Dienste und Hilfen
Staatspolitische Gesellschaft e.V.	Bildungs- und Forschungswesen/ Politik
umdenken Heinrich-Böll-Stiftung Hamburg e.V.	Bildungs- und Forschungswesen/ Politik
Verwaiste Eltern und Geschwister Hamburg e.V.	Sonstiges

29 Organisation, die den Wunsch geäußert hat anonym zu bleiben.

Die Organisationen variieren ferner in Größe, ihrem Anteil an Haupt- und Ehrenamtlichen, ihrer hierarchischen Strukturiertheit (ausgeprägte vs. flache Hierarchien) in den finanziellen Mitteln, die ihnen zur Verfügung stehen und weiterem mehr. Damit wird auch die qualitativ-heuristische Entdeckungsstrategie „Testen der Grenzen" berücksichtigt, da sowohl sehr kleine Organisationen mit wenigen aktiv Engagierten – wie dem Verein Hundebande e.V. – als auch große Organisationen mit behördenähnlichen Strukturen – wie dem PARITÄTISCHEN – in der Erhebung Berücksichtigung finden.

Schließlich wurde darauf geachtet, Angehörige unterschiedlicher Organisationsebenen zu befragen: hierbei kann es sich um den ehrenamtlichen Vorstand, die hauptamtliche Geschäftsführung oder auch um hauptamtliche Sachbearbeiter/innen handeln.

Die Auswahl der Organisationen fand in der Absicht statt, ein beispielhaftes Abbild des Dritten Sektors zu erlangen, selbst wenn die Untersuchung als qualitative Erhebung keine Repräsentativität erreicht. Eine charakteristische Darstellung des Dritten Sektors konnte durch die Variation der unterschiedlichen Kriterien weitgehend erzielt werden.

4.2 Erhebungsmethoden: Dialogische Introspektion und Leitfadeninterview

Im Sinne der maximal strukturellen Variation der Perspektiven ist angeraten, auch die Instrumente zur Datenerhebung zu variieren. Die einzelnen Erhebungsmethoden weisen verschiedene Eigenschaften auf und entfalten in diesem Zusammenhang unterschiedliche Wirkungen in den Erhebungssituationen. So können verschiedene Aspekte des Untersuchungsgegenstandes erschlossen werden.

In der vorliegenden Untersuchung kamen zwei Verfahren zum Einsatz, die sich gegenseitig ergänzen und jeweils unterschiedliche Perspektiven in Bezug auf Emotionen in Dritte-Sektor-Organisationen erlauben: die Dialogische Introspektion und das Leitfadeninterview. Die Methoden werden im Folgenden kurz skizziert. Anschließend wird begründet, warum sie in der Kombination vielversprechend für die Datenerhebung von Emotionen in Organisationen sind.

4.2.1 Forschungsverfahren der Dialogischen Introspektion

Das Verfahren der Dialogischen Introspektion kam insbesondere zu Beginn der Datenerhebung zum Einsatz. Die Methode ermöglicht aufgrund ihrer ausgesprochenen Offenheit – die Datenerhebung wird weder stark vorstrukturiert noch wird in ihren Ablauf eingegriffen – eine offene Annäherung an den Untersuchungsgegenstand.

Aufgrund der noch geringen Bekanntheit der Methode in ihrer jetzigen Form wird sie im Folgenden etwas ausführlicher dargestellt und in den methodologischen Kontext eingeordnet.[30]

Die Methode der Dialogischen Introspektion beruht auf dem Verfahren der Introspektion (auch Selbstbeobachtung oder Selbstexperiment), das in den Anfängen der Psychologie Ende des 19. und Anfang des 20. Jahrhunderts einen wichtigen Stellenwert einnahm (u.a. bei Edmund Husserl (1859–1938) und Franz Brentano (1838–1917), bei Wilhelm Wundt (1832–1920) und in der Würzburger Schule um Oswald Külpe (1862–1915); vgl. Mayer 2010). In den Folgejahrzehnten gewann die quantitative Sozialforschung in Psychologie und Sozialwissenschaften immer mehr an Bedeutung und die Methode der Introspektion verschwand aus dem Methodenspektrum. Die Hamburger Forschungswerkstatt[31] griff die Introspektion wieder auf, bettete sie in den methodologischen Rahmen der Heuristischen Sozialforschung ein, um sie an aktuelle methodologische Ansprüche anzupassen und verwendete sie von nun an nicht mehr nur in Bezug auf eine Person, sondern in Gruppen.

Ablauf der Dialogischen Introspektion

Den teilnehmenden Personen (mindestens vier bis maximal 14 Personen) wird die Fragestellung präsentiert. Die Teilnehmenden erhalten so viel Zeit, wie sie benötigen um die Frage individuell zu introspektieren und machen sich dazu Notizen. Anschließend tragen sie ihre Introspektionsberichte nacheinander vor. In einer zweiten Runde können anschließend Ergänzungen zum eigenen Bericht vorge-

---

30 Die folgende Darstellung der Methode beruht in erster Linie auf ihrer bisher zentralen Publikation: Burkart, Thomas, Kleining, Gerhard & Witt, Harald (Hrsg.) (2010). Dialogische Introspektion: Ein gruppengestütztes Verfahren zur Erforschung des Erlebens.

31 Bei der Hamburger Forschungswerkstatt handelt es sich um eine informelle Gruppe von empirisch forschenden Soziologen und Psychologen um Thomas Burkart, Gerhard Kleining und Harald Witt an der Universität Hamburg; siehe auch: http://introspektion.net/ (abgerufen am 4. Oktober 2015).

nommen werden. Durch ein „Resonanzphänomen“ (Burkart 2010, 48) werden die Teilnehmenden durch die Berichte der Anderen dazu angeregt, weitere Aspekte ihres eigenen Erlebens zu erinnern.

Die Erhebungssituation ist insgesamt durch vier Regeln strukturiert, mit der Absicht, gruppendynamische Prozesse zu begrenzen (ebenda, 49f.):

1. Verbale und nonverbale Kommentare oder Kritiken sind nicht zulässig;
2. Jede/r Teilnehmende kann so viel ihrer/seiner Selbstbeobachtung berichten, wie sie/er möchte, somit auch gar nichts;
3. es ist nicht erlaubt, andere Teilnehmende zu unterbrechen, Nachfragen zu stellen oder eine Diskussion zu beginnen. Offene Fragen oder Kommentare können aber in einer abschließenden Diskussionsrunde besprochen werden, sofern dies gewünscht wird;
4. in einer zweiten Runde können Ergänzungen der eigenen Berichte vorgenommen werden.

Die Dialogische Introspektion ist als Forschungsverfahren in die Heuristische Sozialforschung eingebettet und richtet sich darüber hinaus auch nach den Prinzipien und Regeln der Qualitativen Heuristik.

Erleben als Hauptuntersuchungsgegenstand

Das Spektrum der möglichen Fragestellungen und der geeigneten Untersuchungsgegenstände ist sehr vielfältig. Grundsätzlich erscheint alles passend, was auf Erfahrungen und Wahrnehmungen von Individuen beruht:[32] „Alles, was im Erleben enthalten ist, alles was erlebbar ist, was wir mit unserem Denken, Empfinden und Fühlen begleiten und was als bewusste innere Erfahrung vorhanden ist, ist der Introspektion zugänglich.“ (ebenda, 44)

Da Erleben immer auch emotionale Aspekte aufweist beziehungsweise mit Emotionen verbunden ist, können Emotionen und emotionale Erlebnisse auch Gegenstand von Dialogischen Introspektionen sein, ebenso wie andere „innere Vorgänge wie Tagträume, Phantasien, Entscheidungs- oder Gefühlsprozesse“ (ebenda, 44).

32 Weniger geeignet erscheinen feste Strukturen, wie beispielsweise das Wahlprozedere von Vereinsvorsitzenden, das sich nach bestimmten festgelegten Regularien richtet. Sehr wohl mit der Dialogischen Introspektion untersucht werden kann das Erleben der Wahl und etwa der Aspekt, ob das Prozedere als gerecht empfunden wird.

In Bezug auf Emotionen können verschiedene Strategien eingesetzt werden, um die emotionalen Strukturen und Prozesse aufzudecken, die im vorliegenden Forschungsprojekt im Mittelpunkt stehen. Burkart & Weggen (2015) haben verschiedene Vorgehensweisen vorgeschlagen, die sich anhand ihres direkten oder indirekten Zugangs zu den zu erhebenden Emotionen unterscheiden.[33] Um eine maximal strukturelle Variation der Perspektiven auch in Bezug auf die gewählten Fragestellungen zu gewährleisten, kamen verschiedene dieser Strategien zum Einsatz. Hier werden beispielhaft eine direkte und retrospektive Fragestellung (1) und eine indirekte Fragestellung mit retrospektiven und introspektiven Elementen (2) vorgestellt, die für die Datenerhebungen verwendet wurden:

> (1) Bitte denken Sie an Ihre alltägliche Arbeit in Ihrer Organisation. Denken Sie dabei an ein Erlebnis beziehungsweise Ereignis von hoher emotionaler Intensität, das mit Kolleginnen und Kollegen zusammenhängt und das Sie noch gut erinnern. Es kann etwas ganz Alltägliches wie ein dauerhafter Konflikt sein, oder ein besonderes Ereignis, dass Sie als besonders positiv oder negativ erlebt haben. Wie stellt sich das für Sie genau dar? Wie ist es genau abgelaufen? Welche Gedanken, Erfahrungen, aber besonders Gefühle sind damit verbunden und erinnern Sie, wenn Sie daran denken?
> (2) Das Thema unserer heutigen Untersuchung ist Ihr Engagement für Ihre Organisation beziehungsweise Ihre Regionalgruppe. Mich interessiert, warum Sie ihr Engagement begonnen haben und warum Sie bis heute engagiert sind.
> Bitte beobachten Sie, welche Erfahrungen, Erlebnisse, Gedanken, Phantasien, Wünsche und Gefühle Sie erleben und erinnern, wenn Sie daran denken?

4.2.2 Dialogische Introspektion als geeignete Methode zur Erhebung von Emotionen

Jede der durchgeführten Dialogischen Introspektionen hat zu Daten geführt, die Aufschluss über die erlebten Emotionen der teilnehmenden Personen in Bezug auf ihre Tätigkeit und die Organisation insgesamt geben. Dabei waren sowohl direkte als auch indirekte Fragestellungen erfolgreich.

---

33 1) direkte vs. retrospektive Erhebung der Emotionen in Bezug auf ihre Entstehungssituation, 2) thematische Öffnung auf alle erlebten Emotionen oder Beschränkung auf bestimmte Emotionen, 3) Authentizität der Situation, in der die Emotionen erlebt wurden: experimentell oder nacherlebt (Burkart & Weggen 2015, 103ff.).

Für den Erfolg der Methode zur Erhebung von Emotionen können verschiedene ihrer Eigenschaften verantwortlich gemacht werden (vgl. Burkart & Weggen 2015): zum einen erlaubt die Phase der individuellen, stillen Introspektion eine vertiefte Reflektion des eigenen und individuell bedeutsamen Erlebens. Darüber hinaus schafft die Gruppensituation normalerweise eine Atmosphäre, in der die Teilnehmenden sich öffnen und persönlich Bedeutendes preisgeben; das wird auch durch die Offenheit der anderen teilnehmenden Personen hervorgerufen. Schließlich ist den Teilnehmenden freigestellt, all das zu erzählen, was ihnen einfällt und was sie preisgeben mögen, ohne dass korrigierend nachgefragt wird. In qualitativen Interviews ist die Gefahr einer möglichen Beeinflussung und Lenkung der Daten durch Fragen und Nachfragen deutlich größer. Bei der Dialogischen Introspektion kann es allerdings vorkommen, dass die Teilnehmenden manches für sich behalten, was sie in der Gruppe nicht erzählen möchten. Die Ergänzung der Datenerhebung durch Interviews, die unter vier Augen stattfinden und somit unter Umständen eine größere Vertrauensatmosphäre herstellen, ist deshalb sinnvoll.

Bei der Dialogischen Introspektion kommt hinzu, dass sich eine Eigenschaft von narrativen Interviews wiederfindet: die/der Teilnehmende wird angeregt, etwas Persönliches – zum Beispiel ein erlebtes Ereignis – wiederzugeben. Dabei kommt die Person in die Lage, eventuell auch Aspekte zu erzählen, die sie unter anderen Umständen eventuell nicht preisgegeben hätte, die aber notwendig sind, um die erzählte Geschichte zu erläutern. Die Erfahrungen mit der Dialogischen Introspektion zeigen, dass häufig kohärente, sich selbst erklärende Episoden mitgeteilt werden. Es wirkt hier ein Prinzip, das den Erzählfluss anregt und gleichzeitig dazu führt, diesen zu strukturieren.

Der dialogische Charakter der Methode führt ferner dazu, dass intersubjektive Strukturen erkennbar werden, indem durch die Introspektionsberichte anderer die Erinnerung eigenen Erlebens angestoßen und dies anschließend berichtet wird.

Die Vor- und Nachteile der Methode der Dialogischen Introspektion werden im Folgenden zusammengefasst und beruhen in erster Linie auf Burkart & Weggen 2015 (Tabelle 9.1, 108). Als Vorteile können gelten:

- Gruppensituation: Das emotionale Erleben wird durch die Berichte der anderen Introspektionsteilnehmer/innen angeregt.
- Minimierung unerwünschter Gruppendynamiken: Mithilfe der Gruppenregeln wird eine Situation erzeugt, in der das emotionale Erleben frei ausgedrückt werden kann.
- Unhierarchische Interaktionen: Alle Teilnehmenden erhalten die gleichen Möglichkeiten, ihr emotionales Erleben mitzuteilen.

- Praktische Vorteile: Die Methode trägt dazu bei, in kurzer Zeit dichtes und reichhaltiges Datenmaterial zu erzeugen.
- Explorativ: Die Methode stellt sicher, dass die theoretischen Vorannahmen der Forschenden die Introspektionsberichte so wenig wie möglich beeinflussen.
- Gleichwertigkeit der Introspektionsberichte: Alle Introspektionsberichte werden bei der Analyse äquivalent berücksichtigt.

Nachteilig ist demgegenüber zu verzeichnen:

- Inkohärenzrisiko: Fragen zu stellen ist nicht zulässig, in der Folge kann Vagheit entstehen. Allerdings ist eine klärende Diskussion im Anschluss an die Dialogische Introspektion möglich.
- Soziale Erwünschtheit: Es besteht das Risiko, dass Teilnehmende persönliche Emotionen entweder nicht mitteilen, da sie denken, dass diese nicht sozial erwünscht sind oder aber aus demselben Grund von Emotionen berichten, die sie gar nicht wirklich fühlen.

Das Forschungsverfahren hat viele Eigenschaften, die sich positiv auf die Erfassung von Emotionen auswirken. Allerdings sind auch einige nachteilige Effekte zu verzeichnen. Eine Kombination mit anderen Erhebungssituationen – wie dem Leitfadeninterview – kann hier eine sinnvolle, ausgleichende Wirkung entfalten.

4.2.3 Datenerhebung mithilfe der Dialogischen Introspektion

Die Dialogische Introspektion kam als Instrument der Datenerhebung vor allem zu Beginn des Forschungsprozesses zum Einsatz. Die Gründe dafür liegen vor allem in der Offenheit und der Zeitökonomie der Methode. Die an der Dialogischen Introspektion teilnehmenden Personen werden nur durch eine Eingangsfrage zur Reflektion anregt. Durch diesen offenen Charakter der Methode konnten Daten erhoben werden, die – wenn überhaupt – nur gering durch das Vorverständnis zum Thema der Untersuchung beeinflusst wurden.

Zudem erlaubt die Dialogische Introspektion mit einem recht geringen Zeitaufwand von etwa einer Stunde pro Datenerhebung das Erleben von mehreren Personen zu erfassen. An den sechs Dialogischen Introspektionen, die für die vorliegende Forschungsarbeit durchgeführt wurden, haben jeweils vier oder fünf Personen teilgenommen, insgesamt waren es 28 Personen. Die Befragten sind alle Mitglieder einer Non-Profit-Organisation und engagieren sich hauptamtlich und/oder ehrenamtlich für die Organisation. Sie unterscheiden sich aber aufgrund einiger Eigenschaften: sie sind in verschiedenen Positionen in den Organisationen aktiv: sie sind in leitender hauptamtlicher oder ehrenamtlicher Funktion als auch als „einfache" ehrenamtliche Mitglieder oder Angestellte tätig. Es sind alle Altersgruppen vorhanden: von der jungen Abiturientin bis zum aktiven Ruheständler. Ferner sind Männer und Frauen mit annähernd gleichem Anteil vertreten.[34]

Die Datenerhebungen haben in unterschiedlichen Untersuchungssituationen stattgefunden. In einigen Fällen wurde die Interviewerin eingeladen, die Erhebung im Anschluss oder im Vorfeld von regulär stattfindenden Besprechungen innerhalb der Organisationen durchzuführen. Dabei handelte es sich um Teambesprechungen oder auch um reguläre Treffen einer Gruppe von Ehrenamtlichen innerhalb eines Vereins. In zwei Fällen haben sich die Organisationsmitglieder extra zu einem verabredeten Zeitpunkt gemeinsam mit der Forscherin getroffen. In einem Fall war die Gruppe aus Haupt- und Ehrenamtlichen gemischt, in den anderen Fällen waren es nur haupt- oder ehrenamtliche Mitglieder der jeweiligen Organisationen.

Eine Variation der Perspektiven in Sinne der Qualitativen Heuristik wurde auf verschiedene Art und Weise gewährleistet. Zunächst fanden die Dialogischen Introspektionen mit variierenden Untersuchungssituationen mit unterschiedlichen Zusammensetzungen der Befragten statt – etwa anhand von Alter, Geschlecht und unterschiedlichen Positionen in den Organisationen. Es wurden sowohl hauptamtliche als auch ehrenamtliche Mitglieder der Organisationen befragt, die jeweils unterschiedliche Wahrnehmungen und einen unterschiedlichen Blick auf die Organisation haben, der unter anderem durch unterschiedliche Interessenlagen und Ansprüche an das Engagement und die Organisation bestimmt ist.

Des Weiteren wurden die Fragestellungen in den verschiedenen Datenerhebungen variiert. Dem Prinzip der Offenheit folgend wurden die Fragen möglichst so formuliert, dass die Befragten zwar eine Anregung zur individuellen Introspektion erhalten haben, ihr zu introspektierendes Erleben und ihre Erlebnisse jedoch möglichst frei wählen konnten. Beispielsweise wurde nach dem eigenen Engagement oder nach der Zusammenarbeit mit Ehrenamtlichen gefragt.

> Das Thema unserer heutigen Untersuchung ist Ihr Engagement hier bei [Name der Organisation]. Mich interessiert, warum Sie ihr Engagement begonnen haben und warum Sie bis heute engagiert sind. Bitte beobachten Sie, welche Erfahrungen, Erlebnisse, Gedanken, Phantasien, Wünsche und Gefühle Sie erleben und erinnern, wenn Sie an Ihr

---

[34] Unter Berücksichtigung der Interviews wurden bei der Erhebung insgesamt etwas mehr Frauen als Männer befragt.

> Engagement bei [Name der Organisation] denken. Bitte machen Sie sich dazu Notizen. Beachten Sie dabei, dass es keine richtigen oder falschen Selbstbeobachtungen gibt. Sie entscheiden anschließend selbst, was Sie davon der Gruppe mitteilen wollen und was nicht.

Ferner wurden die Befragungssituationen variiert, indem eine Dialogische Introspektion mit Vertreterinnen unterschiedlicher Organisationen stattfand, die gemeinsam zu einem Treffen bereit waren.

Im Vorfeld bestand die Vermutung, dass sich die Introspektionsberichte in Erhebungssituationen, in denen die Personen sich kennen und gemeinsam engagieren, von denen unterscheiden, in denen sich die Teilnehmenden unbekannt sind. Diese Annahme hat sich im Forschungsprozess bestätigt. Es wurden – je nach Untersuchungssituation – unterschiedliche Informationen preisgegeben. Zwar haben fast alle Dialogischen Introspektionen zu Daten geführt, die reichhaltig über das emotionale Erleben der Befragten im Kontext ihrer Organisationen Auskunft geben. Trotzdem haben Organisationsmitglieder, die ihr Engagement und ihre Tätigkeit gemeinsam ausüben, auf andere Erlebnisse in ihren Berichten zurückgegriffen, als diejenigen, die nicht für die gleiche Organisation tätig sind.

Die Teilnehmenden, die gemeinsam mit anderen Angehörigen ihrer Organisation befragt wurden, haben vermehrt positive Erlebnisse geschildert und wenn es sich um negative Emotionen oder um das Berichten von Konflikten gehandelt hat, wurden diese in Kontexten erlebt, die nicht mit den anderen anwesenden Personen in Beziehung standen. In der gemischten Dialogischen Introspektion wurde hingegen sehr offen über Problemlagen in der Zusammenarbeit mit anderen Organisationsmitgliedern berichtet.

Wahrscheinlich ist die unterschiedliche Bereitschaft der Auskunft über problematische Situationen innerhalb der Organisationen darauf zurückzuführen, dass negative Konsequenzen befürchtet werden, wenn Kollegen oder andere Engagierte der Organisation zuhören. Auch ist die Schilderung von Konflikten unwahrscheinlich, wenn andere davon betroffene Personen anwesend sind. Anders ist dies in Dialogischen Introspektionen, die mit fremden Personen stattfinden: dort ist eigentlich auszuschließen, dass andere Mitglieder der eigenen Organisation von den Berichten über die Wahrnehmung der vorhandenen Konflikte und Schwierigkeiten erfahren. In den Erhebungssituationen, in denen sich die Teilnehmenden vorher kannten, war von Vornherein eine Vertrautheit vorhanden, die auch zu einer Öffnung beigetragen hat, das eigene Erleben zu teilen. Außerdem war zu beobachten, dass die Berichte anderer Organisationsmitglieder über die „eigene" Organisation auch die Schilderung von weiterem Erleben angeregt haben, die die Teilnehmenden dann in der zweiten Runde mitgeteilt haben. In der Dialogischen Introspektion, in denen fremde Personen zusammenkamen, wurde ebenfalls sehr offen berichtet, und zwar auch über für die Organisation kritische interne Vorgänge.

Diese Beobachtungen unterstreichen die Notwendigkeit die Erhebungssituationen zu variieren: die unterschiedlichen Erhebungssituationen der Dialogischen Introspektionen, auch geprägt durch die Zusammensetzung der Teilnehmenden, haben zu vielfältigem Datenmaterial geführt. Ergänzt wurde dies durch Interviews, wie im folgenden Abschnitt ausgeführt wird.

Im Sinne der Methode sollten die Gruppen durch möglichst geringe Hierarchieunterschiede geprägt sein. In Bezug auf Organisationen hängt dies damit zusammen, die Teilnehmenden in ihren Berichten nicht dadurch zu beschränken, dass sie negative Konsequenzen durch eine höheren Hierarchieebene befürchten müssen, wenn sie eventuell negative Gefühle in Bezug auf die Organisation oder dort Erlebtes berichten. Leider konnte das nicht bei allen Befragungen sichergestellt werden. In zwei Fällen waren die gesamten Arbeitsteams inklusive der Teamleitung anwesend, in einem Fall war die Gruppe mit Vertreterinnen und Vertretern sehr unterschiedlicher Organisationsebenen besetzt. In diesen Fällen wurde vermutlich genauer von den Teilnehmenden darauf geachtet, was sie berichten, als es der Fall gewesen wäre, wenn die Vorgesetzten nicht dabei gewesen wären. Sie haben nur solches Erleben mit emotionalem Gehalt geschildert, das nur wenig mit den anderen anwesenden Personen zu tun hatte.

Allerdings haben die Dialogischen Introspektionen trotzdem sehr reichhaltiges Datenmaterial erzeugt und die Befragten haben emotional für sie bedeutsame Erlebnisse im Kontext der Organisation berichtet. Die Erhebungen waren somit gleichwohl sinnvoll. Das ist vor allem auf zwei Aspekte zurückzuführen. Erstens zeigt jeder Bericht einen anderen Aspekt der Emotionen in den Organisationen auf, somit sind alle von Nutzen, um die Forschungsfrage zu beantworten. Wenn in den betreffenden Befragungen das Bild eventuell etwas „positiv verzerrt" ist, stellt sich dies in der gemischten Dialogischen Introspektion oder auch in den Interviews teilweise anders dar, da dort auch zahlreiche negative Erlebnisse berichtet werden. Das Gesamtbild ist in der Folge wieder ausgeglichen.

Zweitens haben auch die Befragten, die vermeintlich in einer Gruppe mit Angehörigen der gleichen Hierarchieebene innerhalb der Organisation teilgenommen haben, auch überwiegend auf den Bericht von Erlebnissen zurückgegriffen, an denen die anderen Teilnehmenden nicht beteiligt waren. Auch dort wurde offenbar vorsorglich vermieden, eventuelle Konfliktlagen in den Arbeitsteams anzusprechen und somit zu aktivieren. Alleine die Bekanntschaft und Zusammenarbeit mit den anderen an der Dialogischen Introspektion teilnehmenden Personen hat somit einen Einfluss auf das, was berichtet wird.

Nur in einem Fall gab es Schwierigkeiten bei der durchgeführten Dialogischen Introspektion: das Datenmaterial gibt hier nur wenig Auskunft über die im Kontext der Situation erlebten Emotionen. Worauf dies genau zurückzuführen ist, kann nur vermutet werden. Einerseits spielt wahrscheinlich eine Rolle, dass die Befragten offenbar im Vorfeld nur wenig oder gar nicht informiert waren, dass eine Dialogische Introspektion stattfinden sollte und was sie dabei zu erwarten hätten. Sie hatten Schwierigkeiten, sich ad hoc auf die Situation einzulassen. Die Initiative für die Teilnahme am Forschungsprojekt hatte offenbar der Teamleiter ergriffen, der die unterschiedlichen Befindlichkeiten und Bereitschaften für sein Team an der Teilnahme möglicherweise nicht zutreffend eingeschätzt hat. Es entstand ferner der Eindruck, dass auch Konflikte und Spannungen im Team eine Rolle bei der geringen Öffnung und Bereitschaft zur Introspektion gespielt haben, ohne dass jedoch konkrete Anhaltspunkte hierfür vorlagen. Die Befragten haben sich schließlich in weiten Teilen auf sachliche Berichte ihrer Tätigkeit zurückgezogen und wenig über ihr eigenes emotionales Befinden preisgegeben. Nur eine Person hat eine sehr emotional bewegende Situation geschildert. Schließlich kann auch nicht abschließend geklärt werden, inwiefern die Befragung anders abgelaufen wäre, wenn die Situationen durch die befragende Person anders gestaltet worden wäre – beispielsweise durch eine andere Formulierung der Forschungsfrage, um den Teilnehmenden ihre Hemmungen zu nehmen.

In den anderen Dialogischen Introspektionen haben die Teilnehmenden durchgehend Erleben mit hohem emotionalem Gehalt geschildert. Auch haben sie sich durch die anderen Teilnehmenden zu weiteren Reflektionen ihres eigenen Erlebens anregen lassen. Sie waren weitgehend offen für die Methode und interessiert am Forschungsprojekt. Sie haben unter anderem reflektiert, was sie zur Organisation geführt hat, was sie bei der Organisation hält und wie sie die Organisation erleben sowie wie dies mit Emotionen verknüpft ist. Sie haben für sie emotional bedeutsame Erlebnisse geschildert und Aspekte guter, als auch konfliktreicher, Zusammenarbeit in den Organisationen beleuchtet.

Generell war Interesse und Offenheit für die Methode der Dialogischen Introspektion und am Forschungsprojekt in den Erhebungssituationen wahrnehmbar. Viele Befragten haben geäußert, die Untersuchung gerne zu unterstützen. Im Laufe der Dialogischen Introspektionen war vielfach wahrzunehmen, dass auch großes Interesse an den Introspektionsberichten der anderen Teilnehmenden bestand. Teilnehmende haben an Aspekte der Berichte der anderen versucht anzuknüpfen oder sogar im Anschluss eine Diskussion zu Gesagtem angestoßen. Es bestand vielfach der Eindruck, dass durch das gemeinsame Reflektieren der Tätigkeit für die Organisation das Gefühl einer Gemeinschaft und Zusammengehörigkeit bestärkt wurde, vor allem in den Arbeitsteams, die gemeinsam an einer Dialogischen Introspektion teilgenommen haben. Diese Verbundenheit hat in einigen Fällen etwa darüber stattgefunden, dass die Zusammenarbeit mit anderen – zum Beispiel Ehrenamtlichen oder Kooperationspartnern – beleuchtet wurde oder emotional bedeutsame Ereignisse, die auch eine große Tragweite für die gesamte Organisation hatten, angesprochen wurden. Auch wurden die eigenen Werte und Überzeugungen dargelegt, die das Engagement begründen, teilweise wurden Übereinstimmungen mit den geschilderten Gründen des Engagements von anderen sichtbar. Zumindest in den Situationen selbst, in denen die Dialogischen Introspektionen durchgeführt wurden, kann teilweise ein gemeinschaftsstiftendes Moment als Antwort auf die Methode verzeichnet werden. Das Feedback der Teilnehmenden auf die Methode weist in diese Richtung. Ferner waren viele der Erhebungssituationen davon geprägt, dass der Forschungsperson gleich das „Du" angeboten wurde, auch wenn vorher keine persönliche Bekanntschaft bestand.

Insgesamt haben die Dialogischen Introspektionen Datenmaterial erzeugt, das umfassend Auskunft über das emotionale Erleben der Beteiligten in ihren Organisationen Auskunft gibt und verschiedenste Zusammenhänge und Kontexte aufzeigt. Die mithilfe der Dialogischen Introspektionen generierten Daten zeichnen ein vielfältiges Bild des Organisationsgeschehens der betreffenden Non-Profit-Organisationen. Gerade aufgrund der Durchführung von Dialogischen Introspektionen innerhalb der Organisationen hat sich ein vielfältiges und exemplarisches Bild der jeweiligen Organisation geboten. Dies kann aufgrund der notwendigen Anonymisierung des Datenmaterials aber nur Ansatzweise in dieser Arbeit skizziert werden, damit aus den Beispielen nicht auf die Organisationen geschlossen werden kann.

Weitere Dialogische Introspektionen wären wünschenswert gewesen, allerdings sind diese auch mit hohem Aufwand verbunden, da mehrere Organisationsmitglieder gemeinsam für die Datenerhebung zur Verfügung stehen müssen. In einigen Organisationen war dies gar nicht möglich, da es nur wenige aktive Personen gibt, in anderen war nur die Bereitwilligkeit zur Teilnahme an Einzelinterviews vorhanden. Somit hatte nicht zuletzt die Bereitschaft der Organisationen Einfluss auf die eingesetzten Instrumente der Datenerhebung.

4.2.4 Leitfadeninterview

Im Anschluss an die ersten Dialogischen Introspektionen wurden auch die ersten Interviews geführt. Bei allen Interviews handelt es sich um Leitfadeninterviews[35]. Alle Befragungen haben sich an im Vorfeld festgelegten Fragen orientiert. Ein Interview wurde ergänzend als Experteninterview durchgeführt – beziehungsweise als leitfadengestütztes Experteninterview[36] –, da die befragte Person einer beratenden Tätigkeit in Dritte-Sektor-Organisationen nachgeht und somit einen Blick auf den Organisationstyp und die darin vorhandenen Emotionen hat, der über das persönliche Engagement in einer einzigen Organisation hinausgeht. Sie hat somit einen besonderen Wissensstand bezüglich der Forschungsfrage.

Während der Durchführung der Interviews wurde im Sinne der qualitativ-heuristischen Regeln Offenheit der Forschungsperson und Offenheit des Forschungsgegenstandes darauf geachtet, dass die befragten Personen den Raum erhielten, auszuführen, was ihnen in Bezug auf die gestellten Fragen wichtig erschien. Darüber hinaus wurde an Stellen, die weitere Erkenntnis in Bezug auf die Forschungsfrage versprachen, gezielt nachgefragt und insgesamt darauf geachtet, flexibel zu reagieren. Die Befragung hat sich am allgemeinen Grundsatz für qualitative Interviews orientiert: „So offen wie möglich [...] und so strukturiert wie nötig" (Helfferich 2014, 563).

4.2.5 Leitfadeninterview als geeignete Ergänzung zur Erhebung von Emotionen

Gegenüber der Methode der Dialogischen Introspektion hat das qualitative Interview vor allem den Vorzug – neben der intimeren Situation, bei der nur Interviewer/in und befragte Person anwesend sind –, dass direkt nachgefragt werden und das Gespräch somit auch gesteuert werden kann, um weitere Informationen zum

---

35 Da das Leitfadeninterview als Erhebungsinstrument weithin bekannt ist, wird an dieser Stelle nur auf erläuternde Literatur zur Methode des Leitfadeninterviews und anderer qualitativer Interviewarten verwiesen (vgl. Flick 2011, Helfferich 2014; Lamnek 2010).

36 Liebold & Trinczek beschreiben, dass es ungewöhnlich sei, dass sich der Name des Interviews an der interviewten Person (beziehungsweise ihrem Expertenstatus) orientiere, und nicht an den Eigenschaften des Verfahrens selbst. Normalerweise handele es sich bei dieser Art von Interviews immer um solche, die sich an einem Leitfaden orientieren. Sie verwenden deshalb den Begriff des leitfadengestützten Experteninterviews (Liebold & Trinczek 2009, 32), diese Begriffswahl wird übernommen.

Untersuchungsgegenstand zu erhalten. Wenn Emotionen und emotionales Erleben mit ihren Entstehungs- und Wirkungskontexten nur angedeutet, aber nicht explizit ausgeführt werden, kann nachgehakt werden. Das ist bei der Dialogischen Introspektion explizit nicht vorgesehen. Allerdings droht beim Interview immer eine Beeinflussung der befragten Person. Im Sinne einer maximal strukturellen Variation der Perspektiven erscheint eine Variation der Methoden sinnvoll, um sich die unterschiedlichen Vor- und Nachteile ergänzend zu Nutze zu machen.

Zusammenfassen lassen sich die Vor- und Nachteile des Leitfadeninterviews in Bezug auf die Erhebung von Emotionen folgendermaßen benennen (die folgende Darstellung beruht auf Burkart & Weggen 2015, Tabelle 9.1, 108). Als Vorteile können gelten:

- Reaktive ad-hoc Konsistenz: Der/die Interviewer/in kann bei Unklarheit Nachfragen stellen.
- Tiefe: Der/die Interviewer/in kann die/den Interviewte/n empathisch anleiten, damit eine vertiefte Reflektion gegenwärtiger oder vergangener emotionaler Erlebnisse stattfindet.
- Intime Interviewsituation: Die Interviewsituation unter vier Augen führt zu einer privaten und vertrauensvollen Atmosphäre, wodurch angeregt werden kann, dass erlebte Emotionen weitergehend beschrieben werden.

Nachteile des Leitfadeninterviews bestehen demgegenüber in folgenden Punkten:

- Großer Aufwand: Ein Interview erzeugt nur Daten zu einer befragten Person.
- Hohes Risiko einer Beeinflussung durch die/den Interviewer/in: Der/die Interviewer/in beeinflusst die befragte Person bewusst oder unbewusst aufgrund seiner/ihrer theoretischen Vorannahmen oder Einstellungen.
- Frage-Antwort-Folge: Es ist nur wenig Zeit für eine tiefe Reflektion des eigenen emotionalen Erlebens vorhanden, da eigene Denkprozesse durch die Fragen unterbrochen werden können.

In der vorliegenden Untersuchung fiel die Wahl auf eine Kombination von Interviews und Dialogischer Introspektion für die Datenerhebung. So konnten beide Vorteile der Methoden genutzt werden. Es wurden sowohl Daten erhoben werden, die nur durch eine Eingangsfrage des/der Interviewer/in angestoßen wurden (Dialogische Introspektion) als auch Gespräche geführt, bei denen gezielt nachgefragt werden konnte (Leitfadeninterview).

4.2.6 Datenerhebung mithilfe von Leitfadeninterviews

Neben der Methode der Dialogischen Introspektion kamen Leitfadeninterviews als Instrument der Datenerhebung zum Einsatz. Zu Beginn des Forschungsprozesses wurden zahlreiche Non-Profit-Organisationen angefragt, ob sie bereit wären, an der Befragung mitzuwirken. Auch wurden private Bekanntschaften genutzt, um Kontakte zu Organisationen zu knüpfen. Der Rücklauf war gut, zahlreiche Organisationen haben eine Bereitschaft zur Teilnahme signalisiert. Viele Organisationen, die grundsätzlich teilnehmen wollten, konnten jedoch nach eigener Auskunft die Bedingungen zur Durchführung einer Dialogischen Introspektion nicht erfüllen. Sie hatten nicht die Möglichkeit vier oder mehr Personen für eine Datenerhebung zusammen zu bringen. In diesen Organisationen wurden dann überwiegend Interviews geführt.

Bei drei Organisationen gab es sowohl Teilnehmende an Dialogischen Introspektionen als auch Interviewpartner/innen. In zwei Organisationen wurden zwei verschiedene Vertreter/innen der Organisation befragt. Ansonsten wurde jeweils mit einer Vertreterin beziehungsweise einem Vertreter der Organisationen ein Interview durchgeführt.

Die Befragten haben in ihren Schilderungen teilweise auch auf andere Organisationen Bezug genommen, in denen sie zusätzlich tätig sind beziehungsweise tätig waren. Diese Daten wurden für die Analyse berücksichtigt, da es sich ebenfalls um Dritte-Sektor-Organisationen handelt und die Schilderungen somit von Interesse waren. Die Organisationen tauchen aber nicht in der Liste der an der Befragung teilnehmenden Organisationen auf, da sie nicht offiziell angefragt wurden und einer Veröffentlichung des Namens der Organisation nicht zugestimmt haben.

Bei den Interviews kann in der Gesamtsicht – wie schon bei den Dialogischen Introspektionen – eine Variation in Alter, Geschlecht, Position in der Organisation, Dauer der Tätigkeit für die Organisation und weiteres mehr ausgemacht werden. Es wurden sowohl Hauptamtliche als auch Ehrenamtliche befragt. Ein Interview wurde mit einer Person geführt, die sowohl in unterschiedlichen Non-Profit-Organisationen tätig ist als auch beratende Tätigkeit von verschiedenen Organisationen des Dritten Sektor ausübt.

Insgesamt wurden 16 Interviews geführt. Die Dauer der Interviews variierte von 30 Minuten bis zu eineinhalb Stunden. Abhängig war dies vor allem vom Zeitfenster, das von den Befragten für die Interviews eingeräumt wurde sowie von ihrer Auskunftsbereitschaft.

Einige Befragte haben sehr offen und freigiebig erzählt und über ihr emotionales Erleben im Kontext der Organisation Auskunft gegeben. Andere Befragte hatten größere Schwierigkeiten auf die Fragen zu antworten und haben in kurzen und knappen Sätzen berichtet. Hier wurde versucht, durch Nachfragen mehr zu erfahren.

Allen Befragten wurde eine Anonymisierung ihrer Berichte zugesichert, so dass in der fertig gestellten Arbeit nicht mehr nachvollziehbar ist, wer was im Zusammenhang mit welcher Organisation gesagt hat. Einige Personen haben sehr freimütig erzählt, andere haben mehrfach betont, dass es sich teilweise um sehr sensible Informationen handele, die keinesfalls nach außen dringen dürften. Es wurde genau darauf geachtet, dass es auf Grundlage der Darstellung der Analyseergebnisse nicht mehr möglich ist, auf bestimmte Organisationen und Zusammenhänge Rückschlüsse zu ziehen, selbst wenn man mit der „Szene" sehr vertraut ist.

Die Interviews wurden mithilfe eines Leitfadens geführt, in denen festgelegte Fragen und Fragenkomplexe die Struktur der Interviews vorgaben. Im Sinne eines iterativen Forschungsprozesses wurde die Analyse auf Gemeinsamkeiten mit den erhobenen Daten der ersten durchgeführten Dialogischen Introspektionen begonnen. Daraus ergaben sich bereits erste Gemeinsamkeiten in den vorläufig gruppierten Daten, die Eingang in die Erstellung der Fragen für die Leitfadeninterviews fanden. Der Leitfaden wurde im Laufe der Zeit an neue Ergebnisse der Befragungen und der Analyse auf Gemeinsamkeiten angepasst. Beispielsweise wurde in späteren Interviews auch gezielt nach Vertrauen und Solidarität in den Organisationszusammenhängen gefragt, nachdem sich beide Aspekte bei der Analyse der Daten als weitere wichtige Phänomene herausstellten.

Der Fragebogen bietet zwar einen Leitfaden, der die Befragungen strukturiert. Die Fragen wurden aber bereits im Vorfeld der jeweiligen Interviews an die Besonderheiten der interviewten Person angepasst. Es wurden sowohl die Position der Person in der Organisation berücksichtigt als auch wann sie zur Organisation gekommen ist. Ferner wurde in Betracht gezogen ob sie sich ehrenamtlich oder hauptamtlich engagiert und ob sie die Organisation eventuell selbst (mit)gegründet hat. Auch während der Befragung wurde auf Besonderheiten eingegangen, die sich erst im Laufe des Interviews herausstellten. Welche Fragen gestellt und welche gegebenenfalls ausgelassen wurde, war auch davon abhängig, wie viel Zeit die befragte Person zur Verfügung hatte und ob sie auf einzelne Aspekte bereits in anderen Antworten eingegangen war.

Die Fragen des Interviewleitfadens, als auch die, die teilweise spontan während der Befragungssituation gestellt wurden, waren offen formuliert, um den Befragten möglichst viel Raum für eigene Assoziationen und Erzählungen zu bieten. Die Fragen wurden ferner vor dem Hintergrund der Annahme formuliert, dass die Interviewten auch Emotionen ansprechen, wenn sie von dem berichten, was für sie persönlich von Bedeutung ist. Die Fragen sollten zum Erzählen anregen.

Außerdem wurden die Fragen variiert, indem direkt nach Emotionen gefragt wurde. Dabei wurde sowohl nach konkreten Emotionen wie Freude und Ärger als auch unkonkret nach Emotionen generell gefragt. Es wurde versucht, bestimmte Ereignisse mit hoher emotionaler Intensität zu erfassen, und die Befragten gebeten, diese genauer zu erläutern.

Bitte denken Sie an ein Ereignis oder Erlebnis, dass Sie in der letzten Zeit im Zusammenhang mit Ihrem Engagement hatten und das Sie noch besonders gut erinnern. Gerne eines, das eine besonders hohe emotionale Intensität für Sie hatte. Wie ist das genau abgelaufen? Was haben Sie dabei erlebt?

Es bestand die Absicht mit den Fragen die verschiedenen Organisationsebenen zu berücksichtigen, indem etwa nach der Stimmung in der Organisation gefragt oder nach Stärken und Schwächen der Organisation wurde. Außerdem wurde erkundet, welche Aspekte im Miteinander positiv und welche konfliktbehaftet wahrgenommen werden.

Was läuft positiv in der Zusammenarbeit, was eventuell nicht so gut? Gibt es typische Konflikte?

Schließlich wurde der Blick der Befragten auf ihre Organisation mithilfe von Gedankenspielen variiert: wie war es früher in der Organisation, wie ist es heute, wie kann es zukünftig sein? Außerdem wurde nach dem Idealzustand für die Organisation gefragt.

Wenn Sie sich etwas wünschen könnten: wie würde das ideale [Name der Organisation-] Projekt aussehen? Was müsste dafür geschehen?

Geschlossen wurden die Interviews mit einer offenen Abschlussfrage nach Ergänzungen.

Generell kann festhalten werden, dass die Interviewten bereitwillig auf die Fragen geantwortet und offen erzählt haben, wie sie die Organisation und ihr Engagement in der Organisation erleben und wie sich dies auch emotional für sie darstellt. In diesem Zusammenhang wird ein großer Vorzug von Interviews sichtbar: durch die Befragung unter vier Augen entsteht eine Situation, in der keine weitere anwesende Person etwas nach außen tragen könnte. Wenn es der interviewenden Person gelingt, eine Situation herzustellen, in der die befragte Person darauf vertraut, dass das Berichtete alleinig zu Forschungszwecken und anonymisiert erhoben wird, ist die Neigung der Befragten größer, freimütig und unzensiert zu sprechen. Die Schilderungen sind sehr detailreich. Gegenüber den Dialogischen

Introspektionen sind die Interviews deutlich umfangreicher – sowohl zeitlich als auch inhaltlich.

Die Interviewprotokolle geben unter anderem umfassend Auskunft über die Wahrnehmung der Organisationen und den in ihnen stattfindenden alltäglichen und besonderen Ereignissen, über die Zusammenarbeit beziehungsweise das gemeinsame Engagement mit anderen, und über die Motive für das Engagement. In diese verschiedenen Zusammenhänge sind Emotionen und emotionales Erleben der befragten Personen eingelagert, über die die Schilderungen ebenfalls Aufschluss geben.

4.3 Auswertung der Daten: Analyse auf Gemeinsamkeiten

Die Analyse des Datenmaterials – ausgerichtet an den Prinzipien der Analyse auf Gemeinsamkeiten – begann schon mit Fertigstellung der ersten Transkripte der Datenerhebungen. Es handelt sich um einen zirkulären Forschungsprozess, der dadurch bestimmt ist, dass die Analyse mit immer neuem Datenmaterial fortgesetzt wird und in die weitere Datenerhebung die neuen Erkenntnisse aus der Datenanalyse einfließen.

Als Grundlage der Analyse dienten die Datenerhebungsprotokolle im Wortlaut in Textform. Die Auswertung der Daten fand computergestützt mithilfe des Programms MAXQDA statt. Die Wahl fiel auf dieses Instrument, da es eine umfassende Kodierung des Datenmaterials möglich macht. Es erlaubt einerseits eine mehrfache Zuordnung von Daten zu verschiedenen Codes und andererseits können die Daten aufgrund neuer gefundener Gemeinsamkeiten immer wieder neu gruppiert und mit verschiedenen Überschriften versehen werden, bis alle Zusammenhänge aufgedeckt sind.

Während der Analyse wurde schnell ersichtlich, dass neben Emotionen Solidarität und Vertrauen eine besondere Bedeutung im Organisationsgeschehen von Dritte-Sektor-Organisationen zukommt. Es können Rückschlüsse auf ihre Entstehungs- und Wirkungskontexte gezogen sowie Zusammenhänge und Wechselwirkungen mit Emotionen aufgezeigt werden. Solidarität und Vertrauen können neben Emotionen als eigenständige Phänomene beschrieben werden, die von großer Bedeutung im Organisationsgeschehen von Non-Profit-Organisationen sind. Sie sind in der Folge deshalb in eigenen Kapiteln dargestellt.

Die Orientierung an den Prinzipien, den Prüfverfahren und den Entdeckungsstrategien der Qualitativen Heuristik hat ermöglicht, die Bedeutung und Zusammenhänge von Emotionen, Vertrauen und Solidarität in Dritte-Sektor-Organisationen aufzuzeigen. Eine alleinige Orientierung an bestehender Literatur zur Erstellung von Hypothesen, die wiederum mithilfe eines empirischen Vorgehens überprüft werden sollten, hätte diese Zusammenhänge vermutlich nicht aufgedeckt. Die Bedeutung, die Solidarität und Vertrauen im Zusammenspiel mit Emotionen für Non-Profit-Organisationen zukommt, war in der Form nicht Teil des theoretischen Vorverständnisses zu Beginn der Datenerhebung. Es ist somit vor allem der Offenheit der Methode der Qualitativen Heuristik geschuldet, dass es möglich war, diese Zusammenhänge zu erschließen und in der vorliegenden Arbeit darzustellen. Im folgende Kapitel werden nun zunächst die Ergebnisse zu Vertrauen in Non-Profit-Organisationen vorgestellt und mit dem aktuellen Stand der Forschung zu Vertrauen kontrastiert.

5 Vertrauen in Dritte-Sektor-Organisationen

Wer sich für das Engagement in einer Non-Profit-Organisation entscheidet, sollte ein gesundes Maß an Vertrauen mitbringen. Dritte-Sektor-Organisationen sind Orte, an denen vertrauensbasierte Tätigkeit einen besonderen Stellenwert inne hat: insbesondere der Anteil von Ehrenamtlichen führt dazu, dass Kontrolle und Macht als Steuerungsmechanismen weniger zuverlässig zum Einsatz kommen können, als in anderen Organisationstypen. Ehrenamtliche Tätigkeit beruht auf Freiwilligkeit und ist somit verpflichtenden Vereinbarungen und Sanktionen nicht zugänglich – im Gegenteil rücken hier andere steuernde Mechanismen in den Fokus, vor allem Vertrauen spielt an dieser Stelle eine zentrale Rolle. Für alle Organisationsmitglieder gilt, dass sie zu einem großen Teil der Organisation sowie anderen Organisationsmitglieder vertrauen müssen, dass die Organisationsziele gemeinsam erreicht werden.

Obwohl Vertrauen gerade in Dritte-Sektor-Organisationen aufgrund ihrer strukturellen Besonderheiten offenbar eine zentrale Rolle spielt, wurde Vertrauen in der Dritte-Sektor-Forschung nur vereinzelt in den Blick genommen. Vertrauen wird als ein grundlegendes Element für die Entstehung von Sozialkapital benannt (vgl. Braun 2010). Dritte-Sektor-Organisationen werden hier gemeinhin als ‚Brutstätte' von Sozialkapital betrachtet; vor allem der Zusammenhang zwischen der Anzahl der Mitgliedschaften in Non-Profit-Organisationen und des Ausmaßes von sozialem Kapital in der Gesellschaft wird beleuchtet (vgl. u.a. Putnam 2000; Anheier & Kendall 2002).

Darüber hinaus werden Mechanismen benannt, die Vertrauen von externen Spendern in Non-Profit-Organisationen sicherstellen können, nämlich der Beitritt zu übergeordneten Verbänden, die die Arbeit der einzelnen Organisationen begutachten (vgl. Prakash & Gugerty 2010). Auch Lee et al (2012) befassen sich mit der Rolle von Vertrauen in der Zusammenarbeit von verschiedenen Non-Profit-Organisationen in interorganisationalen Netzwerken und mit der Frage, worin die Bedingungen von Vertrauen in diesen Zusammenhängen bestehen.

Tonkiss & Passey (1999) beleuchten die Rolle von Vertrauen und Zuversicht in Non-Profit-Organisationen und benennen, dass Vertrauen immer mehr durch Mechanismen zur Förderung von Zuversicht ersetzt wird.[37] Die Bedeutung von Vertrauen als Steuerungsmechanismus des organisationalen Miteinanders findet allerdings so gut wie keine Berücksichtigung.

In der sozialwissenschaftlichen Literatur zu Vertrauen findet man theoretische und empirische Analysen von Vertrauen in verschiedensten sozialen Bedingungen

37 Es handelt sich um eine Studie, die den Dritten Sektor in Großbritannien in den analytischen Blick nimmt.

und auf unterschiedlichen sozialen Ebenen. Vertrauen ist hier unter anderem in Austauschprozesse zwischen Individuen, in und zwischen Gruppen, in Organisationen und Institutionen sowie zwischen Organisationen eingelagert. Die Disziplinen, in denen die genannte Forschung stattfindet, reichen dabei von Sozialpsychologie, Soziologie und Politikwissenschaft hin zu Betriebswirtschaftslehre und Managementforschung. Aktuelle soziologische Forschung befasst sich unter anderem mit Vertrauen im Finanzsektor (vgl. Fleck & von Lüde 2015).

Der Blick auf den Forschungsgegenstand „Vertrauen" unterscheidet sich in den einzelnen Fachrichtungen. Er reicht vom Individuum als zentralem Sujet, über das Zusammenspiel von Kontext- und Entstehungsbedingungen und der Verbindung zur Makroebene bis zu politischen Institutionen und dem Aspekt der Effizienzsteigerung durch Vertrauen in Profit-Organisationen. Man wird folglich in Bezug auf zahlreiche soziale Phänomene im Zusammenspiel mit Vertrauen fündig. Vor allem Organisationen stellen hier einen zentralen Forschungsgegenstand dar.

Insbesondere die theoretischen Auseinandersetzungen von Niklas Luhmann mit dem sozialen Phänomen Vertrauen bieten einen geeigneten Ausgangspunkt, um Vertrauen in Non-Profit-Organisationen zu beleuchten – ergänzt von neuerer Forschung in den verschiedenen sozialwissenschaftlichen Teildisziplinen. Die genannten Forschungsergebnisse zu Vertrauen in Organisationen werden im zweiten Teil dieses Kapitels vorgestellt.

Die Ergebnisse der qualitativen Untersuchung dieser Arbeit zeigen einen weiteren Aspekt von Vertrauen in Organisationen auf: das Zusammenspiel von Vertrauen und Emotionen. In der Forschungsliteratur finden sich nur wenige Hinweise auf das Zusammenwirken beider Phänomene im Organisationsgeschehen. Noch eingeschränkter werden Dritte-Sektor-Organisationen in diesem Zusammenhang betrachtet. Wie in allen Organisationen entfalten Emotionen auch hier in verschiedenen Prozessen und Strukturen ihre Wirkung: doch wie stellen sich diese Zusammenhänge genau dar? In der Literatur findet sich keine umfassende Betrachtung des Phänomens.[38]

Im Folgenden wird zunächst die existierende Forschung zu Vertrauen in Organisationen und dem Zusammenwirken von Vertrauen und Emotionen skizziert. Dafür findet vor allem eine Bezugnahme auf Niklas Luhmann (Luhmann 1984, 1989, 2001), aber auch auf weitere und teilweise neuere Ergebnisse von McLeod (2011), Gargiulo & Ertug (2006), Zucker (1986) und McEvily & Zaheer (2006) statt.

---

38 Eine detaillierte Darstellung des Forschungsstandes zu Emotionen in Organisationen im Allgemeinen und Non-Profit-Organisationen im Speziellen findet sich in Kapitel 7.

Anschließend werden die Untersuchungsergebnisse zu Vertrauen in Non-Profit-Organisationen vorgestellt, die auf der Analyse der erhobenen Daten beruhen. Es konnten vor allem ein Klima des Vertrauens und ein Klima des Misstrauens identifiziert werden, als auch Zusammenhänge von Vertrauensverlust und Vertrauen als Strategie im Organisationsgeschehen. In alle diese Vorgänge sind Emotionen eingelagert, die Hinweise auf ein komplexes Zusammenspiel von Emotionen und Vertrauen geben.

Schließlich werden die theoretischen Grundlagen und die Untersuchungsergebnisse im dritten Teil des Kapitels zusammengeführt, indem die Untersuchungsergebnisse mit der bisherigen Forschung kontrastiert werden. Theoretischer Rahmen und Untersuchungsergebnisse ergänzen sich gegenseitig in ihrer Aussage- und Erklärungskraft und ergeben gemeinsam ein eingehendes Bild zur Bedeutung, Funktion und Wirkungsweise von Vertrauen in Dritte-Sektor-Organisationen – auch im Zusammenspiel mit Emotionen.

5.1 Forschungsstand und Begriffsbestimmung

5.1.1 Vertrauen in Organisationen: Kontextbedingungen, Ausprägungen, Funktion

Erste grundlegende Forschung zu Vertrauen war in den Sozialwissenschaften bereits in den 1960er und 1970er Jahren zu verzeichnen (vgl. u.a. Deutsch 1958, 1962; Luhmann 1979). Ab den 1980er Jahren nahm das Forschungsinteresse zu Vertrauen, vor allem in Bezug auf organisationale Kontexte, im Sinne einer aufeinander aufbauenden Theorieentwicklung (Endreß 2002, 27) deutlich zu. Vor allem die Suche nach einer Begriffsbestimmung von Vertrauen nahm einen wichtigen Platz ein – zum Beispiel in Abgrenzung zu Vertrautheit und Zuversicht (vgl. Luhmann 2001) und zu Vertrauenswürdigkeit (vgl. u.a. McLeod 2011). Außerdem wurde die Frage nach der Funktion von Vertrauen in sozialen Kontexten gestellt. Darüber hinaus wird nach den Voraussetzungen beziehungsweise Entstehungsbedingungen sowie nach der Reichweite von Vertrauen im sozialen System gefragt. Handelt es sich bei Vertrauen um ein rein interindividuelles Phänomen auf der Mikroebene oder wirkt es auch auf organisationaler beziehungsweise institutioneller und inter-organisationaler Ebene und wie kommen die unterschiedlichen Arten von Vertrauen zustande (vgl. u.a. Zucker 1986, McEvily & Zaheer 2006)? Um die Fragen nach den Voraussetzungen, der Begriffsbestimmung, der Funktion und den Folgen von Vertrauen in Organisationen zu ergründen, bietet Luhmann sowohl chronologisch als auch aufgrund seines für den wissenschaftlichen Diskurs von Vertrauen grundlegenden Beitrags einen sinnvollen Ausgangspunkt. Ein großer Teil der soziologischen Studien zu Vertrauen bezog sich in der Folge auf Luhmann. Zur kritischen Beleuchtung sowie Erweiterung des Luhmannschen Konzeptes zu Vertrauen werden im Folgenden zusätzlich weitere empirische und theoretische Forschungsergebnisse hinzugezogen.

5.1.2 Luhmann: Vertrauen als Mechanismus der Reduktion sozialer Komplexität

Bei der Befassung mit der Rolle und Bedeutung von Vertrauen in Organisationen sind Luhmanns grundlegende Ausführungen zu Vertrauen unerlässlich. Luhmann hat als einer der ersten die wichtige Bedeutung und Funktion von Vertrauen in sozialen Zusammenhängen beschrieben.

Nach Luhmann ist der Mensch in der modernen Welt mit einer sozialen Komplexität konfrontiert, die eine Überforderung darstellt; um sich in der Welt zurechtzufinden, greifen verschiedene soziale Mechanismen, die diese Komplexität reduzieren. Ein solcher Mechanismus ist Vertrauen. Unsicherheiten im Umgang mit anderen Menschen im täglichen Leben werden absorbiert, indem wir vertrauen. So werden die Voraussetzungen dafür geschaffen, das Risiko des Betrugs und der Enttäuschung durch andere in Kauf zu nehmen; zwischenmenschliche Beziehungen werden ermöglicht. Vertrauen stellt somit eine Notwendigkeit in zwischenmenschlichen Beziehungen dar (Luhmann 2001, 156) – auch in denen in Organisationen.

5.1.3 Erwartungserwartungen

Bei Luhmann funktioniert die Reduktion sozialer Komplexität über das Wechselspiel verschiedener Erwartungen. Wir beziehen in unsere Erwartungen ein, was andere von uns erwarten – wir antizipieren die Erwartungen unserer Interaktionspartner. Nach Luhmann handelt es sich hierbei um Erwartungserwartungen. Dieses reflexive Wechselspiel führt zur Reduktion von Komplexität, indem wir Annahmen über Erwartungen unserer Interaktionspartner (an uns) treffen und dadurch andere mögliche Erwartungen ausschließen, die unsere Interaktionspartner ebenfalls haben könnten; wir begrenzen so das Spektrum möglicher Erwartungen (vgl. Luhmann 1984). Unsere Erwartungserwartungen bestimmen, wem wir vertrauen, da durch die Reduktion der angenommenen Erwartungen unserer Interaktionspartner auch bestimmte mögliche Handlungen unserer Gegenüber ausgeschlossen werden.

Erwartungserwartungen spielen auch bei der Frage der eigenen Vertrauenswürdigkeit für andere eine wichtige Rolle. Um für andere vertrauenswürdig zu sein und somit überhaupt am sozialen Leben teilhaben zu können, müssen Erwartungen anderer in die eigenen Handlungen und Entscheidungen einbezogen werden: „Wer sich Vertrauen erwerben will, muß am sozialen Leben teilnehmen und in der Lage sein, fremde Erwartungen in die eigene Selbstdarstellung einzubauen“ (Luhmann 1989, 68).

Folgt man Luhmann in dieser Argumentation, dann gilt als Voraussetzung für die Teilnahme an Organisationen die Erwartungen anderer Organisationsmitglieder zumindest teilweise zu erfüllen. Ehrenamtliche werden etwa erst dann mit organisationsrelevanten Aufgaben betreut, wenn sie erkennbar machen, dass die Erwartungen anderer Organisationsmitglieder in ihren Handlungen Berücksichtigung finden.

Die Berücksichtigung von Erwartungen muss darüber hinaus von anderen auch erkennbar sein. Erst dann ist die Grundlage für Vertrauen gelegt, welches wiederum kooperatives Handeln fördert und organisationsrelevante Beziehungen ermöglicht. Das Handeln der Organisationsmitglieder in den Organisationen muss zumindest teilweise an Erwartungserwartungen ausgerichtet sein.

5.1.4 Vertrauen, Misstrauen, Vertrautheit und Zuversicht

Neben Erwartungserwartungen als Voraussetzung für Vertrauen hält Luhmann bezüglich der Begriffsbestimmung von Vertrauen für unabdingbar, eine Unterscheidung von Vertrautheit, Zuversicht, Vertrauen und Misstrauen vorzunehmen. Alle vier Konzepte bilden wechselseitige Voraussetzungen füreinander und sind teilweise funktionale Äquivalente, stellen jedoch unterschiedliche soziale Phänomene dar.

Vertrautheit

Vertrautheit meint die Lebenswelt, in der wir uns tagtäglich bewegen und die uns bekannt und somit vertraut ist. Sie ist unausweichlich mit dem täglichen Leben verbunden, da mithilfe von Symbolen das Unvertraute in die vertraute Welt überführt wird (Luhmann 2001, 146). Vertrautheit ist einerseits Selbst-Verständlichkeit, andererseits Verständigungsgrundlage mit anderen und muss nur teilweise verbal geäußert werden (Luhmann 1989, 18); sie ist als gemeinsame Grundlage der Verständigung von vornherein vorhanden. Vertrautheit (und gleichzeitig sein Gegenstück Unvertrautheit) bilden Voraussetzungen von Vertrauen und Zuversicht, aber auch von Misstrauen (ebenda, 22). Leerstellen von Unbekanntem werden (temporär) überbrückt. Vertrautheit ist quasi die „Daseinsgrundlage“ (ebenda) von Vertrauen.

Luhmann verortet Vertrautheit alleinig im privaten Milieu (ohne Funktion für die Gesamtgesellschaft) (Luhmann 2001, 155). Wenn man das Konzept von Vertrautheit auf Organisationen überträgt, stellt sich die Frage, ob es sich bei Organisationen um einen privaten oder um einen nicht-privaten Raum handelt. Es wird als nicht sinnvoll angesehen, eine prononcierte Unterscheidung von privat – nicht-privat vorzunehmen, da in allen Organisationen auch „private“ Beziehungen wie Freundschaften oder Liebesbeziehungen entstehen und somit Teil des Organisationsalltags sind. Somit stellen Organisationen zumindest immer einen teil-privaten Raum dar. Das gilt insbesondere für Dritte-Sektor-Organisationen, da gerade Ehrenamtliche hier einen wesentlichen Teil ihrer Freizeit und somit ihres Privatlebens verbringen.[39] Wenn man dieser Argumentation folgt, können Organisationen auch als private Räume verstanden werden und somit ein Ort der Vertrautheit sein.

Zuversicht

Neben Vertrautheit ist nach Luhmann auch Zuversicht von Vertrauen zu unterscheiden. Vertrauen und Zuversicht differieren darin, wie eine Situation wahrgenommen wird. Zuversicht umfasst eine Situation, in der eine Entscheidung für oder gegen eine Handlung nicht möglich ist – Handlungsalternativen sind nicht vorhanden (ebenda, 148). Beispielsweise kann man nur hoffen, dass das Flugzeug sicher am Urlaubsort landet – Einfluss kann man darauf nicht nehmen. Jede Situation birgt eine bestimmte Gefahr, der man nur mit Zuversicht begegnen kann. In Falle des Eintretens eines Unglücks wird dies äußeren Umständen zugeschrieben (ebenda). Eine Gefahr ist darüber hinaus immer vorhanden, unabhängig von einer tatsächlich stattfindenden Handlung. Innerhalb von Organisationen kann der hauptamtlich Beschäftigte beispielsweise zuversichtlich sein, dass sein Arbeitsvertrag

39 Die Diskussion um Organisationen als öffentlichen oder privaten Raum wird auch in Bezug auf die dort entstehenden Emotionen aufgegriffen (vgl. Kapitel 7).

verlängert wird. Es handelt sich um eine Situation der Zuversicht, wenn die Vertragsverlängerung von äußeren Umständen abhängig gemacht wird, beispielsweise wenn der Vertrag nur verlängert wird, wenn beantragte Fördergelder auch tatsächlich akquiriert werden. Wenn die Vorgesetzten oder ein Personalkomitee allerdings aufgrund von Kriterien entscheiden, mit denen die Person und ihre Arbeitsleistung bewertet wird, handelt es sich um eine Situation des Vertrauens.

Vertrauen

Im Gegensatz zu Zuversicht ist Vertrauen immer mit einem Risiko verbunden. Risiko und Vertrauen sind dabei gegenseitige Voraussetzungen füreinander, eine Situation des Vertrauens birgt immer auch ein Risiko, und ein Risiko einzugehen benötigt Vertrauen. Die Entscheidung für oder gegen eine Interaktion ist immer mit der Möglichkeit eines Verlustes verbunden, man muss sich immer aktiv dafür oder dagegen entscheiden. Wenn das geschenkte Vertrauen allerdings gerechtfertigt ist, dann ist der Gewinn größer, als wenn man sich gegen die Interaktion entschieden hätte. Das Risiko bleibt aber immer. „Vertrauen ist nur dann erforderlich, wenn ein schlechtes Ergebnis uns unsere Handlung bedauern ließe“ (ebenda, 148 f.).

Im Falle des Beispiels der möglichen Vertragsverlängerung führt die Bewertung, dass die Person doch nicht ins Team passt, zum Ende des Beschäftigungsverhältnisses und die Person verliert ihren Job. Sie ist ein Risiko eingegangen, indem sie den Job angenommen hat (nehmen wir an, sie hatte einen unbefristeten Job, den sie zu Gunsten des Neuen befristeten aufgegeben hat). Nun spürt sie den Verlust, der Teil des Risikos war, in voller Härte. Wenn ihr Vertrag allerdings verlängert worden wäre und ihr Vertrauen in den Arbeitgeber somit gerechtfertigt gewesen wäre, dann wäre der Gewinn größer gewesen, als wenn sie ihren alten Job behalten hätte: sie hätte einen sicheren Arbeitsplatz in einem Tätigkeitsfeld, das ihr Freude bereitet.

Neben der Frage nach der Wahrnehmung einer Situation als geprägt von Gefahr oder Risiko sind die sozialen Mechanismen von Vertrautheit, Zuversicht und Vertrauen nach Luhmann darüber hinaus jeweils mit unterschiedlichen Erwartungen und verschiedenen Möglichkeiten der Reflexivität verbunden. Die Konstitution der Vertrautheit ist reflexiver Betrachtung gemeinhin nicht zugänglich; wenn sie hinterfragt würde, wäre die Vertrautheit schon zerstört. Die Erwartungen sind höchstens implizit, indem angenommen wird, dass der Zustand der Vertrautheit fortbesteht. Das Eintreten von Unvertrautem wird nicht erwartet (ebenda, 151).

Zuversicht ist ein Zustand, in dem davon ausgegangen wird, dass das Eintreten von Gefahren nicht von unseren Entscheidungen zu beeinflussen ist. Andere gesellschaftliche Akteure würden unsere Erwartungen entweder erfüllen oder enttäuschen. Im Falle von Zuversicht bestehen die – teilweise reflektierten – Erwartungen darin, dass andere soziale Akteure uns nicht enttäuschen und bestimmte Gefahren nicht eintreten (ebenda).

Im Zusammenhang mit Vertrauen stellen sich die Erwartungen hingegen anders dar: Vertrauen impliziert immer, dass eine alternative Handlungsmöglichkeit vorhanden ist, jede Handlung birgt somit ein Risiko. Vertrauen beinhaltet jedoch die Erwartung, dass das Risiko nicht eintritt und der Gewinn der Handlung somit größer ist, als die Handlung nicht zu vollziehen. Dem zugrunde liegt nicht nur „blindes Vertrauen" in die andere Person. Es ist auch Vertrauen in die Gründe für das Vertrauen vorhanden, beispielsweise, dass die andere Person kein Interesse an Betrug hat, da sonst die Fortsetzung der Beziehung gefährdet sein könnte (Luhmann 1989, 75). Dieses Vertrauen kann einer reflexiven Betrachtung zugänglich sein.

> Es [ist] ein Stilmerkmal zivilisatorischen Vertrauens, daß es ein Moment der Reflexivität einschließt. Das Vertrauen bezieht sich nicht darauf, daß die Wahrheit über einen Gegenstand in ihren Grundzügen bekannt ist, sondern darauf, daß die Komplexitätsreduktion gelingt, daß die Übernahme des darin beschlossenen Risikos sich im sozialen Leben bewährt hat und dadurch zum Motiv wird, das sich weiter bewährt. Insofern bezieht sich das Vertrauen auf sich selbst, darauf nämlich, daß es in der Lage sein wird, seine Funktion weiter zu erfüllen. Und in dieser Form kann es mehr leisten, kann es mit weniger Einsatz an Wagnis mehr Unsicherheit absorbieren. (ebenda, 76)

Obwohl Zuversicht und Vertrauen untereinander mehr Ähnlichkeiten aufweisen als mit Vertrautheit, sind sie aber weder komplementär noch alleine anhand von Erwartungen zu unterscheiden. Im Gegenteil gibt es verschiedene Mischformen – und Zuversichtsbeziehungen können in Vertrauensbeziehungen umschlagen und umgekehrt. Beispielsweise kann eine Situation der Zuversicht auf einmal so interpretiert werden, dass es doch Handlungsalternativen gibt, die vorher ausgeschlossen wurden. Eine Situation der Zuversicht wird dann zu einer Situation des Vertrauens (Luhmann 2001, 149).

Vertrauen, Zuversicht und Vertrautheit stehen in gegenseitigen Abhängigkeitsverhältnissen zueinander (ebenda): eine Vertrautheit mit der persönlichen Lebenswelt ist immer Voraussetzung für das Entstehen von Vertrauen und Zuversicht. Aber auch Vertrauen und Zuversicht benötigen sich gegenseitig: in einem Umfeld, in dem keine Zuversicht vorherrscht, ist auch Vertrauen nicht möglich und das gleiche gilt vice versa: ohne vertrauensvolle Beziehungen zwischen Individuen kann kein Umfeld entstehen, in dem Zuversicht vorherrscht. Vertrauen, Vertrautheit und Zuversicht kommt insgesamt eine kooperationsfördernde Funktion zu, da Gefahren und Risiken in Interaktionen ausgeblendet werden.

Ein Defizit an Zuversicht und Vertrauen hat allerdings unterschiedliche Folgen: fehlende Zuversicht führt zu „Gefühlen der Entfremdung" (ebenda, 157) und zu Rückzug in andere Bereiche, in denen Zuversicht noch keine Mangelware ist. Ein Defizit an Vertrauen begrenzt hingegen die Möglichkeiten von Handlungen und kann schließlich dazu führen, dass bestimmte Systeme sich nicht mehr selbst aufrechterhalten können (ebenda, 158). Zu diesen Systemen gehören auch Organisationen. Vertrauen stellt somit einen zentralen Mechanismus zur Funktionsfähigkeit von Organisationen dar. Wenn in ihnen nicht vertraut wird, ist davon auszugehen, dass die Organisationen ihren Fortbestand nicht auf Dauer sicherstellen können.

Misstrauen

Genauso wie Zuversicht in Vertrauen umschlagen kann und umgekehrt, sind Luhmann zufolge auch Vertrauen und Misstrauen zwei eng mit einander verwandte soziale Phänomene mit ähnlichen Funktionen im menschlichen Miteinander. Einerseits ist Misstrauen „das Gegenteil" (Luhmann 1989, 78) von Vertrauen, indem es fehlendes Vertrauen darstellt. Andererseits ist es aber auch ein „funktionales Äquivalent" (ebenda), indem Misstrauen ebenfalls zur Reduktion von Komplexität führt. Wenn in einer sozialen Beziehung kein Vertrauen vorhanden ist, kann man davon ausgehen, dass die Beziehung von Misstrauen geprägt ist. „Wer nicht vertraut [...] muß seine Erwartungen ins Negative zuspitzen, muß in bestimmten Hinsichten mißtrauisch werden" (ebenda).

Um das Misstrauen zu bewältigen, nutzen die Interaktionspartner verschiedene Strategien, die Luhmann als „Kampfstrategien, Liquiditätsstrategien oder Verzichtsstrategien" (ebenda) bezeichnet. Dabei wird das Gegenüber einerseits als Feind betrachtet, andererseits werden eigene Reserven für den Notfall angehäuft und schließlich wird auf die Erfüllung eigener Bedürfnisse verzichtet. Es handelt sich dabei quasi um einen Zustand der Alarmiertheit, bei dem sich die Beteiligten auf etwaige negative Konsequenzen der Interaktion vorbereiten.

Im Gegensatz zu Vertrauen wirkt Misstrauen nicht kooperationsfördernd – im Gegenteil würden neue Erfahrungen abgelehnt, Offenheit für Neues und Kooperation sind stark eingeschränkt.

> Mißtrauensstrategien [...] absorbieren die Kräfte dessen, der mißtraut, nicht selten in einem Maße, das wenig Raum läßt für unvoreingenommene, objektive Umwelterforschung und Anpassung, als auch weniger Möglichkeiten des Lernens bietet. (ebenda, 79)

Wenn man dies auf Organisationen überträgt, blockiert Misstrauen organisationsinterne Entwicklungen und hemmt die Bereitschaft der Mitglieder zu kooperativem Verhalten. Im Gegensatz zu Vertrauen schränkt Misstrauen die Funktionsfähigkeit der Organisation ein und kann in der Folge das Fortbestehen der Organisation gefährden.

Misstrauen kann sich sowohl aus Vertrautheit als auch aus Vertrauen entwickeln. Wenn das Vertraute plötzlich in Unvertrautes umschlägt oder aber das Vertrauen erschüttert wird, entwickelt die Person Misstrauen als neue Strategie zur Kompensation des fehlenden Vertrauens. Dabei ist die Verwandlung von Vertrauen in Misstrauen deutlich leichter, als der umgekehrte Fall (ebenda, 99). Die Erwartungen an die Umwelt verändern sich korrespondierend mit dem Umschlagen von Vertrautheit oder Vertrauen in Misstrauen (ebenda, 82). Dadurch, dass dies für Kooperationspartner sichtbar wird, verändert es die Art und Weise der Interaktionen. Luhmann identifiziert derartige Verstärkungseffekte von Misstrauen vor allem in Organisationen:

> Ein solcher Verstärkungseffekt ist durch vielfältige Beobachtungen, namentlich im Organisationsmilieu, belegt. So hat besonders die Betriebsklimaforschung als eines ihrer wenigen ‚handgreiflichen' Resultate ergeben, daß Vertrauen und Mißtrauen Wirklichkeiten in einer Weise potenzieren, die schwer auf bestimmte Ursachen zurückzuführen ist. (ebenda, 82f.)

Allerdings meint Luhmann, dass die Gründe für die Progression sowohl von Vertrauen als auch von Misstrauen in Organisationen nur schwerlich zu identifizieren seien. Das liege vor allem daran, dass beide Mechanismen durch subjektive Prozesse gesteuert würden und der Komplexitätsreduktion immer ein „sprunghaftes, unberechenbares Moment" (ebenda, 83) zugrunde liege.[40]

Nach Luhmanns theoretischen Ausführungen sind sowohl Vertrautheit, Vertrauen, Zuversicht als auch Misstrauen wichtige Mechanismen der Reduktion von

---

40 Es ist generell nicht einfach, die Veränderungen von Vertrauen und Misstrauen beziehungsweise die Wandlung von einem Prozess zum anderen nachzuzeichnen, da es sich um sehr komplexe soziale Prozesse handelt. Die Datenanalyse zeigt jedoch organisationale Umstände auf, die zu Vertrauensverlust und einem Klima des Misstrauens beitragen.

sozialer Komplexität. Sie bilden teilweise die Voraussetzung füreinander und können unter bestimmten Bedingungen von einem Zustand in den nächsten wechseln. Unter bestimmten Umständen kann es allerdings auch zu gleichzeitigen Verläufen kommen.

5.1.5 Kritik an Luhmann: Schattenseiten von Vertrauen

Ein Hauptkritikpunkt am Konzept von Vertrauen, wie es bei Luhmann, aber auch in anderen Forschungsbeiträgen beschrieben wird, besteht im Verständnis von Vertrauen als generell positivem sozialen Mechanismus: er reduziere soziale Komplexität und mache somit Interaktionen und Beziehungen möglich. Kritiker wenden ein, dass Vertrauen nicht grundsätzlich positive Wirkung entfaltet, sondern sich unter bestimmten Bedingungen in unterschiedlichen sozialen Kontexten auch nachteilig für die beteiligten Personen beziehungsweise für die betreffenden Organisationen oder Institutionen darstellen kann (vgl. u.a. McLeod 2011; Gargiulo & Ertug 2006).

Vertrauen kann etwa mit negativen Folgen für die Organisation einhergehen, wenn es in Organisationen in Bezug auf bestimmte Prozesse „blind" macht gegenüber Betrugsrisiko (vgl. Gargiulo & Ertug 2006). Vertrauen ist somit nicht in jeder Form ein Garant für die Funktionsfähigkeit und das Fortbestehen von Organisationen.

Auch wenn Schattenseiten von Vertrauen angeführt werden, bedeutet das nicht, dass die zentrale Funktion von Vertrauen im sozialen Miteinander in Frage gestellt wird. Im Gegenteil kann die Bedeutung von Vertrauen für das Eingehen von Kooperationen und Beziehungen und somit auch für Moral und Gesellschaft insgesamt nicht überbewertet werden:

> If without trusting or being trusted in justified ways, we could not have morality or society and could not be morally mature, autonomous, knowledgeable, or invested with opportunities for collaborating with others, then the value of justified trust is hard to over-estimate. (McLeod 2011, 13f.)

Allerdings beschreibt McLeod, dass Vertrauen nur dann eine positive Wirkung entfaltet, wenn es gerechtfertigt ist („justified trust"). Da Vertrauen immer mit einem Risiko verbunden ist, sei es nötig die Legitimation des Vertrauens zu prüfen. Wenn es nicht begründet ist, dann überwiegt das Risiko und das Vertrauen hat negative Konsequenzen. McLeod beschreibt verschiedene Kriterien für begründetes Vertrauen: Vertrauen ist legitim, wenn beide beteiligten Personen vertrauenswürdig sind – Vertrauenswürdigkeit wird hierbei als Eigenschaft verstanden, nicht als Haltung (ebenda, 2). Außerdem muss vom Vertrauensgeber das Risiko eines Betrugs beziehungsweise die eigene Verwundbarkeit akzeptiert werden. Darüber hinaus muss der Vertrauensnehmer bezüglich des Anliegens des Vertrauens kompetent sein und sich dem Anliegen des Vertrauensgebers verpflichtet fühlen.

> There are some things we can say for certain about trust and trustworthiness that are relevant to deciding when trust is warranted. The trustor must be able to accept, that by trusting, s/he is vulnerable, in particular to betrayal. The trustee must be competent and committed to do what the truster expects of him or her, and may have to be committed in a particular way. Last, in cases of paradigmatic trust at least, the trustor must be optimistic that the trustee is competent and committed. (ebenda, 7)

Die ersten beiden Kriterien können in Bezug auf die Literatur zu Vertrauen als unstrittig gelten. Letzterer Punkt, der die Motivation für Vertrauen umfasst, ist allerdings umstritten: spielen die Motive des Vertrauensnehmers für das Vertrauen des Vertrauensgebers eine Rolle? McLeod beschreibt die Motivationslage des Vertrauensnehmers als Kriterium des begründeten Vertrauens und somit als Voraussetzung für Vertrauenswürdigkeit.[41] Die Unterscheidung von Vertrauen (trust) und Vertrauenswürdigkeit (trustworthiness) spielen bei McLeod eine wichtige Rolle, es geht also primär um die Voraussetzungen und das Entstehen von Vertrauen. Luhmann legt den Fokus hingegen auf die Funktion von Vertrauen, das erklärt die Fokussierung auf die positiven Wirkungen von Vertrauen bei Luhmann einerseits und auf die möglichen Konsequenzen von Vertrauen in ihrer Gesamtheit – positiv als auch negativ – bei McLeod andererseits.

Wie McLeod, so kritisieren auch Gargiulo und Ertug (2006) die gängige Forschung, die sich primär auf die positiven Folgen von Vertrauen konzentriert. Wie weiter oben bereits kurz erwähnt, führen Gargiulo und Ertug aus, dass Vertrauen in

---

41 McLeod benennt verschiedene theoretische Ansätze, die sich der Frage nach den Motiven des Vertrauensnehmers aus unterschiedlichen Perspektiven nähern: der Social Contract View geht davon aus, dass Vertrauenswürdigkeit aus der Befolgung von sozialen Zwängen resultiert, die Nichtbefolgung hätte negative Konsequenzen für den Vertrauensnehmer. Der Encapsulated Interest View sieht das Motiv für Vertrauenswürdigkeit in Eigeninteresse; die Interessen anderer werden in die eigenen Interessen aufgenommen. Bei beiden Ansätzen handele es sich um Varianten der Rational-Choice-Perspektive, da das Eigeninteresse des Vertrauensnehmers handlungsleitend sei. Der Goodwill View sieht hingegen Wohlwollen als zentrales Motiv des Vertrauensnehmers. McLeod kritisiert allerdings alle drei als nicht umfassend genug und benennt als zentrales Motiv für Vertrauenswürdigkeit die Eigenschaft der moralischen Integrität des Vertrauensnehmers. (McLeod 2011, 4ff.)

Organisationen auch Nachteile für die Organisation und ihre Mitglieder hat, die explizit benannt werden können und in erster Linie auf der Interaktionsebene der Individuen verortet sind. Die beiden Autoren greifen somit – im Gegensatz zu McLeod – verstärkt den Aspekt der Funktion von Vertrauen in Organisationen auf, der auch bei Luhmann im Zentrum steht. Sie weisen allerdings nach, dass Vertrauen nicht nur mit positiven Effekten einhergeht – diese Problematik bleibt bei Luhmann unbeachtet.

Die möglichen ungünstigen Folgen von Vertrauen sind eng mit den Vorteilen von Vertrauen verbunden, die allerdings bei übermäßigem Vertrauen kippen. Gargiulo & Ertug unterscheiden in diesem Zusammenhang optimales von exzessivem Vertrauen. Es gibt eine Schwelle, bei deren Überschreiten die Wirkung von Vertrauen von positiv zu negativ kippt.

> To present our arguments, we will compare the effects of 'optimal' versus 'excessive' trust, showing how excessive trust increases the speed at which the behaviors fostered by trust reach and eventually surpass a critical threshold beyond which the effects of trust turn negative. (Gargiulo & Ertug 2006, 175)

1. Vertrauen führt dazu, dass Prozesse weniger überwacht werden müssen, als es bei fehlendem Vertrauen der Fall wäre. Es besteht allerdings die Gefahr, dass sich das Vertrauen zu blindem Vertrauen entwickelt und sich so das Betrugsrisiko erhöht. Das Vertrauen verhindert in diesem Fall Kontrolle und ermöglicht so Missbrauch. (ebenda, 175ff.)
2. Vertrauen steigert gegenseitige Verpflichtung und Zufriedenheit in sozialen Beziehungen, das gilt auch für soziale Zusammenhänge in Organisationen. Die wechselseitigen Verbindlichkeiten und die Zufriedenheit können aber in Selbstgefälligkeit ausarten und schließlich darin münden, dass unzureichende Arbeitsergebnisse akzeptiert werden. (ebenda, 178f.)
3. Schließlich fördert Vertrauen enge, verflochtene Beziehungen und reduziert so Unsicherheit, wie sich die Kooperationspartner verhalten würden. Die Beziehungen sind mit überzogenen Ansprüchen aneinander verbunden, so dass die Organisation in ihrer Arbeit behindert wird. (ebenda, 179f.)

Auch wenn Vertrauen zweifellos eine maßgebliche Rolle für kooperatives Verhalten in Interaktionen spielt und somit eine Bedingung für soziale Beziehungen darstellt, beschränkt sich die Funktion von Vertrauen nicht alleine auf die Reduktion von sozialer Komplexität und die Förderung von Kooperation. Vertrauen kann in übersteigerter Form – etwa als exzessives Vertrauen – auch negative Wirkungen entfalten. Die Gefahr für Missbrauch steigt, die Qualität von Arbeitsergebnissen sinkt und organisationsinterne Verpflichtungen nehmen überhand, sodass die Organisation in ihren Möglichkeiten eingeschränkt wird.

5.1.6 Vertrauen als erlernter sozialer Mechanismus

Vorangehend wurden bereits verschiedene Voraussetzungen für Vertrauen beschrieben – unter anderem die Bereitschaft Risiken einzugehen und die Vertrauenswürdigkeit von anderen Personen als positiv zu bewerten – die sowohl positive als auch negative Effekte für die Organisation und ihre Mitglieder haben können. Relevant ist jedoch darüber hinaus, dass es sich bei Vertrauen nicht nur um einen zentralen Mechanismus handelt, der die Voraussetzung dafür schafft Beziehungen einzugehen und der im sozialen Miteinander wächst und gestärkt wird. Außerdem ist Vertrauen eine individuelle Fähigkeit, die von Person zu Person in ihrer Ausprägung stark variieren kann. Es sind somit nicht nur situationale Faktoren, die Vertrauen fördern oder behindern, sondern auch die individuellen Voraussetzungen der an der Interaktion beteiligten Personen.

Der Fähigkeit zu vertrauen liegt in erster Linie ein Lernprozess zugrunde: der Grundstein dafür wird bereits in der frühesten Kindheit gelegt. Das Umfeld in dieser Zeit – dazu gehören vor allem die Eltern – ist dafür verantwortlich, ob und in welcher Ausprägung wir die Fähigkeit zu vertrauen erlernen (Hardin 2001, 313). Aber nicht nur frühkindliches Lernen ist dafür verantwortlich, wie wir im späteren Leben vertrauen können. Der Lernprozess wird im Laufe des weiteren Lebens fortgesetzt: Begegnungen mit anderen Personen und die daraus resultierenden Erfahrungen, ob der Person zu vertrauen ist oder nicht, akkumulieren sich und bilden einen weiteren Baustein für Vertrauen. Sie entscheiden darüber, ob wir anderen Personen eher vertrauensvoll oder misstrauisch gegenüber treten. Im schlimmsten Fall führen Erfahrungen wie Missbrauch dazu, dass Vertrauen als Mechanismus zur Reduktion sozialer Komplexität nicht zur Verfügung steht.

> Ich treffe mein skeptisches Urteil größtenteils durch die Generalisierung vergangener Begegnungen mit anderen Personen. In diesem Sinne ist mein Grad des Vertrauens in die unbekannte Person erlernt. Meine vergangenen Erfahrungen mit Vertrauen können so positiv gewesen sein, dass ich dieser Person voller Optimismus vertraue. Oder sie waren so niederschmetternd, dass ich pessimistisch misstraue. (ebenda, 300)

Vertrauen ist somit nichts, wofür wir uns entscheiden können, sondern eine Disposition, die vor dem Hintergrund unserer bisherigen Lebensgeschichte entstanden und zu verstehen ist. Mit dieser Einschätzung ist die Sichtweise verbunden, dass es bei Vertrauensverlust nicht möglich ist, sich dafür zu entscheiden erneut zu vertrauen. Im Gegenteil kann Vertrauen nicht erzwungen, sondern nur dadurch wieder aufgebaut werden, dass es kultiviert wird (McLeod 2011, 14).

Wenn Vertrauensverlust eintritt, ist es nicht alleinig so, dass es sich um einen Zustand der Abwesenheit von Vertrauen handelt. An die frei gewordene Stelle tritt häufig Misstrauen (Bachmann 2006, 399). Dadurch wird es weiter erschwert Vertrauen wieder aufzubauen, da auch mit dem Misstrauen umgegangen werden muss. Misstrauen führt darüber hinaus dazu, dass kooperatives Verhalten deutlich behindert ist und Offenheit für Neues verloren geht. Daraus folgt für Organisationen, dass bei Erfahrungen von Vertrauensverlust oder in einem Klima des Misstrauens in der Organisation nicht einfach Regeln implementiert werden können, die die Mitglieder dazu auffordern, wieder zu vertrauen. Im Gegenteil kann nur behutsam versucht werden, ein Klima wiederherzustellen, in dem Vertrauen wachsen kann, um Misstrauen schließlich wieder zu ersetzen. Aus dem Verständnis von Vertrauen als erlerntem Mechanismus kann geschlussfolgert werden, dass der Wiederaufbau von Vertrauen umso erfolgreicher ist, je mehr Freiräume eingeräumt und je weniger Druck auf die Organisationsmitglieder ausgeübt wird.

5.1.7 Zusammenspiel von Vertrauen und Emotionen

Nicht zuletzt die Eigenschaft von Vertrauen als bewusster Entscheidung nicht zugänglichem sozialen Mechanismus rückt ihn in die Nähe zu Emotionen. Auch Emotionen sind nichts, wofür oder wogegen man sich entscheidet. Sie sind bewusster Beeinflussung nur wenig zugänglich, sondern werden durch bestimmte Auslöser hervorgerufen und treten so in das Erleben der Individuen. Wie Vertrauen sind sie vom bisherigen Lebensverlauf geprägt; in den jeweiligen Kontexten wurde erlernt, wie gefühlt werden darf und wann und wie die Emotionen angemessen zu zeigen sind.[42]

McLeod beschreibt weitere Charakteristika, die sie als eigentlich einzigartig für Emotionen benennt, bezüglich derer sich Vertrauen und Emotionen aber ähneln. Sie bezieht sich hier zentral auf de Sousa 1987; Calhoun 1984; Rorty 1980 und Lahno 2001. Emotionen haben einen großen Einfluss auf unsere Wahrnehmung von Situationen und anderen Menschen – wenn wir beispielsweise Zuneigung einem anderen Menschen gegenüber empfinden, prägt das auch unsere Einschätzung zu bestimmten Charaktereigenschaften der betreffenden Person – wir gehen dann von guten, und nicht von schlechten Charakterzügen bei unserem Gegenüber aus. Ähn-

---

42 Eine detaillierte Diskussion dieser Aspekte findet sich in Kapitel 7.

lich ist es bei Vertrauen: dadurch, dass wir einer anderen Person vertrauen, blenden wir Hinweise darauf aus, dass die Person eventuell doch weniger vertrauenswürdig sein könnte, als wir annehmen (McLeod 2011, 15).

Es gibt also Hinweise auf eine enge Verwandtschaft von Vertrauen und Emotionen. Allerdings können keine Belege dafür gefunden werden, dass Vertrauen tatsächlich „nur" ein Gefühl sei, es handelt sich vielmehr um ein „soziales Zuschreibungsphänomen" denn um eine „individuelle Eigenschaft" (Endreß 2002, 71). Vertrauen ist in diesem Verständnis etwas, was immer auf Interaktionen zu beziehen ist und auf einem gemeinsam geteilten Verständnis von Situationen beruht. Vertrauen hat zwar immer eine affektive Dimension, es darauf zu reduzieren, ist aber zu kurz gegriffen (ebenda). Allerdings kann dies auch für Emotionen gelten, wie in Kapitel 7 deutlich wird, handelt es sich bei Emotionen ebenfalls nicht um ein beim Individuum isoliertes soziales Phänomen, sondern beruht in vielen Zusammenhängen ebenfalls auf einem gemeinsamen Verständnis der Angemessenheit in bestimmten Situationen, die von Emotionsnormen vorgegeben werden.

Auch Luhmann greift die Verwandtschaft von Vertrauen und Emotionen auf. Er beschreibt Gefühle als weiteren Mechanismus der Komplexitätsreduktion. Hier ist ein ähnlicher Mechanismus am Werk, wie auch McLeod ihn beschreibt: Vertrauen und Emotionen tragen beide dazu bei, neue Informationen nicht wahrzunehmen beziehungsweise auszublenden. Der Status Quo – beispielsweise in Interaktionen – wird so beibehalten inklusive der damit verbundenen Erwartungen und Erwartungserwartungen.

> Gefühle vollziehen – das ist ihre Kraft und ihre Schwäche – im gleichen Zuge externe und interne Reduktion. Sie reduzieren die Möglichkeiten der Umwelt durch Präferenz für einen Gegenstand und legen damit zugleich die internen Möglichkeiten der Erlebnisverarbeitung im selben Sinne fest. Das fühlende System, so sagt man auch, ‚identifiziert' sich mit seinem Gegenstand. Weder außen noch innen Alternativen übriglassend, sind Gefühle unelastisch, fixiert, unübertragbar. [...] Gefühle suchen sich nach Möglichkeit gegen Widerlegung zu immunisieren. Liebe und Haß machen blind. (Luhmann 1989, 89f.)

Zwischen Vertrauen und Emotionen besteht nach Luhmann ein Wechselspiel, worin gegenseitige Voraussetzung füreinander geschaffen werde. Positive Emotionen legen den Grundstein für Vertrauensbeziehungen und gleichzeitig benötigten positive wechselseitige Gefühle zu anderen Personen Vertrauen als Voraussetzung. Auch die Einbettung durch Gefühle in ein bestimmtes Umfeld, verbunden mit Anforderungen und Verpflichtungen, lassen Vertrauensbeziehungen mit Menschen entstehen, mit denen man nicht direkt emotional verbunden ist (ebenda, 90).

Anders sieht dies in hochdifferenzierten Sozialordnungen aus. Dort spielen Gefühle als Vertrauensgrundlage keine besondere Rolle mehr. An die Objekte, denen vertraut wird – etwa Organisationen oder Institutionen – ist nach Luhmann keine gefühlsmäßige Bindung vorhanden. In diesen Zusammenhängen müssen Gefühle als Vertrauensbasis durch andere Mechanismen ersetzt werden. Eine solche Alternative ist beispielsweise die „Sicherheit der sozialen Selbstdarstellung" (Luhmann 1989, 90).

Der Argumentation von Endreß, dass sich Emotionen und Vertrauen am Aspekt der sozialen Geteiltheit als Voraussetzung unterscheiden, wird hier nicht gefolgt. Vielmehr ist davon auszugehen, dass dies sowohl auf Vertrauen als auch auf Emotionen zutrifft. Trotzdem gibt es Aspekte, die Emotionen und Vertrauen als soziale Phänomene unterscheiden. Emotionen stellen einen Zustand der Erregung dar und haben einen körperlichen Ausdruck – etwa indem sich die Pupillen weiten oder das Herz zu rasen beginnt.[43] Sie sind darüber hinaus einer bewussten Wahrnehmung zugänglich, ohne dass sie dadurch in Frage gestellt würden. Vertrauen hingegen lebt in vielen Fällen davon, dass es Beziehungen und Interaktionen implizit zugrunde liegt und nicht reflektiert wird. Vertrauen kann zwar einer Reflektion zugänglich sein, gleichzeitig wird es dabei aber in seiner Existenzberechtigung kritisch überprüft.

Schließlich sind Emotionen zwar sehr wohl ein soziales Phänomen, sie benötigen aber nicht zwangsläufig die Interaktion mit einer anderen Person, um zu entstehen. Emotionen können etwa auch durch die Verwendung von sachlichen Artefakten hervorgerufen werden, wie etwa Computern. Letztlich weisen die Untersuchungsergebnisse – wie im Folgenden zu sehen sein wird – bezüglich einiger Aspekte in eine andere Richtung als Luhmann sie beschreibt. Emotionen werden für Vertrauen auch in ausdifferenzierten Sozialordnungen wie Organisationen nicht obsolet. Auch dort werden Gefühle erlebt, die als Vertrauensbasis fungieren.

5.1.8 Verschiedene Ebenen von Vertrauen

Von Relevanz für das Verständnis von Vertrauen in Organisationen ist nicht nur, wie sich die Voraussetzungen für Vertrauen und Misstrauen in organisationalen Kontexten darstellen und wie sie durch die Sozialisation erlernte Verhaltens- und Interpretationsweisen sowie durch das Zusammenspiel mit Emotionen gefördert oder gehemmt werden. Auch die unterschiedlichen Organisationsebenen sind ein-

43 Vgl. Minimaldefinition von Emotionen in 1.5.

zubeziehen, um die Wirkungsweise und die Bedingungen von Vertrauen im Organisationsgeschehen zu klären. Relevant ist hier vor allem, dass es sich bei Vertrauen (und Misstrauen) nicht nur um ein interpersonales Phänomen handelt, das zwischen Individuen stattfindet. Es kann auch auf Gruppen- oder Organisationsebene sowie in Makrozusammenhängen der Gesellschaft angesiedelt sein. Zentral ist hierbei, dass gesellschaftlicher Wandel neue Arten von Vertrauen entstehen lässt.

Ebenen von Vertrauen bei Luhmann: personales Vertrauen und Systemvertrauen

Eine Unterscheidung von unterschiedlichen Ebenen von Vertrauen findet sich bereits bei Luhmann. Luhmann differenziert zwei Ebenen: personales Vertrauen und Systemvertrauen. Vertrauen auf Grundlage der alltäglichen Vertrautheit ist personales Vertrauen, es überbrückt die Unsicherheit bezüglich des Verhaltens anderer Menschen. Vertrautheit bietet somit die Basis für Interaktionen. Je komplexer sich die Bedingungen für die Individuen jedoch darstellen – dies ist zunehmend der Fall in sich ausdifferenzierenden Gesellschaften – desto weniger kann Vertrautheit die zunehmenden Unsicherheiten ausgleichen. Personales Vertrauen wird dann durch Systemvertrauen ersetzt, dabei wird zur Komplexitätsreduktion bewusst auf weitere Informationen verzichtet. Systemvertrauen ist dabei nicht alleine auf soziale Systeme wie Organisationen oder Institutionen bezogen, sondern kann auch in andere Menschen als personale Systeme gesetzt werden (Luhmann 1989, 23).

> Die Umstellung auf Systemvertrauen [...] macht das Vertrauen diffus und dadurch widerstandsfähig, ja fast immun gegen einzelne Enttäuschungen, die stets speziell erklärt und abreagiert werden können, während das persönliche Vertrauen durch verräterische Kleinigkeiten zum Platzen gebracht werden kann. Das Systemvertrauen braucht nicht immer wieder neu gelernt zu werden. (ebenda, 64)

Im Gegensatz zu personalem Vertrauen – verbunden mit Vertrautheit – handelt es sich bei Systemvertrauen um einen Mechanismus, der die „soziale Kontingenz der Welt“ ins Bewusstsein rückt (ebenda, 66). Die Menschen erhalten somit einen Mechanismus, der ihnen erlaubt, mit den Unsicherheiten des täglichen, komplexen Lebens fertig zu werden und dies auf einer dem Bewusstsein zugänglichen Ebene. Dem Systemvertrauen ist darüber hinaus inhärent, dass alle Menschen in einer Gemeinschaft vertrauen und dieses Vertrauen allen bewusst ist. Wir vertrauen aber auch latent durch erlerntes Verhalten, was dabei hilft, unkontrollierbare Ängste abzuwenden; beispielsweise vertrauen wir, dass nicht alle Kunden auf einmal ihr Geld von der Bank abheben (ebenda, 77).

Bohn greift die Ebenen von Vertrauen bei Luhmann ebenfalls auf und weist sie verschiedenen gesellschaftlichen Ebenen zu. Sie beschreibt personales Vertrauen als auf der Mikroebene, in den Interaktionen zwischen Individuen angesiedelt. Systemvertrauen ist institutionelles Vertrauen und somit der Ebene der Organisation zugeordnet – der Mesoebene. Zuversicht sei schließlich Vertrauen auf der Makroebene, auf gesamtgesellschaftlicher Ebene (Bohn 2007, 33).

Prozessbasiertes, charakterbasiertes und institutionelles Vertrauen bei Zucker

Die Idee, dass Vertrauen gesellschaftlichen Veränderungen unterworfen ist, benennt auch Zucker in ihrem viel beachteten Aufsatz von 1986. Sie zeigt, wie sich Vertrauen in den ökonomischen Prozessen im Zuge der Industrialisierung in den USA (von 1840 bis 1920) gewandelt hat. Zucker unterscheidet drei verschiedene Arten von Vertrauen – prozessbasiertes, charakterbasiertes und institutionelles Vertrauen[44] – die mit unterschiedlichen sozialen Ebenen verbunden sind. Waren in der Anfangszeit ökonomische Tauschprozesse noch in persönliche und teilweise informelle Beziehungen und Gruppen mit ähnlichen kulturellen Hintergründen eingebettet, wurden sie in der Folge unpersönlicher und in größere soziale Zusammenhänge eingebunden. Die sozialen Zusammenhänge von Vertrauen waren einem zwangsläufigen Wandel unterzogen. Prozessbasiertes und charakterbasiertes Vertrauen verloren ihre Grundlage des direkten persönlichen Austausches, indem geographische und milieuspezifische Distanzen in den Austauschprozessen hinzukamen.[45] Formal-rationale Organisationen verbreiteten sich und bildeten das Rückgrat des ökonomischen Handels. Es entwickelten sich in der Folge formale

---

44 Prozessbasiertes Vertrauen beruht in erster Linie auf gemachten Erfahrungen – in der Vergangenheit liegende oder zu erwartende Austauschprozesse formen diese Art von Vertrauen. Beispiele bestehen in der Reputation einer Person oder dem Austausch von Geschenken. Charakterbasiertes Vertrauen ist demgegenüber mit Personen und ihren Charaktereigenschaften verknüpft; aufgrund von Attributen wie dem familiären oder ethnischen Hintergrund wird auf die Vertrauenswürdigkeit der Person geschlossen. Institutionelles Vertrauen ist schließlich an soziale Institutionen gebunden. Es findet in individuellen oder organisationsspezifischen Eigenschaften Ausdruck – etwa in Form von Zeugnissen über eine Berufsposition – oder als vermittelnde Mechanismen, wie der Verwendung von Treuhandkonten (Zucker 1986, 60).

45 Vor allem durch starke Immigrationswellen durchmischten sich die Kulturen in den jungen Vereinigten Staaten weiter und diversifizierten sich.

Strukturen innerhalb und zwischen Organisationen zur Produktion von Vertrauen (Zucker 1986, 54).

Vertrauen wurde somit nicht mehr nur interpersonal erzeugt, sondern auch auf organisationaler und interorganisationaler Ebene. Folglich sind prozessbasiertes und charakterbasiertes Vertrauen in Interaktionsstrukturen auf der Mikroebene angesiedelt, während institutionelles Vertrauen auf organisationaler und interorganisationaler Ebene stattfindet. Zucker zeigt in ihrer Arbeit beispielhaft verschiedene soziale Beziehungen und Zusammenhänge auf, in die Vertrauen eingebettet sind. In den jeweiligen Kontexten wird Vertrauen auf jeweils unterschiedliche Art und Weise erzeugt und entfaltet unterschiedliche Wirkungen.

Sowohl Luhmann als auch Zucker legen beispielhaft die gesellschaftlichen Voraussetzungen für Vertrauen dar. Durch sich verändernde Bedingungen verändern sich auch die Art und Weise von Vertrauen. Personales Vertrauen spielt vor allem in Kontexten eine Rolle, in denen direkte persönliche Austauschprozesse stattfinden. Systemvertrauen und institutionelles Vertrauen hingegen sind auf komplexe soziale Zusammenhänge bezogen, bei denen entweder Individuen in direkten Kontakt mit Institutionen oder Organisationen treten oder auch die Austauschprozesse zwischen Organisationen oder Institutionen stattfinden. In diesem Zusammenhang kommt die Frage auf, ob es sich bei Vertrauen alleinig um ein soziales Phänomen handelt, das beim Individuum zu verorten ist oder ob auch Organisationen vertrauen können. Hier gehen die Meinungen in der Fachliteratur auseinander.

McEvily und Zaheer beschreiben, dass nicht von vertrauenden Organisationen auszugehen ist, da dies Organisationen als fühlende Einheiten impliziert. Vielmehr beruht interorganisationales Vertrauen auf einer gemeinsamen Orientierung in einer Organisation gegenüber einer anderen Organisation (McEvily & Zaheer 2006, 297). Dieser Annahme folgend handelt es sich bei interorganisationalem Vertrauen um die Summe des Vertrauens der Organisationsmitglieder. Currall und Inkpen hingegen hinterfragen diese Annahme und betrachten interorganisationales Vertrauen als in den organisationalen Prozessen und Routinen verankert (Currall & Inkpen 2002; McEvily & Zaheer 2006, 297). Es handelt sich somit um mehr als um die Summe des personalen Vertrauens der Organisationsmitglieder. Eine abschließende Klärung dieser Frage steht noch aus und benötigt weitere empirische Untersuchungen.[46]

46 Die vorliegende Untersuchung zeigt auf, dass Vertrauen zumindest in Austauschprozessen zwischen Organisation(en) und/oder Institution eine Rolle spielt.

5.1.9 Zusammenfassung

Die verschiedenen sozialwissenschaftlichen Annäherungen an das Phänomen Vertrauen beleuchten es von unterschiedlichen Seiten mit ihren jeweiligen Aspekten. Zunächst kann festgehalten werden, dass es sich bei Vertrauen um eine notwendige Voraussetzung für Interaktionen und das Zustandekommen von Beziehungen handelt. Es handelt sich somit um ein konstitutives Phänomen im sozialen Miteinander. Wir sind in unserem täglichen Leben mit unzähligen Gefahren und Risiken konfrontiert, sodass uns nichts anderes übrig bleibt, als mit Zuversicht und Vertrauen zu reagieren – wir hätten sonst nur die Möglichkeit, das Haus nicht mehr zu verlassen. Hier greift Luhmanns Verständnis von Vertrauen als Mechanismus der Reduktion sozialer Komplexität. Ob wir vertrauen oder nicht, ist dabei einerseits durch verschiedene Erwartungen aneinander bestimmt und andererseits von dem Hintergrund der eigenen Lebensgeschichte individuell unterschiedlich ausgeprägt. Ob und wann wir vertrauen – oder nicht – ist darüber hinaus von einem Wechselspiel von Vertrauen und Emotionen beeinflusst. Wie sich dieses jedoch detailliert darstellt, dazu sind in der Literatur keine weitergehenden Erkenntnisse zu finden.

Bei Vertrauen handelt sich bei weitem nicht um ein rein interpersonales beziehungsweise interaktionales Phänomen: verschiedene gesellschaftliche Entwicklungen verursachen den Wandel von Vertrauen und die Ausbreitung auf weitere Ebenen: Vertrauen ist auch ein entscheidender Mechanismus in und zwischen Organisationen.

Es handelt sich bei Vertrauen schließlich nicht nur um einen Mechanismus, der mit positiven Folgen für alle Beteiligten einhergeht und sich zwangsläufig günstig für das Miteinander in Organisationen darstellt. Vertrauen kann verloren gehen und in sein Gegenteil – Misstrauen – umschlagen und so kooperationshemmende Wirkung entfalten. Außerdem kann übersteigertes Vertrauen sich nachteilig auf die Funktionsfähigkeit von Organisationen auswirken.

Die theoretischen und teilweise empirisch fundierten Ausführungen zu Vertrauen von Luhmann, McLeod, Gargiulo & Ertrug, Hardin – und weiteren – bilden einen Rahmen, um die im nächsten Abschnitt dargestellten Ergebnisse der qualitativ-heuristischen Untersuchung einzuordnen. Menschen beschreiben ihr Erleben allerdings nicht anhand von Modellen oder idealtypischen Begriffsbezeichnungen. Im Gegenteil nutzen sie ihren alltagssprachlichen Wortschatz, der je auf Basis ihrer individuellen Erlebenshorizonte, Herkunft und sozialisierenden Umgebung graduell unterschiedliche Bedeutung transportieren kann. Vertrauen kann vor dem Hintergrund einer zerrütteten Herkunftsfamilie der befragten Person etwas anderes bedeuten als vor dem Hintergrund einer glücklichen Kindheit. Mit den Erfahrungen sind auch unterschiedliche Fähigkeiten und Konzepte von Vertrauen und Misstrauen verbunden.

Wenn ein Organisationsmitglied von Vertrauen oder Zuversicht spricht, ist damit zudem nicht automatisch gemeint, was Luhmann theoretisch differenzierend beschrieben hat. Bei den Luhmannschen Konzepten handelt es sich um idealtypische Modelle. Die verschiedenen theoretischen Modelle sind somit einerseits stets in ihrer Gültigkeit und Angemessenheit zu überprüfen, alltagsnahe qualitative Daten scheinen hierfür optimal geeignet. Aufgrund der teilweise fehlenden Trennschärfe von Begriffen wie Vertrauen, Vertrautheit, Zuversicht und Misstrauen in den erhobenen Daten sind die theoretischen Modelle andererseits eine sinnvolle Unterstützung um Ergebnisse einzuordnen und in ihrer vollen Aussagekraft zu erschließen.[47]

Es werden im nächsten Kapitel zunächst die Untersuchungsergebnisse vorgestellt. Anschließend wird eine Gegenüberstellung vorgenommen und sowohl theoretische Modelle als auch erhobene Daten einer kritischen Überprüfung unterzogen.

5.2 Untersuchungsergebnisse

Die der Analyse zugrunde liegenden Daten wurden in der vorliegenden Untersuchung den Prinzipien der Qualitativen Heuristik folgend erhoben. Theoretische Vorkenntnisse sind hierbei nicht systematisch in die Datenerhebung eingeflossen. Die in den Dialogischen Introspektionen und den Interviews gestellten Fragen orientierten sich nicht an den im vorangegangenen Abschnitt geschilderten theoretischen Ausarbeitungen zu Vertrauen in organisationalen Kontexten – vielmehr illustrieren die vorangehend geschilderten sozialwissenschaftlichen Forschungsbeiträge zu Vertrauen in Organisationen den Rahmen, in den die vorliegenden Forschungsergebnisse einzugliedern sind. Das Gleiche gilt für die folgenden Ausarbeitungen zu Solidarität und Emotionen. Die Forschungsdaten wurden ohne Bezug auf die theoretischen Vorkenntnisse erhoben und analysiert – ein Abgleich von

47 Dies ist weniger als Manko der Daten und der Vorgehensweise der Datenerhebung zu verstehen, sondern vielmehr als notwendige Begleiterscheinung von alltagsnahen Daten. Die Befragten schildern in ihrer eigenen Sprache ihr organisationsrelevantes Erleben. Dabei ist nicht zu bewerten, warum bestimmte Begrifflichkeiten gewählt werden und andere nicht: im Gegenteil transportiert genau die gewählte Sprache den Sinngehalt, den die Befragten ausdrücken wollen.

Theorie und Empirie zur gegenseitigen Ergänzung und Überprüfung eröffnet neue Erkenntnisse zu Vertrauen in Organisationen anhand des spezifischen Organisationstyps der Dritte-Sektor-Organisation.[48] Ferner wird so ein Einblick in das Zusammenspiel von Emotionen und Vertrauen in Dritte-Sektor-Organisationen eröffnet.

Eingangs ist die Bemerkung angezeigt, dass soziale Phänomene wie Vertrauen, Misstrauen, Vertrautheit, et cetera im alltagssprachlichen Gebrauch weniger trennscharf als in theoretischen idealtypischen Modellen – wie bei Luhmann oder anderen – zu beobachten sind. Ähnliches kann auch in den folgenden beiden Kapiteln zu Solidarität und Emotionen in Non-Profit-Organisationen beobachtet werden. Alltagssprache orientiert sich nicht an wissenschaftlichen Definitionen, sondern unterliegt stets einem individuellen Verständnis, dem erlernte kulturelle und soziale Konzepte zugrunde liegen. Das Gleiche gilt für Vertrauenstypen auf unterschiedlichen sozialen Ebenen, die ebenfalls Idealtypen der theoretischen Analyse darstellen. Dennoch werden in der Analyse gemeinsame Muster offenbar, die allgemeine Aussagen zu Vertrauen und Misstrauen in den Prozessen und Strukturen von Dritte-Sektor-Organisationen zulassen. Einer Kritik – wie von Luhmann – dass in der empirischen Forschung Vertrauen teilweise mit Hoffnung, Zuversicht oder Sorge verwechselt würde (Luhmann 2001, 143), ist zu entgegnen, dass nur die Arbeit mit alltagsnahen Daten wirklich Aufschluss über die soziale Wirklichkeit zulässt. Theoretische Modelle liefern zusätzliche Erklärungsschemata, ersetzen in ihrer idealtypischen Modellhaftigkeit aber nicht die Erkenntnisse, die empirisch generiert werden – im Gegenteil sind die theoretischen Modelle auf diese Art und Weise einer ständigen Überprüfung ausgesetzt. Hartmann verweist in diesem Kontext darauf, dass es nicht einfach ist, Vertrauen für die empirische Analyse zu konkretisieren: „So gilt grundsätzlich, dass es leichter zu sein scheint, Vertrauen theoretisch zu analysieren, als diese Analysen dann im Forschungsprozess zu operationalisieren" (Hartmann 2001, 9). Dennoch sollte die Schwierigkeit, Vertrauen konzeptionell zu fassen, nicht dazu führen, Vertrauen alleinig einer theoretischen Auseinandersetzung zu überlassen.

Eine Lösung für das Problem, Vertrauen im empirischen Vorgehen begrifflich zu fassen, besteht darin, die Operationalisierung dem Feld selbst zu überlassen. Aus

48 Ein Einfluss der Vorkenntnisse auf die Erstellung des Fragebogens kann nicht vollständig ausgeschlossen werden, so wie Bekanntes immer latent die Entwicklung von neuen Ideen beeinflusst. Die Fragen wurden jedoch nicht systematisch anhand der bekannten Literatur zu Vertrauen, Solidarität und Emotionen in Organisationen erstellt. Hinzu kommt, dass Vertrauen und Solidarität als soziale Phänomene zu Beginn der Datenerhebung keinen expliziten Bestandteil der Fragestellung darstellten.

der Summe der Verwendung des Vertrauensbegriffs bei den befragten Einzelpersonen ergibt sich schließlich ein gemeinsames Muster, das zu einer konzeptionellen Begriffsfassung von Vertrauen führt. Auch dies spricht zuletzt dafür, sich der sozialen Wirklichkeit ohne theoretische Vorstrukturierungen zu nähern und anschließend die Erkenntnisse aus den Daten selbst abzuleiten. Die beobachteten Strukturen und Prozesse können später mit den bereits vorhanden theoretischen Modellen abgeglichen werden.

Ferner war das Erkenntnisinteresse der vorliegenden Untersuchung nicht primär eine Einsicht in Vertrauen in Non-Profit-Organisationen zu erhalten, sondern es ging in erster Linie um den Erkenntnisgewinn zum dortigen Wirken von Emotionen. Das offene Vorgehen im Sinne der Qualitativen Heuristik hat schließlich die enge Verknüpfung von Vertrauen und Emotionalität in Dritte-Sektor-Organisationen zu Tage gefördert.[49] Die Erkenntnisse zu Vertrauen – und Solidarität – sind somit gewissermaßen ein unbeabsichtigtes Nebenprodukt,[50] das explorative Einsichten in die Phänomene von Vertrauen und Misstrauen in Dritte-Sektor-Organisationen zulässt.

Aufgrund der Tatsache, dass Vertrauen selten verbal expliziert wird, wenn es unreflektiert bestimmten Interaktionsbeziehungen zugrunde liegt, bleibt ein Teil der Vertrauensstrukturen und -prozesse notwendigerweise im Verborgenen. Es kann gezwungenermaßen nur auf Äußerungen zurückgegriffen werden, die Vertrauen auch explizieren. Dennoch zeichnen die Daten ein reichhaltiges Bild von Prozessen und Strukturen des Vertrauens und Misstrauens in Dritte-Sektor-Organisationen.

Genau wie sich die befragten Organisationen in ihrer Größe, Struktur, dem Anteil von Haupt- und Ehrenamtlichen sowie in weiteren Merkmalen unterscheiden, stellt sich auch die Bedeutung von Vertrauen in den organisationsinternen Strukturen und Prozessen und seine Ausgestaltung unterschiedlich dar. In einer kleinen Organisation mit einem Team von wenigen hauptamtlichen Mitarbeitern, die seit mehreren Jahren eng zusammenarbeiten, wird Familiarität und Vertrautheit etwa explizit benannt. In einer großen Organisation mit hohem gesellschaftlichem Renommee wird hingegen beschrieben, wie stark das Vertrauen von externen Spendern, aber auch von ehrenamtlichen Aktiven in die Organisation als Ganzes sei. Hier werden bereits zwei Ebenen deutlich, auf denen Vertrauen in Non-Profit-

49 Sowie von Emotionen und Solidarität, wie im folgenden Kapitel zu sehen ist.

50 Nachdem erste Analyseergebnisse des zirkulären Forschungsprozesses die Bedeutung von Vertrauen und Solidarität erschlossen hatten, wurde in späteren Befragungen auch gezielt nach Vertrauen (Misstrauen) und Solidarität gefragt.

Organisationen vorhanden ist: als personales Vertrauen in zwischenmenschlichen Interaktionen, genauso wie als institutionelles Vertrauen in die Organisation als soziale Einheit. Vertrauen findet dabei Ausdruck als Klima des Vertrauens in Beziehungsstrukturen, Kommunikationsstrukturen und der Ausgestaltung der Arbeitsprozesse: die in die Organisationen eingelagerten Beziehungen sind durch Familiarität und Verbundenheit geprägt, die Kommunikation ist offen, sowohl in Bezug auf neue Ideen als auch für Kritik, die Arbeitsprozesse sind transparent und durch eine geringe Kontrolle gekennzeichnet. In all diese Prozesse und Strukturen sind Emotionen eingelagert: beispielsweise ist Freude und Spaß an der Arbeit eine Folge von Vertrauen. Ein vertrauensvolles Klima ist aber nicht in Stein gemeißelt: Vertrauensverlust einhergehend mit Frust und Erschütterung ist ebenso zu beobachten wie ein Klima des Misstrauens, dass sich in den Arbeitsprozessen und Beziehungen innerhalb der Organisationen niederschlägt: die Beziehungen können geprägt sein durch Misstrauen in die Motive der anderen Organisationsmitglieder, Kommunikation ist geprägt durch Vorsicht und Zurückhaltung, Konflikte werden nicht offen angesprochen. Hiermit gehen Emotionen wie Ärger und Sorge eng einher.

Das genaue Bild der Vertrauens- und Misstrauensprozesse in den Dritte-Sektor-Organisationen wird im Folgenden vorgestellt. Dabei werden sowohl Entstehungsbedingungen für Vertrauen und Misstrauen im Organisationsgeschehen deutlich als auch deren Folgen für die Organisationen.

Zunächst werden die unterschiedlichen Ebenen der Organisation dargestellt, auf denen Vertrauen und Misstrauen zu verzeichnen ist. Anschließend werden Klimata des Vertrauens und Misstrauens mit ihren typischen Verläufen und Beschaffenheiten geschildert. Es wird ferner berücksichtigt, dass es zu Vertrauensverlust kommen kann, einhergehend mit spezifischen Reaktionen der betroffenen Personen. Schließlich wird Vertrauen als organisationsrelevante Strategie illustriert, die angewendet wird, um die Funktionsfähigkeit der Organisation aufrecht zu erhalten.

5.2.1 Ebenen von Vertrauen und Misstrauen in Dritte-Sektor-Organisationen

Vertrauen und Misstrauen ist in den Dritte-Sektor-Organisationen auf unterschiedlichen Ebenen zu verorten. Dabei sind Strukturebenen der Organisation, Wechselwirkungen mit der Organisationsumwelt und Interaktionsebenen zu unterscheiden.

Strukturebenen der Organisationen und Vertrauen

Die Strukturebenen der Organisation umfassen die Ebenen, die die Organisation als eigenständiges Gefüge definieren. Dabei handelt es sich sowohl um organisationsinterne Ebenen, die sich auch im Organigramm der Organisationen wiederfinden als auch um Zusammenhänge, die im Austausch der Organisation mit ihrer Umwelt von Relevanz sind.

Die Organisationen sind intern durch unterschiedliche Hierarchieebenen geprägt: in den meisten Fällen ist eine Parallelstruktur von haupt- und ehrenamtlichen Funktionsträgerinnen und Funktionsträgern vorhanden, die unterschiedliche Entscheidungsbefugnisse haben. In den Organisationen, die einen ehrenamtlichen Vorstand haben, werden richtungweisende Entscheidungen zumeist von den Vorständen getroffen, die Entscheidungen über das ausführende Alltagsgeschäft unterliegen hingegen der hauptamtlichen Geschäftsführung.[51] Darüber hinaus sind sowohl hauptamtliche Mitarbeiter für das operative Geschäft zuständig als auch ehrenamtliche Engagierte, die die Ziele der Organisationen durch Aktionen und andere ausführende Tätigkeiten umsetzen, wie etwa Verkaufsschichten im Weltladen oder Protestaktionen gegen Gentechnik bei Greenpeace. Dabei ist gegenseitiges Vertrauen in das Handeln anderer im Interesse der Organisation vonnöten: Hauptamtliche müssen Ehrenamtlichen vertrauen, dass sie die getroffenen Entscheidungen entsprechend umsetzen – Ehrenamtliche müssen entsprechend Vertrauen in Hauptamtliche haben, dass diese ihre Interessen angemessen berücksichtigen. Die Strukturen sind aber auch anfällig für Misstrauen, da sie Kontrollmechanismen nur geringfügig zulassen: teilweise misstrauen Ehrenamtliche Hauptamtlichen Informationen korrekt und vollständig weiterzugeben. Hauptamtliche misstrauen Ehrenamtlichen, dass diese die ihnen übertragenen Aufgaben verlässlich erfüllen.

Misstrauen und Vertrauen beschränkt sich aber nicht alleine auf die Zusammenarbeit von Haupt- und Ehrenamtlichen: auch auf den Ebenen, auf denen nur Haupt- oder nur Ehrenamtliche aktiv sind, muss einander vertraut werden, damit die Aufgaben erledigt werden und die Organisation in der Folge die Möglichkeit hat ihre Ziele zu erreichen. Es ist neben Vertrauen auch Misstrauen zu beobachten, etwa von Ehrenamtlichen in die Motive anderer Ehrenamtlicher, sowohl von Engagierten auf gleicher Ebene als auch in ehrenamtliche Funktionsträger/innen auf

---

51 Allerdings gibt es auch Dritte-Sektor-Organisationen, in denen sich die Entscheidungsstrukturen anders darstellen, beispielweise wenn das operative Geschäft hauptsächlich von ehrenamtlichen Funktionsträgerinnen und Funktionsträgern geleistet wird.

Leitungsebene der Organisation. Außerdem ist Misstrauen von hauptamtlichen Mitarbeitern untereinander und in ihre Vorgesetzten zu registrieren.

Die Ausprägungen des Vertrauens und Misstrauens stellen sich dabei unterschiedlich dar. Relevant ist vor allem, dass die Parallelstruktur von Haupt- und Ehrenamtlichen Vertrauen, aber auch Misstrauen fördern kann. Aufgaben können nur in geringem Maße über verbindliche Verpflichtungen geregelt werden – das erfordert Vertrauen, kann aber auch in Misstrauen münden.

Vertrauen und Misstrauen sind jedoch nicht nur in organisationsinterne Strukturen eingebettet, sondern finden auch in Zusammenhängen statt, die den Austausch der Organisation mit ihrer Umwelt regeln. Typischerweise handelt es sich hier um Kooperationen mit anderen Organisationen oder Institutionen – wie anderen Non-Profit-Organisationen oder politischen Institutionen – zur Erfüllung der Organisationsziele. Viele Dritte-Sektor-Organisationen bieten Dienstleistungen für Klienten an: der Verein der Verwaisten Eltern und Geschwister e.V. offeriert Trauergruppen und Trauerbegleitung für Menschen, die Angehörige verloren haben, die Verbraucherzentrale Hamburg e.V. bietet eine Rechtsberatung für Verbraucher/innen, die sich getäuscht fühlen. Ferner sind viele Dritte-Sektor-Organisationen auf externe Spendengelder angewiesen. Hier ergeben sich aus den Strukturen heraus charakteristische Abhängigkeitsverhältnisse: um Klienten helfen zu können, müssen diese der Organisation und ihren Vertretern vertrauen; eine zweckmäßige Verwendung von Spendengeldern ist Voraussetzung dafür, dass Menschen vertrauen und schließlich spenden. Organisationen schaffen wiederum Strukturen, die eine transparente Verwendung der Spendengelder offenlegen sollen.

Interaktionsebenen und Vertrauen

Die Strukturen stellen die Rahmenbedingungen dar, in die typische Interaktionsbeziehungen in Dritte-Sektor-Organisationen eingelagert sind. Die Interaktionsbeziehungen finden sich auf unterschiedlichen Ebenen: Interaktionen zwischen Einzelpersonen sind der Mikroebene der Organisation zugeordnet, Interaktionen in Gruppen der organisationalen Mesoebene, und Interaktionen zwischen Organisationen oder zwischen Organisation und Institution finden sich auf der Makroebene der Organisation. In all diese Interaktionen auf den verschiedenen Ebenen sind Vertrauen und Misstrauen eingebettet. Vertrauen kann dabei persönlicher Art sein – zwei Kollegen, die eng zusammenarbeiten vertrauen sich oder regelmäßig gemeinsam engagierte Teams von Ehrenamtlichen arbeiten vertrauensvoll zusammen. Es kann sich aber auch unpersönlich darstellen. Beispielsweise vertrauen

Spender/innen in die Organisation aufgrund ihres guten Rufes und ihrer Glaubwürdigkeit; hier ist eher ein Vertrauen in die organisationalen Strukturen und Prozesse, als in bestimmte Personen vorhanden.

Das Gleiche kann auch für Misstrauen gelten: Funktionsträger/innen misstrauen Ehrenamtlichen teilweise generell bezüglich ihrer Zuverlässigkeit. Misstrauen kann aber auch in bestimmte Personen stattfinden. Die Mitarbeiterin misstraut etwa ihrer Vorgesetzten, da sie den Eindruck hat, dass die Chefin ihre Rolle als Führungsperson nicht angemessen erfüllt.

5.2.2 Vertrauen und Misstrauen innerhalb von Organisationen

Neben den organisationsspezifischen Ebenen, auf denen Vertrauen und Misstrauen stattfindet, deckt die Analyse auf Gemeinsamkeiten Klimata von Vertrauen und Misstrauen in den Organisationen auf. Diese gehen zudem über singuläre Ereignisse von Vertrauen und Misstrauen hinaus: sie umfassen eine zusammenhängende Variationsbreite von Vertrauen auf der einen und Misstrauen auf der anderen Seite und stellen sich als komplexe Gebilde dar. Die Klimata sind mehr als die Summe von Einzelereignissen und in ihnen wird Vertrauen und Misstrauen reproduziert; sie tragen somit selbst zu ihrem Fortbestehen bei.

Die Klimata sind auf den unterschiedlichen Struktur- und Interaktionsebenen angesiedelt und bestehen teilweise über verschiedene Ebenen hinweg – etwa über mehrere Hierarchieebenen, zum Beispiel von den sporadisch Engagierten hin bis zum Vorsitzenden des Vereins. Die Klimata von Vertrauen und Misstrauen beziehen sich nicht nur auf Beziehungen zwischen Einzelpersonen, sondern umfassen die Stimmung in Gruppen von Organisationsmitgliedern oder sogar in der gesamten Organisation.

Klimata des Vertrauens und Misstrauens beziehungsweise Vertrauen und Misstrauen schließen sich im Organisationsgeschehen nicht gegenseitig aus. Ein Klima des Vertrauens bedeutet nicht, dass es nicht parallel auch Misstrauen geben kann. Andersherum bedeutet ein Klima des Misstrauens nicht automatisch, dass keine vertrauensvollen Beziehungen zwischen Organisationsmitgliedern vorhanden sind. Im Gegenteil kommen in den meisten Fällen Mischformen vor: das Gesamtklima der Organisation wird teilweise als vertrauensvoll beschrieben, trotzdem sind die Klimata in verschiedenen Gruppen oder Interaktionsbeziehungen zwischen Organisationsmitgliedern von Misstrauen oder Vertrauensverlust gekennzeichnet. Andersherum wird ein Klima des Misstrauens benannt und gleichzeitig wird erwähnt, dass die Zusammenarbeit in anderen Bereichen vertrauensvoll stattfindet.

Die idealtypische Aufspaltung in ein Klima des Vertrauens und ein Klima des Misstrauens ist der Verdeutlichung der Kontextbedingungen des Entstehens und Wirkens von Vertrauen und Misstrauen geschuldet; in der Realität sind jedoch vorwiegend Mischformen vorhanden. Im Folgenden werden die Eigenschaften und Besonderheiten der Klimata von Vertrauen und Misstrauen dargestellt und mit Zitaten aus den Daten veranschaulicht.

5.2.3 Klima des Vertrauens

Vertrautheit: eine vertrauensvolle Atmosphäre

Klimata des Vertrauens in Dritte-Sektor-Organisationen weisen einen besonderen Aspekt der Beziehungsstrukturen der Organisationsmitglieder auf: sie sind durch Vertrautheit in den Interaktionsbeziehungen gekennzeichnet. Die Atmosphäre in bestimmten Gruppen innerhalb der Organisation oder sogar in der Organisation als Ganzes ist vertrauensvoll und persönlich, die Organisation beziehungsweise ihre Mitglieder werden als Ersatzfamilie oder Erweiterung des Freundeskreises wahrgenommen, Kontakte werden in das Privatleben hinein fortgesetzt.

> *Es gibt eine Vertrautheit, das schon. Weil man allein dadurch verbunden ist, dass man für eine gleiche Idee zusammenkommt und sich gibt. [...] Es ist heute eine Gruppe von alten Bekannten, wie gesagt, sehr vertraut. (Ehrenamtliche)*[52]
>
> *Und für mich persönlich hat die Gruppe ein bisschen in den letzten Jahren als Ersatzfamilie gedient. Da entstehen auch informelle Netze und das schätze ich sehr. (Ehrenamtliche)*

Voraussetzungen für ein Klima des Vertrauens

Verschiedene soziale Umstände wirken sich positiv auf das Entstehen eines Klimas des Vertrauens – beziehungsweise auf Vertrautheit – aus und bilden somit ihre

---

52 Die Zitate aus den Datenerhebungen unterstreichen beispielhaft die geschilderten Analyseergebnisse. Es wird kenntlich gemacht, ob die Aussage von einem ehrenamtlichen oder hauptamtlichen Organisationsmitglied sowie einer Frau oder einem Mann getätigt wurde. Weitere Informationen (wie beispielsweise dem Organisationstyp) können nicht preisgegeben werden, da andernfalls eine Anonymisierung der Daten nicht mehr vollständig gewährleistet ist.

Voraussetzungen. Als Vorbedingungen können Gleichgesinntheit, verbunden mit Annahmen und Erwartungen hinsichtlich anderer Personen sowie der Faktor Zeit genannt werden.

Andere Organisationsmitglieder werden als Teil der gleichen Peergroup betrachtet und als Gleichgesinnte wahrgenommen. Die festgestellten Gemeinsamkeiten bestehen in übereinstimmenden Werten sowie ähnlichen Denk- und Fühlstrukturen. Außerdem wird eine gemeinsame Idee verfolgt, die sich in den Organisationszielen wiederfindet.

Aufgrund der Wahrnehmung anderer als gleichgesinnt wird auch Vertrauen in die Verlässlichkeit und die guten Absichten des Anderen gesetzt. Es werden Erwartungen deutlich, dass die jeweilige Person sich so verhält, wie es in ähnlichen Erfahrungszusammenhängen der Fall war. Gegenüber anderen Organisationsmitgliedern – zum Beispiel Neuen – wird häufig ein Vertrauensvorschuss eingeräumt, der auf Annahmen und Erwartungen beruht, dass die Person vertrauenswürdig sei. „Das schafft schon ganz, ganz viel Vertrauen, wenn man weiß, das ist auch ein toller Mensch. Oder ein toller, guter Mensch, der will auch was verändern. Und der setzt sich auch ein dafür.“ (Hauptamtliche)

Darüber hinaus spielt der Faktor Zeit eine wichtige Rolle: Vertrautheit und Vertrauen wird intensiviert durch zeitliche Dauer, etwa in Form von langjähriger Zusammenarbeit.

Nach innen ist sicherlich eine Schwäche, dass wir – eine Schwäche und ne Stärke – dass wir seit acht Jahren dieses Dreierteam sind. Das hat unheimlich kurze Arbeitswege zur Folge. Gute Kommunikationswege, eingespielte Arbeitsabläufe, Vertrauen, usw. (Hauptamtliche)
Aber das ist vielleicht auch so ein bisschen das gewachsene Vertrauen über die Jahre. (Hauptamtliche)

Beschaffenheit und Fortbestand des Klimas des Vertrauens

Ein Klima des Vertrauens in Dritte-Sektor-Organisationen findet auf verschiedene Art und Weise Ausdruck. Die zentralen Faktoren sind Beziehungsstrukturen, Interaktionsstrukturen in Form von Kommunikationsstrukturen, und die Ausgestaltung der Arbeitsprozesse auf Prozessebene. Die genannten Strukturen und Prozesse sind darüber hinaus eng mit emotionalen Aspekten verknüpft.

Die Beziehungen im Klima des Vertrauens sind durch Vertrautheit gekennzeichnet. Sie sind nicht durch starre Hierarchien geprägt – wenn auch die Rollenverteilungen eindeutig sind – sondern im Gegenteil: sie sind bestimmt durch Familiarität, Kollegialität, freundschaftliches Miteinander und Verbundenheit, Unterstützung und Hilfestellung – auch in privaten Notlagen – sowie durch gegenseitiges Verständnis und Rücksicht.

> *Wir hatten verschiedene Momente, wo wir uns gegenseitig den Rücken gestärkt haben. Bei Auseinandersetzungen nach außen, obwohl mir da jetzt gar kein gutes Beispiel einfällt, das ist vielleicht eher was Gefühltes. (Hauptamtliche)*
> *Und man bemerkt, dass wir einander unterstützen. D.h. sehr viele unterschiedliche Leute sind in der Gruppe willkommen. Und man sieht, dass Leute, die eine sehr dreckige Zeit durchmachen, dass sie auch unterstützt werden und das schätze ich sehr, dass das eine sehr offene Gruppe ist. (Ehrenamtliche)*

Diese Beziehungsstrukturen bilden das Fundament für Interaktionsstrukturen, die durch ein Klima der Offenheit geprägt sind: eine Kommunikation über neue Ideen und Innovationen ist ebenso möglich wie das Ansprechen von Problemen – seien diese privater Natur oder berühren sie die Zusammenarbeit innerhalb der Organisation. Die Offenheit findet ebenfalls Ausdruck darin, dass Problemen präventiv vorgebeugt wird. Es werden institutionalisierte Räume geschaffen um Konflikte, Kontroversen und Probleme anzusprechen und zu klären – beispielsweise durch Nullrunden[53] bei Besprechungen oder regelmäßig stattfindende Supervision.

> *Das ist ein sehr schönes Klima, weil hier alles Hand in Hand geht und es eigentlich, obwohl es hier Hierarchien gibt, die hier gar nicht gelebt werden. [...] Und hier fördert jeder jeden. Also sobald man irgendwie eine Frage hat oder ein Problem hat oder auch eine gute Idee hat, die wird sofort aufgegriffen, wird auch immer ausprobiert. (Hauptamtliche)*

Ebenso wie die Kommunikationsstrukturen sind die Arbeitsprozesse durch Offenheit geprägt: die Arbeitsweise ist transparent, so dass organisationsrelevante Informationen möglichst allen zugänglich sind. Die Aufgaben sind nach klaren Rollen verteilt und die Arbeitsabläufe sind eingespielt, eine Kontrolle ist kaum vorhanden beziehungsweise nicht notwendig.

53 Unter Tagesordnungspunkt 0 können alle Anwesenden berichten, was sie derzeit privat bewegt und eventuell in die Arbeit mitbringen. „Seitdem machen wir immer vor jeder Tagesordnung 1 kommt jetzt Tagesordnungspunkt 0. Und das heißt, wie geht es mir, was bringe ich gerade von zu Hause mit? Und daher wissen wir, was uns bewegt. Familiär, wenn die Kinder krank sind oder der Haussegen schief hängt oder was auch immer. Das hat sich sehr bewährt, dass wir das einbeziehen in unsere Arbeit. Und da, das eben benutzen, um Rücksicht aufeinander zu nehmen." (Hauptamtliche)

Ich habe irgendwann angefangen zu sagen, also ich möchte, dass ihr stärker eure Arbeitsbereiche eigenverantwortlich wahrnehmt. Und ich kontrolliere da auch nichts. [...] Und jetzt ist es so, dass alle wissen, dass ich denen vertraue, dass sie das hinkriegen. Die Praxis zeigt auch, dass sie das alles hinkriegen. (Hauptamtlicher)

Die Beziehungsstrukturen, Kommunikationsstrukturen und die Ausgestaltung der Arbeitsprozesse führen zu einer Atmosphäre, in der Vertrauen eine wichtige Basis der Zusammenarbeit der Organisationsmitglieder darstellt. Die Organisationsmitglieder geben einander Vertrauensvorschuss und vertrauen den Arbeitsleistungen der anderen. Das Vertrauen, das in die eigene Tätigkeit und Arbeitsleistung gesetzt wird, fördert wiederum die Arbeitsbereitschaft: es führt bei den betreffenden Organisationsmitgliedern beispielsweise zu Selbstbewusstsein bei der Arbeit und befördert die eigene Motivation.

Aber das Vertrauen, dass hier alle an eigentlich, soweit es ihnen möglich ist, in ihrem Rahmen das Beste zu leisten, das ist da. Das ist sehr, sehr schön. [...] Das führt dazu, dass man selber ein unglaubliches Selbstbewusstsein entwickelt mit seiner Arbeit. Dass man einfach gerne hierherkommt. (Hauptamtliche)

Emotionale Aspekte des Klimas des Vertrauens

In das gesamte Klima des Vertrauens und die damit zusammenhängenden Beziehungsstrukturen, Kommunikationsstrukturen und Ausgestaltung der Arbeitsprozesse sind verschiedene Emotionen eingelagert. Die Emotionen entstehen unter verschiedenen Bedingungen und haben unterschiedliche Funktionen. Einerseits bietet ein vertrauensvolles Klima den Nährboden für positive Emotionen, andererseits stärken positive Emotionen die Motivation der Organisationsmitglieder und befördern Vertrauen. Es entstehen aber auch negative Emotionen.

Die gegenseitige Unterstützung, das Miteinander und die Verbundenheit rufen positive Emotionen wie Dankbarkeit und Freude hervor; die Atmosphäre ist herzlich und von positiven Emotionen geprägt. Vor allem die Kommunikationsstrukturen, die durch ein Klima der Offenheit geprägt sind, schaffen emotionale Freiräume. Sie erlauben die Darstellung von Emotionen: durch Nullrunden oder Supervisionen wird institutionalisierter Raum geschaffen, um über das zu sprechen, was die Organisationsmitglieder derzeit emotional bewegt. Auch über Probleme und Konflikte wird freimütig gesprochen, private Schwierigkeiten werden auch organisationsintern problematisiert. Außerdem können (private) Gefühle im Arbeitsalltag geäußert werden – verbal aber auch nonverbal durch Weinen.

Also das ist in dem Sinne sehr positiv, dass man da dann auch einfach mal sitzen und heulen kann. Ne, so. Das ist dann auch in Ordnung. Und das ist ja auch ganz, ganz schön. (Hauptamtliche)

Ich beziehe mein Kollegium in meine Thematik mit ein. Und die beziehen mich auch in ihre Thematik mit ein. Und ich glaube daraus resultiert auch unser gutes Team und unsere gute Arbeit. (Hauptamtliche)

Durch eine Kultur der Offenheit, mit Problemen und Emotionen transparent umzugehen, werden Konflikte früh angesprochen und Problemlagen aufgedeckt, die in der Folge zu einer Krise führen könnten. Eskalation und schwerwiegenden Konflikten wird so vorgebeugt.

Vertrauen und Vertrauensvorschüsse, die in die eigene Arbeit und Tätigkeit gesetzt werden haben auch emotionale Aspekte, die eng mit gesteigertem Selbstbewusstsein und höherer Motivation verbunden sind. Im Klima des Vertrauens werden durch Interaktionen mit anderen Organisationsmitgliedern positive Emotionen hervorgerufen, die in der Folge teilweise mit der Tätigkeit für die Organisation verbunden werden, sie wirken motivierend für die Tätigkeit. Die Mitglieder fühlen sich wohl in der Organisation, sie empfinden Glück, Freude und Lust an der Arbeit.

Es ist ja nicht nur, finde ich, die ganze Zeit immer Spaß bei der Arbeit, sondern viel Kopfzerbrechen und hier diskutieren und da. Aber wenn das dann mal geschafft ist und sich beide Seiten gut fühlen und denken: Ja, das ist ja gut gelaufen. Dann ist das alles wieder weg. Dann fängt man wieder von Null an sozusagen. Das ist echt, das finde ich gut. Eine schöne Emotion. (Hauptamtliche)

Die Emotionen, die im Klima des Vertrauens entstehen, fördern aber nicht nur die Verbundenheit der Organisationsmitglieder untereinander und die Bindung an die Organisation sowie ihre Motivation, sie wirken auch vertrauensfördernd. Positive Emotionen wirken bestätigend, dass es richtig sei, der Organisation und den anderen Organisationsmitgliedern Vertrauen entgegen zu bringen.

Schattenseiten des Klimas des Vertrauens

Ein Klima des Vertrauens entfaltet indes nicht nur positive Wirkungen, es sind auch Schattenseiten zu erkennen. Ein Klima des Vertrauens geht zwar mit Vertrautheit einher und fördert Verbundenheit und Hilfsbereitschaft der Organisationsmitglieder untereinander, allerdings sind hiermit auch Erwartungen verbunden: es wird etwa verlangt, sich den privaten Problemen der Kollegen zu widmen oder sich zeitlich intensiv zu engagieren. Die Anforderungen sind schließlich mit Folgen für die Individuen verbunden. Die Verweigerung, sich die privaten Probleme aller anzuhören, wird sanktioniert, indem die sich entziehenden Personen Missbilligung erleben.

Der Vertrauensvorschuss, den die Ehrenamtlichen im Klima des Vertrauens leisten, wird teilweise ausgenutzt. Es wird ein erhebliches Engagement erwartet, den Engagierten werden unverhältnismäßig viele Aufgaben übertragen und sie sind in der Folge überlastet. Die Überlastung durch Anforderungen an die Offenheit für Probleme anderer sowie die erdrückenden Erwartungen an den Arbeitseinsatz führt zu Emotionen in Form von Unbehagen beziehungsweise zu Unwillen.

> *Dann wird man immer schon komisch angeguckt, wenn man so sagt, ich möchte mich jetzt nicht mit jedem einzelnen Problem jedes einzelnen Mitarbeiters irgendwie verantwortlich fühlen, und so. Und das ist sehr, sehr anstrengend. (Hauptamtliche)*
> *Also so würde ich das, also die Freunde, die ich kenne, und die Freundinnen sind meistens überlastet, weil es halt immer, ja die Welt zu retten ist nicht so einfach. Und sich da abzugrenzen, und weil es da doch immer sehr viel Anfragen gibt, das ist schon schwierig. (Hauptamtliche)*

5.2.4 Klima des Misstrauens

Genau wie Klimata des Vertrauens finden Klimata des Misstrauens ihren Ausdruck auf verschiedenen Ebenen der Organisation. Im Gegensatz zum Klima des Vertrauens ist das des Misstrauens in den Forschungsdaten in erster Linie auf bestimmte Organisationsbereiche beziehungsweise Gruppen innerhalb der Organisation begrenzt und wird weniger auf die Organisation als Ganzes bezogen. Das ist mutmaßlich darauf zurückzuführen, dass ein Klima des Misstrauens in der gesamten Organisation diese in ihrer Funktionsfähigkeit und ihrem Fortbestehen stark gefährden würde. Wenn die Organisationsmitglieder sich gegenseitig grundsätzlich misstrauisch gegenüberstünden, würde sich dies wahrscheinlich sehr nachteilig auf kooperatives Verhalten innerhalb der Organisation auswirken. Gerade Ehrenamtliche würden ihr Engagement infolgedessen möglicherweise beenden und die Organisation wäre daraufhin existentiell gefährdet. Es ist zu vermuten, dass Daten über derartige Umstände nicht erhoben werden konnten, da Organisationen, die sich in einer solchen Lage befinden, wahrscheinlich nicht bereit sind, an einer wissenschaftlichen Erhebung teilzunehmen.

Ein Klima des Misstrauens beschreibt die Atmosphäre zwischen verschiedenen Gruppen in der Organisation oder Organisationsebenen, etwa zwischen Gruppen von Haupt- und Ehrenamtlichen eines bestimmten thematischen Arbeitsbereichs.

Es ist dabei häufig auf zentrale und exemplarische Beziehungen innerhalb der Organisation bezogen: zum Beispiel auf solche zwischen Vorgesetzten und Mitarbeitern, zwischen hauptamtlicher Geschäftsführung und ehrenamtlich Engagierten oder auch zwischen Engagierten ohne Amt und ehrenamtlichen Funktionsträgerinnen und Funktionsträgern.

Voraussetzungen für ein Klima des Misstrauens

Ein Klima des Misstrauens in verschiedenen Gruppen von Non-Profit-Organisationen entsteht unter unterschiedlichen Bedingungen. Vor allem spielt hier ein Milieu eine zentrale Rolle, das von nicht übereinstimmenden Erwartungshaltungen der Akteure aneinander geprägt ist. Die Akteure haben etwa ein unterschiedliches Verständnis von Verbindlichkeiten, woraus resultiert, dass vermeintliche Absprachen nicht eingehalten werden. Als Folge werden die Erwartungen angepasst und manifestieren sich unter anderem in Misstrauen in die Verlässlichkeit anderer. Damit einhergehend wird etwa ihrer Arbeitsweise und Arbeitsleistung teilweise misstraut, es wird angenommen, dass sie nicht eigenverantwortlich arbeiten würden. Außerdem werden die Motive anderer Organisationsmitglieder angezweifelt, ihnen werden unter anderem persönliche Zwecke, Eigennutz und Machtanspruch unterstellt.

> *Also es gibt sehr viel Misstrauen. Ja, es gibt sehr viel Misstrauen in einem Verein. Es gibt immer diese, dieses, wird der Verein für persönliche Zwecke missbraucht. Oder habe ich als Vorsitzende jetzt meinen Titel, Frau Vorsitzende. Mache ich mich da wichtig, in eigener Sache. (Ehrenamtliche)*

Ferner kann erlebter Vertrauensverlust – beispielsweise als Folge von Vertrauensmissbrauch – den Nährboden für ein Klima des Misstrauens bilden.

Beschaffenheit und Fortbestand des Klimas des Misstrauens

Ein Klima des Misstrauens stellt sich auf unterschiedliche Art und Weise dar. Es prägt die Beziehungsstrukturen, die Kommunikationsstrukturen – und somit auch die Interaktionsstrukturen – sowie die Ausgestaltung der Arbeitsprozesse. Außerdem weist ein Klima des Misstrauens emotionale Aspekte auf, die eng mit den organisationsrelevanten Prozessen und Strukturen verbunden sind. Es ist dabei nicht eindeutig auszumachen, wie die einzelnen Aspekte einander bedingen, es kann jedoch davon ausgegangen werden, dass sie sich wechselseitig beeinflussen.

Anders als im Klima des Vertrauens sind die Beziehungen nicht durch Vertrautheit und Nähe gekennzeichnet, sondern im Gegenteil, durch Distanz und Verschlossenheit. Die Organisationsmitglieder empfinden und zeigen einander Antipathie. Die Beziehungen sind unter anderem durch gegenseitige Vorsicht geprägt, die gegenseitige Hilfsbereitschaft ist gering. Einher gehen die Beziehungsstrukturen mit unklaren Rollenverteilungen in tendenziell starren Hierarchien.

> *Aber so die Rolle, will [die Teamleitung] auch nicht irgendwie. Sie meint das sind flache Hierarchien. Auf der anderen Seite lebt sie das dann auch. Sie kriegt das nicht hin. Und sie hätte die Chance gehabt, wenn neue Kollegen kommen, da eine Hierarchie reinzubringen [...] Aber das klappt immer nicht. Sie will das immer und ‚jetzt muss ich mal Teamleitung sein' [...]. Lebt das dann aber nicht. (Hauptamtliche)*

Die gegenseitige Vorsichtnahme in den Interaktionen spiegelt sich auch in den Kommunikationsstrukturen wider. Die gegenseitige Verschlossenheit und Vorsicht voreinander führen dazu, dass Probleme und Konflikte nicht offen angesprochen werden. Eine versöhnliche Klärung ist nicht möglich. Entweder wird Unzufriedenheit nicht geäußert und die Aussprache bei Differenzen wird verweigert oder aber Konfrontationen werden hinter dem Rücken der betreffenden Personen geplant und durchgeführt – zum Beispiel in Form eines Komplotts oder Aufstandes.

> *Wir können ja auch nichts ändern, wenn Sie das Problem nicht benennen. Aber irgendwie war sie [die Mitarbeitern] unfähig jetzt darüber zu reden. [...]. Aber so dann Freitag, dann habe ich gesagt, gut ich gehe jetzt nicht ins Wochenende, wenn wir nicht noch mal kurz drüber reden. Weil ich es total beknackt finde. Und offensichtlich gibt es ja ein Problem. Und ich will nicht, dass hier Spannungen im Büro sind. Und dann hat sie gesagt ‚Spannungen, hier sind doch keine Spannungen'. (Hauptamtliche)*
>
> *Jedenfalls hat er einen albernen Disput mit dem 1. Vorsitzenden, zum Anlass genommen seine Sachen zu packen und wegzugehen. [...] Und dessen Ablösung, das muss ich wirklich sagen, das habe ich also fast hinterhältig betrieben. (Ehrenamtlicher)*

Die informelle Sprachregelung besteht in diesem Zusammenhang beispielsweise darin, dass alle nett zueinander sind und es keine Konflikte gibt. Die Spannungen schwelen aber unter der Oberfläche, und äußern sich entweder in Form von Verschwörungen und geplanten Komplotten oder die damit einhergehenden Unzufriedenheiten und Frustrationen verschaffen sich Luft durch plötzliche Ausbrüche.

Auf Versammlungen ist die Luft beispielsweise „wie zum Schneiden“ und im Anschluss eskaliert der Konflikt – es kommt zur Konfrontation.

> *Und da gab es eben auch schon [...], also wo Stimmungen auf so Mitgliederversammlungen auf einmal kippten. Und sich auf einmal alles gegen Hauptamtliche richtet. ‚Ja, ihr bestimmt alles.‘ Und also so wirklich auch ganz massive Vorwürfe dann auf einmal im Raum standen. [...] obwohl es vielleicht gar nicht gewollt war, in dem Moment. Aber weil hat halt irgendwie doch noch Unzufriedenheit vielleicht bestand, die aber nie ausgesprochen wurde und dann auf einmal ganz massiv und ganz geballt im Raum stand und auch irgendwie die Luft wie zum Schneiden war und dann auf einmal explodiert. Und das ist sozusagen immer dieses Deckeln von Konflikten. (Hauptamtliche)*

Die Arbeitsprozesse sind merklich von den Beziehungs- und Kommunikationsstrukturen geprägt. Innerhalb von teilweise starren Hierarchien mit unklaren Rollenverteilungen werden Aufgaben oft nicht zuverlässig erledigt. Die Arbeitsprozesse werden von anderen Organisationsebenen und Mitgliedern der Organisation ausführlich überwacht, etwa die Arbeitsleistung von Mitarbeitern von der Teamführung oder die Entscheidungen des Vorstandes durch einfache, freiwillige Mitglieder. Eine gegenseitige Kontrolle der Aufgabenerfüllungen ist in diesen Fällen sehr ausgeprägt. „Als das damals diskutiert wurde, im Rahmen dieser Dienstvereinbarung [...] da haben die einzelnen Mitglieder sozusagen auf den Fluren [gesagt] ‚kann man nicht kontrollieren und so, ob jemand arbeitet, wenn er zu Hause ist‘.“ (Hauptamtliche)

Emotionale Aspekte des Klimas des Misstrauens

Wie anhand der Kommunikationsstrukturen deutlich wird, wird mit organisationsinternen Konflikten und Spannungen im Klima des Misstrauens zumeist nicht offen umgegangen. Alle konflikthaften und spannungsgeladenen Situationen stellen Momente dar, die für die Beteiligten immer auch mit Emotionen verbunden sind. Solche Emotionen können sich negativ in Form von Frust äußern.

Genauso wenig wie die Konflikte geradeheraus angesprochen werden, werden die Emotionen nicht offen gezeigt. Sie werden zumeist zurückgehalten, es sei denn sie „explodieren“ und verschaffen sich verbal in Form von Vorwürfen oder nonverbal in Form von Weinen Luft.

Verbunden mit den emotionalen Reaktionen auf Misstrauen und den ausbrechenden Konflikten verhalten sich die Organisationsmitglieder in der Folge auf unterschiedliche Art und Weise. Sie reagieren strategisch, etwa mit der bewussten

Eskalation von Konflikten. Sie ziehen sich aus der Situation zurück, verbunden mit Resignation und/oder Arbeitsverweigerung. Teilweise werden die mit Misstrauen verbundenen Vorwürfe an das eigene Verhalten auch ignoriert, um sich selbst treu zu bleiben.

> *Da müsst ihr alle zu irgendeinem Ort fahren, um dort eine Aktion zu machen. Als ein Beispiel. Also das sind so Spannungsverhältnisse, in denen wir uns bewegen. Und das löst dann eben manchmal auch Frust aus. (Hauptamtliche)*
> *Und letzten Endes ist man gut beraten bei sich zu bleiben. Also sich treu und die Angriffe zuzulassen, aber nicht unbedingt sich anzuziehen. (Ehrenamtliche)*

5.2.5 Vertrauensverlust

Klimata des Vertrauens und des Misstrauens sind keine starren Zustände, sondern sind verschiedenen Einflussfaktoren unterworfen und können sich somit stets wandeln. Das Vertrauen, das im Klima des Vertrauens in den organisationsrelevanten Beziehungen vorherrscht, ist nicht unveränderbar, im Gegenteil kann Vertrauen in verschiedenen sozialen Kontexten verloren gehen.

Vertrauensverlust ist aber nur dann möglich, wenn vorher auch tatsächlich ein Vertrauensverhältnis bestand beziehungsweise ein Klima des Vertrauens innerhalb der Organisation oder der betreffenden Gruppe vorherrschte. Ein Klima des Vertrauens ist somit eine Voraussetzung für Vertrauensverlust. Obwohl ein Klima des Vertrauens und damit verbundene Emotionen, Motivation und Bindung an die Organisation sicherlich eine präventive Wirkung gegen Vertrauensverlust haben, sind unterschiedliche Ereignisse und Erlebnisse zu beobachten, die zu Vertrauensverlust führen können. Dabei sind bewusster Vertrauensmissbrauch und nicht beabsichtigte Enttäuschung des Vertrauens zu unterscheiden.

Vertrauensmissbrauch. Vertrauensmissbrauch beinhaltet die bewusste Täuschung und Irreführung von anderen Organisationsmitgliedern. Ein Motiv dafür kann persönliche Bereicherung sein, aber auch andere Motive wie unterschiedliche Einschätzung der Notwendigkeiten für die Organisation.

> *Und wir haben einen Vorsitzenden gehabt, [...] und wir hatten wirklich Hoffnung, dass der da mal ein bisschen vernünftige Leitung in den Verband bringt, also beim übergeordneten Verband. Der hat uns beschissen wie nix Gutes [...] da hat der abkassiert, [...] mit Rechnungen von irgendwelchen Bauarbeitern. (Ehrenamtlicher)*

Unbeabsichtigte Enttäuschung des Vertrauens. Die Enttäuschung von Vertrauen ist nicht immer beabsichtigt. Sie kann ebenfalls aus Handlungen und Entscheidungen anderer resultieren, die eine unterschiedliche Einschätzung zu Notwendigkeiten der Organisation haben. Dies kann beispielsweise in der Frage bestehen, ob die Weiterbeschäftigung einer Person gut für die Organisation ist oder nicht. Außerdem kann die Ursache in verschiedenen Erwartungen aneinander und fehlender Unterstützung liegen.

> *Und die Person ist völlig aus allen Wolken gefallen, weil sie einfach nicht damit gerechnet hatte [mit der Kündigung]. [...] Und trotzdem war das aber, war das für diese Person in dem Moment dann total schwer auszuhalten. Weil sie sich total sicher fühlte. Sie fühlte sich aufgehoben im Team. Und auf einmal sage ich ihr sozusagen, ne, du bist sozusagen, es geht nicht weiter an dieser Stelle. (Hauptamtliche)*

Folgen von Vertrauensverlust

Vertrauensverlust – sei es durch mutwilligen oder unbeabsichtigten Missbrauch des Vertrauens anderer Organisationsmitglieder – hat unterschiedliche Folgen für die Organisation, die sich in verschiedenen Reaktionen ihrer betroffenen Mitglieder manifestieren.

Diese Folgen des Vertrauensverlustes stellen sich ähnlich dar wie Reaktionen auf Misstrauen. Vermutlich ist nicht nur ein Klima des Vertrauens die Voraussetzung für Vertrauensverlust, sondern sind Vertrauensverlust und Misstrauen ebenfalls eng miteinander verwoben. Im Klima des Misstrauens werden Konflikte und Probleme nicht offen angesprochen, es besteht in der Folge keine umfassende Kenntnis der sich unterscheidenden Einschätzungen und Erwartungen anderer Organisationsmitglieder. Dies bietet mutmaßlich den Nährboden dafür, dass das eigene gesetzte Vertrauen enttäuscht werden kann.

Der Vertrauensverlust wird von den Organisationsmitgliedern verbunden mit verschiedenen Emotionen erlebt. Sie benennen und zeigen unter anderem Enttäuschung, Ärger oder Erschütterung.

Diese Emotionen sind wiederum verbunden mit Reaktionen, die Einfluss auf weitere Handlungen der Organisationsmitglieder innerhalb der Organisation haben; die im Zusammenhang mit dem Vertrauensverlust erlebten Emotionen unterstützen die Reaktionen. Einerseits zeigen die betreffenden Organisationsmitglieder Resignation. Sie geben an, zukünftig vorsichtiger sein zu wollen und sich von nun an weniger zu öffnen. Außerdem wollen sie diejenigen mehr überwachen, die für ihren Vertrauensverlust verantwortlich sind. Andererseits verweigern sie die Arbeit und steigen aus Mitarbeit aus oder drohen, aus der Organisation auszusteigen. Alle Reaktionen weisen Anzeichen dafür auf, dass die Wiederholung einer Enttäuschung durch Vertrauensverlust verhindert werden soll.

> *Ich habe mich ein Stück weit auch geöffnet, weil ich das in so einem Vertrauen gemacht habe [...] Und da werde ich mich dann demnächst bei solchen Dingen dann zurückhaltender sein, was so eine Art Öffnung anbetrifft. [...]. Da haben die gemerkt, die vorne saßen und eigentlich ja uns vertreten, dass da ein Stück weit auch Vertrauen verloren gegangen ist. Und das war gut, das war gut. Also die gehen jetzt und müssen sich darum kümmern und wissen auch, dass sie da unter Beobachtung stehen. (Hauptamtliche)*

Vertrauensverlust und ein Klima des Misstrauens bedingen sich gegenseitig: einerseits führt Vertrauensverlust zu Misstrauen; zunächst muss allerdings Vertrauen vorhanden sein, damit es verloren gehen kann. Andererseits führt Vertrauensverlust zu Misstrauen in der zukünftigen Zusammenarbeit und leistet somit einen Beitrag zu einem sich gegenseitig reproduzierenden Klima des Misstrauens.

5.2.6 Vertrauen als organisationsrelevante Strategie

Bevor es zum Vertrauensverlust kommen kann, ist zunächst der Aufbau von stabilem Vertrauen notwendig. Ursprünge von Vertrauen in Non-Profit-Organisationen sind dabei nicht nur im Klima des Vertrauens zu finden – im Zusammenhang mit Vertrautheit, dem Zusammenhörigkeitsgefühl und der Verbundenheit mit anderen Organisationsmitgliedern, wiederum verstärkt durch Emotionen, die in diesen Kontexten entstehen. Vertrauen wird auch als sozialer Mechanismus benannt, der durch die Organisationsstrukturen erforderlich wird. Außerdem wird Vertrauenssicherung als Strategie angewendet, um die Funktionsfähigkeit der Organisation aufrecht zu erhalten. Dabei sind Strategien zu unterscheiden, die entweder organisationsintern oder -extern Relevanz besitzen.

- Vertrauen als Notwendigkeit bedingt durch die Organisationsstruktur. In bestimmten Entscheidungsprozessen ist es nicht möglich, komplette Transparenz der Entscheidungsfindung und der dazugehörigen Kriterien herzustellen. Dies würde in einigen Fällen den Interessen von beteiligten Personen auf Wahrung ihrer Privatsphäre widersprechen, beispielsweise bei Personalentscheidungen. Außerdem wird Vertrauen in Ehrenamtliche als Notwendigkeit benannt, damit die Organisation funktionsfähig bleibt – man müsse Vertrauen in die Qualität ihrer Arbeit haben. Es gibt keinen Kontrollmechanismus, um das

Engagement der Ehrenamtlichen respektive die Einhaltung von Absprachen zu gewährleisten.

> *Auf der anderen Seite, glaube ich, ist es für Hauptamtliche total wichtig, in Ehrenamtliche zu vertrauen, also Vertrauen in sie reinzusetzen und zu sagen: die machen schon. Und sie auch laufen zu lassen teilweise und machen zu lassen. Und ein Vertrauen in die Qualität zu haben, in das was sie tun. (Hauptamtliche)*

Gleichzeitig benötigt die Organisation, um ihre Tätigkeit aufrecht erhalten zu können, Vertrauensvorschuss durch andere Organisationen oder Institutionen – beispielsweise durch Partnerorganisationen oder Geldgeber, aber auch durch Individuen. Privatpersonen fördern die Organisation durch ihren Mitgliedsbeitrag oder durch andere Spenden. Ohne ein gewisses Vertrauen in die Organisation und ihre Vertreter würden sie dies nicht leisten. Darüber hinaus besteht bei einigen Organisationen der Kern ihrer Arbeit in Hilfestellungen für Schutzbefohlene – etwa Trauernde oder sozial benachteiligte Kinder. Die Arbeit kann hier nur erfolgreich sein, wenn es gelingt, eine vertrauensvolle Beziehung zu den Schutzbefohlenen aufzubauen. „Das ist eine Unterstützung, um den Kindern erstmal so ein Stück Vertrauensvorschuss oder so eine vertraute Beziehung aufzubauen." (Hauptamtliche)

- Strategien zur organisationsinternen Vertrauenssicherung. Um die Funktionsfähigkeit der Organisation aufrecht zu erhalten, stellt Vertrauen der Organisationsmitglieder untereinander eine notwendige Erfordernis dar. Beispielsweise gilt dies bei Intrigen innerhalb der Organisation: man muss Mitstreitern vertrauen können, dass sie mitziehen, damit bei Gelingen der Machenschaft genug Mitglieder bereit stehen, um die frei werdenden Posten zu besetzen.

Das Vertrauen von anderen in die eigene Person wird unter anderem durch konkrete Strategien hergestellt. Vertrauenssicherung findet etwa durch direkte Ansprache statt, um sich der Verlässlichkeit zu versichern. Außerdem werden hierfür offene Dialoge geführt. Auch werden eigene Erwartungen angepasst um die Ansprüche anderer zu erfüllen, etwa wird Druck in Bezug auf bestimmte, die Organisation betreffende, Entscheidungen nachgegeben. Darüber hinaus wird ein offener Dialog zu Möglichkeiten und Grenzen der Organisationsarbeit geführt. Es wird schließlich bewusst Vertrauensvorschuss gegeben und Verantwortung übertragen, um das Vertrauen anderer in die eigenen Motive und die eigene Tätigkeit zu erzeugen und zu bewahren.

> *Aber dessen, ich hatte mich seiner Dienste versichert. Ich sag [Name], wenn ich, es gibt jetzt zwei Ämter hier [...] wenn du jetzt entscheiden müsstest, also ich sag, wenn ich den [Name] hier rausekele. [...] Würdest du das machen? Ich kann ja nicht einfach jemanden da rausekeln und dann stehe ich da und habe keinen. Das ist ein unglaublich wichtiges Amt. Und da hatte der gesagt, ja, das macht der. (Ehrenamtlicher)*

- Strategien zur organisationsexternen Vertrauenssicherung. Nicht nur organisationsintern werden Strategien angewandt, um Vertrauen aufzubauen und zu sichern – auch in strukturell verankerten Austauschprozessen mit der Organisationsumwelt wird strategisch vorgegangen, um Vertrauen von externen Akteuren zu garantieren, deren Anbindung an die Organisation maßgeblich für ihren Fortbestand ist. Vertrauen von Spenderinnen und Spendern wird dadurch stimuliert, dass die Arbeit der Organisation transparent stattfindet, etwa die Verwendung der Spendengelder. Außerdem wird versucht, möglichst persönliche Beziehungen aufzubauen, zum Beispiel durch persönliche Treffen mit Vorständen oder durch Dankeskarten und Gratulationskarten zum Geburtstag. Bei Personen, die Leistungen der Organisation in Anspruch nehmen, werden weitere Strategien zur Vertrauenssicherung angewendet. Es wird Offenheit für das Schicksal der betreffenden Personen vermittelt und Anteil genommen. Zudem wird der Faktor Zeit einbezogen, da Vertrauen mit der Zeit wächst.

> *Da ruft jetzt jemand an und hat Geburtstag. Sagt, ich habe jetzt im August meinen runden, werde 70 Jahre alt und möchte ganz gern Geld spenden. Wie kann ich das machen? [...] Dann versuche ich immer im Gespräch, wenn es um Geburtstag geht, rauszukriegen, wann hat diese Person Geburtstag. Und dann schreiben wir einen Geburtstagsbrief, bedanken uns und so weiter. (Hauptamtlicher)*
> *Und das hat mich wirklich so berührt, was ich wirklich sonst nicht mache, weil ich glaube ich ziemlich professionell bin, sofort angefangen habe zu weinen. Also mir liefen so die Tränen runter. (Hauptamtliche)*

- Emotionale Aspekte. Die einzelnen Strategien haben auch emotionale Komponenten beziehungsweise haben bestimmte Emotionen zur Folge: Organisationsmitglieder empfinden Stolz, Teil der Organisation zu sein; das entgegengebrachte Vertrauen hat zu einer erfolgreichen Integration geführt. Die Anerkennung und das Vertrauen in die eigene Arbeit – sowohl durch organisationsinternes Vertrauen als auch von Klienten oder Spendern, verursacht Freude. Organisationsexterne Personen, wie Klienten oder Spender/innen, bringen der Organisation bei Erfolg der Strategien der Vertrauensförderung Wertschätzung entgegen, sie fühlen sich an die Organisation gebunden. Gleichzeitig führt der Misserfolg der Strategien zu Enttäuschungen bei Klienten.

> *Dass das auch emotional auf die Leute niederwirkt, wenn die auf der Straße stehen, dann werden sie aus der engagierten Person, eine engagierte Person, der bei [Name der Organisation] ist. Und das finde ich, habe ich das Gefühl, dass die da oft auch stolz drauf sind und das auch gut finden. (Hauptamtlicher)*
> *Aber so dieses ganz direkte, es gelingt einem, wenn es mir gelingt zu vermitteln, warum das eine sinnvolle Sache ist. Und jemand sagt, ja oh, da mache ich jetzt mit. Und das finde ich schön. (Hauptamtliche)*

Je nach Erfolg oder Misserfolg der Strategien zum Aufbau von Vertrauen in organisationsinternen oder -externen Kontexten sind positive Emotionen wie Freude oder aber negative Emotionen wie Enttäuschung die Folge. Positive Emotionen fördern die Bindung an die Organisation, negative Emotionen führen hingegen zu einem kritischeren Blick auf die Organisation und können in Misstrauen münden.

5.2.7 Zusammenfassung

Die Untersuchungsergebnisse zeigen die vielfältige Wirkungsweise von Vertrauen und Misstrauen im Organisationsgeschehen von Dritte-Sektor-Organisationen. Zum einen werden dabei unterschiedliche Strukturebenen offenbar, in denen Vertrauen und Misstrauen – sowohl auf formalen Strukturebenen der Organisation als auch in Beziehungsstrukturen und Kommunikationsstrukturen – wirken. Andererseits stehen Vertrauen und Misstrauen in verschiedenen Wechselwirkungen mit organisationsinternen und -externen Prozessen, wie Arbeitsprozessen, Konflikten, Betrugsfällen sowie strategischen Bestrebungen zur Aufrechterhaltung der Funktionsfähigkeit der Organisation. Diese Prozesse sind nicht nur verbunden mit Vertrauen und Misstrauen, sondern in Wechselwirkung auch mit Vertrauensverlust und unterschiedlichen Strategien zur Vertrauenssicherung.

Die Strukturen der Organisationen erfordern Vertrauen – zum Beispiel ist Vertrauen eine Voraussetzung für die Spendenbereitschaft von organisationsexternen Personen – teilweise sind sie aber auch ursächlich für Misstrauen. In unklaren Rollenzusammenhängen liegt häufig die Ursache für Misstrauen untereinander, Zuständigkeiten sind diffus und führen zu Missverständnissen und anschließendem Misstrauen. Teilweise versuchen die Organisationen Strukturen zu implementieren, die Vertrauen im Organisationsgeschehen sichern sollen, etwa durch ein niedriges Kontrollniveau und Freiräume zum offenen Austausch der Organisationsmitglieder untereinander.

Die Vorkommnisse von Vertrauen und Misstrauen in den Organisationen sind aber nicht alleinig Einzelereignisse. Im Gegenteil werden zusammenhängende Muster und Strukturen sichtbar. In Wechselwirkung mit Erwartungshaltungen der Organisationsmitglieder aneinander, der Ausgestaltung von Beziehungen, Interaktionen und Arbeitsprozessen entstehen Klimata von Vertrauen und Misstrauen, die sich selbst wieder reproduzieren. Auch wenn die Klimata zum besseren Verständnis in ihrer Ursächlichkeit und Wirkung getrennt voneinander dargestellt wurden, treten in der Realität meist Mischformen und/oder verschiedene Klimata auf unterschiedlichen Ebenen auf: zum Beispiel herrscht in der Organisation als Ganzes ein Klima des Vertrauens vor, in einzelnen Arbeitszusammenhängen überwiegt jedoch Misstrauen.

Die einzelnen Klimata sind nicht in Stein gemeißelt – im Gegenteil kann Vertrauen auch schnell in Misstrauen umschlagen, beispielsweise durch bewussten Vertrauensmissbrauch oder unbeabsichtigte Enttäuschung von Vertrauen. Andererseits unternehmen die Organisationen und ihre Mitglieder auch bewusste Anstrengungen zur Sicherung von Vertrauen – sowohl gegenüber Organisationsmitgliedern als auch gegenüber Externen wie Spenderinnen und Spendern oder Personen, die Leistungen der Organisation in Anspruch nehmen.

In all die genannten Prozesse und Strukturen im Zusammenspiel mit Vertrauen und Misstrauen sind Emotionen eingelagert, die wiederum in spezifischen Kontexten entstehen und unterschiedliche Wirkung entfalten. Die Klimata von Vertrauen und Misstrauen machen deutlich, dass Emotionen vor allem im vertrauensvollen Klima offen gezeigt werden und sich dort eher positiv als negativ darstellen. Im Klima des Misstrauens stellt sich dies genau andersherum dar: Emotionen werden zurückgehalten und wenn sie aus den Akteuren „herausbrechen“, sind sie negativer Art. Die Emotionen wirken darüber hinaus unterstützend auf Vertrauen und Misstrauen in den jeweiligen Kontexten.

Die Analyse hat einerseits Ergebnisse zu Tage gefördert, die Einblicke in Zusammenhänge und Prozesse von Vertrauen und Misstrauen in Dritte-Sektor-Organisationen zulassen. Vor allem die sich selbst reproduzierenden Klimata von Vertrauen und Misstrauen stehen dabei im Mittelpunkt und wirken weit in das Organisationsgeschehen hinein. Andererseits wird deutlich, wie eng Emotionen in diese Prozesse eingebunden sind und unterstützend wirken. Alle Ergebnisse zeigen Funktionen auf, die Vertrauen und Misstrauen im Zusammenspiel mit Emotionen in den Organisationen entfalten.

5.3 Zusammenführung von Untersuchungsergebnissen und Theorie

Wie im vorangehenden Kapitel deutlich wurde, zeigen die mithilfe der Qualitativen Heuristik erhobenen und ausgewerteten Daten verschiedene Zusammenhänge von Vertrauen und Misstrauen im Geschehen von Dritte-Sektor-Organisationen auf. Das Zusammenspiel mit organisationsinternen und -externen Strukturen und Prozessen sowie mit Emotionen im Organisationsgeschehen wird dabei sichtbar. Vor allem Besonderheiten der Organisationsstruktur – wie das Nebeneinander von Haupt- und Ehrenamtlichen – heben die Bedeutung von Vertrauen für die Funktionsfähigkeit der Organisationen hervor. In Dritte-Sektor-Organisationen stehen nur wenige Sanktionsmechanismen zur Verfügung, um ehrenamtlich Engagierte zu Arbeitsleistungen für die Organisation zu verpflichten. Im Gegenteil beruhen die Leistungen auf Freiwilligkeit – Vertrauen kommt somit eine zentrale Steuerungsfunktion zu.

Im Folgenden werden die Ergebnisse der Analyse mit den geschilderten theoretischen Auseinandersetzungen zu Vertrauen in Organisationen aus dem ersten Teil des Kapitels kontrastiert. Zunächst werden dabei die verschiedenen Ebenen von Vertrauen verdeutlicht. Anschließend wird die Funktion von Vertrauen, inklusive der damit verbundenen Konzeptionen von Vertrauen und Misstrauen sowie der Schattenseiten von Vertrauen dargestellt. Die Steuerbarkeit von Vertrauen wird beleuchtet und das Zusammenspiel von Vertrauen und Emotionen veranschaulicht. Abschließend wird die Bedeutung von Vertrauen und Misstrauen im Organisationsgeschehen von Dritte-Sektor-Organisationen zusammenfassend diskutiert.

5.3.1 Verschiedene Ebenen von Vertrauen in Dritte-Sektor-Organisationen

Wie im vorangehenden Kapitel deutlich wurde, sind Vertrauen und Misstrauen auf unterschiedlichen Ebenen der Organisationen vorzufinden. Zu unterscheiden sind dabei vor allem die Mikroebenen der Organisationen, wo Vertrauen seine Wirkung in direkten Interaktionsbeziehungen entfaltet und die Meso- und Makroebene der Organisationen, wo Vertrauen in den Interaktionen auf Gruppenebene und Gesamtebene der Organisation wirkt. Wie im ersten Teil des Kapitels ausgeführt ist, kann Vertrauen auf der Mikroebene der Luhmannschen Konzeption folgend als personales Vertrauen bezeichnet werden und Vertrauen auf Meso- und Makroebene der Organisation als Systemvertrauen (vgl. Bohn 2007). Auch die Konzeptionen zu Vertrauen von Zucker lassen sich hier integrieren, da Systemvertrauen nach Luhmann und institutionelles Vertrauen nach Zucker als sehr ähnliche Phänomene aufgefasst werden können. Beide beschreiben diese Art von Vertrauen als auf komplexe soziale Zusammenhänge bezogen im Gegensatz zu personalem Vertrauen bei Luhmann und charakterbasiertem Vertrauen bei Zucker, die auf das Individuum als Person verweisen.

In den Daten werden verschiedene Beispiele für Systemvertrauen beziehungsweise institutionelles Vertrauen sichtbar. Erstens vertrauen externe Akteure in die Organisation als Ganzes aufgrund des Rufes, den sie genießt. Zweitens sind etablierte Austauschprozesse mit anderen Organisationen – zum Beispiel Partnerorganisationen oder Institutionen, die fortdauernde finanzielle Förderung sicherstellen – ein Beispiel für institutionelles Vertrauen zwischen Organisation(en) und/oder Institution. Auch charakterbasiertes Vertrauen und prozessbasiertes Vertrauen finden sich in den Daten: Akteure vertrauen der Organisation, da sie Zutrauen in ihre zentralen Akteure haben. Oder sie vertrauen, da sie der Meinung sind, dass bestimmte Akteure die prozessualen Abläufe der Organisation optimal umsetzen. Analog zu den Phänomenen von Vertrauen findet sich auch Misstrauen auf den einzelnen Ebenen.

Die erhobenen Daten unterstützen die Annahme, dass es sich bei Vertrauen bei weitem nicht nur um ein Phänomen handelt, das in direkte Interaktionen von Akteuren auf der Mikroebene der Organisation eingebettet ist. Im Gegenteil wird die Bedeutung von Vertrauen und Misstrauen auf weiteren Ebenen der Organisation und in weiteren organisationalen Zusammenhängen offenbar: Vertrauen entfaltet ebenfalls eine zentrale integrative – oder im Falle von Misstrauen desintegrative – Wirkung auf einzelnen Ebenen der Organisation, zwischen singulären Akteuren und der Gesamtorganisation sowie zwischen Organisation(en) und/oder Institution. Wie sich die Funktionen und Zusammenhänge genau darstellen, wird im folgenden Abschnitt deutlich.

5.3.2 Funktion von Vertrauen und Misstrauen im Organisationsgeschehen

Die Untersuchungsergebnisse zeigen nicht nur die Ebenen auf, auf denen Vertrauen und Misstrauen in den Organisationen angesiedelt sind. Vor allem geben sie Einblick in die Funktion von Vertrauen und Misstrauen in den Prozessen und Strukturen von Dritte-Sektor-Organisationen. Vertrauen in organisationsrelevanten Beziehungen schafft eine Atmosphäre – ein Klima des Vertrauens – in der das Miteinander in der Organisation durch Zusammengehörigkeit, Offenheit und eingespielte Arbeitsabläufe gekennzeichnet ist. So werden die Voraussetzungen für eine funktionierende Zusammenarbeit innerhalb der Organisation geschaffen. Lenk spezifiziert vertrauende Individuen und den Vertrauensvorschuss, den sie gegenüber anderen einräumen, auf ähnliche Art und Weise: „'Vertrauen aufbauen' bzw. ‚aktivieren' bedeutet, dass sich jemand grundsätzlich wohlwollend für Handlungen, Interaktionen, Werte, Einstellungen, Kontakte und Gemeinsamkeiten ‚öffnet' oder offen zeigt.“ (Lenk 2010, 32)

Ein Klima des Misstrauens wirkt genau entgegengesetzt: das Miteinander ist geprägt durch Distanz, gegenseitige Vorsichtnahme und Spannungen. Eine gelingende Zusammenarbeit wird durch das vorherrschende Misstrauen behindert.

Die Funktion von Vertrauen in sozialen Zusammenhängen ist auch der Ausgangspunkt, von dem aus Luhmann Vertrauen beschreibt. Luhmanns Theorie bietet somit einen guten Anknüpfungspunkt, um die Untersuchungsergebnisse in einen größeren theoretischen Zusammenhang einzuordnen.

Vertrauen und Misstrauen als Mechanismen zur Reduktion von Komplexität

Die Annahme Luhmanns, dass Vertrauen in erster Linie ein Mechanismus der Reduktion sozialer Komplexität sei, deckt sich mit den Ergebnissen der Datenerhebungen. In diese Richtung weist zunächst, dass im Klima des Vertrauens Hilfsbereitschaft und gegenseitige Unterstützung vorherrschen. Sowohl Konflikte als auch private Probleme werden offen angesprochen, ohne dass negative Konsequenzen erwartet werden. Etwaige Täuschungen anderer Organisationsmitglieder werden von vornherein ausgeschlossen – hierfür ist Vertrauen notwendig.

Anders im Klima des Misstrauens: gegenseitige Hilfestellungen und direkte Konfrontationen werden gemieden, Machtkämpfe werden häufig versucht zu entscheiden, indem Komplotte hinter dem Rücken anderer Mitglieder geschmiedet werden. Es wird versucht, eventuelle Illoyalitäten anderer Mitglieder vorherzusehen, sich nicht auf risikoreiche Interaktionen einzulassen und eventuelle negative Folgen so abzuwehren; der hier wirksame Mechanismus ist Misstrauen.

Bei vorherrschendem Vertrauen wird im Gegensatz zu Misstrauen die Möglichkeit von Vertrauensmissbrauch durch andere Organisationsmitglieder weitgehend ausgeblendet und somit die Komplexität reduziert, indem andere mögliche hinterlistige Handlungen anderer Mitglieder nicht einkalkuliert werden. Allerdings handelt es sich auch bei Misstrauen um einen Mechanismus zur Komplexitätsreduktion. Hier werden aber nicht etwaige negative Folgen der Interaktionen ausgeblendet, sondern im Gegenteil: es werden nur noch diese erwartet und andere – möglicherweise positive – Handlungsfolgen nicht einbezogen.

Es erweckt den Anschein, als ob Misstrauen dann an die Stelle von Vertrauen tritt, wenn Vertrauen im Organisationsgeschehen verloren gegangen ist. Ein komplexitätsreduzierender Mechanismus wird hier durch den anderen ersetzt. Es sollte allerdings beachtet werden, dass Vertrauen und Misstrauen in unterschiedlichen Ausprägungen und auch gleichzeitig vorhanden sein können. Einem Kollegen, mit dem die Zusammenarbeit über Jahre vertrauensvoll stattfindet, wird vermutlich stärker vertraut, als einem Ehrenamtlichen, der sich gerade erst bereit erklärt hat, in der Organisation mitzuarbeiten. Gleichzeitig wiegt der Vertrauensverlust im ersten Fall schwerer und die Beziehung ist in der Folge vermutlich durch ausgeprägtes Misstrauen begleitet. Dem neuen Organisationsmitglied wird zwar ebenfalls Vertrauen entgegen gebracht, allerdings handelt es sich dabei eher um einen Vertrauensvorschuss und das Vertrauen ist somit durch Vorläufigkeit geprägt.

Es kann auch Indifferenz gegenüber anderen angenommen werden, so dass eine Beziehung weder durch Vertrauen noch durch Misstrauen geprägt ist. Dies ist aber vermutlich nur dann möglich, wenn eine Beziehung entweder im Entstehen befindlich ist oder die Organisationsmitglieder so gut wie keine Berührungspunkte im Organisationsalltag haben. Je intensiver die Beziehungen sind, desto eher sind sie entweder von Vertrauen oder aber von Misstrauen geprägt. Bei Indifferenz handelt es sich mutmaßlich um einen reinen Idealtyp, da wir andere Menschen immer vor dem Hintergrund bereits gemachter Erfahrungen bewerten. Eine neue Person erinnert uns an bereits bekannte und so werden auch erste Einschätzungen verbunden mit Vertrauen – oder aber Misstrauen – hervorgerufen.

Beziehungen können außerdem gleichzeitig durch Vertrauen und Misstrauen bestimmt sein. Einerseits vertraue ich einem Kollegen, dass er vertrauliche Informationen für sich behält. Andererseits misstraue ich der gleichen Person, dass sie sich beim Vorgesetzten für mich einsetzt, wenn es um eine Beförderung geht – zum Beispiel weil sie selbst Interesse an der betreffenden Arbeitsstelle hat.

Wechselseitige Erwartungen als Voraussetzung für Vertrauen

Nach Luhmann liegen Vertrauen bestimmte Erwartungserwartungen zugrunde. Nur wenn Interaktionen an wechselseitigen Erwartungen orientiert und die eigenen Handlungen an den Erwartungen anderer ausgerichtet werden, sind die Voraussetzungen für Vertrauen erfüllt. Die Untersuchungsergebnisse stützen diese Annahme. Im Klima des Vertrauens sind Erwartungen gegenüber anderen Organisationsmitgliedern auszumachen. Die Erwartungen beinhalten, dass andere ähnlich sind wie man selbst; dass sie gleiche Werte, Denk- und Fühlstrukturen haben. Implizit sind damit auch Erwartungserwartungen verbunden: es besteht die Annahme, dass aufgrund der Gemeinsamkeiten auch die Erwartungen an das Organisationsgeschehen übereinstimmen und somit die Ansprüche an andere kongruent sind mit denen an das eigene Handeln. Aufgrund der erwarteten Ähnlichkeiten wird auch gegenüber neuen Organisationsmitgliedern ein Vertrauensvorschuss eingeräumt.

Im Klima des Misstrauens wird hingegen deutlich, dass die Erwartungshaltungen der Organisationsmitglieder nicht übereinstimmen. Sie haben ein unterschiedliches Verständnis von Verbindlichkeiten, was dazu führt, dass Verabredungen nicht eingehalten werden. Das Handeln wird nicht an Erwartungserwartungen ausgerichtet, somit kann auch kein Vertrauen entstehen. Im Gegenteil verursachen die konträren Erwartungshaltungen der Organisationsmitglieder Misstrauen. Misstrauen ist somit ebenfalls an Erwartungen gekoppelt, allerdings nicht an übereinstimmende Ansprüche und die Antizipation der Erwartungen anderer durch Erwartungserwartungen. Misstrauen findet seinen Ursprung in divergierenden Ansprüchen und der fehlenden Berücksichtigung von Erwartungserwartungen im organisationalen Miteinander. Dabei haben nicht nur Organisationsmitglieder Erwartungshaltungen, sondern sie können auch der Organisation als eigenständigem Akteur zugeschrieben werden.

Vertrautheit, Zuversicht und Vertrauen

Ergänzend zur Bedeutung von Erwartungserwartungen für Vertrauen und zur Differenzierung von Vertrauen und Misstrauen hebt Luhmann die Unterscheidung von Vertrautheit, Zuversicht und Vertrauen hervor. Alle drei Phänomene ergänzen einander und stellen gegenseitige Voraussetzungen füreinander dar. In den Forschungsdaten sind die Konzepte nicht derart trennscharf auszumachen, wie dies in Luhmanns begrifflicher Konzeption der Fall ist. Dies ist vermutlich in erster Linie darauf zurückzuführen, dass die Befragten einerseits ihr eigenes Verständnis von Vertrautheit, Zuversicht und Vertrauen haben und die Begriffe dementsprechend verwenden. Andererseits werden die Begriffe im Alltagsverständnis auch teilweise synonym eingesetzt.

Nichts desto trotz lassen sich in Bezug auf Vertrautheit Hinweise in den Daten finden. Unter Vertrautheit wird hier eine vertrauensvolle Atmosphäre verstanden, die über die Jahre gewachsen ist. Vertrautheit bildet die gemeinsame Grundlage der Zusammenarbeit, indem die Verständigung über Ziele und Aufgaben größtenteils stillschweigend übereinstimmend vorausgesetzt wird. Vertrautheit bedeutet auch, dass die Organisation – oder ein Teil von ihr – als erweiterter Freundeskreis oder Ersatzfamilie wahrgenommen wird. Es wird dabei herausgestellt, dass Vertrautheit nicht zwangsläufig auch bedeutet, dass Vertrauen zwischen den Organisationsmitgliedern herrscht; Vertrautheit und Vertrauen sind somit nicht zwangsläufig miteinander verbunden. Allerdings bildet Vertrautheit eine Voraussetzung für Vertrauen. Wenn Vertrautheit vorhanden ist, kann auch ein Klima des Vertrauens entstehen; das ist aber nicht zwangsläufig der Fall.

Anders als Luhmann dies benennt, ist Vertrautheit in den Untersuchungsergebnissen nicht alleinig auf ein privates Milieu beschränkt – es lässt sich auch in den Dritte-Sektor-Organisationen vorfinden. Allerdings stellt sich dabei die Frage, wo die Grenze zwischen Privatheit und Öffentlichkeit verläuft. Die Untersuchungsergebnisse unterstützen die auch im ersten Teil des Kapitels skizzierte Annahme, dass Dritte-Sektor-Organisationen – wie vermutlich alle Organisationen – auch private Räume sind, die das Miteinander der Organisationsmitglieder unabhängig von rein professionellen Arbeitsbeziehungen kennzeichnen. Die Organisation, beziehungsweise Teile von ihr, wird als Ersatzfamilie oder erweiterter Freundeskreis bezeichnet, das weist in Richtung einer dort wahrgenommenen Privatheit neben der professionellen – oder ehrenamtlichen – Tätigkeit. Es wird ein Vokabular zur Bezeichnung der Organisation verwendet, das sonst privaten Lebensbereichen vorbehalten ist.

Schließlich benennt Luhmann Vertrautheit – im Gegensatz zu Vertrauen – nicht als reflexiver Betrachtung zugänglich. Allerdings werden von den Befragten Situationen der Vertrautheit als solche erkannt und benannt. Insofern kann eine klare Trennung von Vertrauen der bewussten Reflexion zugänglich und Vertrautheit als unzugänglich nicht vorbehaltlos unterstützt werden, die Daten weisen in eine andere Richtung.

Die darüber hinausgehende Luhmannsche Unterscheidung von Zuversicht und Vertrauen ist zwar theoretisch überzeugend, findet in den Daten aber keine Entsprechung. Eine dementsprechende Differenzierung wird von den Befragten nicht unternommen und Hinweise auf eine konzeptionelle Unterscheidung lassen sich in den Daten ebenfalls nicht finden. Insofern kann eine begriffliche Trennung von Zuversicht und Vertrauen, wie Luhmann sie vornimmt, in Bezug auf das Organisationsgeschehen in Dritte-Sektor-Organisationen nicht belegt werden. Das bedeutet aber nicht, dass eine solche konzeptionelle Unterscheidung nicht weitere Erkenntnisse für die Bedeutung von Vertrauen in Dritte-Sektor-Organisationen generieren könnte. Dafür müsste allerdings gezielt nach beiden Phänomenen geforscht werden und gegebenenfalls ergänzende methodische Instrumente zur vorliegenden Untersuchung zum Einsatz kommen. Tonkiss & Passey (1999) benennen etwa für den Dritten Sektor in Großbritannien, dass Vertrauen bezüglich der Steuerung von

Organisationen eine immer geringere Rolle spiele und durch Maßnahmen ersetzt werde, die Zuversicht förderten. Das sei vor allem auf vermehrte Konkurrenz, Regulierung und professionelles Fundraising zurückzuführen. Um darüber Kenntnis zu erlangen, ob eine Übertragung der Forschungsergebnisse auf Deutschland möglich ist, müsste eine eigene empirische Untersuchung vorgenommen werden.

Schattenseiten von Vertrauen

Vertrauen wirkt auf unterschiedliche Weise im Organisationsgeschehen von Dritte-Sektor-Organisationen. Ein Klima des Vertrauens innerhalb der Organisation fördert den innerorganisationalen Zusammenhalt und trägt zu Verbundenheit und gegenseitiger Unterstützung der Organisationsmitglieder bei. Es begünstigt eine offene Kommunikation über innovative Ideen, aber auch über organisationale Problemlagen und persönliche Befindlichkeiten der Mitglieder. Darüber hinaus unterstützt Vertrauen gut funktionierende Arbeitsprozesse. Vertrauen von externen Personen in die Organisation fördert außerdem die Bindung an die selbige und erleichtert das Einwerben von Spendengeldern sowie die Erfüllung der Organisationsziele.

Ebenso wie die im ersten Teil des Kapitels vorgestellte Literatur zu Vertrauen zeigen die Daten aber auch auf, dass Vertrauen nicht nur positive Wirkung im Organisationsgeschehen entfaltet. Auf Grundlage der Untersuchungsergebnisse hängt dies vor allem mit den Erwartungen zusammen, die in der Organisation an die Mitglieder gerichtet werden. Es werden Verhaltensanforderungen an die ehrenamtlich Engagierten oder auch hauptamtlichen Mitglieder gestellt, die als überzogen wahrgenommen werden. Der ursächliche Zusammenhang mit Vertrauen ist dadurch gegeben, dass sich die Erwartungen im Klima des Vertrauens bestens entwickeln können: hohe Arbeitsanforderungen an Ehrenamtliche (und auch an Hauptamtliche) werden nur dann gestellt, wenn davon ausgegangen werden kann, dass sie sich stark an die Organisationen gebunden fühlen und eine hohe Hemmschwelle haben, diese wieder zu verlassen. Es wird darin vertraut, dass die Organisationsmitglieder die Anforderungen aufgrund eines hohen Verpflichtungsgefühls gegenüber der Organisation erfüllen. Ebenso stellt es sich bei der Offenheit für Problemlagen anderer Mitglieder dar, die überfordern kann: die Bereitschaft, sich die Probleme anderer anzuhören, kann nur vorausgesetzt werden, wenn insgesamt ein Klima des Vertrauens vorherrscht. In diesem Fall ist die notwendige Offenheit für den Austausch von privaten Problemen vorhanden.

Genau diese Mechanismen, die mit dem Klima des Vertrauens zusammenhängen – die Verbundenheit mit der Organisation und ihren Mitgliedern, die Bereitschaft zur Leistung ehrenamtlicher Tätigkeit und die Offenheit für private Probleme anderer Mitglieder – können der Ausgangspunkt für negative Folgen für die Mitglieder sein. Eine organisationsinterne Dynamik ist ursächlich dafür, dass eine Bereitschaft der Mitglieder zu Engagement weitestgehend ausgenutzt wird: hohe Erwartungen werden gestellt, die von den Mitgliedern nur unter Opfern erfüllt werden können beziehungsweise die sie nicht erfüllen wollen. Die Mitglieder sind als Folge der hohen Arbeitsanforderung überlastet oder werden gemaßregelt, wenn sie den Erwartungen nicht nachkommen wollen, was wiederum mit Belastung verbunden ist. Diese Ergebnisse weisen in die gleiche Richtung wie die Kritik an der Sichtweise von Vertrauen als vollständig positivem Mechanismus – im Gegenteil könne Vertrauen auch negative Konsequenzen für die Organisation und ihre Mitglieder entwickeln.

Wenn man die Untersuchungsergebnisse in die Modelle von McLeod (2011) und Gargiulo & Ertug (2006) versucht einzuordnen, wird deutlich, dass die Autoren zwar ebenfalls Aspekte aufzeigen, die auf negative Konsequenzen für Organisation und ihre Mitglieder verweisen. Allerdings unterscheiden sie sich von den Ergebnissen der Analyse. Die dort gefundenen negativen Beispiele der Folgen von Vertrauen lassen sich nicht mit der Abwesenheit von „gerechtfertigtem" oder „optimalem" Vertrauen erklären. Es handelt sich nicht um Betrugsfälle oder um Kompetenzprobleme der betreffenden Personen, sondern um eine Entwicklung des Vertrauens im Organisationsgeschehen hin zu einer übersteigerten Form. Gargiulo & Ertug (2006) benennen in ähnlichen Zusammenhängen „exzessives" Vertrauen als Ursache für Fehlentwicklungen. Allerdings lassen sich die in den Daten gefundenen Beispiele nicht als Betrug aufgrund von fehlender Kontrolle oder der Akzeptanz von unzureichenden Arbeitsergebnissen zuordnen, wie Gargiulo & Ertug dies beschreiben. Am ehesten trifft in Bezug auf die in der Analyse aufgedeckten Zusammenhänge das dritte Beispiel von Gargiulo & Ertug zu: es entwickeln sich überzogene Verpflichtungen der Organisationsmitglieder aneinander, die die Organisation schließlich in ihrer Arbeit behindern.

Im Gegensatz zu den negativen Folgen von Vertrauen, die bei Gargiulo & Ertug ausgeführt sind, liegen diejenigen, die in der Datenanalyse aufgedeckt werden konnten, nicht primär bei der Organisation, sondern bei den Organisationsmitgliedern. Eventuelle negative Konsequenzen für die Organisationen können in der Folge entstehen.

Die negativen Konsequenzen von Vertrauen in Organisationen sind somit um einen Aspekt zu ergänzen: die Folgen stellen sich nicht nur negativ für die Organisation in ihrem Wirken dar, sondern zunächst nachteilig für einzelne Mitglieder. Die Mitglieder folgen generell den Anforderungen, die in der Organisation an sie gestellt werden, reagieren jedoch unter anderem mit Überlastung auf überzogene

Anforderungen, die innerhalb des Klimas des Vertrauens entstehen können. Negative Konsequenzen für das Organisationsgeschehen können im Anschluss entstehen: es kann zu Vertrauensverlust kommen, der schließlich in einem Klima des Misstrauens mündet und zu Rückzug aus dem Engagement für die Organisation. Wenn „exzessives" Vertrauen Prozesse in Gang setzt, die die Stabilität des Klimas des Vertrauens gefährden, werden Überlastungen von Einzelpersonen schnell zu einem Problem für die gesamte Organisation. Die individuelle Ebene der Organisation – also das einzelne Mitglied – sollte also bei der Analyse von Vertrauen in Organisationen nicht außer Acht gelassen werden. Im Gegenteil ist eine genaue Betrachtung der Wechselwirkungen von Mikro- und Makroebene der Organisation von zentraler Bedeutung, um das Wirken von Vertrauen – und Misstrauen – im Organisationsgeschehen zu verstehen.

Betrug und Vertrauensverlust

Auf McLeod (2011) und ihr Konzept von „gerechtfertigtem" Vertrauen ist in einem weiteren Zusammenhang zu verweisen. In den Daten sind unterschiedliche Ereignisse von Vertrauensverlust zu beobachten. Diese sind zum Teil Folge davon, dass vertraut wurde – beziehungsweise Vertrauensvorschuss eingeräumt wurde – obwohl sich anschließend herausstellte, dass das Vertrauen nicht gerechtfertigt war. In einigen Fällen wurde das gesetzte Vertrauen bewusst getäuscht, etwa indem vertrauliche Informationen weitergegeben oder Gelder veruntreut wurden. Der Risikofaktor von Vertrauen wird offenbar: nur da vertraut wurde, konnte das Vertrauen auch enttäuscht werden und verloren gehen. Motive und/oder Kompetenzen anderer Organisationsmitglieder wurden falsch eingeschätzt, woraus schließlich der Vertrauensverlust resultierte. Vertrauen geht jedoch nicht nur verloren, wenn Vertrauen bewusst getäuscht wurde. Auch unterschiedliche Einschätzungen über Notwendigkeiten für die Organisation können in der Konsequenz zu Vertrauensverlust führen. Im Beispiel aus den Daten eines nicht verlängerten Arbeitsvertrages eines hauptamtlichen Organisationsmitglieds konnte die betreffende Person die Zeichen im Vorfeld nicht deuten, die auf eine Kündigung hindeuteten. Die Entscheidungsträger/innen sahen sie als nicht geeignet zur Erfüllung der Aufgaben der Organisation an.

Als Ergänzung zum Konzept McLeods ist der dynamische Aspekt von Vertrauen zu betonen, wie das Beispiel des nicht verlängerten Arbeitsvertrages ebenfalls deutlich macht. Zu Beginn des Beschäftigungsverhältnisses wurde durch die Einstellung die Grundlage für ein Vertrauensverhältnis gelegt, die Organisation hat ihrem neuen Mitarbeiter einen Vertrauensvorschuss gewährt. Die Entwicklung von

Vertrauen bei dem Mitarbeiter gegenüber seinen Vorgesetzten war in der Folge gerechtfertigt. Allerdings hat sich der Vertrauensvorschuss anschließend bei den Entscheidungsträgern nicht bestätigt. Im Gegenteil: es hat sich Zweifel – und somit Misstrauen – entwickelt, ob die Person für den Posten geeignet sei. Der Mitarbeiter hätte in der Folge sein eigenes Vertrauensverhältnis zur Organisation und ihrer Leitungsebene ebenfalls anpassen müssen, was nicht geschah. Das Vertrauen der Person hat sich von gerechtfertigtem zu nicht mehr gerechtfertigtem gewandelt. Hierdurch wird deutlich, dass Vertrauensbeziehungen in ständigem Wandel begriffen sind, es ist nicht ausreichend, nur zu einem Zeitpunkt zu überprüfen, ob das Vertrauen gerechtfertigt ist. Im Gegenteil kann eine Bestimmung von Vertrauen als gerechtfertigt oder unangemessen nur in einem permanent fortlaufenden Prozess stattfinden.

5.3.3 Steuerbarkeit von Vertrauen

Der dynamische Aspekt von Vertrauen steht auch bei der Frage nach der Steuerbarkeit von Vertrauen im Vordergrund. Vertrauen als Steuerungsfunktion wurde mithilfe des Abgleichs der Untersuchungsergebnisse mit der Theorie bereits skizziert. Für die Organisation und ihre Funktionsfähigkeit ist nicht nur von Interesse, welche Funktionen Vertrauen und Misstrauen im Organisationsgeschehen entfalten. Es stellt sich auch die Frage, wie sie sich wandeln und ob die Funktionen zu beeinflussen sind – respektive ob Vertrauen steuerbar ist. Vertrauen spielt sowohl im Organisationsgeschehen als auch in Austauschprozessen mit der Organisationsumwelt eine zentrale Rolle und ist entscheidend für den Erfolg der Organisation und die Umsetzung ihrer Ziele. Für die Steuerung der Organisation ist somit von wesentlicher Bedeutung, ob Vertrauen im Organisationsgeschehen beeinflusst werden kann.

Kann Vertrauensverlust innerhalb der Organisation verhindert werden? Welche strategischen Möglichkeiten stehen der Organisation zur Verfügung um Vertrauen wieder herzustellen? Können die Voraussetzungen für ein Klima des Vertrauens bewusst implementiert werden? Die aufgeworfenen Fragen werden im Folgenden auf Grundlage der Untersuchungsergebnisse beantwortet.

Vertrauen ist kein statischer Mechanismus, sondern ist im ständigen Wandel begriffen. Um herauszufinden, inwiefern Vertrauen aktiv gesteuert werden kann, ist es zunächst wichtig herauszustellen, wie Vertrauen entsteht, wie es sich verändert, und wie es zu Vertrauensverlust und zum Wandel von Vertrauen zu Misstrauen kommen kann. Ergänzend wird eine Einschätzung vorgenommen, inwiefern die einzelnen Aspekte gezielt beeinflusst werden können.

Voraussetzungen für Vertrauen – das Fundament für Vertrauen aufbauen und das Fortbestehen sicherstellen

Vertrauen gedeiht in einem Klima, in dem Vertrautheit vorherrscht, in dem sich die beteiligten Personen als gleichgesinnt wahrnehmen und wo eine Verständigung über Erwartungen und Ziele der Organisation stattfindet. Die beteiligten Personen weisen einen ähnlichen Habitus auf.[54] Der Faktor Zeit kann das Klima des Vertrauens verstärken und intensivieren.

Bei den beobachteten Aspekten des Organisationsgeschehens handelt es sich um Grundbedingungen dafür, dass Vertrauen entsteht. Sie sind aber auch eine notwendige Voraussetzung dafür, dass Organisationen überhaupt erst gegründet werden – um anschließend ihre Ziele zu verfolgen. Die Grundbedingungen für Vertrauen sind nur sehr eingeschränkt beeinflussbar. Einerseits kann kaum initiiert werden, dass sich gleichgesinnte Personen zusammenfinden, um gemeinsam eine Organisation zu gründen. Andererseits liegen die Grundvoraussetzungen für Vertrauen zeitlich vor der Frage nach der Steuerbarkeit von Vertrauen in bestehenden Organisationen und spielen somit nur eine eingeschränkte Rolle.

Wenn man die grundlegenden Voraussetzungen von Vertrauen als Ausgangspunkt nimmt, kann eine Steuerung von Vertrauen in den bereits bestehenden Organisationen über die Auswahl der beteiligten Personen stattfinden. Vertrauen gedeiht am besten in homogenen Gruppen, in denen Einigkeit über die gesetzten Organisationsziele und ihre Umsetzung besteht.[55] In bestehenden Organisationen können Steuerungsmechanismen – wie beispielsweise Auswahlkriterien – entwickelt werden, um eine Homogenität der Gruppe sicherzustellen. Im Beispiel einer befragten Organisation führen Vorstandsmitglieder Auswahlgespräche mit Neuinteressierten.

Analog ist es sicherlich bei allen Organisationen bei der Auswahl von hauptamtlichen Mitgliedern der Fall, dass bestimmte Einstellungskriterien festgelegt werden und ein formales Auswahlverfahren stattfindet. In Bezug auf Ehrenamtliche ist es allerdings bei vielen Organisationen so, dass sie stets auf neue freiwillige

---

54 Braun bezieht sich in diesem Zusammenhang auf Bourdieu und bezeichnet den Habitus „als Ausdruck der gesamten äußeren und inneren Haltung eines Individuums [...] dessen Wahrnehmungs-, Denk- und Handlungsschemata und somit die gesamte Weltsicht des Einzelnen“ (Braun 2010, 233). Der Habitus fungiert in sozialen Beziehungen als einheitsstiftendes Prinzip und die beobachtete Einmütigkeit der Organisationsmitglieder kann als Ausdruck ihres ähnlichen Habitus gelten.

55 Braun beschreibt in diesem Zusammenhang, dass sich in freiwilligen Vereinigungen generell eher homogene Gruppen herausbilden (Braun 2010, 233).

Helfer angewiesen sind und somit potentielle Engagierte nicht abweisen können. Nicht alle Organisationen haben somit die Möglichkeit, neue Mitglieder nach strengen Kriterien auszuwählen und so im Vorfeld sicherzustellen, dass sie auch in die bestehende Gruppe passen.

Eine weitere Möglichkeit, Vertrauen im Organisationsgeschehen zu beeinflussen, besteht im Ausschluss von bereits dazugehörigen Organisationsmitgliedern. In den Befragungen wurde mitunter benannt, dass es bei unterschiedlichen Einschätzungen der Notwendigkeiten für die Organisation zur bewussten Trennung von Haupt- als auch von Ehrenamtlichen in der Vergangenheit kam. Bei Ehrenamtlichen wurde die Person gebeten, die Organisation zu verlassen oder sie wurde von ihrem Amt abgewählt. Bei Hauptamtlichen wurden Arbeitsverträge gekündigt oder nicht verlängert.

Sofern sich ein Klima des Vertrauens innerhalb der Organisation entwickeln konnte, sind verschiedene organisationsrelevante Faktoren auszumachen, die das Klima charakterisieren und zu seinem Fortbestehen beitragen. Der Umgang der Organisationsmitglieder untereinander ist hilfsbereit, verständnisvoll, durch Offenheit für Problemlagen – organisationsrelevanter oder privater Art – und für neue Ideen geprägt. Die Hierarchien werden nicht starr eingehalten, in wichtige Entscheidungen werden die Personen einbezogen, die von den Änderungen betroffen sind. Die Aufgabenverteilung und die damit verbundenen Rollen sind indes klar zugewiesen. Die Erledigung der Arbeit wird nur wenig kontrolliert, im Gegenteil wird Wert auf eigenständiges, selbstverantwortliches Arbeiten gelegt.

Auch wenn Hilfsbereitschaft, Interesse an anderen und selbstverantwortliches Arbeiten nicht mithilfe von Vorschriften implementiert werden kann, hat die Organisation doch einige Instrumente zur Hand, die zumindest die Rahmenbedingungen für ein vertrauensvolles Klima hervorbringen. Es kann Raum geschaffen werden, um offen über Probleme, Konflikte und neue Ideen zu sprechen, sowie ermöglicht werden, dass die Mitglieder selbstverantwortlich ihre Aufgaben erfüllen.

Eine zentrale Voraussetzung für Vertrauen von Organisationsmitgliedern untereinander ist die Orientierung an Erwartungserwartungen im Handeln. Dafür müssen die Erwartungen der anderen allerdings bekannt sein. Wenn in der Organisation nicht kontinuierlich überprüft wird, ob die gegenseitigen Erwartungen noch übereinstimmen, können Dynamiken erstarken, die das Klima des Vertrauens gefährden. Um dem entgegen zu wirken, kann bewusst der Raum für Offenheit im Organisationsalltag geschaffen werden. Konkrete Strategien umfassen institutionalisierte Freiräume wie regelmäßige Supervisionen von Arbeitsteams oder Nullrunden zu Beginn einer Besprechung. Indem etwaige Unstimmigkeiten offen angesprochen werden, können Unzufriedenheit und Konflikte verhindert und das Wissen um gegenseitige Erwartungen sichergestellt werden. Weitere Strategien bestehen darin, andere Organisationsmitglieder gezielt anzusprechen, um sich ihrer Vertrauenswürdigkeit zu versichern. Ihnen wird so die Möglichkeit gegeben, etwaige Unstimmigkeiten offen zu benennen. Bei Differenzen und Konflikten innerhalb der Organisation wird Vertrauen darüber hinaus gewährleistet, indem dem Druck von anderen – und damit ihren Erwartungen – nachgegeben wird und eigene Erwartungen an externe Anforderungen angepasst werden.

Auch die Grundlage für eigenständiges Arbeiten kann gezielt sichergestellt werden. Vertrauen von Mitgliedern in ihre Organisation wird gefördert, indem sie in organisationsrelevante Entscheidungen einbezogen werden, die ihren Tätigkeitsbereich betreffen. Je mehr sie sich vertrauensvoll mit der Organisation verbunden fühlen, umso weniger werden sie eine geringe Kontrolle ihrer Tätigkeit ausnutzen. Im Gegenteil schafft eine geringe Kontrolle zusätzliches Vertrauen. Hier bestehen konkrete Strategien etwa in Vertrauensarbeitszeiten für hauptamtliche Mitglieder, in Vertrauensvorschuss oder in der Übertragung von verantwortungsvollen Aufgaben. Außerdem unterstützen klare Aufgabenverteilungen die eigenständige Arbeit und stellen die Erfüllung der erforderlichen Aufgaben sicher.

Nicht nur organisationsintern können bestimmte Strategien zur Sicherung von Vertrauen implementiert werden. Auch vertrauensvolle Beziehungen mit der Organisationsumwelt können unterstützt werden. Diese sind teilweise unerlässlich, um die Funktionsfähigkeit der Organisation zu sichern, etwa da ausreichend Spendengelder eingeworben werden müssen. Hier bestehen konkrete Strategien in transparenten Arbeitsstrukturen, dem Aufbau persönlicher Beziehungen und Offenheit für Klienten.

Vertrauensverlust – den Rückgang von Vertrauen abwenden

Es gilt im Organisationsgeschehen nicht nur, möglichst optimale Bedingungen für das Entstehen und Fortbestehen von Vertrauen innerhalb der Organisation zu schaffen, auch etwaige negative Folgen sollten die Entscheidungstragenden in der Organisation berücksichtigen. Unter anderem können Organisationsmitglieder unter Überlastung leiden, woraus auch negative Folgen für die gesamte Organisation entstehen können. Vor allem sollte in diesem Zusammenhang ein Monitoring der Erwartungshaltungen an die Mitglieder innerhalb der Organisation stattfinden. Sind diese gerechtfertigt oder schon in übersteigerter Form vorhanden? Wie schätzen die Organisationsmitglieder dies ein? Eine regelmäßige Überprüfung – und gegebenenfalls Anpassung – verhindert, dass Organisationsmitglieder überfordert sind und sich innerlich oder faktisch von der Organisation abwenden.

Ein Risiko für die Organisation stellen nicht nur negative Folgen von Vertrauensprozessen in der Organisation dar. Auch wenn generell ein Klima des Vertrauens in der Organisation vorherrscht, kommt es immer wieder zu Vertrauensverlust bei Mitgliedern, der schließlich in Misstrauen und einem Klima des Misstrauens in der Organisation münden kann. Die Ursachen dafür können unterschiedlich sein: entweder wird Vertrauen vorsätzlich getäuscht und einzelne Mitglieder betrügen oder hintergehen bewusst andere Mitglieder zum eigenen Vorteil. Oder aber Vertrauen wird im Organisationsgeschehen unbeabsichtigt enttäuscht, wenn Einschätzungen über Erfordernisse für die Organisation bei den Organisationsmitgliedern nicht übereinstimmen. Dies ist mit unterschiedlichen Erwartungshaltungen verbunden und kann in Vertrauensverlust münden, wenn die wechselseitigen Anforderungen nicht erfüllt werden.[56]

Um Vertrauensverlust innerhalb der Organisation abzuwenden, kann das Organisationsmanagement beide mögliche Sachverhalte von Vertrauensverlust ins Blickfeld nehmen. Aus den Untersuchungsergebnissen lassen sich verschiedene Handlungsanweisungen ableiten:

1. Betrug kann entgegengewirkt werden, indem das Vertrauen in andere Mitglieder daraufhin überprüft wird, ob es gerechtfertigt ist. Allerdings ist Vertrauensvorschuss auch eine notwendige Strategie, um Vertrauen im Organisationsalltag herzustellen und zu sichern. Hieraus entwickelt sich ein Zielkonflikt, der regelmäßig auftritt und bei dem im Einzelfall festgestellt werden muss, ob das Vertrauen gerechtfertigt ist. Auflösen lässt sich der Zwiespalt nicht, da Vertrauen immer mit einem Risiko – in diesem Falle von Betrug und bewusster Täuschung – verbunden ist.
2. Vertrauensverlust kann ferner unterbunden werden, indem die Organisation regelmäßig überprüft, ob ihre Erwartungen mit denen der Organisationsmitglieder übereinstimmen – beziehungsweise ob große Diskrepanzen zwischen Erwartungen und Einschätzungen der Notwendigkeiten für die Organisationen unter den Organisationsmitgliedern bestehen. Hierfür kann die Organisation Maßnahmen implementieren, die auch eingesetzt werden, um Vertrauen im Organisationsalltag herzustellen: institutionalisierte Freiräume werden geschaffen, um den offenen Austausch und gegebenenfalls kontroverse Diskussionen zu ermöglichen.

56 Dies ist selbstverständlich nicht immer der Fall und hängt immer damit zusammen, was für eine Bedeutung das betreffende Organisationsmitglied mit den Erwartungen verbindet. Die Enttäuschung von Erwartungen stellt dennoch eine zentrale Bedingung für Vertrauensverlust dar.

Das Kind liegt im Brunnen – Klima des Misstrauens

Wenn die Erwartungshaltungen der Organisationsmitglieder soweit auseinanderdriften, dass eine Übereinstimmung nicht mehr herzustellen ist, entsteht ein Klima des Misstrauens innerhalb der Organisation. Das Misstrauen äußert sich in erster Linie darin, dass andere Organisationsmitglieder verdächtigt werden unzuverlässig zu sein und unlautere Motive zu haben.

Das Klima des Misstrauens reproduziert sich durch beobachtbare Verhaltensweisen der Organisationsmitglieder: sie gehen auf Distanz zueinander, sind verschlossen und einander gegenüber wenig hilfsbereit. Sie zeigen sich wenig offen Konflikte auszutragen, sondern behalten ihre Befindlichkeiten für sich. Es ist nur schwer möglich, vor diesem Hintergrund wieder ein Klima des Vertrauens herzustellen. Organisationsmitglieder können nicht durch Regeln dazu veranlasst werden, sich einander zu öffnen und ihre Befindlichkeiten und Interessen offen zu legen. Wenn die Organisationsmitglieder Verschlossenheit als passende Strategie für die betreffende Situation gewählt haben, werden sie Wege finden, um einen offenen Austausch zu vermeiden. Die fehlende Offenheit ist vor allem darauf zurückzuführen, dass die Mitglieder Vertrauensmissbrauch verhindern wollen.

Erneut zu vertrauen bedarf eines Lernprozesses und kann nicht oktroyiert werden. Die Organisation hat lediglich die Möglichkeit, Rahmenbedingungen zu schaffen, die Vertrauen im organisationalen Miteinander begünstigen. Eine Möglichkeit besteht darin, den Mitgliedern einen Vertrauensvorschuss entgegen zu bringen, der auch ihnen ermöglicht, der Organisation wieder Vertrauen entgegen zu bringen. Ein Klima des Misstrauens ist häufig durch unklare Rollenverteilungen, starre Hierarchien und reichlich Kontrolle gekennzeichnet. Wenn Organisationsmitgliedern klare Aufgaben zugewiesen werden, sie in Entscheidungen, die sie selbst betreffen, einbezogen werden und die Kontrolle zurückgefahren wird, erhalten sie Hinweise darauf, dass Vertrauen von Organisationsseite ein wichtiger Stellenwert eingeräumt wird. Wenn ein Klima des Misstrauens durch die Organisation nicht zusätzlich befördert wird, sondern – im Gegenteil – die Organisationsleitung nicht (mehr) dazu beträgt, dies zu reproduzieren, stehen die Chancen gut, dass auch Vertrauen im organisationalen Miteinander wieder gestärkt wird. Allerdings ist damit auch immer ein Risiko für die Organisation verbunden: wenn sie den Organisationsmitgliedern einen Vertrauensvorschuss gewährt, kann dies auch im Missbrauch des Vertrauens münden. Ein Vertrauensvorschuss ist immer genau abzuwägen. Allerdings gilt hier, was für Vertrauen generell zutrifft: der Gewinn, den die Organisation im organisationalen Miteinander durch Vertrauen erzielen kann, ist nicht ohne das Eingehen eines Risikos zu erlangen.

5.3.4 Strategische Möglichkeiten zur Förderung von Vertrauen

Bei der Diskussion um die Steuerbarkeit von Vertrauen ist zu berücksichtigen, dass der Einfluss von Organisationen auf das in ihnen herrschende Vertrauen lediglich gering ist, wie in den vorangehenden Abschnitten deutlich wurde. Nicht zuletzt liegt dies daran, dass es sich bei Vertrauen um eine individuelle, erlernte Fähigkeit handelt, die von Person zu Person sehr unterschiedlich ausgeprägt sein kann. Inwiefern Maßnahmen greifen, die Vertrauen im Organisationsalltag fördern sollen, ist somit auch darauf zurückzuführen, welche Voraussetzungen zu vertrauen die Mitglieder mitbringen.

Eine besonders schwierige Situation für die Organisation besteht dann, wenn Vertrauen bereits verloren gegangen ist und ein Klima des Misstrauens vorherrscht. Es ist in diesem Fall besonders mühsam, den Ausgangszustand von Vertrauen wiederherzustellen – wenn es denn gelingt. Hier gilt, dass Vertrauen schnell verloren gehen kann, umso schwerer ist es aber, es wieder aufzubauen.

Nichts desto trotz lassen sich bestimmte Maßnahmen der Organisationsleitung ausmachen, die ein Klima des Vertrauens fördern können. Dazu gehört vor allem, Organisationsmitgliedern Vertrauensvorschuss zu gewähren, Aufgaben klar zuzuweisen und anschließend eigenständige Erledigung einzufordern sowie die Transparenz von Entscheidungen zu gewährleisten. Außerdem ermöglichen institutionalisierte Freiräume einen Raum für Austausch: Organisationsmitglieder können sich dort gegenseitig versichern, ob ihre wechselseitigen Erwartungen und Einschätzungen zum Wohl der Organisation (noch) übereinstimmen. Die Organisation ist hier angehalten, stets zu überprüfen, ob Erwartungshaltungen von Organisation und Mitgliedern in Übereinstimmung zu bringen sind.

Sofern bereits ein Klima des Misstrauens vorherrscht, kann die Organisation nur mit viel Geduld und in kleinen Schritten darauf hinarbeiten, dass ein Klima des Vertrauens wiederkehrt. Hier ist vor allem die Organisationsführung gefordert, sich selbst aus Verhaltensweisen von Vorsicht und Misstrauen zu befreien. Wenn Vertrauensvorschuss gegenüber Organisationsmitgliedern eingeräumt wird, kann schließlich wieder eine Dynamik in Gang kommen, die das Wiedererstarken von Vertrauen fördert. Das damit verbundene Risiko muss dabei genau abgewogen werden; es muss aber gleichzeitig auch in Kauf genommen werden, will man den Trend umkehren.

Die Organisationsführung kann weder vollständig verhindern, dass Vertrauensverlust stattfindet noch, dass ein Klima des Misstrauens entsteht. Sie kann aber Strategien und Maßnahmen entwickeln und umsetzen, die dazu beitragen, dass Vertrauen gestärkt wird und Prozesse unterbunden werden, die Vertrauen innerhalb der Organisation gefährden. Die Maßnahmen können aus der Datenanalyse abgeleitet werden, die auf Befragungen von Vertreter/innen Dritter-Sektor-Organisationen beruhen. Hier konnten verschiedene Beispiele aufgezeigt werden in denen ein Klima des Vertrauens vorherrscht und es erfolgreich gegen etwaige störende Einflüsse behauptet wurde.

5.3.5 Zusammenspiel von Vertrauen und Emotionen

In allen wichtigen bei der Datenanalyse aufgedeckten Prozessen von Vertrauen und Misstrauen sind Emotionen eingelagert. Sie sind eng mit Entstehen und Wirkung von Vertrauen und Misstrauen in den Organisationen verbunden. Bei der Frage nach der Steuerbarkeit von Vertrauen im Organisationsgeschehen sind somit auch Emotionen als Faktor einzubeziehen.

Wechselseitige Verstärkung von Emotionen und Vertrauen sowie Misstrauen im Organisationsgeschehen

Wie Luhmann aufzeigt, unterstützen Emotionen Vertrauen als Mechanismus zur Reduktion von Komplexität. Sie wirken begünstigend, indem positive Emotionen, die in Bezug auf andere Personen erlebt werden, Vertrauensbeziehungen fördern und festigen. Vertrauensbeziehungen können auch verstärkt werden, wenn die positiven Emotionen nicht direkt der anderen Person gelten, sondern im Kontext der Interaktion entstehen. Gleichzeitig fördert ein vertrauensvolles Verhältnis positive Emotionen – Vertrauen und Emotionen stehen somit in einem sich gegenseitig verstärkenden Wechselverhältnis.

Die Untersuchungsergebnisse unterstützen diese Annahmen Luhmanns, wenn auch zu berücksichtigen ist, dass Luhmann seine Annahmen nicht auf komplexe soziale Zusammenhänge bezieht. Die Untersuchungsdaten machen jedoch deutlich, dass dies sehr wohl möglich ist, unter anderem in einem Klima des Vertrauens, dass die gesamte Organisation umfasst.

In den befragten Dritte-Sektor-Organisationen sind im Zusammenhang mit Vertrauen in erster Linie positive Emotionen zu registrieren. Emotionen wie Glück, Freude und Dankbarkeit entstehen im Organisationsalltag aufgrund von Interaktionen mit anderen Mitgliedern oder verbunden mit der Tätigkeit für die Organisation. Einerseits entstehen die Emotionen im Klima des Vertrauens, andererseits wirken sie wiederum vertrauensfördernd.

Allerdings werden im Zusammenhang mit Vertrauen nicht ausschließlich positive Emotionen hervorgerufen. Analog zu den negativen Effekten von Vertrauen, die geschildert werden, können Dynamiken, die im Klima des Vertrauens entstehen, auch mit negativen Emotionen – wie etwa Frust oder Unbehagen – für Organisationsmitglieder verbunden sein. An dieser Stelle haben die Emotionen keine unterstützende Wirkung für Vertrauen, sondern können im Gegenteil kognitive Prozesse befördern, die in Misstrauen münden.

Sobald Misstrauen in Teilen der Organisation dominiert, ist dies mit negativen Emotionen verbunden. Hier kommen beispielsweise Unwillen und Frust bei den Organisationsmitgliedern auf. Die Emotionen entstehen im Zusammenhang mit Misstrauen und verstärken wiederum die misstrauische Betrachtung der anderen Organisationsmitglieder. Analog zum Klima des Vertrauens, das vorwiegend mit positiven Emotionen der Organisationsmitglieder verbunden ist, werden im Klima des Misstrauens also in erster Linie negative Emotionen erlebt. Allerdings kann es auch zu Abweichungen kommen, negative Emotionen können auch im Klima des Vertrauens entstehen und umgekehrt.

Ebenso, wie positive Emotionen die komplexitätsreduzierende Funktion von Vertrauen unterstützen, indem etwaige negative Folgen ausgeblendet werden, unterstützen negative Emotionen Misstrauen in seiner ebenfalls komplexitätsreduzierenden Funktion. Allerdings werden hier nicht die möglichen negativen Auswirkungen von Interaktionen übersehen, sondern die positiven ausgeblendet.

Offene vs. fehlende Darstellung von Emotionen

Charakteristisch ist darüber hinaus, dass Emotionen in den Klimata von Vertrauen und Misstrauen von den Organisationsmitgliedern auf unterschiedliche Art und Weise dargestellt werden. Im Klima des Vertrauens sind analog zu den Freiräumen zum offenen Austausch von Ideen und Problemen ebenfalls Freiräume zur Darstellung von Emotionen vorhanden. Die Mitglieder zeigen ihre Emotionen offen – sowohl positive Emotionen wie Freude als auch negative emotionale Prozesse wie Trauer[57], die teilweise durch private Probleme hervorgerufen werden. Sie gehen dabei davon aus, dass die anderen Organisationsmitglieder die freimütige Darstellung der Befindlichkeiten nicht für eigene Zwecke ausnutzen und gegen sie verwenden. Es ist vielmehr so, dass die Freiräume zur Darstellung von Emotionen ein Bestandteil des Klimas des Vertrauens sind.

57 Trauer stellt einen emotionalen Prozess und keine Emotion dar. Dies wird in 7.3.1 erläutert.

Ganz anders stellt es sich im Klima des Misstrauens dar. Genauso wie die Organisationsmitglieder verschlossen und zurückhaltend sind, ihre Standpunkte und Ideen offen mitzuteilen, halten sie auch ihre Befindlichkeiten und Emotionen vor anderen Mitgliedern verborgen. Freiräume zur einvernehmlichen Darstellung von Emotionen sind nicht vorhanden. Erst wenn sich Emotionen aufstauen und gruppendynamische Prozesse dazu beitragen, dass sie sich plötzlich Luft verschaffen können, brechen die Emotionen – etwa in Form von Wut oder Frust – aus den Mitgliedern heraus.

Genauso wie die positiven und negativen Emotionen Vertrauen und Misstrauen verstärken, wirken auch die vorhandenen und fehlenden Freiräume zur Darstellung von Emotionen unterstützend für positive oder negative Emotionen. Im Klima des Vertrauens werden sowohl positive als auch negative Emotionen von den Organisationsmitgliedern ausgedrückt. Die Freiräume wirken einerseits als Ventil für negative Emotionen, andererseits werden positive Emotionen offenbart und verstärken wiederum vertrauensvolle Beziehungen mit anderen Organisationsmitgliedern. Emotionen werden intentional offen dargestellt, wenn ein Klima des Vertrauens vorherrscht.

Im Klima des Misstrauens wirken die Emotionen zumeist im Verborgenen, institutionalisierte Freiräume zur offenen Darstellung gibt es kaum. Wenn, dann drücken sich die Emotionen aus, ohne dass dafür bereit gestellte Räume vorhanden sind. Vielmehr stören sie in der Folge den Organisationsablauf. Negative Emotionen werden als Stimmungen wahrgenommen und unterstützen das Klima des Misstrauens. Wenn die Emotionen sich ihren Weg bahnen und in emotionalen Konflikten münden, befördern die Auseinandersetzungen wiederum die misstrauischen Erwartungen der Mitglieder.

Wechselspiel von Emotionen und Vertrauen – mehr als nur gegenseitige positive Verstärkung

Luhmanns Annahmen zur wechselseitigen Verstärkung von Emotionen und Vertrauen können um weitere Aspekte ergänzt werden. Zum einen können auch im Klima des Vertrauens negative Emotionen entstehen, die Vertrauen nicht verstärken, sondern – im Gegenteil – Misstrauen fördern. Zum anderen gibt es gleichermaßen einen Zusammenhang zwischen Misstrauen und Emotionen. Hier ist ebenso eine wechselseitige Relation vorhanden, die zur Reduktion sozialer Komplexität beiträgt. Allerdings fördern an dieser Stelle nicht positive Emotionen vertrauensvolle Beziehungen, sondern im Gegenteil verstärken negative Emotionen das misstrauische Bild, das die Organisationsmitglieder sich von anderen Personen innerhalb der Organisation machen.

Schließlich spielen Emotionen auch dann noch eine Rolle, wenn die Sozialordnungen sich hochdifferenziert darstellen und nicht mehr nur direkte Interaktionsbeziehungen im Vordergrund stehen. Die Untersuchungsergebnisse zeigen, dass Emotionen nicht nur in direkte Interaktionen zwischen Personen eingelagert sind. Auch der gesamten Organisation gegenüber werden Emotionen erlebt – zum Beispiel als Stolz, Teil der Organisation zu sein. Außerdem werden Emotionen als Reaktion auf Erwartungen an das eigene Engagement innerhalb der Organisation erfahren. Diese Erwartungshaltungen sind nicht unbedingt bestimmten Personen zuweisbar, sondern sind vielmehr personenübergreifend festzumachen. Frust entsteht etwa, indem innerhalb der Organisation generell hohes Engagement erwartet wird – bis zur Erschöpfung. Verbunden damit ist, dass den Mitgliedern misstraut wird, dass sie sich aus eigener Motivation heraus für die Organisationsziele einsetzen.

Die Beispiele zeigen, dass Emotionen, verbunden mit Vertrauen und Misstrauen, sehr wohl in hochdifferenzierten Sozialzusammenhängen entstehen können.[58] Hier greift, anders als Luhmann vermutet, kein kompensierender Mechanismus zu Emotionen – Luhmann beschreibt hier die „Sicherheit der sozialen Selbstdarstellung“ (Luhmann 1989, 90) – um Vertrauen sicherzustellen. Zwar kann dies ergänzend der Fall sein. Es ist aber zu vermuten, dass Emotionen in allen Vertrauensbeziehungen (und Misstrauenszusammenhängen) in Dritte-Sektor-Organisationen wirken (können), ohne dass der direkte Kontakt mit anderen Personen darüber entscheidet, ob Emotionen als unterstützender Mechanismus für Vertrauen, oder Misstrauen, fungieren.

5.3.6 Ausblick: die Bedeutung von Vertrauen in Dritte-Sektor-Organisationen

Die Ergebnisse zeichnen ein Bild der hohen Relevanz von Vertrauen und Misstrauen als Steuerungsmechanismen im Zusammenspiel mit Emotionen in Dritte-Sektor-Organisationen. Generell kann Vertrauen positive Emotionen und positive Effekte für das Organisationsgeschehen zugewiesen werden und negative Emotionen und Misstrauen nachteilige Auswirkungen. Allerdings kann sich das Bild im Einzelfall

58 Weitere Beispiele finden sich in den im zweiten Teil des Kapitels dargestellten Untersuchungsergebnissen.

auch anders darstellen– beispielsweise kann auch Vertrauen im Organisationsgeschehen negative Wirkung entfalten.

In diesem Kapitel wurde bereits mehrfach darauf hingewiesen, dass Vertrauen insbesondere in Organisationen des Dritten Sektors eine besondere Rolle im Organisationsgeschehen spielt – das Gleiche gilt natürlich auch für sein Gegenstück Misstrauen. Das wird nun spezifiziert und anschließend die Bedeutung der Untersuchungsergebnisse für Non-Profit-Organisationen skizziert. Wie eingangs angemerkt, ist die hohe Relevanz von Vertrauen im Organisationsgeschehen von Non-Profit-Organisationen vor allem mit Besonderheiten der Organisationsstrukturen verbunden.

1. Dritte-Sektor-Organisationen sind durch ein Nebeneinander von Haupt- und Ehrenamtlichen in der Organisationsstruktur geprägt. Die Teilhabe an und Mitwirkung von Ehrenamtlichen in der Organisation ist durch das Prinzip der Freiwilligkeit bestimmt, daraus ergeben sich kaum Möglichkeiten der Sanktionierung von Organisationsmitgliedern, die die ihnen übertragenen Aufgaben nicht erfüllen.[59] Ein Ersatzmechanismus für Kontrolle und Sanktion kann in Vertrauen bestehen. Allerdings müssen dafür bestimmte Voraussetzungen erfüllt sein, so dass ein Klima des Vertrauens entsteht und nicht Misstrauen mit seinen negativen Folgen vorherrscht.
2. Das Miteinander in Organisationen ist – gegenüber Organisationstypen in den anderen Sektoren – durch persönliche Beziehungen und der Personalisierung von Prozessen, wie Entscheidungsprozessen, geprägt. Das beeinflusst wiederum Regeln und Verhaltenserwartungen in den betreffenden Organisationen (Braun 2010, 228). Die mit den engen persönlichen Beziehungen verbundene „Vereinsmeierei" befördert ein dichtes soziales Netzwerk, in dem sich soziales Vertrauen entwickeln kann. Vertrauen entsteht hier nicht zuletzt aufgrund der Erfahrung von Verlässlichkeit der anderen Organisationsmitglieder und aufgrund von drohenden Sanktionen bei Nichterfüllung der Verhaltenserwartungen (ebenda, 229). Die Sanktionen bestehen allerdings nicht in formalen Maßnahmen der Organisation, sondern in sozialem Druck von anderen Organisationsmitgliedern, die gestellten Erwartungen zu erfüllen.

---

59 Wie in Kapitel 7 weiter ausgeführt wird, kommt Emotionen hier eine wichtige Funktion zu. Akteure versuchen negative Emotionen zu vermeiden. Sie kommen Erwartungen an ihr Verhalten nach, wenn andere Organisationsmitglieder sie durch beispielsweise Missachtung „bestrafen", was bei ihnen wiederum negative Emotionen hervorruft.

3. Gelingende Zusammenarbeit in der Organisation geschieht nicht zuletzt durch Konsensbildung zu Notwendigkeiten der Organisation. Dies ist eine wichtige Grundlage für das Entstehen eines Klimas des Vertrauens. Braun beschreibt, dass in Dritte-Sektor-Organisationen eine Konsensbildung vor allem über ausgetragene Konflikte stattfindet (ebenda, 230). Institutionalisierte Freiräume, wie sie durch die Datenanalyse in verschiedenen Non-Profit-Organisationen offenbar werden, bieten hierfür den nötigen Raum.
4. Viele Dritte-Sektor-Organisationen wie Gewerkschaften, gemeinnützige Genossenschaften oder Sportvereine sind auch Interessensvertretungen ihrer Mitglieder. Vertrauen in die Kompetenz und den Erfolg der Organisation ist eine notwendige Voraussetzung dafür, dass potentielle Mitglieder sich für Mitgliedschaft oder Engagement entscheiden. Wenn ihre Interessen nicht angemessen vertreten werden, entwickeln sie voraussichtlich Misstrauen und/oder verlassen die Organisation.
5. Auch im Austausch mit der Organisationsumwelt spielen Vertrauen und Vertrauensvorschuss eine wichtige Rolle. Viele Organisationen des Dritten Sektors sind für die Aufrechterhaltung ihrer Tätigkeit auch auf externe Förderung angewiesen. Vor allem für die Spendenbereitschaft von externen Personen ist Vertrauen eine unverzichtbare Grundlage. „Schwarze Schafe" können Teile des Sektors in Verruf bringen; Vertrauensverlust kann hier etwa entgegen gewirkt werden, indem die Organisationen sich Dachverbänden anschließen, die ihre Arbeit kontrollieren und begutachten. Eine Art Gütesiegel kann Vertrauen von externen Spendern wiederherstellen (vgl. Prakash & Gugerty 2010).
6. Dritte-Sektor-Organisationen sind in vielen Fällen auch Dienstleistungsanbieter – etwa in Form von Beratungsleistungen, Selbsthilfegruppen oder Kulturangeboten. Oft ist die Inanspruchnahme gekoppelt an eine Vertrauensbeziehung zwischen Klient und Organisation oder Organisationsvertreter/in – auch deshalb kommt Vertrauen eine wichtige Bedeutung in Non-Profit-Organisationen zu.

Die Bedeutung von Vertrauen in verschiedensten Zusammenhängen von Dritte-Sektor-Organisationen wird durch die benannten Punkte offenbar. Mit dem hohen Stellenwert von Vertrauen im Organisationsgeschehen und der Förderung von Vertrauen durch unterschiedliche organisationsspezifische Mechanismen ist aber auch ein Risiko für die Organisationen verbunden. Vertrauen kann auch negative Wirkung entfalten. Vor allem besteht aber auch immer die Gefahr, dass Vertrauen in Misstrauen umschlägt, mit fatalen Folgen für Erfolg und Funktionsfähigkeit der Organisationen.

Für die praktische Arbeit in und von Dritte-Sektor-Organisationen sind vor allem die Ergebnisse zur Steuerbarkeit von Vertrauen von hoher Relevanz. Zwar ist eine Steuerung von Vertrauen nur eingeschränkt möglich und erschwert sich zunehmend, je mehr das organisationale Miteinander von Misstrauen geprägt ist. Vertrauen kann nicht einfach wieder implementiert werden. Es ist nur möglich, dass Maßnahmen ergriffen werden, die eventuell dazu beitragen, dass die Gemeinschaft wieder auf ein vertrauensvolles Miteinander zusteuert.

Die Organisationen versuchen mit verschiedenen Strategien – absichtlich oder unabsichtlich – Vertrauen aufzubauen, beziehungsweise ein Klima des Vertrauens zu schaffen. Die einzelnen Strategien sind in Tabelle 5 zusammengefasst.

Die Strategien, die durch die vorliegende qualitative Untersuchung sichtbar geworden sind, können auch als Leitlinien für Dritte-Sektor-Organisationen gelten, die sich mit ihrem internen Vertrauensklima beschäftigen. Die Strategien geben Hinweise darauf, was zu beachten ist, wenn man ein Klima des Vertrauens aufbauen oder beibehalten und ein Klima des Misstrauens abwehren möchte. Dabei sind auch die in die Prozesse involvierten Emotionen zu berücksichtigen. Wie in Kapitel 7 deutlich wird, können Emotionsarbeit und Emotionsmanagement hier unterstützend wirken, um positive Emotionen zu fördern und negative Emotionen abzuwenden, die jeweils häufig mit Vertrauen oder Misstrauen assoziiert sind. Es werden aber auch zahlreiche Überschneidungen von Vertrauen und Solidarität im Miteinander von Non-Profit-Organisationen sichtbar, die sich unter anderem in ähnlichen Voraussetzungen und Ausprägungen von vertrauensvollen und solidarischen Klimata in den Organisationen darstellen. Im folgenden Kapitel werden die Ergebnisse zu Solidarität – in Kontrastierung mit der aktuellen Forschung – vorgestellt.

Tabelle 5: Organisationsstrategien zur Förderung von Vertrauen

	Organisationsstrategien zur Förderung von Vertrauen
1) Grundlagen von Vertrauen fördern und Vertrauen sichern	a) Homogenität sicherstellen durch: - Auswahl von neuen Haupt- und Ehrenamtlichen (zum Beispiel durch festgelegte Kriterien, Aufnahmegespräche mit interessierten Freiwilligen) - Ausschluss von Organisationsmitgliedern bei Gefährdung vom Organisationsklima und/oder der Funktionsfähigkeit der Organisation (zum Beispiel Abwahl vom Ehrenamt, keine Verlängerung von Arbeitsverträgen)
	b) Institutionelle Freiräume zur Aussprache von Problemen, Konflikten und zur Entwicklung neuer Ideen
	c) Gezielte Ansprache von Organisationsmitgliedern bei Unstimmigkeiten und zur Versicherung der Vertrauenswürdigkeit
	e) Einbezug von betreffenden Mitgliedern in relevante Entscheidungen
	d)Selbstverantwortlichkeit im Arbeiten, geringe Kontrolle (zum Beispiel durch Vertrauensarbeitszeiten, Übertragung von verantwortungsvollen Aufgaben) und klare Aufgabenverteilungen sicherstellen
	f) Vertrauensvolle Beziehungen mit der Organisationsumwelt fördern durch: - transparente Arbeitsstrukturen - den Aufbau persönlicher Beziehungen - Offenheit gegenüber Klienten - den Anschluss an Dachverbände, die Tätigkeit und Organisationsziele kontrollieren und begutachten
2) Vertrauensverlust abwenden	a) Vertrauen auf Gerechtfertigkeit überprüfen (allerdings Gefahr von Übervorsicht – das befördert Misstrauen)
	b) Regelmäßige Überprüfung der Übereinstimmung der Erwartungen von Organisation und Organisationsmitgliedern beziehungsweise Überprüfung von Diskrepanzen zwischen Erwartungen und Einschätzungen der Notwendigkeiten für die Organisationen (zum Beispiel durch Freiräume für offenen Austausch (siehe auch (1))
3) Vertrauen wieder herstellen	a) Organisationsmitgliedern Vertrauensvorschuss entgegen bringen, Kontrolle zurückfahren
	b) klare Aufgabenzuweisung und weitere Maßnahmen zur Förderung von Vertrauen (siehe 1)

6

Solidarität in Dritte-Sektor-Organisationen

Vor allem Dritte-Sektor-Organisationen wird zugeschrieben, dass es sich bei ihnen um einen Ort handelt, in dem Solidarität eine wichtige Rolle spielt. Obwohl nicht detailliert ausgeführt, weisen Zimmer und Priller Dritte-Sektor-Organisationen die Handlungsmaxime Solidarität zu, gegenüber dem Wettbewerb im Markt und der Macht im Staat (Zimmer & Priller 2007, 16). Es wird umrissen, dass es sich in diesem Zusammenhang sowohl um Solidarität als Motivation für ehrenamtliches und hauptamtliches Engagement, als auch für die Bereitschaft zu Geld- und Sachspenden handelt. Außerdem beschreiben sie die „[solidarische] Unterstützung der Werte und Ziele [...], die durch Dritte-Sektor-Organisationen als ‚Wertegemeinschaften' vertreten werden" (ebenda, 17) Solidarität wird als „Medium der Handlungskoordination" (ebenda) hervorgehoben. Es wird jedoch nicht weiter ausgeführt, wie sich die einzelnen Aspekte genauer ausgestalten. Deshalb ist es notwendig auf weitere Literatur Bezug zu nehmen, um die Zusammenhänge zu verdeutlichen.

Für ein erstes allgemeines Begriffsverständnis wird auf die Definition von Thome zurückgegriffen: "I shall term 'solidary' certain forms of behavior that are (a) meant to be helpful, supportive, cooperative to other individuals or collectives and (b) based on or associated with a sense of obligation or value-based commitment." (Thome 1999, 102)

In diesem Sinne wird Solidarität unter anderem als das Zurückstellen der eigenen Interessen zu Gunsten von Dritten verstanden. Demzufolge findet sich Solidarität in den Motivationsstrukturen von Engagierten in Non-Profit-Organisationen an vielen Stellen wieder. In zahlreichen Dritte-Sektor-Organisationen ist die Unterstützung von gesellschaftlichen Gruppen schon in der Zielsetzung verankert; beispielsweise helfen Selbsthilfegruppen Suchtkranken und deren Familien, Non-Profit-Organisationen in der Entwicklungshilfe fühlen sich Menschen in Ländern der Dritten Welt verpflichtet und Tafeln in verschiedenen Städten bieten die Infrastruktur, um Obdachlose und andere Menschen in finanziellen Notlagen mit Lebensmitteln zu versorgen.

Trotz einer weit verbreiteten Nutzung in der Alltagssprache und als politischem Begriff bleibt Solidarität als soziologisches Konzept unscharf. Was ist unter Solidarität genau zu verstehen? Was sind Entstehungsbedingungen und Wirkungsweisen von Solidarität?

Zunächst kann festgehalten werden, dass es sich bei Solidarität um einen sozialen Mechanismus handelt, der interaktionsgebunden ist (Kaufmann 2002, 40). Man kann zwar Solidarität gegenüber anderen Personen empfinden, ohne dass dies in konkrete Handlungen mündet, zu einem konkreten sozialen Phänomen wird Solidarität allerdings erst, wenn es in Interaktionen eingelagert ist und dort Wirkung entfaltet. Was aber sind die konkreten Formen von Solidarität und seine Wirkungen?

Eine zentrale Frage in der soziologischen Forschungsliteratur, die eng mit der Ergründung von Solidarität verbunden ist, besteht im Ursprung von Kooperation in sozialen Zusammenhängen und somit in den Wurzeln sozialen Zusammenhaltes. Relative Einigkeit besteht darin, dass Solidarität hier ein grundlegendes Prinzip darstellt und sich vom Übergang der vormodernen in die moderne, arbeitsteilig differenzierte Gesellschaft gewandelt hat. Bestand der Organisationsgrad von Gesellschaften vormals in Gemeinschaften, die auf engen sozialen Beziehungen und gemeinsamen Wertvorstellungen, Traditionen und Sitten beruhten, änderte sich dies im Übergang zur modernen Gesellschaft, in der Interaktionszusammenhänge unpersönlicher und ausdifferenzierter organisiert sind. Vor allem in Durkheims Konzept von mechanischer und organischer Solidarität kommt dies zum Ausdruck (Durkheim 1992, Original 1893). Die Grundlage für soziale Kohäsion hat sich verändert und damit einhergehend das Verständnis von Solidarität als gemeinschaftsstiftendem Mechanismus. Daraus resultiert die Frage, ob sich die Entstehungsbedingungen von Solidarität von engen sozialen Beziehungen hin zur Anpassung an übergeordnete soziale Strukturen, in denen persönliche Beziehungen eine weniger ausgeprägte Rolle spielen, gewandelt haben. Der Frage wird im Folgenden anhand der Auseinandersetzung mit Durkheims Solidaritätskonzept und der daran anschließenden wissenschaftlichen Forschung nachgespürt. Weitere Hinweise geben die Ergebnisse der Analyse auf Gemeinsamkeiten, die im dritten Teil des Kapitels mit den theoretischen Betrachtungen aus diesem Kapitel zusammengeführt werden. Anders als von Durkheim erwartet, spielt mechanische Solidarität auch weiterhin eine wichtige Rolle.

In der soziologischen Forschungsliteratur wird Solidarität nicht nur in gesamtgesellschaftlichen Zusammenhängen betrachtet – es wird auch die Bedeutung von Solidarität in gesellschaftlichen Teilsystemen wie Familien oder Organisationen beleuchtet. Hinsichtlich des Fokus auf Dritte-Sektor-Organisationen im vorliegenden Forschungsprojekt stellt sich die Frage, wie Solidarität im Kontext von Organisationen entsteht und wirkt. Handelt es sich bei Solidarität um eine reine Handlungsmaxime oder ist Solidarität auch als Steuerungselement in Organisationen wirksam? Ist Solidarität selbst steuerbar? Inwiefern stehen Solidarität und Emotionen in gegenseitigem Wechselwirkungsverhältnis?

Den aufgeworfenen Fragen wird nun zunächst anhand der soziologischen Forschungsliteratur zu Solidarität nachgegangen. Hierfür wird neben Durkheim (1992) vor allem Kaufmann (1984, 2002, 2004) herangezogen. Der Begriff „Solidarität" wird so weiterentwickelt und der Versuch einer Einordnung des Phänomens Solidarität in Bezug auf Organisationen unternommen. Hier wird herausgestellt, dass Solidarität vor allem in Interaktionszusammenhänge und Kontexte gemeinsamer Interessenlagen und Überzeugungen eingebettet ist.

Im zweiten Teil dieses Kapitels werden die Analyseergebnisse der vorliegenden Untersuchung in Bezug auf Solidarität in Non-Profit-Organisationen vorgestellt. Hier wird Solidarität als Handlungsmaxime innerhalb der Organisation und in Bezug auf die Organisationsumwelt sichtbar. Es werden Zusammenhänge und Entstehungsbedingungen von Solidarität und Unsolidarität sowie Schattenseiten von Solidarität und Solidaritätsdilemmata offenbar. Zudem werden Versuche der Steuerung und Sicherung von Solidarität erkennbar. Schließlich können Zusammenhänge von Solidarität und Emotionen aufgezeigt werden.

Anschließend wird die soziologische Theorie mit den Untersuchungsergebnissen zusammengeführt, um gegenseitige Überprüfungen und Ergänzungen vorzunehmen. Das Bild der Bedingungen, der Funktion und der Wirkungsweise von Solidarität in Non-Profit-Organisationen wird so ergänzt. Eine Unterscheidung der organisationsinternen Prozesse und Wechselwirkungen der Organisation mit ihrer Umwelt ist hierbei zentral. Starken und schwachen Reziprozitäten, der Sicherstellung von solidarischem Verhalten durch Sanktionsmechanismen, eine starke beziehungsweise schwache Gemeinschaft und die Orientierung an Werten und Normen kommen in diesem Zusammenhang eine wichtige Bedeutung zu. Außerdem lassen sich konkrete Kontexte ableiten, die Anhaltspunkte für eine Steuerung und Sicherung von Solidarität in Non-Profit-Organisationen bieten.

Durch die systematische Betrachtung von Emotionen in diesem Zusammenhang ergeben sich darüber hinaus neue Erkenntnisse zu Solidarität in Dritte-Sektor-Organisationen im Speziellen und Organisationen im Allgemeinen. Emotionen können Solidarität befördern oder auch hemmen. Emotionen spielen eine besondere Rolle bei der Motivation zu solidarischen Handlungen, sie sind eng mit dem Erleben der Organisation als Gemeinschaft und der Sanktionierung des Verhaltens anderer verbunden.

6.1 Forschungsstand und Begriffsbestimmung

6.1.1 Bestrebungen für ein einheitliches Konzept von Solidarität

Der Begriff der Solidarität hat schon in den Anfängen der Soziologie eine zentrale Rolle eingenommen. Vor allem Durkheim hat ihm die Funktion als Instrument des sozialen Zusammenhalts zugewiesen. Er unterschied in diesem Zusammenhang mechanische und organische Solidarität voneinander (vgl. Durkheim 1992). Bei

Marx findet Solidarität ebenfalls als Konzept Ausdruck, allerdings vielmehr unter dem Vorzeichen des Zusammenhalts der Arbeiterklasse und in der Folge als zentralem Terminus der Verbundenheit im Klassenkampf. Auch in Sozialkapitalismus und Liberalismus ist Solidarität ein politisch-ethischer Leitbegriff (Tranow 2012, 12).

Durkheim entwickelte ein analytisches Modell zu Bedeutung und Wandel von Solidarität als zentralem Mechanismus des gesellschaftlichen Zusammenhalts und keine theoretische Fundierung einer politischen Leitidee. Er bietet so einen wichtigen Ausgangspunkt für gegenwärtige soziologische Analysen. Vor allem seine Unterscheidung von mechanischer und organischer Solidarität wurde vielfach aufgegriffen und im Kontext aktueller Forschung beleuchtet (vgl. u.a. Dallinger 2009; Hondrich & Koch-Arzberger 1992; Shin & Schwartz 2006).

Solidarität als Analysekategorie taucht immer wieder in soziologischen Theorien mit verschiedenen Schwerpunktsetzungen auf. Einerseits hat Forschung zu Solidarität in den letzten Jahrzehnten vor allem in speziellen Soziologien Berücksichtigung gefunden, zum Beispiel in der Familiensoziologie (vgl. u.a. Knijn & Komter 2004) oder der Analyse internationaler Beziehungen (vgl. u.a. Beckert et al. 2004; Bierhoff & Fetchenhauer 2001; Harnisch et al. 2009) und wird weniger als eigenständiger Forschungsbereich behandelt. Andererseits werden verschiedene soziale Phänomene schwerpunktmäßig ergründet. Unter anderem wird Solidarität als Gruppenphänomen (vgl. Hechter 1987), als besonderer Typus sozialer Bindung (vgl. Hondrich & Koch-Arzberger 1992) oder als Steuerungsform (vgl. Kaufmann 1984) untersucht. Das bedeutet aber nicht, dass eine aufeinander aufbauende und kohärente Fassung von Solidarität als soziologischem Konzept vorliegt. Eine wirklich einheitliche theoretische Begriffsfassung steht bis heute aus. Tranow spricht sogar davon, dass Solidarität als theoretisches Konzept wenig fundiert sei und schlägt eine Erweiterung des Solidaritätsbegriffs aufgrund handlungstheoretischer Implikationen vor (vgl. Tranow 2012). Allerdings bewegt sich auch Tranow in der Tradition hergebrachter Erklärungsmuster von Solidarität, so dass auch sein Konzept zu kurz greift.

Den verschiedenen theoretischen Auseinandersetzungen mit Solidarität liegen in erster Linie zwei verschiedene Paradigmen zugrunde. Auf der einen Seite finden sich ökonomisch orientierte Ansätze, die von rationalem Eigennutz der Akteure als Handlungsantrieb ausgehen und in der Tradition von Rational-Choice-Ansätzen argumentieren vgl. (u.a. Hechter 1987; Wittek & Flache 2001) – auch Tranow fühlt sich dieser Tradition verpflichtet. Auf der anderen Seite wird das Paradigma von Solidarität als Summe eigennütziger Motivationen in Frage gestellt (vgl. u.a. Durkheim 1992; Kaufmann 1984, 2002 und 2004) und das gemeinschaftsstiftende Moment von Solidarität hier vielfach in übergeordneten gesellschaftlichen Werten und Normen gesehen.

Beide Paradigmen greifen jedoch in ihrer Erklärungskraft zu kurz und bieten keine ausreichende Begründung für Solidarität und den sozialen Kitt in sich wandelnden Gesellschaften. Weder rein rationale Erwägungen können eine hinreichende Erklärung dafür bieten, warum sich Akteure ehrenamtlich engagieren, obwohl sie keinen Gegenwert für ihre Tätigkeit erhalten. Noch bilden Werte und Normen eine ausreichende Voraussetzung, um zu erklären, warum manche Akteure sich für solidarische Ideen engagieren, während andere sich in gleichen Fragen unsolidarisch verhalten.

Eine Erweiterung beider Paradigmen erscheint notwendig, um die Erklärungskraft von solidarischem Verhalten und Solidarität als sozialem Phänomen zu verbessern. Hier bieten Ergebnisse aus der Emotionssoziologie einen sinnvollen Ansatzpunkt. So wird eine Klammer gesetzt, die die Möglichkeit eröffnet, beide Erklärungsansätze zu verbinden, indem sie einen neuen Aspekt berücksichtigt: Emotionen sind ein inhärenter Bestandteil sowohl von eigennützigem Handeln als auch von solchem, das sich an Werten und Normen orientiert.

Bevor auf die Vor- und Nachteile der Erklärungsansätze zu Solidarität detaillierter eingegangen wird, werden nun zunächst zentrale soziologische Konzepte zu Solidarität in sozialen Zusammenhängen – zwecks einer weiterführenden Begriffsbestimmung von Solidarität – skizziert. Ausgangspunkt bietet Durkheims Unterscheidung von mechanischer und organischer Solidarität. Außerdem werden Wirkungsweise und Entstehungsbedingungen von Solidarität im sozialen Kontext Organisation beleuchtet.

6.1.2 Solidarität bei Durkheim: mechanische und organische Solidarität

Durkheim war einer der ersten Soziologen, der ein umfassendes Solidaritätskonzept entwickelte. Bei ihm nimmt Solidarität einen zentralen Stellenwert ein und wird als einer der wesentlichen Mechanismen für gesellschaftliche Kohäsion beschrieben.[60] Solidarität weist in diesem Verständnis darauf hin, dass nicht das individuelle Eigeninteresse von Akteuren die Interaktionen im gesellschaftlichen Mit-

60 Die folgende Darstellung des Solidaritätsbegriffs bei Durkheim beruht in erster Linie auf Dallinger 2009. Dallinger nimmt eine umfassende Analyse des Solidaritätskonzeptes bei Durkheim und in weiteren soziologischen und sozialökonomischen Theorien vor. Sie räumt mit Verkürzungen in den Rezeptionen anderer wissenschaftlicher Arbeiten auf und zeichnet die Entwicklung des Solidaritätsbegriffs und des Ursprungs sozialer Ordnung im Durkheimschen Werk nach.

einander bestimmt, sondern weitere Mechanismen eine Rolle spielen. Soziales Handeln ist auch – und in erster Linie – durch übergeordnete Regeln gelenkt, die von den Einzelinteressen der beteiligten Akteure unabhängig sind.

In Durkheims Theorie werden zwei verschiedene Arten von Solidarität unterschieden: mechanische und organische Solidarität. Durkheim differenziert beide Arten anhand der Gesellschaftsformen, in denen sie vorkommen. Mechanische Solidarität ordnet er der vormodernen Gesellschaft zu, in der Solidarität vor allem auf gemeinsame Lebenserfahrungen und damit verbundene Sitten, Bräuche und Sprachen sowie eine einheitliche Moral zurückgeht. Das Zusammenleben basiert auf einem allen gemeinsamen Kollektivbewusstsein und damit einhergehenden Kollektivgefühlen. Man kann auch sagen, dass eine „Gemeinschaftlichkeit" (Kaufmann 1984, 165) die Grundlage mechanischer Solidarität darstellt. Organische Solidarität ist hingegen modernen, arbeitsteilig organisierten Gesellschaften vorbehalten. Solidarität findet seinen Ausdruck hier nicht mehr in einer gemeinsamen Lebensgrundlage, sondern hat seine Ursache in gegenseitigen Abhängigkeiten der Akteure untereinander. Das Kollektivbewusstsein wird abgelöst durch ein ausgeprägtes Individualbewusstsein (Dallinger 2009, 51), das allerdings gesellschaftlich anerkannt und geteilt sei und somit im Durkheimschen Sinne moralisch (ebenda, 57). Solidarität beruht somit nicht alleine auf den Notwendigkeiten, die durch die gegenseitigen Abhängigkeiten entstehen. Solidarität hat ihren Ursprung auch in den Abhängigkeitsverhältnissen vorgelagerten Bindungen durch Verwandtschaftsbeziehungen, „gemeinsamen Sitten" und „dem Druck sozialer Gefühle" (ebenda, 56).

In sozial differenzierten Gesellschaften – also auch der Gesellschaftsform, auf die Durkheim sich bezieht und die auch aktuell den Gegenstand der Untersuchung darstellt – ist nach Durkheim nur noch organische Solidarität vorhanden; diese ist aber nicht weniger moralisch als mechanische Solidarität (ebenda, 51).

Die Verbindlichkeit einer einheitlichen gesellschaftlichen Moral und damit einhergehenden sozialen Regeln für das Handeln der Individuen spezifiziert Durkheim mit einem weiteren Solidaritätsbegriff: der Vertragssolidarität. Darunter ist zu verstehen, dass gesellschaftlicher Zusammenhalt von einem „überindividuellen Zwang" (ebenda, 45) ausgeht, der unabhängig vom Einzelwillen der Gesellschaftsmitglieder ist und in erster Linie durch Institutionen umgesetzt wird. Institutionen sind bei Durkheim somit ein Garant der Umsetzung von Solidarität im gesellschaftlichen Miteinander. Sie sind eine Gewährleistung für gesellschaftliche Stabilität, indem sie unabhängig von Eigeninteressen der Individuen wirken und Gültigkeit beanspruchen (ebenda, 64).

Bereits Durkheim sah die Deutung solidarischen Verhaltens aufgrund von eigennützigen Interessen der beteiligten Individuen als unzureichend. Seine Motivation bestand zentral darin, ökonomische Theorien in ihren Erklärungsversuchen sozialer Stabilität herauszufordern: er wollte die Argumentation nicht gelten lassen, dass egoistische Interessen der Individuen ursächlich für gesellschaftliche Kooperation seien. Vor allem am Beispiel von Verträgen führt er aus, dass ein alleiniges Interesse der Vertragsschließenden nicht ausreichend für eine tatsächliche Einhaltung des Vertrages sei, es müsse den Individuen übergeordnete und von allen anerkannte Regeln der Kooperation geben.

> Mit diesem Konzept bringt Durkheim gegen ökonomische Vertragstheorien zur Geltung, dass auch von Menschen ‚gemachte' Regeln für die neuen Austauschverhältnisse auf den Rückhalt der Gesellschaft angewiesen seien, um als ‚gültig' anerkannt zu werden. Das Regelungspotential von Verträgen beruhe auf der ‚Macht der Gesellschaft', nicht auf individuellen Vereinbarungen. (ebenda, 49)

Kooperatives Verhalten ist somit von weiteren Steuerungselementen abhängig, als den alleinigen Interessenlagen der an den Interaktionen beteiligten Akteure.

Die theoretischen Überlegungen Durkheims zu Solidarität nehmen bis heute einen zentralen Stellenwert in der soziologischen Literatur ein: „Die gegenwärtigen Thematisierungen des Solidaritätsproblems führen nicht wesentlich über die bereits bei Durkheim zu findende Problembestimmung hinaus" (Kaufmann 1984, 165).

6.1.3 Kritik an Durkheims Solidaritätsbegriff: übersozialisiert und unpräzise?

Durkheims Solidaritätskonzept war trotz aller Elaboriertheit von Anfang an verschiedener Kritik ausgesetzt. Ein zentraler Kritikpunkt besteht in einer Übersozialisierung seines Ansatzes. Genau hier setzen rationale Handlungstheorien an, die argumentieren, dass eigennützige Motive für solidarisches Handeln berücksichtigt werden müssen.

Da Durkheim den Einzelwillen der Individuen bei der Erklärung von kooperativem Verhalten ausblendet, wird gemeinhin kritisiert, dass er einen „sozialen Determinismus" verfolge. Allerdings, so andere, sei die Kritik nicht zutreffend, da Durkheim im Laufe seines Werkes immer wieder auch versuche, individualistische Aspekte zu berücksichtigen. Im späteren Werk beschreibe er beispielsweise einen „moralischen Individualismus", bei dem die individuelle Persönlichkeit als eigener gesellschaftlicher Wert gilt und die Individuen so sozial integriert würden (Dallinger 2009, 47 und 67). „Seine Antwort [besteht] keineswegs nur in der ihm oft zugeschriebenen These, ein ‚äußerlicher' moralischer Zwang lenke das ‚ungezügelte' Individuum in die Bahnen des gesellschaftlich Erwünschten." (ebenda, 48f.)

Weitere Kritik betrifft die Präzision des Solidaritätsbegriffs und seine Erklärungskraft für spezifische soziale Phänomene. Unter anderem wird kritisiert, dass die Begriffsfassung von Solidarität bei Durkheim zu weit sei und somit unklar bliebe.

> Obwohl Solidarität eine zentrale analytische Kategorie in Durkheims Soziologie darstellt, bleibt der Begriff unscharf. Das ist darauf zurückzuführen, dass er Solidarität mit einem äußerst weit gefassten Sachverhalt verknüpft, nämlich mit den ‚allgemeinen Formen der Soziabilität und ihre[r] Gesetze' (Durkheim 1981: 55). (Tranow 2012, 16)

Durkheim ordne alle Verhaltensweisen, die ein persönliches Opfer erfordern, Solidarität als sozialem Phänomen unter. Damit einhergehend sei unklar, wann solidarisches Verhalten altruistisch motiviert und wann es auf äußere Sanktionen zur Durchsetzung angewiesen sei (ebenda, 18). Durch seine Ungenauigkeit büße Durkheims Solidaritätskonzept einen Teil seiner analytischen Schärfe ein.

Darüber hinaus würden zentrale Fragen zu Solidarität ungeklärt bleiben. Das betreffe vor allem die Mechanismen, die Solidarität erzeugten sowie die Frage nach der Wirkung von Solidarität auf interindividuellen und überindividuellen Ebenen. Sind Organisationen etwa durch dieselben Mechanismen verbunden wie Individuen? (Shin & Schwartz 2006, 641).

Ferner könne eine klare Trennung von mechanischer und organischer Solidarität und eine Zuordnung zu den verschiedenen Gesellschaftsformen als überholt gelten (vgl. Granovetter 1985; Hondrich & Koch-Arzberger 1992; Kaufmann 1984; Shin & Schwartz 2006).

Auch wenn Durkheims Solidaritätskonzept an einigen Stellen Lücken aufweist, die an dieser Stelle nicht zu klären sind, kann es dennoch sinnvollerweise herangezogen werden, um einen Überblick über die Ursprünge und Weiterentwicklung des Solidaritätsbegriffes in der Soziologie zu erhalten. Ferner kann ein erster Eindruck über die Entstehungsbedingungen von Solidarität gewonnen werden. Allerdings ist auf neuere theoretische Konzeptionen zu verweisen, um ein genaueres Bild über die Entstehungs- und Wirkungsbedingungen von Solidarität in interindividuellen, inner- und interorganisationalen sowie gesamtgesellschaftlichen Kontexten zu erlangen.

6.1.4 Entstehungsbedingungen von Solidarität

Wenn man Durkheim folgt, ist Solidarität in Interaktionsbeziehungen primär von übergeordneten Werten und Normen abhängig, an denen sich jegliches Handeln – und somit auch solidarisches Handeln – ausrichtet. Darüber hinaus spezifizieren die Konzepte von mechanischer und organischer Solidarität die Entstehungsbedingungen von Solidarität. Während mechanische Solidarität eng an die Einbettung in eine homogene soziale Gruppe gebunden ist, in der die geltenden Werte und Normen mit einer übereinstimmenden Lebensführung und damit verbundenen Sitten und Verhaltensweisen verbunden sind, entsteht organische Solidarität aufgrund von Abhängigkeitsbeziehungen, in denen sich Akteure in sozial differenzierten Gesellschaften wiederfinden. Der Fokus verschiebt sich von einer Solidarität, die an enge soziale Beziehungen, Ähnlichkeiten und ein Gemeinschaftsgefühl gebunden ist, hin zu Solidarität als Notwendigkeit im sozialen Miteinander, um den Anforderungen in arbeitsteiligen Gesellschaften gerecht werden zu können.

Nach Durkheim verändern sich die Entstehungsbedingungen von Solidarität und sind nach Prognose seiner Zeit in der gegenwärtigen Gesellschaftsform vor allem von den gegenseitigen Abhängigkeiten der Akteure bestimmt. Bezogen auf Organisationen bedeutet dies, dass solidarisches Verhalten in Beziehungen zwischen Akteuren entsteht, die in arbeitsteiligen Prozessen aufeinander angewiesen sind. Weniger sei die Solidarität von engen sozialen Wechselbeziehungen und gemeinsamen Lebensumständen geprägt. Mechanische Solidarität würde nach Durkheim in Organisationen moderner Gesellschaften nicht mehr vorkommen. Dem wird in aktueller soziologischer Literatur widersprochen und mechanische Solidarität sehr wohl dort verortet; Ähnlichkeiten sowie Gemeinschaftlichkeit wird eine wichtige Funktion zugewiesen (Hondrich & Koch-Arzberger 1992, 17; Shin & Schwartz 2006). Vor allem auf der Ebene von Organisationen spielt mechanische Solidarität eine zentrale Rolle (Shin & Schwartz 2006, 641).[61] Die Ergebnisse der Datenanalyse weisen in eine ähnliche Richtung.

Theorieansätze in Tradition des Rational-Choice Paradigmas sehen andere Voraussetzungen für die Entstehung von Solidarität am Werk. Da solidarisches Ver-

61 Darüber hinaus aktiviert die mechanische Solidarität zwischen Individuen – die durch Ähnlichkeiten und gemeinsame Voraussetzungen in den Interaktionsbeziehungen entsteht – sowohl mechanische als auch organische Solidarität innerhalb von Organisationen, als auch über Organisationsgrenzen hinweg. Auch organische Solidarität kann mechanische Solidarität befördern. Organische und mechanische Solidarität stehen dabei in zahlreichen Wechselbeziehungen. Shin & Schwartz beziehen sich dabei zentral auf die Einbettungstheorie von Granovetter (1985) (Shin & Schwartz 2006, 642f.).

halten aus dieser Perspektive mit einem Gewinn für die handelnden Individuen verbunden sein muss – beziehungsweise mit ihren eigennützigen Motiven übereinstimmen – sind Bedingungen zu erfüllen, die die Akteure zu solidarischem Handeln anregen. Für Organisationen bedeutet dies, dass die durch sie gesetzten Rahmenbedingungen für das Handeln der Organisationsmitglieder Solidarität dann befördern, wenn damit ein Gewinn für die Akteure einhergeht.

Auch wenn den benannten Ansätzen unterschiedliche Paradigmen zugrunde liegen, erscheint eine Kombination an dieser Stelle sinnvoll. Auf diese Weise lässt sich eine umfassendere Erklärung für die Entstehung von solidarischem Verhalten finden. Es spielen demzufolge sowohl gemeinsame Normen und Werte als auch gegenseitige Abhängigkeiten sowie eigennützige Motive der interagierenden Personen eine Rolle. Wenn man nun ergänzend weitere Ansätze hinzuzieht, die die Entstehungsbedingungen von Solidarität weiter ausdifferenzieren, wird deutlich, dass aufgrund der verschiedenen Schwerpunktsetzungen unterschiedliche Aspekte in den Fokus geraten. Je nachdem ob Gruppenprozesse in den Blickpunkt genommen werden (vgl. Hechter 1987) oder Interaktionsbeziehungen betrachtet werden (vgl. Bode & Brose 1999), wird entweder die Bedeutung von Gruppendynamiken oder auch von Reziprozitätsbeziehungen – Solidarität als bestimmt durch wechselseitige Erwartungen – betont. Es findet an dieser Stelle vor allem eine Bezugnahme auf das Konzept der Reziprozität statt.

Der Begriff der Reziprozität umfasst Handeln, das wechselseitig aufeinander bezogen stattfindet. Ihm ist jedoch ein weiterer Aspekt implizit: Reziprozität stellt die Frage nach Gegenseitigkeiten und somit nach Erwartungen an das Handeln anderer. Bode & Brose differenzieren zwar nicht zwischen Interaktionen, die auf Reziprozität beruhen und solchen, die dies nicht tun – jede Interaktion, die nicht einmalig stattfindet, richte sich an Reziprozitätsmustern aus (Bode & Brose 1999, 181). An dieser Stelle ist ein zentraler Aspekt von Solidarität berührt: ist solidarisches Handeln immer mit gegenseitigen Erwartungen verbunden („wenn ich dir jetzt helfe, hilfst du in einer vergleichbaren Situation auch mir") oder kann es auch ohne erwartete Gegenleistungen stattfinden?

Bode & Brose beschreiben in Bezug auf Non-Profit-Organisationen, dass sich Reziprozitätsmuster auf zweierlei Art und Weise wandeln. Einerseits erwarteten freiwillig Engagierte zunehmend eine Gegenleistung für ihr Engagement (zum Beispiel ein bestimmtes Angebot an Sportkursen im Sportverein); die Handlungsmuster seien somit vermehrt durch egoistische Motive geprägt. Andererseits würde solidarisches Verhalten in Form eines „neuen Altruismus" zunehmen, wobei die Motivation vermehrt moralisch sei und eine Gratifikation des Engagements immer öfter selbstbezogen stattfände (Bode & Brose 1999, 189f.). Ob es sich dabei um einen reziproken Austauschprozess handelt ist allerdings fragwürdig, Kaufmann beschreibt Altruismus als Begründungstyp für Solidarität beschreiben, der ohne Reziprozität stattfindet (Kaufmann 2004, 55).

Ob Reziprozität wirklich das zutreffende Konzept ist, um die Entstehungsbedingungen von Solidarität im Zusammenhang mit den Motivationslagen der Engagierten (und mit den zugrunde liegenden kulturellen Mustern) zu beschreiben, ist zu bezweifeln, wenn man es nur als die Aufeinanderbezogenheit von Handlungen begreift. Wenn man aber unterscheidet, ob mit dem Handeln bestimmte Erwartungen an die Gegenseite verbunden sind (reziprok), oder ob die solidarische Handlung erwartungsfrei stattfindet (nicht reziprok), können daraus differenziertere (Entstehungs-)Muster von solidarischem Verhalten abgeleitet werden. Dieser Aspekt wird auf Basis der Analyseergebnisse im dritten Teil des Kapitels weiter ausgeführt.

Die Forschungsliteratur geht von weiteren Faktoren aus, die sich als Entstehungsbedingungen von Solidarität beschreiben lassen und auf Organisationen zu übertragen sind. Gemeinsame Interessen bilden ebenfalls Voraussetzungen für solidarisches Verhalten (Hondrich & Koch-Arzberger 1992, 14). Auch ist Freiwilligkeit ein bestimmender Faktor (ebenda; Montada 2001, 67): Solidarität kann nicht erzwungen werden. Außerdem wird die wichtige Bedeutung von Verbundenheitsgefühlen betont (Kaufmann 1984).

Kaufmann (2004, 2002, 1984) bringt darüber hinaus weitere Aspekte ins Spiel. Diese zielen auf die Bedeutung gemeinsamer Situationsdefinitionen und Sanktionsmechanismen als Bedingung solidarischen Verhaltens in Interaktionsbeziehungen ab. Er betont Solidarität dabei als Steuerungsform. Dieses Konzept wird im Folgenden detaillierter ausgeführt. Es erweitert das Bild der Voraussetzung für solidarisches Handeln in organisationalen Zusammenhängen und bietet einen guten Ansatzpunkt für die Auseinandersetzung mit der Frage, inwiefern Solidarität in Organisationen selbst steuerbar ist.

6.1.5 Solidarität als Steuerungsform

Man findet in der wissenschaftlichen Literatur zu Dritte-Sektor-Organisationen häufig den Hinweis darauf, dass in ihnen ein anderes Steuerungsprinzip wirksam ist als in den anderen beiden Sektoren von Staat und Markt. Allerdings wird gemeinhin nicht weiter dargelegt, was darunter genau zu verstehen ist. Um eine Klärung zu erlangen, kann man auf Kaufmanns Ausführungen zu Solidarität als Steuerungsform zurückgreifen, der Solidarität von den Steuerungsmechanismen Markt einerseits und hierarchische Ordnung andererseits abgrenzt. Er geht allerdings nicht speziell auf den Dritten Sektor als spezifischen Ort der Solidarität ein; seine Unterscheidung lässt sich aber übertragen.

Der Sektor Markt wird gemeinhin mit Wettbewerb sowie Tauschvorgängen und der Sektor Staat mit Hierarchie als Steuerungselementen verbunden. Kaufmann beschreibt, dass diese beiden Steuerungsprinzipien keine ausreichende Erklärungskraft für alle Phänomene sozialer Kooperation böten.[62] Vor allem freiwillige Verfolgung von Regeln aufgrund normativer Orientierungen und Altruismus – wobei er beispielhaft freiwilliges Engagement im Wohlfahrtssektor benennt – und kollektivorientiertes Verhalten, bei dem Eigennutz hinter die Interessen der Gemeinschaft zurückgestellt werden, würden nicht berücksichtigt (Kaufmann 1984, 160ff.). Hier schließt Kaufmann an Durkheims grundlegende Überlegungen an: andere Mechanismen steuerten solidarisches Verhalten als die bloße Verfolgung von Eigennutz. Solidarität als Steuerungsprinzip umfasst genau diese Phänomene von Kooperation:

> In allen drei Fällen geht es um die Frage nach den Bedingungen eines kooperativen Verhaltens, und zwar auch in Situationen, bei denen zumindest eine kurzfristige Betrachtungsweise der Interessenlage der beteiligten Akteure ein nicht-kooperatives Verhalten nahelegen würde. Unter den verschiedenen, in diesem Zusammenhang vorgeschlagenen Bezeichnungen scheint der Name ‚Solidarität' am aussagekräftigsten. (ebenda, 162)

Die zentrale Frage besteht somit darin, wie soziales Verhalten gesteuert wird -- das nicht primär auf einer Verfolgung des Eigennutzes der Akteure beruht – und unter welchen Bedingungen es entsteht. Kaufmann findet die Antwort in einer Theorie der Solidarität, die verschiedene Eigenschaften des Steuerungstypus Solidarität beschreibt (vgl. Kaufmann 1984). Einerseits wird so eine Abgrenzung zu den Steuerungsmechanismen angestrebt, die in Staat und Markt wirken. Andererseits soll die theoretische Konzeption sowohl für vormoderne als auch für moderne Gesellschaftsformen Gültigkeit beanspruchen. Kaufmann löst so auch die strenge Unterscheidung Durkheims in mechanische und organische Solidarität auf. Kaufmanns Konzeption greift weitestgehend auch die Aspekte auf, die von anderen Ansätzen als Entstehungsbedingungen von Solidarität benannt werden – dazu gehören insbesondere Verbundenheitsgefühle, gemeinsame Interessenlagen und Reziprozitätszusammenhänge (die folgenden sieben Punkte beruhen auf Kaufmann 1984, 169).

---

62 Insgesamt unterscheidet Kaufmann fünf verschiedene Koordinationstypen von Handlungen: Hierarchie, Markt, Solidarität, Professionalität und Korporatismus (Kaufmann 2002, 45).

1. *Kooperationsbereitschaft:* Eigeninteressen treten zugunsten gemeinsamer Interessen in den Hintergrund. Soziale Kontrolle reguliert die Einhaltung, dabei wirken „Gefühle der Gemeinsamkeit" sowie Vertrauen und Misstrauen steuernd.
2. *Gemeinsame Situationsdefinitionen:* Die beteiligten Akteure sollten in den Zielen und beabsichtigten Folgen ihrer Handlungen übereinstimmen.
3. *Spontane Kooperationen* sind wahrscheinlich, da im Gegensatz zu Markt und Hierarchie Kommunikationsmedien wie Geld oder Macht entbehrlich werden.
4. *Zuweisung beziehungsweise Entzug sozialer Anerkennung* wirken als Rückkopplungsmechanismus, um Kooperationsbereitschaft und Situationsdefinitionen zu sichern. Die Betroffenen sind schließlich mit verbesserten oder verschlechterten Handlungsaussichten konfrontiert.
5. *Geringe Transaktionskosten:* Interaktionen in solidarischen Zusammenhängen beruhen häufig auf einem „Gefühl der Zusammengehörigkeit", so dass die Situationen von den beteiligten Akteuren positiv bewertet werden und somit nur geringe Anstrengungen zur Sicherung von solidarischem Verhalten geleistet werden müssen. Im Gegensatz zu den Steuerungsinstrumenten von Markt und Hierarchie ist Solidarität in diesem Zusammenhang personenbezogen.
6. *Kurze Handlungsketten:* Eine Voraussetzung für solidarische Steuerung besteht darin, dass für die beteiligten Akteure erfassbar ist, nach welchen Kriterien Handlungen als angemessen und erfolgreich bewertet werden. In komplexen Situationen müssen die Zusammenhänge so vereinfacht werden, dass die Bewertungskriterien weiterhin nachvollziehbar sind.
7. *Normative Verfestigung des Zusammenhangs: Greenwashing* In solidarischen Interaktionszusammenhängen ist die Verbundenheit durch ein Zusammengehörigkeitsgefühl geprägt. Der soziale Zusammenhalt wird so stabilisiert und eine „normative Verpflichtung" sichergestellt. Voraussetzung zur Entstehung von Solidarität sind: „(1) soziale Ähnlichkeit, (2) gemeinsame Wertorientierungen, (3) gemeinsame Risiken, insbesondere externe Bedrohungen, (4) wechselseitige Abhängigkeit, (5) dauerhafte soziale Beziehungen" (ebenda).

Bedingungen für Solidarität bestehen in Organisationen – wenn man das Konzept überträgt – somit wesentlich in einem Zusammengehörigkeitsgefühl der Mitglieder untereinander, in gemeinsamen Wertorientierungen und Situationsdefinitionen und spezifischen Sanktionsmechanismen, die von anderen Organisationsmitgliedern ausgeübt werden, sobald ein Mitglied gegen die gemeinsame Werte und/oder das gemeinsame Verständnis der Situation verstößt.

> Es sind primär die anderen, die über Solidarität oder Unsolidarität urteilen, und wenn sie dies tun, begeben sie sich auf eine bestimmte Argumentationsebene, auf die sie sich mit Begriffen wie Moral oder Zusammengehörigkeit, Anerkennung und Missbilligung, Vertrauen, soziale Kontrolle oder Appell an gemeinsame Werte beziehen. (Kaufmann 2004, 55)

Zentral ist dabei auch, dass das Mitglied sich der Sanktionsmechanismen entsprechend verhält – wobei sich diese unterschiedlich darstellen können –, da es auf den Anerkennungsentzug reagiert und stets nach „Selbstbestätigung und Selbstbeachtung" (ebenda, 45) strebt. Hier wirken Emotionen steuernd, indem Anerkennung und Anerkennungsentzug als Steuerungsinstrument vor allem in emotionalen Vergemeinschaftungsformen wie „Wahlverwandtschaften" oder „Gesinnungsgemeinschaften" wirken (Kaufmann 2002, 46f.). Situationsdefinitionen und Sanktionsmechanismen bilden in diesem Zusammenhang einerseits die Grundlage, sichern aber auch Solidarität.[63]

Aufgrund der wiederkehrenden Betonung des Zusammengehörigkeitsgefühls von durch Solidarität geprägten Interaktionszusammenhängen wird zudem zumindest teilweise ein emotionaler Aspekt von Solidarität als Steuerungsmechanismus mitgedacht. Expliziert wird dies etwa, indem Kaufmann benennt, dass „Solidaritätsbereitschaft [bei Individuen] von einer ‚moralischen' Gefühlslage abhängig [sei], d.h. von gefühlter Pflicht oder engagierter Neigung, bis hin zu Begeisterung." (ebenda, 47). Systematisch wird die Bedeutung von Emotionen für solidarisches Handeln jedoch nicht analysiert.

Die Rolle von Emotionen im Zusammenspiel mit solidarischem Verhalten im dritten Teil des Kapitels weiter ausgeführt.

6.1.6 Steuerbarkeit von Solidarität in Organisationen

Die Ausführungen Kaufmanns zur Entstehung von Solidarität und den zugrunde liegenden Voraussetzungen beschreiben Solidarität als Steuerungsinstrument, das sich auf die Bedingungen in Organisationen – und somit auch auf Organisationen des Dritten Sektors – übertragen lässt. Wenn man Organisationen als Ort von Soli-

63 Hier ist erneut auf das emotionale Gratifikationsstreben von Individuen zu verweisen – sie versuchen positive Emotionen zu erleben und negative Emotionen zu vermeiden. Somit versuchen sie auch Sanktionierungen zu entgehen, die negative Emotionen hervorrufen können. Siehe auch Kapitel 7.

darität betrachtet, stellt sich nicht nur die Frage nach den Voraussetzungen und Entstehungsbedingungen von Solidarität, sondern auch danach, wie es im Organisationsgeschehen beeinflusst und gesichert wird. Es resultiert die Frage nach der Steuerbarkeit des Steuerungsinstrumentes Solidarität.

Kaufmann führt verschiedene Bedingungen an, die eine Steuerung von Solidarität möglich machen: da Solidarität in diesem Zusammenhang an kurze Handlungsketten und an die Möglichkeit der Übersicht über die wirksamen Zusammenhänge gebunden ist, ist Solidarität auch immer mit interpersonellen Beziehungen verknüpft. Darüber hinaus ist eine Begrenzung der verschiedenen Interessenlagen innerhalb einer sozialen Gruppe, in der Solidarität vorhanden ist, notwendig. Nur die dort wirksamen Normen und Interessen werden berücksichtigt (Kaufmann 1984, 180). Durch die Überwachung ihrer Einhaltung mithilfe von Sanktionsmechanismen wird in diesen Gruppen das Verhalten der einzelnen Mitglieder gesteuert. Die gemeinsamen Interessen sind aber nicht nur durch abweichendes Verhalten von Mitgliedern bedroht, sondern auch von außen gefährdet. Auch durch die Absicht, die Bedrohungen von außen abzuwehren, kann Solidarität zusätzlich befördert werden, da die Sicherung der gemeinsamen Normen und Interessen ein kollektives Ziel der Gruppe ist und wiederum Homogenität garantiert, die Voraussetzung für Solidarität ist.

Aufgrund der Bindung von Solidarität an interpersonelle Beziehungen, scheint nach Kaufmann „Personalpolitik [...] denn auch – neben der Schaffung von Gelegenheiten zu fortgesetzter Interaktion – ein zentraler Parameter für die Beeinflussung dieses Steuerungsmodus zu sein“ (ebenda, 181).

Außerdem stellt Kaufmann die Frage, inwiefern die institutionellen Bedingungen beeinflussbar sind, die den Rahmen für das solidarische Engagement von Organisationsmitgliedern bieten. Hierbei seien vor allem zentral Anreize zu setzen, die bei Nichtbeachtung negative Konsequenzen in Form von Missachtung und bei Beachtung eine Befriedigung des Anerkennungsbedürfnisses zur Folge haben (Kaufmann 2002, 48).[64]

Bei Kaufmann sind erste Hinweise darauf zu finden, dass auf der organisationalen Mikroebene beim Individuum anzusetzen ist, um Solidarität zu steuern. Es kann dabei vor allem auf die Rahmenbedingungen der Interaktionsbeziehungen innerhalb der Organisation eingewirkt werden –, beispielsweise in Form von institutionalisierten Räumen des Austausches wie regelmäßigen Besprechungen oder auch der Aufteilung in Arbeitsteams, die sich, wenn nötig, gegenseitig vertreten und unterstützen. Ein wichtiger Mechanismus ist hierbei die gegenseitige positive oder

64 Siehe auch: vorangehende Fußnote.

negative Sanktionierung von solidarischem beziehungsweise unsolidarischem Verhalten.

In eine ähnliche Richtung weisen die Analyseergebnisse von Sanders et al. (2005) und Sanders & van Emmerik (2004). Auch bei ihnen ist Solidarität in erster Linie durch Maßnahmen steuerbar, die auf das Individuum und seine Interaktionen mit anderen Organisationsmitgliedern ausgerichtet sind. Vor allem Governance-Strukturen – formaler und informeller Art – sind hier Instrumente, um Solidarität zu beeinflussen und gleichzeitig die Effizienz der Organisationen zu steigern. Dabei sind vor allem Maßnahmen erfolgversprechend, die transparent mit Regeln zum Umgang der Mitglieder untereinander und zu Aufstiegsmöglichkeiten und Beförderungsbedingungen in den Organisationen – oder ähnlichem – umgehen, um dem Einzelnen eine Orientierung zu ermöglichen. Außerdem sind solche aussichtsreich, die informelle Beziehungen zwischen Organisationsmitgliedern fördern (Sanders & van Emmerik 2004, 263).

Sanders et. al. unterscheiden drei Organisationsebenen, auf denen verschiedene Bedingungen von Solidarität angesiedelt sind: die Makro-, Meso- und Mikroebene der Organisation. Es werden ferner vertikale und horizontale Solidarität unterschieden.[65] Unter horizontaler Solidarität verstehen die Autoren solidarische Interaktionsbeziehungen auf einer Hierarchieebene der Organisation. Vertikale Solidarität beschreibt solidarisches Verhalten zwischen verschiedenen Ebenen, also zwischen Angestelltem und Vorgesetzten in beide Richtungen (Sanders et al. 2005, 125). Eine Einflussnahme auf die vertikale und horizontale Solidarität der Organisationsmitglieder ist jedoch in erster Linie durch die Implementierung von Maßnahmen möglich, die das Individuum mit klaren Handlungsorientierungen ausstatten und außerdem innerorganisatorische Kontakte von Individuen stärken. Dauerhafte Beziehungen von Organisationsmitgliedern ermöglichen eine Nähe, die erlaubt, sich gegenseitig bei solidarischem Verhalten positiv und bei opportunistischem Verhalten negativ zu sanktionieren (Sanders & van Emmerik 2004, 359). Hier wird ebenfalls die Bedeutung von Sanktionsmechanismen im Zusammenhang mit solidarischem Verhalten benannt, wie es bereits bei Kaufmann expliziert ist. Nähe und

---

65 Allerdings sollte berücksichtigt werden, dass sich beide Solidaritätsformen weder ausschließen noch zwangsläufig gegenseitig bedingen. Beide Arten der Solidarität können unabhängig voneinander auftreten, aber auch in bestimmten Ausprägungen beide Formen gleichzeitig umfassen –, etwa wenn sich ein Organisationsmitglied allen Organisationsmitgliedern solidarisch gegenüber verhält und dabei keinen Unterschied in den Hierarchieebenen macht. Anders sieht es aus, wenn explizit Solidarität gegenüber Kolleginnen und Kollegen formuliert wird und Vorgesetzte dabei ausgespart werden, oder aber, wenn solidarisches Verhalten in erster Linie Vorgesetzten gilt (vgl. Sanders et al.).

gegenseitige Abhängigkeit fördern solidarisches Verhalten. Zeit, Institutionalisierung und soziale Einbettung sind folglich wichtige Faktoren für solidarisches Verhalten innerhalb der organisationsinternen Zusammenhänge (Sanders et al. 2005, 138).

Schließlich ist solidarisches Verhalten an Freiwilligkeit gebunden (Hondrich & Koch-Arzberger 1992, 14) und lässt sich folglich nicht durch Regeln leiten, die von der Organisation verpflichtend vorgeschrieben werden.

Alle Ansätze der Steuerungsmöglichkeiten von Solidarität in organisationalen Kontexten sind somit an die interpersonale Ebene gebunden. Solidarität entsteht nach den Autoren immer in interpersonellen Beziehungen; solidarisches Verhalten wird in den Interaktionszusammenhängen überwacht und folglich ist auch hier der Ansatzpunkt, um es zu steuern. Solidarität wird befördert, wenn die institutionellen Rahmenbedingungen die Einhaltung und gegenseitige Kontrolle des solidarischen Verhaltens der Gruppenmitglieder untereinander in engen persönlichen Beziehungen ermöglichen. Damit geht einher, dass solidarisches Verhalten von der Organisationsleitung nicht erzwungen werden kann – wenn die Voraussetzungen in Form von persönlicher Nähe nicht stimmen, dann hat Solidarität im Miteinander nur geringe Chancen.

Es konnte ein erster Überblick über die Steuerungsform Solidarität in Organisationen und über die Steuerbarkeit von Solidarität gegeben werden – unter Berücksichtigung der organisatorischen Zusammenhänge und Möglichkeiten der Organisationsleitung, Einfluss zu nehmen. Durch die Analyseergebnisse, die im nächsten Teil des Kapitels dargelegt werden, erweitert sich dieses Bild und wird im dritten und letzten Teil des Kapitels vervollständigt.

6.1.7 Zusammenfassung

Obwohl in der soziologischen Literatur kein einheitlicher Argumentationszusammenhang zur Begriffsfassung, den Entstehungsbedingungen und der Wirkungsweise von Solidarität zu finden ist, lässt sich aus den einzelnen Ansätzen doch ein Bild zusammenfügen, das Hinweise auf Kontextbedingungen von solidarischem Verhalten in Organisationen zulässt. Auch bezüglich der Frage nach der Steuerbarkeit von Solidarität in diesem Zusammenhang lassen sich erste Schlussfolgerungen ziehen. Vor allem die theoretischen Überlegungen Durkheims aus den Anfängen der Soziologie bieten einen sinnvollen Ausgangspunkt und haben wenig an Aktualität eingebüßt. Kaufmann knüpft daran an und überträgt die Konzepte von mechanischer und organischer Solidarität in einen einheitlichen Ansatz, der Solidarität in erster Linie als Steuerungsform betrachtet und Hinweise auf die Steuerbarkeit von Solidarität in organisationsinternen Prozessen gibt. Solidarität ist in interpersonelle Beziehungen eingelagert und wirkt in erster Linie in Gruppen mit ähnlichen Interessenlagen. Steuerungsmöglichkeiten betreffen vor allem die Regeln und die Bedingungen der gemeinsamen Tätigkeit in der Organisation.

Wie in der soziologischen Literatur mehrfach betont wird, greifen sowohl die Ansätze, die Solidarität als durch gesellschaftliche Normen bedingtes Phänomen verstehen als auch solche, die solidarisches Verhalten alleine mit dem Eigennutz der Akteure erklären, zu kurz. Ein Aspekt, der in den einzelnen Ansätzen immer wieder anklingt, bisher aber nicht systematisch untersucht wurde, ist das Zusammenspiel von Emotionen und Solidarität. Es wird betont, dass Zusammengehörigkeits- und Verbundenheitsgefühle eine zentrale Rolle für Solidarität spielen (vgl. Bierhoff & Fechtenhauer 2001; Hondrich & Koch-Arzberger 1992; Kaufmann 2002, 1984; Tranow 2012). Es wird jedoch nur schemenhaft ausgeführt, was darunter zu verstehen ist und wie sich die Zusammenhänge genau darstellen. Eine systematische Betrachtung der Wechselwirkung von Emotionen und Solidarität kann jedoch genau diese Lücke zwischen normativem und rationalem Ansatz zur Erklärung von Solidarität schließen.

Im folgenden Kapitel werden anhand der Analyseergebnisse der Daten der befragten Non-Profit-Organisationen verschiedene Zusammenhänge von Emotionen und Solidarität deutlich,[66] die im dritten Teil des Kapitels vor dem Hintergrund der bestehenden Literatur zusammengefasst werden. Zunächst werden jedoch weitere Aspekte von Solidarität in organisationsinternen und organisationsexternen Zusammenhängen skizziert, die sich im Laufe der Analyse auf Gemeinsamkeiten als relevant erwiesen haben und das Bild der Funktion und Wirkung von Solidarität in Organisationen erweitern. Dabei werden vor allem die Aspekte der Voraussetzungen und Entstehungsbedingungen von Solidarität in Dritte-Sektor-Organisationen, der Aspekt der Steuerbarkeit von Solidarität und die Bedingungen reflektiert, unter denen Solidarität entweder erhalten bleibt – oder aber verloren geht.

---

66 Wie im vorangehenden Kapitel zu Vertrauen bereits ausführlich dargestellt (vgl. 5.2), wurde für die Analyse auf Daten zurückgegriffen, die ein Alltagsverständnis der Befragten von Solidarität beinhalten. Die Fragen in den Datenerhebungen waren nicht durch die theoretischen Konzepte strukturiert, die vorangehend dargestellt wurden. Vielmehr war der Forschungsprozess zu Beginn in erster Linie durch ein Interesse an den Wirkungen von Emotionen im Organisationsgeschehen bestimmt. Erst durch die beginnende Datenanalyse kamen Solidarität und Vertrauen als weitere soziale Phänomene in den Blick.

6.2 Untersuchungsergebnisse

Die Tätigkeitsfelder der befragten Organisationen umfassen eine breite Spanne an unterschiedlichen Themenbereichen. Sie reichen von Umweltschutz über Entwicklungshilfe bis zu Kulturangeboten – neben weiteren mehr. Nicht alle Organisationen haben dabei im Organisationszweck Ziele verankert, die in eine praktische solidarische Tätigkeit der Organisation münden. Der Erhalt einer Kirchenruine als Museum und Veranstaltungsstätte oder das Angebot von Sportkursen kann nicht per se als solidarische Leistung verstanden werden, da nicht die Unterstützung von gesellschaftlichen Gruppen im Mittelpunkt steht, die Hilfe benötigen. Allerdings werden auch hier auf den zweiten Blick weitere nicht offiziell in den Organisationszielen festgeschriebene Zwecke offenbar, die solidarische Aspekte beinhalten: beispielsweise geht es nicht alleinig um ein Angebot von Sportkursen, sondern es wird nebenbei auch die Integration von Kindern und Jugendlichen mit Migrationshintergrund verfolgt.

Anders sieht es aus bei Organisationen wie der Hamburger Tafel, die Lebensmittel an Bedürftige verteilt, bei Organisationen, die in der Entwicklungshilfe tätig sind und sich somit mit Menschen in Entwicklungsländern solidarisieren, oder bei Gewerkschaften, deren inhaltliche Ausrichtung in der Solidarität mit bestimmten Berufsgruppen besteht. Diese Organisationen haben Solidarität mit spezifischen gesellschaftlichen Gruppen im Organisationszweck verankert und/oder führen praktische solidarische Tätigkeiten aus. Die solidarischen Betätigungen stellen sich sehr unterschiedlich dar – je nach Themenbereich der Organisation – und beinhalten einerseits regelmäßige, institutionalisierte Angebote und andererseits singuläre solidarische Maßnahmen und Aktionen.

Die dauerhaften Angebote umfassen, neben weiteren, Beratungsleistungen (zum Beispiel von Arbeitnehmerinnen und Arbeitnehmern, Verbraucherinnen und Verbrauchern oder migrantischen Organisationen), Betreuungsangebote für Kinder aus prekären Familienverhältnissen, Arbeitsbeschaffungsmaßnahmen oder auch die Weitergabe von Sachspenden. Diese regelmäßigen Angebote sind institutionalisiert, indem sie als konstanter Bestandteil der Organisationsarbeit verstanden werden können.

Demgegenüber führen die Organisationen auch immer wieder Einzelaktionen durch, die beispielsweise presse- und öffentlichkeitswirksam auf Notlagen von Mitgliedern oder Klienten hinweisen sollen. Solche einmaligen Unternehmungen können auch in der Organisation und Durchführung von Veranstaltungen bestehen. Es handelt sich dabei zwar um singuläre Ereignisse, es kann aber gleichzeitig bedeuten, dass diese einen festen Bestandteil des Organisationszweckes darstellen und somit ebenfalls eine Institutionalisierung aufweisen – zwar nicht als Einzelereignis, aber als Gesamtheit bestimmter Aktionsformen.

Die Arbeitsfelder und Arten der Tätigkeit der unterschiedlichen Organisationen haben deutlich gemacht, dass schon hier Solidarität sowohl organisationsintern als auch organisationsextern eine wichtige Rolle spielt. Im Folgenden werden einerseits solidarische Aspekte der Beziehungen der Organisationen mit ihrer Umwelt, und andererseits Solidarität in organisationsinternen Beziehungen dargestellt, die sich aus der Analyse des Datenmaterials ergeben. Dabei wird vor allem darauf eingegangen, wie sich Solidarität als Handlungsmaxime in den genannten Kontexten entwickelt und genau darstellt. Außerdem wird die Rolle von Solidarität als Steuerungsmechanismus in den untersuchten Organisationen verdeutlicht. Schließlich wird das Zusammenspiel von Solidarität und Emotionen beleuchtet.

6.2.1 Solidarität und die Organisationsumwelt

Die Organisationen weisen Interaktionsbeziehungen mit organisationsexternen Akteuren auf, in die Solidarität eingelagert ist. Zum einen handelt es sich dabei um Wechselbeziehungen mit Klienten der betreffenden Gruppen, mit denen sich die Organisationen und ihre Mitglieder solidarisch erklären. Zum anderen stehen die Organisationen im Austausch mit anderen Organisationen – aber auch mit Einzelpersonen –, die sie in ihrer solidarischen Tätigkeit unterstützen, beispielweise durch Geld- und Sachspenden, aber auch in Form von Kooperationen. Es kann sich dabei um regelmäßige Spenden handeln, zum Beispiel vom Einzelhandel, der der Hamburger Tafel täglich unverkaufte Lebensmittel zur Verfügung stellt oder aber um Einzelspenden – etwa in der Weihnachtszeit vermehrt stattfindende Geldspenden. Darüber hinaus gibt es institutionalisierte Projekte mit der Zielsetzung Non-Profit-Organisationen zu fördern, beispielweise werden von Stiftungen oder anderen Organisationen Preise für gemeinnützige Projekte ausgeschrieben oder Profit-Organisationen organisieren Spendenbasare. Eine Unterstützung der Tätigkeit der Organisation findet außerdem durch interessierte Fachleute oder im privaten oder beruflichen Umfeld durch Arbeitgeber und/oder den Freundeskreis statt.

Ferner sind Kooperationen zwischen Organisationen zu beobachten. Diese finden etwa in Form gegenseitiger Entlastung bei der Aufgabenerfüllung statt, beispielsweise werden zu erledigende Aufgaben bei hoher Arbeitsbelastung einer Organisation von einer anderen übernommen, oder es wird im gegenseitigen Einverständnis auf Recherche zu Themen verwiesen, die von anderen Organisationen geleistet wurde.

Insgesamt sind bei solidarischen Verbindungen der Organisationen mit ihrer Umwelt zwei verschiedene Arten von Beziehungen zu unterscheiden: einerseits werden von Individuen oder Organisationen Hilfsleistungen unternommen, bei denen gemeinhin keine Gegenleistung erwartet wird. Spender/innen erhalten für ihre Spende keinen Ausgleich durch die Organisation – höchstens ein Mitspracherecht –, sondern erwarten nur, dass das von ihnen gespendete Geld einem bestimmten Zweck zugeführt wird. Andererseits verknüpfen Organisationen, die sich gegenseitig Hilfestellungen leisten, ihr solidarisches Engagement mit spezifischen Erwartungen. Wenn sie für eine andere Organisation eine solidarische Hilfestellung leisten, erwarten sie im Gegenzug, dass diese ihnen in entsprechenden Situationen hilft.

Solidarische Unterstützungsleistungen der Organisationsumwelt gegenüber den Organisationen unterscheiden sich somit anhand dessen, ob sie ohne die Erwartung von Gegenleistungen stattfinden oder ob reziprokes solidarisches Verhalten einkalkuliert wird. Hiermit ist zusätzlich der Aspekt des Eigennutzes verknüpft. Es stellt sich in diesem Zusammenhang die Frage, ob der Verzicht auf eine Gegenleistung gleichzeitig bedeutet, dass die solidarische Unterstützung uneigennützig stattfindet. Es ist festzustellen, dass solidarische Handlungen fast immer von Eigennutz geprägt sind, selbst wenn keine direkte Gegenleistung erwartet wird. Ein Spender beziehungsweise eine Spenderin begrüßt es beispielsweise, wenn sein/ihr Name veröffentlicht wird und schmückt sich somit mit seinem/ihrem Engagement. Es kam in den Befragungen mehrfach zur Sprache, dass sich Organisationen oder auch Einzelpersonen mit der Non-Profit-Organisation beziehungsweise ihren Vertreterinnen und Vertretern und Projekten profilieren.

> *Ich werde häufig eingeladen zu irgendwelchen Präsentationen bei größeren Veranstaltungen. Ich sage jetzt mal übertrieben: man profiliert sich auch mit uns. Also im Sinne von CSR, mit dem arbeite ich gut zusammen und dem vertraue ich und für die engagiere ich mich. (Ehrenamtlicher)*

Nur weil keine Gegenleistung erwartet wird, sind solidarische Handlungen somit nicht automatisch selbstlos, die Spende ist zumindest zum Teil mit einem Eigennutz verbunden. Eigennutz und Solidarität schließen sich somit nicht gegenseitig aus. Ein Aspekt ist immer die Motivation für das solidarische Handeln: aus welchen Beweggründen findet dieses statt?[67]

Noch deutlicher wird die Verbindung von Solidarität und Eigennutz, wenn das Hauptmotiv eines Unternehmens für die solidarische Unterstützung eines Non-

67 Eine ausführliche Diskussion dieses Aspekts findet sich im dritten Teil des Kapitels.

Profit-Projektes in der eigenen Profilierung beziehungsweise Werbung für die eigene Sache besteht. Hier wird teilweise offensichtlich, dass Förderung mit der Intention einer bestimmten Zweckerfüllung stattfindet –, selbst wenn keine direkte Gegenleistung erwartet wird. Beispielsweise wird anschließend mit der Wohltätigkeit geworben,[68] wahrscheinlich mit der Absicht die Verkaufszahlen und den Umsatz zu steigern. Vermeintlich solidarisches Verhalten von Organisationen kann auch als Greenwashing bezeichnet werden, nämlich unter anderem dann, wenn von eigenen Unzulänglichkeiten – beispielweise in Form nicht eingehaltener Umweltstandards oder mangelhafter Arbeitsbedingungen für die Beschäftigten des Unternehmens – abgelenkt werden soll. Das Unternehmen KIK schmückt sich einerseits damit, die gemeinnützige Stiftung „help and hope – Zukunft für Kinder in Not"[69] zu unterstützen, produziert andererseits unter anderem in Textilfabriken in Bangladesch, in denen laut Medienberichten weder Maßnahmen zur Arbeitssicherheit eingehalten noch existenzsichernde Löhne gezahlt werden.

Nichts desto trotz kann auch Verhalten von Individuen oder Organisationen, mit dem eine eindeutig berechnende Absicht verfolgt wird, dann solidarisch sein, wenn es einen solidarischen Zweck erfüllt und Geldspenden etwa dafür eingesetzt werden, benachteiligten gesellschaftlichen Gruppen zu besseren Chancen zu verhelfen. Es ist hierbei die Motivation der Handlung und ihre Folge zu unterscheiden. Eine Handlung muss nicht ausschließlich solidarisch intendiert sein um einen solidarischen Zweck zu erfüllen, beispielweise bei der Unterstützung der Tafeln durch Rewe. Umgekehrt kann eine Handlung mit dem Ziel der Solidarität motiviert sein, hat in der Folge aber nicht automatisch solidarische Folgen. Das kann etwa der Fall sein, wenn ein mit dem Ziel der Unterstützung bestimmter gesellschaftlicher Gruppen gegründetes Projekt fehlschlägt und seine Intention nicht erfüllen kann. Schließlich kann das Ergebnis bei eigennütziger und solidarischer Motivation das Gleiche sein: eine Unterstützung der Non-Profit-Organisation und ihrer Tätigkeit.

Beziehungen der Non-Profit-Organisationen mit ihrer Umwelt sind allerdings bei weitem nicht automatisch von Solidarität geprägt. In einigen Fällen wird in den Daten eine fehlende Unterstützung von Spenderinnen und Spendern, anderen Organisationen und Institutionen beklagt. Inhaltliche Unterstützung findet nicht statt oder finanzielle Spendenaufkommen gehen zurück. In der Folge sind auch

68 Das Unternehmen Rewe wirbt im Internet und mit Zeitungsannoncen mit seiner Unterstützung der lokalen Tafeln und des Bundesverbandes Deutscher Tafeln e.V., http://www.rewe.de/nachhaltigkeit 2013/gesellschaftliches-engagement/rewe-und-die-tafeln.html (abgerufen am 4. Oktober 2015).

69 Vgl. http://www.kik-textilien.com/unternehmen/verantwortung/engagement/nationales-engagement (abgerufen am 4. Oktober 2015).

solidarische Beziehungen und Handlungsmuster in der Organisation nicht mehr ohne weiteres gewährleistet, da die Rahmenbedingungen für die Ausführung der Tätigkeit unzureichend sind. Arbeitsverträge können beispielsweise nur befristet vergeben werden oder Mitarbeiter/innen müssen entlassen werden, da die Finanzierung ihrer Stellen nicht mehr geleistet werden kann. Die Funktionsfähigkeit der Organisation ist dann zumindest teilweise nicht mehr sichergestellt.

6.2.2 Solidarität innerhalb der Organisation

Solidarität spielt einerseits eine Rolle in Interaktionen der Organisationen mit ihrer Umwelt. Solidarität ist andererseits aber auch in Interaktionsprozesse und Beziehungen innerhalb der Organisationen eingelagert. Generell ist jedoch festzuhalten, dass Solidarität in alle Beziehungen und Arbeitszusammenhänge in den Organisationen eingelagert sein kann, unabhängig von Größe oder Struktur der Organisation beziehungsweise ihren Zielen. Es spielt dabei ebenfalls keine entscheidende Rolle, ob solidarische Unterstützung für bestimmte gesellschaftliche Gruppen in den Organisationszielen verankert ist oder nicht. Im Gegenteil sind andere Faktoren entscheidend, wenn es um die Art und Weise geht, wie Solidarität innerhalb der Organisation gelebt wird. Dabei kann es unter anderem in heterogenen Gruppen verstärkt Probleme damit geben, dass Organisationsmitglieder nicht miteinander solidarisch sind, obwohl dies als Handlungsmaxime im organisationalen Miteinander verankert ist. Solidarität entsteht leichter in homogenen Gruppen, die gleiche Interessen und Ziele verfolgen.

Solidarität ist sowohl in ehrenamtliche als auch in hauptamtliche Zusammenhänge eingelagert. Solidarisches Miteinander kann dabei separat auf den einzelnen Ebenen stattfinden, aber auch in übergreifenden Interaktionszusammenhängen eine Rolle spielen. Dabei ist die besondere Bedeutung von Ehrenamtlichen hervorzuheben. Es wird beispielsweise benannt, dass durch die Arbeit mit Ehrenamtlichen ein besonderes Klima entsteht, das durch solidarisches Miteinander gekennzeichnet ist. Die freiwillige Mitarbeit von Ehrenamtlichen fördert Solidarität.

Auch auf und zwischen den verschiedenen Hierarchieebenen ist Solidarität eingelagert. Dabei wird in den Daten besonders die Beziehung zwischen Hauptamtlichen und ihren Vorgesetzten beziehungsweise den gegenseitig entweder vorhandenen oder fehlenden Unterstützungsleistungen hervorgehoben. Das weist auf einen weiteren Punkt hin, der eine Rolle spielt, wenn Solidarität im organisationalen Miteinander von Non-Profit-Organisationen beleuchtet wird: geringe oder auch fehlende Solidarität in den Interaktionsbeziehungen. Teilweise ist Solidarität zwar Teil der Handlungsmaxime in den Organisationen und somit eine (meistens ungeschriebene) Regel für das organisationale Miteinander. Trotzdem findet Solidarität de facto nicht zwangsläufig statt.

Das organisationale Miteinander unter der Prämisse von Solidarität stellt sich auf unterschiedliche Art und Weise dar und ist durch verschiedene Faktoren bestimmt. In den folgenden Abschnitten Solidarität als Handlungsmaxime, Solidarität als Steuerungsinstrument und Solidarität und Emotionen wird dies genauer ausgeführt.

6.2.3 Solidarität als Handlungsmaxime nach außen

In vielen der befragten Organisationen ist Solidarität eine Handlungsmaxime, die das Verhalten der Mitglieder im organisationalen Miteinander bestimmt. Sie ist Teil der explizit oder implizit vorhandenen Regeln, die vorschreiben, wie sich die Mitglieder innerhalb der Organisation zu verhalten haben – beispielsweise in welchen Situationen organisationsexterne Personen oder andere Organisationsmitglieder auf welche Art und Weise zu unterstützen sind. Dabei sind zwei Aspekte zu unterscheiden: erstens ist Solidarität mit Gruppen außerhalb der Organisation gemeinsames Moment des Engagements, das wiederum in den Organisationszielen – und daraus folgend in den Handlungsmaximen – Entsprechung findet. In diesem Zusammenhang spielen auch die motivationalen Beweggründe der Engagierten eine zentrale Rolle. Ferner ist Solidarität ein Prinzip des Miteinanders innerhalb der Organisation, wie im folgenden Abschnitt ausgeführt wird. Zunächst wird allerdings auf Solidarität als Handlungsmaxime gegenüber der Organisationsumwelt eingegangen.

Die Organisationen erklären sich als Ganzes solidarisch mit den gesellschaftlichen Gruppen, auf die ihre solidarische Tätigkeit ausgerichtet ist. Die Spannbereite reicht in den befragten Organisationen von Solidarität mit Kindern aus schwierigen Familienverhältnissen über Trauernde bis hin zu Menschen mit Migrationshintergrund und mündet in konkrete solidarische Aktionen – entweder als regelhafte Angebote oder als Einzelaktionen –, die in der Regel auf Organisationsebene geplant und koordiniert werden.

Allerdings findet Solidarität nicht nur auf einer abstrakten Ebene zwischen Organisationen und Gruppen von Menschen Ausdruck. Die regelmäßigen Angebote der Organisationen sowie Einzelaktionen werden in konkreten Interaktionen umgesetzt und münden somit in direkte Interaktionsbeziehungen zwischen organisationsintern und -extern agierenden Individuen. Daraus ergeben sich weitere Aspekte von Solidarität als Handlungsmaxime, die sich vor allem in solidarischer Anteilnahme äußern. Sowohl ehrenamtliche als auch hauptamtliche Organisationsmitglieder erleben diese in Interaktionen mit Klienten der Organisation. Um zu beleuchten, warum es überhaupt zu solidarischem Engagement von Organisationsmitgliedern kommt, ist zudem wesentlich, warum sich Individuen zu Engagement entschließen – sei dieses ehren- oder hauptamtlich. Es handelt sich dabei um eine notwendige Voraussetzung für solidarisches Verhalten, auch wenn die Organisation die Art und Weise der Solidarität in der Folge strukturiert und mithilfe von Regeln und Erwartungen Steuerungsversuche unternimmt.

Motivationsstrukturen von Solidarität

Solidarität mit Individuen außerhalb der Organisation ist eng mit Ungerechtigkeitsempfinden verbunden. Solidarität wird unter anderem aufgrund von Unrecht erlebt, das anderen Menschen widerfährt – beispielweise in Form von Ausbeutung in Beschäftigungsverhältnissen. Darüber hinaus wird Solidarität aufgrund der besonderen Schutzbedürftigkeit von Klienten erfahren, etwa Kindern aus schwierigen Familienverhältnissen. Hier wird ein Teil der Motivation offenbar, die Individuen zu Engagement für solidarische Projekte im Rahmen von Non-Profit-Organisationen animiert. Es handelt sich dabei um eine Identifikation mit anderen Menschen aufgrund spezifischer Lebenslagen, wobei nicht relevant ist, ob das Schicksal geteilt wird oder nicht.

Darüber hinaus werden Motivationsstrukturen deutlich, die mit gesellschaftlichen Normen und Werten verbunden sind. Als persönliche Motivation wird etwa benannt, dass man der Gesellschaft etwas zurückgeben möchte, seinen Beitrag leisten oder sich aufgrund des christlichen Gedankens der Nächstenliebe engagiert.

> *Und da war für mich richtig dieses gemeinsame Gefühl, wir sind die Bürger und wir schaffen unsere Gesellschaft, wir können unsere Gesellschaft verändern. Dieses alte Kennedy-Wort: frag dich nicht was dein Staat für dich tun kann, sondern frag dich, was du für deinen Staat tun kannst. (Ehrenamtliche)*

Die motivationalen Strukturen für solidarisches Engagement weisen häufig eine emotionale Komponente auf. Das Engagement findet unter anderem statt, da es sich um ein „seelisches Bedürfnis" handelt. Außerdem sei es eine Herzensangelegenheit, Engagierte wollten die „Welt retten" oder engagieren sich aus persönlicher Betroffenheit heraus.

Auf der Ebene der konkreten Emotionen werden neben Ungerechtigkeitsempfinden, verbunden mit Wut, die handlungsleitend wirken, unter anderem benannt, dass das Engagement positive Emotionen wie Glück hervorruft.

> *Wenn ich aber merke in meiner Mehrheits-, also in meiner Gesellschaft, in der Mehrheitsgesellschaft werden Menschen ungerecht behandelt, dann macht mich das wahnsinnig wütend. Und sehr, sehr emotional glaube ich so. Weil ich das eigentlich nicht möchte. So. Also sagen wir mal, ich möchte so eine Gesellschaft nicht. (Hauptamtliche)*

Solidarität mit Klienten der Organisation

Die Anteilnahme am Schicksal von anderen, organisationsexternen Personen (unter anderem motiviert durch Ungerechtigkeitsempfinden oder Wut) mündet in solidarische Handlungen. Zudem folgen daraus spezielle Beziehungen zwischen dem/der Organisationsvertreter/in und dem Klienten beziehungsweise der Klientin. Es wird eine besondere Bindung aufgebaut, die aufgrund der Anteilnahme am Schicksal des Klienten entsteht. Die Beziehung äußert sich unter anderem darin, dass versucht wird, Widerstände in der eigenen Organisation zu überwinden, um der betreffenden Person zu helfen. „Aber bei dem Jungen [war ich] sehr darum bemüht. Und dann ist das wieder abgelehnt worden. Und das tat mir so unheimlich leid, weil ich genau gewusst hätte, das hätte schon gereicht bei dem." (Hauptamtliche)

Verstärkt wird die besondere Beziehung – inklusive der damit verbundenen Anteilnahme und Unterstützung – durch Emotionen. Diese Emotionen werden vom Organisationsmitglied im Zusammenhang mit den Interaktionen mit den Klienten erlebt und äußern sich unter anderem als Mitleid mit den organisationsexternen Personen oder auch als Bindungsgefühl, die Person ist „ans Herz gewachsen". Ausdruck finden die Gefühle in den Interaktionen etwa, wenn mit dem Klienten gemeinsam getrauert und geweint wird.

> *Und das hat mich wirklich so berührt, was ich wirklich sonst nicht mache, weil ich glaube ich ziemlich professionell bin, sofort angefangen habe zu weinen. Also mir liefen so die Tränen runter. Und diese Frau ist mir wirklich sehr ans Herz gewachsen. (Hauptamtliche)*

Voraussetzung für die Verbundenheit ist, dass die Person, die Solidarität erlebt, sich in die Klientin beziehungsweise den Klienten einfühlt. Sie ist empathisch und identifiziert sich zu einem gewissen Grad mit der anderen Person. Allerdings findet auch Abgrenzung zum eigenen Selbstschutz statt.

> *Die Familienverhältnisse, die es so gibt. Also auch mit, sag ich jetzt mal dieses fürchterliche Wort, Migrantenkindern. Da denkst du auch manchmal, wie ein Kind so was alles aushalten kann. Das ist teilweise schon ein Wunder. [...] Und dann sollen die alles auf die Reihe kriegen. (Ehrenamtlicher)*

Solidarität als Handlungsmaxime gegenüber der Organisationsumwelt ist somit einerseits auf organisationaler Ebene in den Organisationszielen verankert und äußert sich andererseits konkret in Interaktionsbeziehungen von Organisationsmitgliedern und Klienten. Emotionen haben eine verstärkende Funktion bei der resultierenden Verbundenheit zwischen Organisationsmitgliedern und Klienten.

6.2.4 Solidarität als Handlungsmaxime im organisationalen Miteinander

Neben Solidarität in den auf die Organisationsumwelt gerichteten Handlungsmaximen und den dabei entstehenden Interaktionsbeziehungen, in denen Solidarität eingelagert ist, ist Solidarität in vielen Organisationen ebenfalls ein zentraler Bestandteil der Handlungsmaximen, die innerhalb der Organisationen wirksam sind und bestimmt somit die Interaktionsprozesse in den Organisationen. Dafür müssen verschiedene Bedingungen erfüllt sein. Die solidarischen Arbeitszusammenhänge und die damit verbundenen Kommunikations- und Interaktionsprozesse stellen sich zudem auf verschiedene Art und Weise dar – gegenseitige solidarische Unterstützung ist in diesem Zusammenhang kein Automatismus.

Gemeinschaft als Voraussetzung für Solidarität innerhalb der Organisation

Die Organisationen, in denen Solidarität eine wichtige Rolle im organisationalen Miteinander spielt, zeichnen sich durch einen besonderen Aspekt der Kooperation aus: sie werden als Gemeinschaft wahrgenommen. Unter anderem verstehen die Mitglieder ihre Organisation als Familie beziehungsweise Familienersatz, als Freundeskreis, als Teil des Privatlebens und die Mitarbeit, die sie dort leisten, als Freizeitgestaltung – dies gilt insbesondere für Ehrenamtliche. „Und das geht nicht um den Verein, sondern ist wirklich so wie wir unter Freunden halt an einem Tisch um ein Thema streiten. Und wo man weiß, ach doch, das ist irgendwie ein Zuhause." (Ehrenamtliche)

In den Organisationen entstehen Solidargemeinschaften, die eine besondere Unterstützungsleistung für ihre Mitglieder bereithalten. Vor allem Ehrenamtliche erhalten Hilfestellung in konkreten persönlichen Krisensituationen und das Engagement dient in einigen Fällen als Stütze im Alltag. „Einige kommen am liebsten jeden Tag, weil sie zu Hause schlecht zurechtkommen." (Hauptamtlicher)

Die Gemeinschaften entstehen auf einem Nährboden kollektiver Werte, die die Organisationsmitglieder in die Organisation mit- und einbringen; ein Aspekt davon ist ein gemeinsames Anliegen, das mit einer solidarischen Idee verbunden ist. Durch die gemeinsame solidarische Intention finden die Mitglieder zusammen. Die Wahrnehmung der korrespondierenden Werte und der damit verbundenen organisationalen Gemeinschaft geht für die Organisationsmitglieder wiederum einher mit positiven Emotionen, die sie in diesem Zusammenhang erleben. Das Fundament der Organisation wird gestärkt; das gemeinschaftliche Einstehen für die Sache und die gemeinsamen Möglichkeiten Veränderungen zu schaffen sowie in diesem Zusammenhang erlebte positive Emotionen befördern die Bindung an die Organisation. „Ein echter Verein ist einer, wo es sich so bewegt, wo die Sache immer wieder in den Mittelpunkt rückt, weil es das Einzige ist, wo man sich dann doch einig wird, dass der Verein bestehen soll." (Ehrenamtliche)

Schließlich spielt die Zusammensetzung der Mitgliedschaft eine zentrale Rolle für das solidarische Miteinander. Einerseits finden sich sehr unterschiedliche Menschen zusammen und können gemeinsame Erfolge verzeichnen. Andererseits kann eine heterogene Zusammensetzung das solidarische Miteinander und die Tätigkeitserfüllung erschweren. Konflikte entstehen beispielsweise, wenn unterschiedliche Gruppen innerhalb der Organisation verschiedenartige Arbeitsweisen oder auch Besitzstände haben und diese bewahren wollen. In diesen Fällen erschwert die Verfolgung unterschiedlicher Interessen Solidarität unter den Mitgliedern.

> *Aber ich finde es unheimlich spannend, wie viele verschiedene Leute aus wie viel verschiedenen Motivationen hier zusammenleben, die sich im Zweifelsfall überhaupt nicht riechen können, die ansonsten nicht viel zu tun miteinander hätten. Die aber dieses eine gemeinsame Projekt auf den Weg bringen und immer noch am Laufen halten. (Ehrenamtliche)*

Allerdings wird die Heterogenität auch als „Solidaritätschance" begriffen, da die Mitglieder alle Teil derselben Organisation sind und sich in ständigem Austausch befinden. So entsteht die Möglichkeit, die Bedürfnisse anderer zu erkennen und zu verstehen sowie in die eigenen Überlegungen einzubeziehen. Ein Beispiel dafür können unterschiedliche Berufsgruppen innerhalb einer Gewerkschaft sein, die ein Interesse daran haben, die eigenen Besitzstände – etwa in Form von bestimmten Tarifverträgen – zu bewahren. Die solidarische Erklärung mit anderen Berufsgruppen mit geringeren Privilegien kann durch die direkte Auseinandersetzung innerhalb einer Gewerkschaft befördert werden, auch wenn eigene Privilegien dadurch vermeintlich gefährdet sind.

Solidarisches Klima in den Arbeitszusammenhängen

Die Arbeitszusammenhänge in Organisationen mit einem Miteinander, in dem die Handlungsmaxime Solidarität wirkt, sind durch ein spezifisches solidarisches Klima bestimmt. Dieses drückt sich anhand verschiedener Faktoren aus. Es wird von den Befragten als „gut" und offen bezeichnet, es ist wenig Leistungsdruck vorhanden und das Miteinander ist durch eine kaum gelebte Hierarchie und wenig Konkurrenz geprägt.

Das „gute" Klima zeichnet sich durch gegenseitige Wertschätzung, Freundlichkeit, Kollegialität und Lockerheit aus. Der Umgang miteinander ist offen und aufmerksam, es gibt intensiven Austausch und gegenseitige Hilfestellung. Das Klima geht mit positiven Emotionen für die Organisationsmitglieder einher, die im Miteinander entstehen und dieses prägen.

> *Ich empfinde das Klima insgesamt hier sehr gut. Insgesamt ist es ein gutes Betriebsklima. Es ist eine ziemlich lockere, ja, so eine wertschätzende Atmosphäre, würde ich sagen, untereinander. (Hauptamtliche)*
>
> *Wenn ich es jetzt strukturell anschaue, wie die miteinander Emotionen, also praktisch, wie gehe ich miteinander um. Dann sind Emotionen wie zum Beispiel Freundlichkeit, Kollegialität, also dieser ganze Umgang miteinander ist sehr, sehr emotional, würde ich sagen. Also sehr positiv emotional. (Hauptamtliche)*

Die Befragten, die ein solidarisches Klima in ihren Organisationen schildern, sind häufig einem nur geringen Leistungsdruck ausgesetzt. Dies äußert sich in niedrigen Anforderungen von äußeren Akteuren, von den Befragten wird ein Vergleich zum Profit-Sektor gezogen, wo dies stärker ausgeprägt sei. Außerdem werden Leistungsanforderungen intern teilweise reduziert, wenn einzelne Mitglieder besonderen Belastungssituationen ausgesetzt sind. Als Ursache für den geringen Leistungsdruck wird unter anderem die Zusammenarbeit mit Ehrenamtlichen benannt – dies führe zu einem veränderten und solidarischeren Zusammenwirken innerhalb der Organisation.

> *Wenn man sagt ok, hey mir geht's heute nicht gut. Kopfweh oder dies oder jenes. Dann wird das natürlich dadurch auch akzeptiert und man ist nicht so unter diesem Leistungsdruck. (Hauptamtliche)*
>
> *Das ist für die, wie ich eben schon sagte, andere gehen zum Kegeln, die kommen eben [...] [hierher]. Haben einen ganz anderen Spaß. Das ist eine ganz andere Atmosphäre, weil dieser Druck, wie er in den anderen Firmen ist, der ist hier einfach nicht. (Hauptamtlicher)*

Der geringe Leistungsdruck ist zudem mit niedrigem Konkurrenzniveau von Organisationsmitgliedern untereinander und Hierarchien, die nicht starr gelebt werden, verbunden.

Es ist zu vermuten, dass einerseits ein offener und hilfsbereiter Umgang Rivalität unterbindet und Solidarität ermöglicht. Andererseits bilden niedrige Hierarchien, geringer Leistungsdruck und wenig Konkurrenz eine Voraussetzung dafür, dass ein offenes, solidarisches Miteinander entstehen kann.

Solidarität in den Arbeitszusammenhängen Hauptamtlicher

Auch wenn der vorherige Abschnitt ein grundsätzliches Klima in Non-Profit-Organisationen im Zusammenhang mit der Handlungsmaxime Solidarität beschreibt – das sowohl für Haupt- als auch für Ehrenamtliche gilt – werden in Bezug auf die Zusammenarbeit Hauptamtlicher von den Befragten weitere Aspekte hervorgehoben. Die Gemeinsamkeiten und Unterschiede begründen sich mutmaßlich dadurch, dass Hauptamtliche in regulären Arbeitsverhältnissen ihren Arbeitsalltag in der Organisation verbringen. Ehrenamtlich Engagierte halten sich hingegen zu einem großen Teil nur stunden- oder projektweise in der Organisation im Rahmen ihrer freiwilligen Tätigkeit auf. Die Einbindung der hauptamtlichen Mitglieder in die Organisation ist somit in den meisten Fällen institutionalisierter, regelhafter und die Tätigkeit durch größeren zeitlichen Umfang geprägt. Daraus ergeben sich Besonderheiten im Umgang miteinander und spezielle Anforderungen an die hauptamtlichen Organisationsmitglieder.

Das solidarische Miteinander der Hauptamtlichen ist, korrespondierend zum Gesamtklima der Organisation, durch Kollegialität, gegenseitige Unterstützung und rücksichtsvollen Umgang bestimmt. Konkret äußert sich die kollegiale Zusammenarbeit in einheitlichem Auftreten nach außen. Kolleginnen und Kollegen wird bei privaten Problemen und in konkreten privaten oder arbeitsbezogenen Krisensituationen geholfen und das solidarische Miteinander und die Solidarität anderer werden nicht ausgenutzt.

> *Und uns nicht versuchen gegenseitig zu überholen mit irgendwelchen Erfolgen, sondern immer wieder sagen, das sind wir nach außen hin sind wir eins. (Hauptamtliche)*
> *Ich habe es noch nicht erlebt, dass irgendeiner hier gesagt hat, ich mache mal krank oder ich nehme mir mal frei obwohl das gar nicht geht oder so. Im Gegenteil, es wird halt immer gegengecheckt. Also so wie das eben auch gerade war. Dass hier einer unten anruft, und sagt, wär schön, du hättest Zeit für ein Interview. Ist jetzt Stress oder hast du die Zeit? (Hauptamtliche)*

Hervorgehoben wird auch, dass Vorgesetzte sich gegenüber ihren Mitarbeiterinnen und Mitarbeitern solidarisch verhalten. Das äußert sich beispielsweise darin, dass sie deren Arbeitsleistungen vertrauen, diese anerkennen und bei Fehlern für ihre Mitarbeiter/innen einstehen. Sie versuchen den Mitarbeiterinnen und Mitarbeitern eine gewisse Sicherheit in ihrem Arbeitsverhältnis zu gewährleisten (zum Beispiel durch feste Arbeitsverträge) und beziehen sie in wichtige Entscheidungen mit ein.

> *Das ist eine Funktion die ich versuche, ohne dass sie es nötig hätten, aber meinen Kolleginnen natürlich gegenüber wahrzunehmen. Auch eben zu sagen, wo was gut läuft. Umgekehrt sage ich natürlich auch, wenn was schlecht läuft. Aber ich finde Anerkennung ist einfach etwas ganz Entscheidendes. […] Die Praxis zeigt auch, dass sie das alles hinkriegen. Und dass ich sie nicht kontrolliere. Und dass ich im Zweifel auch, wenn irgendwas schief geht, da meinen Kopf hinhalte. Weil nur so kann das funktionieren. (Hauptamtlicher)*

Um das solidarische Miteinander in der Zusammenarbeit zu bewahren, werden von den Organisationsmitgliedern verschiedene Maßnahmen verfolgt. Unter anderem versuchen die Kolleginnen und Kollegen sich gegenseitig in ihre Arbeit einzubeziehen und eng zusammenzuarbeiten. Sie besprechen sich regelmäßig und in einigen Organisationen finden in geregelten zeitlichen Abständen externe Supervisionen statt. Ein weiteres Beispiel sind so genannte Nullrunden, um die Befindlichkeiten der Kollegen einschätzen zu können.[70]

> *Das ist ein enges Korsett, und deshalb arbeiten wir unter Druck. Das macht Stress. Das führt auch zu Konflikten und Missverständnissen. Wenn ich daran denke, dann weiß ich vor allem, das es sehr, sehr gut ist, dass wir uns als Teampflege vier Mal im Jahr eine Supervision leisten. (Hauptamtliche)*

In den solidarischen Arbeitszusammenhängen sind die Anforderungen an die Mitarbeiter/innen jedoch nicht nur durch die Handlungsmaxime des solidarischen Umgangs miteinander – inklusive der Anerkennung ihrer Bedürfnisse und Rücksichtnahme – geprägt. Im Gegenteil werden spezifische Ansprüche an sie gestellt, die ihre Tätigkeit in der Organisation lenken (sollen). Ihnen wird abverlangt, dass sie eine hohe Motivation und großes Eigenengagement zeigen. Es wird teilweise gefordert, dass Hauptamtliche auf einen Teil ihrer Freizeit verzichten und sich

70 Vgl. auch Kapitel zu Vertrauen.

zusätzlich zur bezahlten Tätigkeit ehrenamtlich für die Organisation engagieren. Verbunden sind die Anforderungen an die Hauptamtlichen mit Schwierigkeiten der Abgrenzung von den hohen Erwartungen, Mitarbeiter/innen sind in der Folge überfordert und überlastet.

> *Also es ist halt, also ich würde sagen, es ist eine ständige Überforderung, so schon. Also ich glaube, wenn man es nicht schafft, sich abzugrenzen, arbeitet man immer viel zu viel. [...] Ja, es wird eigentlich erwartet, dass man mehr macht. Nicht immer, nicht grundsätzlich verbalisiert, aber sagen wir mal so, unterschwellig zu sagen, ja wir machen das, wir sitzen hier ja abends ehrenamtlich hier rum, du sitzt hauptamtlich hier rum. Dann reg dich jetzt nicht so auf. (Hauptamtliche)*

Ehrenamtliche und Hauptamtliche sind auf verschiedene Art und Weise mit der Organisation verbunden. Das Engagement Ehrenamtlicher beruht vollständig auf Freiwilligkeit, ist unbezahlt und damit unabhängig von Notwendigkeiten wie des Verdienstes des Lebensunterhalts. Demgegenüber sind Hauptamtliche anderen Verpflichtungen ausgesetzt, die sich auch in den Anforderungen der Organisation widerspiegeln: ihnen wird explizit eine starke Identifikation mit der und ein umfassendes Engagement für die Organisation abverlangt.

Solidarität von Seiten der Organisation und der Organisationsmitglieder untereinander

Solidarität findet innerhalb der Organisation nicht nur gegenüber Hauptamtlichen statt, sondern gegenüber allen Organisationsmitgliedern. Es sind allerdings unterschiedliche Ausprägungen zu verzeichnen. Zwei Ebenen sind zu unterscheiden, auf denen die Handlungsmaxime Solidarität wirkt: Solidarität, die von der Organisation ausgeht und Solidarität von Organisationsmitgliedern untereinander.

Solidarität von Seiten der Organisation äußert sich unter anderem in Protektion von Organisationsmitgliedern. Sie werden gegenüber externen Personen bevorzugt (zum Beispiel bei Neueinstellungen) und werden geschützt, beispielsweise vor Überforderung – auch wenn mit der Überforderung häufig ein Defizit im solidarischen Miteinander der Organisationen benannt wird.

> *Also ich sehe den Sektor sehr positiv. Auch das Engagement sehr positiv. Aber man muss auch wirklich sehr vorsichtig damit umgehen, gerade mit dem Ehrenamt, glaube ich auch so. [...] Ja, mit den Menschen, die ehrenamtlich arbeiten. Ich glaube das ist oft auch schon eine Überforderung. [...] Es gibt immer die, die sich da völlig aufrackern und die muss man auch immer schützen. Das finde ich ganz wichtig. (Hauptamtliche)*

Untereinander sind die Mitglieder insofern solidarisch, als dass sie in den Arbeitszusammenhängen die Handlungsmaxime Solidarität umsetzen und kollegial und hilfsbereit miteinander umgehen. Außerdem äußert sich die Solidarität auf einer emotionalen Ebene: Organisationsmitglieder empfinden füreinander solidarische Gefühle. Sie beschreiben Ungerechtigkeit im Zusammenhang mit Hilflosigkeit und Gefühle von Solidarität, die sie in Interaktionen und bezogen auf das Schicksal anderer Organisationsmitglieder erleben. Diese Emotionen verstärken wiederum die Solidarität gegenüber anderen Organisationsmitgliedern und befördern die solidarischen Handlungen in diesem Zusammenhang.

> *Und sozusagen für mich ist es so gewesen, dass ich, das was wir oft so in Solidaritätsreden zum Ausdruck bringen, dort auch sehr persönlich gefühlt habe. Sozusagen einfach durch den direkten Kontakt, durch den Kontakt zu denjenigen, um die es geht und die betroffen sind. [...] Also so ein ganz subjektives Gefühl von Solidarität, wie sich das auch dann sozusagen anfühlt und dass man da sehr von eingefangen wird. (Hauptamtlicher)*

6.2.5 Schattenseiten solidarischen Miteinanders und Solidaritätsdilemmata

Auch wenn Solidarität im Miteinander der Organisationen positive Einflüsse auf deren Stabilität hat und die Organisationsmitglieder größtenteils günstige Arbeitsbedingungen und eine gute Atmosphäre vorfinden, gibt es auch Schattenseiten des solidarischen Miteinanders sowie „Solidaritätsdilemmata" innerhalb der Organisationen. Die Folge sind negative Konsequenzen für einzelne Organisationsmitglieder und können in einer Gefährdung der Stabilität der Organisation münden.

Solidarisches Miteinander in Non-Profit-Organisationen kann Schattenseiten entfalten, wenn beispielsweise nicht alle Organisationsmitglieder mit den Konsequenzen beziehungsweise den konkreten Umsetzungen der Handlungsmaxime des solidarischen Umgangs einverstanden sind. Hierin liegt Konfliktpotential für die Organisationen. Die Beziehungen sind in diesem Zusammenhang oft nur vermeintlich konkurrenzlos. Häufig wird nach außen dargestellt, dass es keine Konkurrenz gebe, intern werden aber unterschiedliche Anforderungen und Unzufriedenheit laut, die in Konflikten münden.

Darüber hinaus entstehen im solidarischen Miteinander Anforderungen an das gegenseitige Engagement. Als Folge kommt es häufig zu Überforderung und Überlastung von einzelnen Organisationsmitgliedern. Im Extremfall beenden Mitglieder ihr Engagement anschließend komplett und stehen der Organisation nicht mehr zur Verfügung.

> *Aber dass, ich glaube so eine Kultur der Kritik, der Abgrenzung, also auch so kollegiale Kritik, auch oft nicht so da sind. Und das wird, weil man immer für die gute Sache arbeitet. Und dann kann man sich ja nicht so in den Mittelpunkt stellen. Und ich glaube, das schafft wahnsinnige Konflikte innerhalb von Organisationen. Also ich beobachte das gerade bei zwei, drei Organisationen, die ich näher kenne, wo es total kracht gerade. Weil es die Frage von, man hat sich ja so lieb, gleichzeitig kriegt die eine mehr bezahlt als ich. So, und warum eigentlich? Und warum ist die Geschäftsführerin und warum sind wir nicht eigentlich, und warum haben wir praktisch eine Hierarchisierung innerhalb der Zuständigkeiten und der Bezahlung. (Hauptamtliche)*

Solidaritätsdilemmata entstehen im Kontext verschiedener Gruppen innerhalb der Organisation mit unterschiedlichen Interessenlagen. Es ist nicht möglich, beiden Gruppen gleichermaßen gerecht zu werden. Es muss entweder eine Entscheidung für die Unterstützung einer der Gruppen getroffen werden oder aber die Interessen einer Gruppe im Sinne des solidarischen Miteinanders in der gesamten Organisation „geopfert" werden. Organisationsmitglieder – im Beispiel Mitglieder der Leitungsebene – müssen die Entscheidung treffen, eine Gruppe zu unterstützen und der anderen ihre Solidarität zu entziehen.

6.2.6 Unsolidarität innerhalb der Organisation

Eine weitere Schattenseite findet sich in Unsolidarität respektive fehlender Solidarität innerhalb der organisationalen Zusammenhänge: Solidarität findet nicht oder in nur geringem Umfang statt – auch wenn Solidarität in den Organisationszielen verankert oder das solidarische Miteinander zumindest in Teilen durch Solidarität geprägt ist.

Eine geringe Solidarität findet auf unterschiedlichen Ebenen der Organisation und in verschiedenen Situationen Ausdruck. Zu unterscheiden ist der Umgang mit neuen Organisationsmitgliedern von der Art und Weise der Interaktionen in bestehenden Beziehungsgeflechten. Dabei gibt es wiederum besondere Ausprägungen im Umgang mit Hauptamtlichen und Ehrenamtlichen sowie der verschiedenen Hierarchieebenen unter- und miteinander. Darüber hinaus wird fehlende Solidarität besonders in Notlagen von Mitgliedern offenbar.

Neue in der Organisation erleben teilweise „eiskalte Begrüßungen". Sie müssen sich gegenüber bestehenden Beziehungsgeflechten und Organisationsmitgliedern behaupten – beispielsweise in fachlichen Fragen –, die schon seit längerer Zeit Mitglied in der Organisation sind. Die neuen Organisationsmitglieder erleben in diesen Zusammenhängen keine Solidarität, selbst wenn der Umgang in der Organisation untereinander generell solidarisch ist.

> *Ich nehme das eher so wahr [...] und gerade so die Älteren, die schon sehr lange hier sind, [...] so ein bisschen die Atmosphäre nach außen ausstrahlen, wir haben die Weisheit mit Löffeln gefressen, sagen wir es mal so. Und die Neuen müssen sich schon behaupten, auch wenn sie in ihren Themen fit sind und auch wirklich sehr belesen sind und alles. (Hauptamtliche)*

Auch in bestehenden Beziehungsgeflechten sind unsolidarische Verhaltensweisen und Handlungen zu beobachten. Unter anderem sind Mitglieder gegenüber der Organisation und/oder anderen Organisationsmitgliedern unsolidarisch. Es findet Betrug statt oder Mitglieder sind in Bezug auf Aufgabenerfüllung unverbindlich und unzuverlässig. Unzufriedenheit und Konflikte im organisationalen Miteinander sind die Folge „Wo wir auch eine schwierige Zeit hinter uns haben. Wir sind dort einem Betrüger als Präsidenten aufgesessen. Und das habe ich dann finanziell alles begleitet, diese Zeit. Und das ist also eine schwierige Zeit gewesen." (Ehrenamtlicher)
Auf den unterschiedlichen Hierarchieebenen sind hauptamtliche Vorgesetzte und ehrenamtliche Vorsitzende damit konfrontiert, dass sie keine solidarische Unterstützung bekommen. Sie erhalten von Mitarbeiter/innen oder Ehrenamtlichen keine Hilfestellung in konkreten Situationen, sie erleben Misstrauen und im Extremfall kommt es zu Umsturzversuchen – beispielweise in Form des Versuchs einen ehrenamtlichen Vorsitzenden gegen seinen Willen abzulösen.

> *Zumindest war sie nicht besonders kooperativ, was die Übergabe angeht und so was und Informationen. Und irgendwie habe ich sie relativ viel gefragt am Anfang, weil ich eben keine Übergabe hatte. Und da hat sie immer nur gesagt, ja, sie sind die Chefin, müssen sie halt wissen. (Hauptamtliche)*

Doch nicht nur gegenüber Vorgesetzten – und somit zwischen niedriger und höherer Hierarchieebene – wird fehlende Solidarität offenbar. Auch Hauptamtliche und Ehrenamtliche miteinander oder die einzelnen Gruppen untereinander erleben unsolidarisches Verhalten. Auch verhalten sich Vertreter/innen übergeordneter Hierarchieebenen gegenüber „einfachen" Mitgliedern unsolidarisch.

Hauptamtliche erleben unter anderem Illoyalität, indem Kollegen vertrauliche Informationen weitergeben. Auch wird ihnen teilweise Eigeninteresse und somit unsolidarisches Verhalten gegenüber anderen Organisationsmitgliedern oder der Organisation als Ganzes vorgeworfen. Darüber hinaus wird Hauptamtlichen von Seiten der Organisationsleitung gekündigt, obwohl sie sich in der Organisation eigentlich eingebunden fühlen. Sie erleben unsolidarisches Verhalten höherer Entscheidungsebenen.

Ehrenamtliche erfahren beispielsweise fehlende Solidarität von Hauptamtlichen, indem sie nicht ausreichend informiert und aus Entscheidungsprozessen herausgehalten werden. Hierbei spielt eine wichtige Rolle, dass Hauptamtliche aufgrund ihrer Position in der Organisation meist die Informations- und Entscheidungsmacht über zentrale organisationale Prozesse haben und sich somit in einer Position wiederfinden, die ihnen ermöglicht, andere organisationale Gruppen nicht einzubeziehen.

> *Also ich war Geschäftsführerin einer Organisation, und ich hatte die totale Informationsmacht. Und dann ist die Frage was gebe ich an meinen Vorstand weiter, der ehrenamtlich arbeitet und wie binde ich die ein, weil ich ja hauptamtlich arbeite, viel mehr Zeit habe, mich mit den Dingen zu beschäftigen. Es ist eine Informations- und Zeitmacht, was das Verhältnis zwischen Vorstand, also von Ehrenamt und Hauptamtlichen angeht. (Hauptamtliche)*

Ferner können Ehrenamtliche eine Ausnutzung ihrer Bereitschaft zum Engagement erleben. Das betrifft etwa ihre Kompetenzen, wenn sie für Beratungsleistungen keine angemessene Kompensation erhalten. Außerdem werden sie teilweise in ihrer gegebenenfalls vorhandenen eigenen Notlage oder in ihrem Bedürfnis zu helfen ausgenutzt. Das führt bei den Ehrenamtlichen wiederum teilweise zu Überforderung und Frustration. „Also ich saß in so vielen Gremien, aber immer ehrenamtlich. Aber ich fand meine Expertise und mein Wissen wurde abgeschöpft, aber und das ist fand ich irgendwann ein Ausnutzen, also meiner Kompetenz." (Hauptamtliche)

Besonders deutlich wird fehlende Solidarität in organisatorischen Zusammenhängen für Organisationsmitglieder, wenn sie selbst in eine Notlage geraten und auf die Unterstützung anderer Organisationsmitglieder angewiesen sind. In solchen Situationen sind die anderen teilweise nur auf ihre eigenen Interessen bedacht und engagieren sich nicht in der solidarischen Unterstützung. Vor allem eine kurzfristige Mobilisierung von Unterstützung gestaltet sich häufig als sehr schwierig. Darüber hinaus reagieren selbst andere betroffene Organisationsmitglieder teilweise mit Resignation, anstatt sich gegenseitig zu unterstützen. Bei den Betroffenen mündet die Wahrnehmung wenig solidarischer Handlungen anderer Organisationsmitglieder in Enttäuschung.

Es ist zu vermuten, dass sich eine gering ausgeprägte Solidarität im organisationalen Miteinander reproduziert. Eigentlich zur Solidarität bereite, aber von anderen enttäuschte Organisationsmitglieder werden ihren eigenen Willen zu Solidarität in Zukunft wahrscheinlich selbst überdenken.

> *Man wird sozusagen an die realistische Wand gefahren durch solche Erlebnisse, dass Solidarität nicht so was ist, was automatisch dann stattfindet, wenn es einem Scheiße geht. Sondern dass da durchaus auch dann Resignation und der individuelle Weg sozusagen auch. (Hauptamtlicher)*

6.2.7 Gründe für geringe Solidarität in der Organisation

Als Ursachen für fehlende Solidarität in organisationalen Zusammenhängen können verschiedene Zusammenhänge ausgemacht werden. Dabei sind zwei Ebenen zu unterscheiden: einerseits die individuelle Ebene (Mikroebene), andererseits die Makroebene der Organisation.

Auf der organisationalen Mikroebene haben die Mitglieder unterschiedliche Ansprüche an die Organisation. Sie haben verschiedene Besitzstände und -ansprüche, die sie wahren wollen. Außerdem haben sie die Erwartungshaltung an die Organisation, dass diese ein Umfeld bieten sollte, in dem sie selbst Solidarität durch andere Organisationsmitglieder erleben. Teilweise nehmen Mitglieder Unterstützung im solidarischen Miteinander an, sind aber selbst nicht solidarisch. Es bietet sich ihnen der Rahmen, um eigene Untätigkeit zu rechtfertigen: die Organisation müsse eine geringe Leistungsfähigkeit beziehungsweise Leistungsbereitschaft aushalten, sie sei schließlich solidarisch. Einige Mitglieder wollen sich auch nicht in das solidarische Miteinander einfügen, sie agieren als Einzelkämpfer; teilweise sind sie schlecht integriert und/oder unbeliebt.

> *Natürlich hat man dann auch mal mit Menschen zu tun, die diesen Job seit vielen, vielen Jahren machen und eher so diesen abgrenzenden, diese abgrenzende Haltung haben und ihr eigenes Ding alleine weitermachen wollen. Hat den Vorteil, dass man vielleicht wenig Kontrolle von außen befürchtet. Oder auch nicht was ändern möchte, weil das mit Mühe oder sonst was verbunden ist. (Hauptamtliche)*

Ein weiterer Aspekt in diesem Zusammenhang ist die Verbindlichkeit von Mitgliedern. Von Befragten wird die Wahrnehmung geäußert, dass diese abnähme. Auch dadurch wird Solidarität ein wichtiger Baustein ihres Fundaments entzogen, indem Engagement für die Organisation weniger kalkulierbar wird. Es ist an dieser Stelle nicht auszumachen, inwiefern Unverbindlichkeit und fehlende Solidarität in einem Abhängigkeitsverhältnis zueinander stehen. Nimmt Verbindlichkeit zuerst ab und schwindet dann die Solidarität oder verursacht geringe Solidarität Unverbindlichkeit? Vermutlich finden beide Wirkungszusammenhänge wechselseitig statt. Außerdem spielen in diesem Kontext mutmaßlich weitere Faktoren eine Rolle.

> *Und auch finde ich, was sich so, also ich empfinde das jedenfalls so, vielleicht liegt es auch an meinem Alter. Dass sozusagen die Verbindlichkeit von manchen ein bisschen abgenommen hat. Habe ich das Gefühl. Also zur Gruppe zu kommen, irgendwas zu machen oder so. (Ehrenamtliche)*

Auf der Makroebene der Organisation ist die Organisationsstruktur schließlich für geringe Solidarität verantwortlich. Die Struktur ist teilweise so träge, dass sie solidarisches Miteinander behindert, außerdem verhindert die Leitungsebene zum Teil Maßnahmen für mehr Solidarität innerhalb der Organisation. Bei Organisationsmitgliedern, die die fehlende Solidarität innerhalb der Organisation wahrnehmen, entstehen in der Folge emotionale Reaktionen von Frustration und Ärger. „Und ja, da habe ich so ein paar Erlebnisse gehabt, wo mir zum Schreien war. So wo ich dachte, das kann doch nicht angehen, dass intern das blockiert wird und nicht von der Politik oder von der Behörde." (Hauptamtliche)

6.2.8 Solidarität als Steuerungsmechanismus in der Organisation

Neben den Aspekten von Solidarität als Handlungsmaxime hat Solidarität eine weitere wichtige Funktion in den Organisationen: Solidarität stellt sich zusätzlich als Steuerungsmechanismus dar. In den organisationsinternen Prozessen reguliert Solidarität das Miteinander und fördert den Zusammenhalt – Solidarität wirkt somit unterstützend auf die Stabilität der Organisationen. Die Daten geben in diesem Zusammenhang Aufschluss über Solidarität als Notwendigkeit der Organisation, um ihr Fortbestehen sicherzustellen. Außerdem sind verschiedene Versuche der Steuerung von Solidarität und zur Sicherung von Solidarität im Miteinander der Organisationen zu registrieren.

Solidarität als Notwendigkeit

Vor allem das Engagement Ehrenamtlicher ist für viele Organisationen eine zentrale Voraussetzung, um das Organisationsgeschäft am Laufen zu halten – nicht zuletzt aufgrund geringer finanzieller Ressourcen, die eine entgeltliche Vergütung aller zu leistenden Aufgaben unmöglich machen. Solidarität wirkt hier steuernd, da es sich um einen impliziten Bestandteil von ehrenamtlichem Engagement, der einerseits die Motivation und andererseits die Folgen des Engagements betrifft, handelt. Viele Ehrenamtliche engagieren sich aus der Solidarität mit bestimmten gesellschaftlichen Gruppen heraus und finden sich in der gemeinsamen solidarischen Idee mit anderen Individuen in einer Organisation zusammen. Solidarität ist in diesem Zusammenhang ein das Engagement begründendes und gleichzeitig verbindendes Moment der Organisationsmitglieder untereinander. Die Ehrenamtlichen erklären sich solidarisch mit der Organisation, indem sie freiwillig und unentgeltlich für sie tätig werden.

Darüber hinaus kann das freiwillige Engagement per se als solidarisch bezeichnet werden, wenn es einen solidarischen Zweck erfüllt – beispielsweise der Versorgung von Bedürftigen mit Lebensmitteln. Das Engagement mündet in solidarischen Aktionen, die direkt bestimmten gesellschaftlichen Gruppen zu Gute kommen. „Und aber wir sind immer noch in einer Entwicklungsstufe, wo wir doch das meiste Engagement, dass wir binden oder bündeln im Zusammenhang mit der Projektentwicklung doch über Ehrenamt passiert.“ (Hauptamtliche)

Ehrenamtliches Engagement ist somit in vielen Fällen essentiell für den Fortbestand der Organisationen und Solidarität als Bestandteil des Engagements in diesem Zusammenhang ein steuernder Faktor. Neben der Notwendigkeit des freiwilligen Engagements einzelner Organisationsmitglieder gibt es aber auch spezifische Situationen, in denen die Solidarität aller Mitglieder nötig ist, um die Organisation in ihrem Fortbestehen zu sichern.

> *Wir hatten damals vorher einen Beitrag von 7 € für Jugendliche und 10 € für Erwachsene. Das ist auch emotional was gewesen [die Erhöhung der Beiträge]. Das musste ich ja nun, das ist bei den Erwachsenen 50 % mehr gewesen. [...] Aber wie gesagt, das haben wir aber dann durchgekriegt, wir müssen jetzt im Quartal 2800 € zahlen, das ist ein richtig neuer Kostenfaktor. Aber wie gesagt, das ist eine schwierige, das ist für uns viel Geld. (Ehrenamtlicher)*

Solidarität ist somit ein wichtiger steuernder Faktor im organisationalen Miteinander, der sowohl das Engagement einzelner Mitglieder betrifft als auch allen Organisationsmitgliedern eine Unterstützung der Organisation abverlangen kann.

Versuche der Steuerung von Solidarität

Nicht zuletzt aufgrund der wichtigen Bedeutung von Solidarität für den Zusammenhalt und den Fortbestand der Organisationen finden in einigen organisationalen Kontexten Versuche der Einflussnahme auf das solidarische Verhalten der Mitglieder statt. Solidarische Aktionen werden versucht zu befördern, zum Beispiel indem spezifische Vorgaben zur Umsetzung von Kampagnen gemacht werden. Vor allem die Leitungsebene der Organisation versucht, auf die Bereitschaft ihrer Mitglieder zu solidarischem Verhalten einzuwirken. In diesem Zusammenhang werden bestimmte Erwartungen der Organisationsführung auf Länder- oder Bundesebene gegenüber den Mitgliedern formuliert. Beispielsweise wird von den Aktiven vor Ort gefordert, dass eine bestimmte Anzahl von Mitgliedern an einer bestimmten Aktion teilnimmt. Diese Erwartungen sind jedoch teilweise nicht zu erfüllen, nicht zuletzt, weil die Unterstützung der Leitungsebene in einigen Fällen als nur unzureichend beschrieben wird. In der Folge entsteht bei Mitgliedern Frust.

> *Ich kann mich auch noch an Situationen erinnern, wo [Name] vor mir gestanden hat und gesagt: seid ihr bereit? Ich weiß es nicht. [...] Ich weiß es nicht, ob genug da sind. So, also du wirst gefragt als Ehrenamtliche in dieser Funktion und du wirst verantwortlich gemacht, auch dafür, dass die Leute ihren Arsch bewegen. Das Problem ist aber, du kannst die Verantwortung gar nicht mehr übernehmen. (Hauptamtliche)*
>
> *Und dann gibt es manchmal auch das Spannungsfeld zwischen, [...], politischen Vorgaben, oder meinetwegen auch am Beispiel von Aktionen, die bundesweit Beschlusslage sind, auch im ehrenamtlichen Gremium beschlossen worden sind. Und dem, was du hier in deinem Alltag zu bewältigen hast. [...] Spannungsverhältnisse, in denen wir uns bewegen. Und das löst dann eben manchmal auch Frust aus. (Hauptamtliche)*

In einigen Fällen klafft eine Lücke zwischen der Erwartungshaltung der Organisationsleitung und der Unterstützung, die sie aufbietet, um den Mitgliedern zu ermöglichen diese auch zu erfüllen. Daraus lässt sich schließen, dass Steuerungsversuche von Solidarität in den Organisationen nur erfolgreich sind, wenn die Organisationsleitung die nötige Infrastruktur und Unterstützung zur Verfügung stellt.

Sicherung von Solidarität

Neben Versuchen der Steuerung von Solidarität von Seiten der Organisationsleitung sind verschiedene Maßnahmen auszumachen, die mit dem Ziel stattfinden, Solidarität innerhalb der Organisationen zu sichern. Sie sind sowohl formeller als auch informeller Art und finden sowohl zwischen den Organisationsmitgliedern als auch auf Ebene der Organisationsführung statt.

Formelle Maßnahmen bestehen im institutionalisierten Austausch der Organisationsmitglieder untereinander – etwa in regulären Gesprächsrunden oder auch in regelmäßigen externen Supervisionen. Es wird ein Raum festgelegt, in dem sich der gegenseitigen Solidarität ständig versichert werden kann. Informell grenzt sich entweder die ganze Organisation als Gruppe gegen externe Gruppen oder Organisationen nach außen ab oder Gruppen innerhalb der Organisation distanzieren sich von anderen Gruppen, um ihre eigenen Interessen zu wahren und durchzusetzen. Sie erklären sich untereinander solidarisch.

> *Also viele, die hier neu hinkommen oder freiberuflich unterwegs waren, die das gelernt haben, [...] die Zeit sich einzuteilen, die wollen natürlich diese Möglichkeit und diese Freiheit haben. Und dann haben wir uns vorbereitet, so wie, in so einem kleinen Kreis, was sprechen wir da an, was wünschen wir uns da, und so. Haben so ein bisschen versucht, na ja so ein bisschen Druck auszuüben, dass unsere Interessen [vertreten werden]. (Hauptamtliche)*

Ferner wird ein besonderer Umgang mit Ehrenamtlichen benannt, um ihr Engagement für die Organisation zu sichern, der auf ihre besonderen Bedürfnisse ausgerichtet ist. Befragte benennen, dass Ehrenamtliche einen besonderen Bedarf nach Anerkennung und Dankbarkeit für ihr Engagement haben. Aus dem besonderen Bedürfnis folgt, dass den Ehrenamtlichen eine besondere Zuwendung zukommen müsse. Sie seien als gleichwertig zu behandeln, wobei gleichzeitig die Grenzen ihrer Leistungsbereitschaft zu akzeptieren seien.

> *Es beantwortet ein Bedürfnis oder dadurch ist man sehr angreifbar. Das, was man tut in so einem Verein tut man ja ehrenamtlich. Es will dann gedankt werden. Oder anerkannt werden. Wenn nicht, wird es schwierig. Aber wie danke ich jemandem, der etwas für sich tut. Tut er etwas Soziales oder etwas anderes für die Anderen oder für sich? (Ehrenamtliche)*

Es werden also vor allem Versuche der Solidaritätssicherung innerhalb der Organisationen unternommen, die den Austausch untereinander, die Zusammengehörigkeit innerhalb der Organisation und die Zufriedenheit der Mitglieder und die Bindung an die Organisation fördern beziehungsweise fördern sollen.

6.2.9 Solidarität und Emotionen in der Organisation

Im Zusammenhang mit Solidarität wurden von den befragten Mitgliedern der untersuchten Non-Profit-Organisationen in verschiedenen Kontexten emotionale Aspekte von solidarischem Verhalten beziehungsweise Emotionen als Folge von erlebter oder fehlender Solidarität benannt. Darüber hinaus wirken Emotionen in den verschiedenen organisationalen Zusammenhängen und können Solidarität befördern, aber auch hemmen.

Zunächst sind Emotionen ein wesentlicher Bestandteil der Motivation zu solidarischem Handeln der Engagierten. Sie benennen beispielsweise Ungerechtigkeitsempfinden oder Wut als wichtige Beweggründe für ihr Engagement für die jeweilige Organisation und die damit verbundene Idee. Damit zusammenhängend werden Emotionen als Ergebnis des solidarischen Engagements erlebt, die wiederum motivierend wirken. Engagierte beschreiben positive Emotionen als Lohn für ihre Tätigkeit. Sie benennen Rührung, Freude über die Wirksamkeit der eigenen Arbeit oder auch Belohnungsgefühle.

> *Also freuen tue ich mich, wenn ich [...] bei den Projekten bin und sehe, dass es den Kindern gut geht. Also das ist schon toll und dahin zu gehen und strahlende Kinderaugen zu sehen und die sich wohlfühlen, oder die Projekte zu sehen, wenn sie gut laufen. Dass wir da irgendetwas bewegen. (Ehrenamtlicher)*

Emotionen sind somit einerseits ein Teil der initialen Motivation, ergeben sich aber auch als Folge der Tätigkeit und wirken wiederum motivierend für weiteres Engagement.

Der motivationale Aspekt von Emotionen spiegelt sich auch in den Interaktionsbeziehungen zwischen für die Organisation Engagierten und Klienten der Organisation wieder. Die Organisationsvertreter sind empathisch und nehmen emotional Anteil am Schicksal der Klienten. Die damit zusammenhängenden Emotionen – zum Beispiel von Ungerechtigkeitsempfinden oder Traurigkeit – befördern das Verbundenheitsgefühl mit den Klienten der Organisation. Schließlich wird so auch das Engagement für die solidarische Idee gestärkt, da die Klienten die Organisationsziele personifizieren. Die Engagierten werden durch die zunehmende Verbundenheit mit Personen, denen das Engagement zu Gute kommt, auch verstärkt an die Organisationsziele gebunden und schließlich in ihrer Tätigkeit bestärkt und gefestigt.

Emotionen spielen aber nicht nur in Interaktionsbeziehungen mit der Organisationsumwelt eine wichtige Rolle. Auch innerhalb der Organisationen haben Emotionen verschiedene Effekte und entstehen und wirken in unterschiedlichen organisationalen Kontexten. Auch hier ist der Aspekt der Verbundenheit mit anderen ein zentraler; die Organisation bietet den Raum eine Gemeinschaft zu entwickeln, die mit Verbundenheitsgefühlen für die Mitglieder einhergeht. Die Wahrnehmung der Organisation als Gemeinschaft ist für die Mitglieder mit positiven Emotionen verbunden. In diesem Umfeld entstehen bei Organisationsmitgliedern solidarische Gefühle gegenüber anderen Angehörigen der Organisation, vor allem, wenn diesen Ungerechtigkeit widerfährt. Sie nehmen Anteil, empfinden aber auch Hilflosigkeit. Diese emotionalen Aspekte bestärken wiederum das Zusammengehörigkeitsgefühl und befördern Solidarität und solidarische Handlungen gegenüber Mitgliedern, die sich in Notlagen befinden.

Die Verbundenheit mit der Organisation und ihren Mitgliedern wird gestärkt und in der Folge entwickelt sich solidarisches Verhalten. Dadurch wird zudem die Stabilität der Organisation gefördert. Einen Ausdruck findet die emotionale Verbundenheit mit der Organisation darüber hinaus in der Typisierung der Organisation durch ihre Mitglieder. Sie wird unter anderem als (Ersatz-)Familie oder Teil des Freundeskreises beschrieben –, beides Bereiche, die mehr von emotionaler Nähe als von professioneller Distanz gekennzeichnet sind.

Verzahnt sind die Organisation als Gemeinschaft – und die damit für die Organisationsmitglieder verbundenen Emotionen – mit einem besonderen Klima, das ebenfalls durch spezifische emotionale Aspekte charakterisiert ist. Organisationsmitglieder erleben Freundlichkeit und Wertschätzung und im Zusammenhang damit positive Emotionen. Auch durch dieses bereits vorhandene solidarische Klima – verbunden mit emotionalen Aspekten – wird Solidarität weiter befördert.

Allerdings sind Organisationen nicht nur durch ein solidarisches Miteinander gekennzeichnet, das positive Emotionen bei ihren Mitgliedern hervorruft und das Zusammengehörigkeitsgefühl und die Stabilität der Organisation befördert. Einerseits sind auch Solidaritätsdilemmata zu beobachten, die für die betroffenen Personen emotional sehr aufwühlend und belastend sein können. Andererseits ist nicht immer eine Situation vorhanden, in der die Solidarität von den Organisationsmitgliedern als ausreichend empfunden wird. In diesem Zusammenhang entstehen negative Emotionen wie Frust, Ärger oder Enttäuschung. Es ist zu vermuten, dass eine abnehmende Bereitschaft zu Solidarität bei den betroffenen Organisationsmitgliedern die Folge sein kann. Außerdem wird die Bereitwilligkeit zur Solidarität von einzelnen Mitgliedern ausgenutzt. Es entstehen Frust und Überforderung durch das Ungleichgewicht der Bereitschaft zu Solidarität; das kann schließlich dazu führen, dass Organisationsmitglieder ihr Engagement beenden. Eine Gefährdung der organisationalen Stabilität kann die Folge sein.

Ein weiterer Aspekt im organisationalen Miteinander, der durch die Wirkung von Emotionen berührt wird, ist die Steuerbarkeit von Emotionen. Dabei lassen sich beispielhaft zwei Kontexte benennen, in denen Steuerungsmöglichkeiten und -versuche im Zusammenhang mit Emotionen offenbar werden. Ein Steuerungspotential besteht beim emotionalen Bedürfnis von Ehrenamtlichen nach Anerkennung ihrer Leistung und Dankbarkeit gegenüber ihrem Engagement. Wenn dem von Seiten der Organisation beziehungsweise ihrer Leitung nachgekommen wird, kann Solidarität gesichert werden, da Ehrenamtliche ihr Engagement mutmaßlich fortsetzen, wenn ihre Bedürfnisse erfüllt werden.

Es wird deutlich, dass Emotionen eine wichtige Funktion im Zusammenspiel mit und zur Förderung von Solidarität in Non-Profit-Organisationen und in ihren organisationsexternen Kontexten zukommt. Im folgenden Abschnitt wird beleuchtet, welche Schlussfolgerungen daraus für die theoretische Auseinandersetzung mit Solidarität gezogen werden können.

6.3 Zusammenführung von Untersuchungsergebnissen und Theorie

Die Untersuchungsergebnisse zeigen unterschiedliche Zusammenhänge auf, in denen Solidarität in Organisationen des Dritten Sektors Wirkung entfaltet. Solidarität kann interorganisational, zwischen Organisation und Individuum, aber auch in interindividuellen Beziehungen innerhalb der Organisation beziehungsweise zwischen Organisationsmitgliedern und organisationsexternen Personen stattfinden. Es wird somit deutlich, dass es sich bei Solidarität um kein rein interindividuelles Phänomen handelt, wie dies etwa von Kaufmann postuliert wird.

Obwohl Solidarität vor allem in interaktionalen Zusammenhängen zu beobachten ist – beispielsweise im Falle des Organisationsmitglieds, das sich solidarisch mit seinem Kollegen in einer Notlage erklärt und Hilfestellung leistet – kann es als soziales Phänomen auch in abstrakteren Kontexten erfasst werden. Dies ist etwa der Fall, wenn Solidarität Teil der Organisationsziele in Bezug auf bestimmte gesellschaftliche Gruppen ist. Schließlich kann Solidarität auch als Handlungsmaxime in Organisationen gelten, zum Beispiel als Teil des wirksamen Regelwerkes in Organisationen, an denen sich die Organisationsmitglieder zu orientieren haben. Solidarität ist somit nicht nur auf solidarisches Handeln von Individuen begrenzt, sondern kann auch von Organisationen als Ganzes ausgeübt werden oder gibt – verankert in den Organisationszielen – die Rahmenbedingungen für Solidarhandeln vor. Die Implikationen, die davon für die Wirkungsweise von Solidarität in Organisationen ausgehen, werden im Folgenden beleuchtet.

Zentral sind darüber hinaus verschiedene Organisationsebenen, auf und zwischen denen Solidarität wirkt. Die Unterscheidung von vertikaler und horizontaler Solidarität ist hierbei um einen weiteren Aspekt zu ergänzen. Zu unterscheiden sind Ebenen ehrenamtlich und hauptamtlich Tätiger, da jeweils unterschiedliche Voraussetzungen für Solidarität impliziert sind. Das betrifft unter anderem die Motivationslage für spezifische solidarische Handlungen.

Wurden im ersten Teil dieses Kapitels Entstehungsbedingungen und Steuerungsmöglichkeiten von Solidarität in Organisationen unter Bezugnahme auf Ergebnisse theoretischer und empirischer Forschung in der Soziologie beleuchtet, konnte dies im zweiten Teil an vielen Stellen mithilfe der Forschungsergebnisse illustriert werden. Im Folgenden werden nun die theoretischen Ausführungen mit den Untersuchungsergebnissen kontrastiert, um auf dieser Basis Ergänzungen und Erweiterungen vorzunehmen sowie die Rolle von Solidarität in Non-Profit-Organisationen zu spezifizieren. Dabei fällt insbesondere auf, dass die im ersten Teil des Kapitels dargestellten theoretischen Konzepte zu Solidarität in vielen Punkten zur Erklärung von Solidarität in Non-Profit-Organisationen zutreffend sind. An einigen Stellen bedürfen sie allerdings einer Erweiterung. Zum einen sind verschiedene Ebenen der Entstehungsbedingungen von Solidarität zu differenzieren, vor allem in Bezug auf organisationsinterne und organisationsexterne Solidarzusammenhänge. Zum anderen deckt die Unterscheidung von starken und schwachen Solidaritäts- und Reziprozitätsrelationen neue Zusammenhänge auf.

Ein weiterer Aspekt, der in der Forschung bisher nur angedeutet, aber nicht weiter konkretisiert wurde, betrifft die Bedeutung von Emotionen für Solidarität in Organisationen im Allgemeinen und Non-Profit-Organisationen im Speziellen. Hierzu können auf Basis der Untersuchungsergebnisse systematische Zusammenhänge von Solidarität und Emotionen nachgezeichnet werden. Es wird offenbar, dass Emotionen eine fördernde, aber auch hemmende Wirkung für Solidarität entfalten können. Die Kenntnis über die genaueren Zusammenhänge können einerseits wertvolle praktische Hinweise für die Steuerung von Non-Profit-Organisationen geben. Andererseits wird vor diesem Hintergrund eine Erweiterung der bestehenden Theorieansätze angeregt.

6.3.1 Bedingungen von Solidarität in Dritte-Sektor-Organisationen

Wenn man die theoretischen Ausführungen aus der soziologischen Literatur mit den Untersuchungsergebnissen zu den Entstehungsbedingungen von Solidarität zusammenführt, fällt zunächst auf, dass in erster Linie Voraussetzungen für solidarisches Handeln von individuellen Akteuren verdeutlicht werden können. Solidarität als handlungsleitende Rahmenbedingung – etwa durch die Verankerung in den Organisationszielen – werden von den Befragten zwar erwähnt, sind in ihren Entstehungsbedingungen aber nur schwer ergründen. Voraussetzungen der Handlungsmaxime Solidarität im Organisationsziel werden höchstens darin erkennbar, dass sich Individuen einer Organisation anschließen, deren Wert- und Normenvorstellungen mit den eigenen kongruent sind.[71]

[71] In den Theorieansätzen wird dieser Aspekt nicht berücksichtigt. Er ist aber nicht zu vernachlässigen – es bedarf jedoch weiterer Forschung um hier ein umfassenderes Bild zu erlangen.

Als Bedingungen für Solidarität im Kontext von Non-Profit-Organisationen werden im Folgenden Reziprozität, Sanktionsmechanismen, die Organisation als Gemeinschaft sowie Normen und Werte ausführlich erläutert.

Reziprozität und solidarisches Handeln

Wenn man Reziprozität als Bedingung von Solidarität beleuchtet, dann sind unterschiedliche organisationale Zusammenhänge zu unterscheiden, in deren Kontexten sich Reziprozität als Voraussetzung verschiedenartig darstellt. Eng damit verbunden sind die Motivationslagen der beteiligten Akteure. Reziprozität spielt in Bezug auf solidarisches Handeln vor allem in organisationsinternen Beziehungen eine wichtige Rolle – im Austausch der Organisation mit ihrer Umwelt und den dort eingelagerten interpersonalen Zusammenhängen kommt Reziprozität eine weniger zentrale Bedeutung zu – eine Ausnahme bilden Kooperationsbeziehungen zwischen Organisationen. Die solidarischen Interaktionsbeziehungen, die im Kontext von Non-Profit-Organisationen zu beobachten sind, unterscheiden sich anhand dessen, ob die Reziprozität stark oder schwach ausgeprägt ist.

Schwache Reziprozität

Die Motivationslage von Organisationsmitgliedern, die ihre Solidarität mit organisationsexternen Akteuren – in erster Linie Klienten der Organisation – äußern und dies als Grundlage ihres solidarischen Handelns begreifen, ist vor allem durch Empathie mit der jeweiligen Person, oder einer Gruppe von Personen, gekennzeichnet. Ungerechtigkeitsempfinden oder Schutzbedürftigkeit anderer werden als primär handlungsleitende Motive benannt. Sobald konkrete Beziehungen mit organisationsexternen Personen zustande kommen, verstärkt eine sich entwickelnde Nähe und Vertrautheit die Motivation zu helfen und sich solidarisch zu verhalten.

Reziprozität würde in diesen Zusammenhängen beinhalten, dass von den Personen, auf die das solidarische Handeln gerichtet ist, oder von der Organisation, für die das Engagement stattfindet, eine Gegenleistung erwartet wird. An dieser Stelle wird ein eng gefasster Reziprozitätsbegriff für zielführend gehalten, da dieser eine Kategorisierung von solidarischem Handeln anhand von wechselseitigen Erwartungshaltungen zulässt.[72] Die sich solidarisch verhaltenden Organisationsmitglieder äußern in den meisten Fällen alleinig den Wunsch zu helfen und die Klienten der Organisation beziehungsweise hilfsbedürftigen Personen oder auch die Organisation als Ganzes zu unterstützen. Die Erwartung einer Gegenleistung – in welcher Form auch immer – wird nicht benannt. Bei Hauptamtlichen spielt allerdings sicherlich die Bezahlung bei der Motivation ihrer Tätigkeit eine Rolle, die eine reziproke Beziehung zur Organisation beinhaltet.

Das Konzept des Eigennutzes differenziert in diesem Zusammenhang die Motivationslage für solidarisches Engagement und die Abgrenzung von reziproken und nicht-reziproken solidarischen Handlungen weiter aus. Es berührt den Aspekt, ob sich Engagierte (haupt- oder ehrenamtlich) einen Nutzen von ihrem solidarischen Engagement erhoffen. Dieser muss nicht unbedingt in einer konkreten Gegenleistung bestehen, das (haupt- oder ehrenamtliche) Engagement kann auch durch den Wunsch der Gratifikation durch Anerkennung bestimmt sein. Der Eigennutz hinter dem solidarischen Handeln besteht dann in der Befriedigung des Wunsches nach Würdigung der eigenen Leistung. Allerdings richtet sich dieser Wunsch vor allem an die Organisation und weniger an die organisationsexternen Akteure, die unterstützt werden. Wenn hier eine reziproke Beziehung besteht – die höchstens schwach ausgeprägt ist – findet diese zwischen Organisationsmitglied und der Organisation in der wechselseitigen Erwartung bestimmter Handlungen statt (solidarisches Engagement einerseits und Anerkennung von Seiten der Organisation andererseits) und nicht zwischen Organisationsmitglied und Klient.

Insgesamt kann festgehalten werden, dass Engagierte in erster Linie keine oder nur eine geringe Gegenleistung erwarten, auch wenn immer ein gewisser Anteil von Eigennutz in den Motiven zu erkennen ist.[73] Die Beobachtungen, die Bode & Brose (1999) bezüglich zunehmender Erwartungen an Non-Profit-Organisationen von Seiten der Engagierten sowie verstärkter egoistischer Motivationslagen des Engagements machen, kann in Bezug auf die vorliegenden Daten nicht bestätigt

---

72 Bode und Brose (1999) plädieren für einen weit gefassten Reziprozitätsbegriff, der einschließt, dass die solidarisch handelnden Individuen irgendeine Art von Gegenleistung erwarten, und sei es in Form von innerer Gratifikation aufgrund ihrer Handlung. Ich sehe hierin aber eine teilweise konstruierte und nur schwer nachvollziehbare Wechselseitigkeit, die die tatsächliche Aussagekraft von Reziprozität im Zusammenhang mit solidarischem Verhalten verwässert.

73 Auf die Verwendung des Begriffes Altruismus wird in diesem Zusammenhang verzichtet. Der Begriff impliziert im Sprachgebrauch weitgehend, dass einerseits keinerlei Gegenleistung für eine bestimmte Handlung erwartet wird und die Handlung andererseits uneigennützig stattfindet. In Bezug auf das beobachtete Phänomen ist er unscharf. Es wird hier deshalb eine Kategorisierung der Motivationslagen der Engagierten anhand der Konzepte von Eigennutz und Reziprozität vorgenommen.

werden. Die Befragten nannten weitestgehend Motive für ihr solidarisches Engagement, die nicht von erwarteten Gegenleistungen bestimmt waren. Auch in Bezug auf andere Engagierte benannten sie keine egoistischen Motivlagen beziehungsweise keine zunehmende Erwartung von Ableistungen.

Eine weitere typische Beziehung von Non-Profit-Organisationen und ihrer Umwelt, die solidarisches Handeln beinhaltet, betrifft die Förderung der Organisation durch organisationsexterne Personen oder andere kollektive Akteure (zum Beispiel Institutionen oder Organisationen). Organisationsexterne Personen äußern ihre Unterstützung der Organisation vor allem durch Geld- oder Sachspenden. Die Motive dafür stimmen in weiten Teilen mit denen überein, die von Organisationsmitgliedern für ihr Engagement für die Organisation genannt werden (siehe oben). Die Formulierung des Wunsches einer expliziten Gegenleistung findet in weiten Teilen ebenfalls nicht statt, obwohl in Einzelfällen ein Mitspracherecht der Verwendung der gespendeten Mittel eingefordert wird. Trotzdem wird nicht erwartet, dass die Organisation eine Leistung gegenüber dem/der Spender/in erbringt. Hier wird höchstens offenbar, dass die Gratifikation durch Anerkennung erhofft wird. Diesem kommt die Organisation etwa nach, indem die Namen der spendenden Personen veröffentlicht werden, damit das Engagement der Spender/innen öffentlich ersichtlich ist. Der Eigennutz in der Motivation der Engagierten besteht hier – wie im Beispiel oben – ebenfalls im Wunsch nach Anerkennung der solidarischen Handlung. Die Reziprozitätsbeziehung ist schwach ausgeprägt, da nur geringfügige Gegenleistungen von der Organisation erwartet werden.

Ähnlich stellt sich dies dar, wenn man die Unterstützung der Organisation durch andere Organisationen oder Institutionen betrachtet. Organisationen wie Unternehmen spenden übrig gebliebene Lebensmittel an die Tafel oder unterstützen die Organisationen finanziell. Eine spezifische Gegenleistung wird nicht explizit erwartet, wobei sich die Organisationen teilweise ihr Engagement zunutze machen, um damit zu werben. Sie verfolgen also einen klaren Eigennutz mit ihrem Engagement, nämlich unter anderem die Steigerung ihres Umsatzes, den sie durch eine Stimulation möglicher Käufer/innen durch die Darstellung ihrer wohltätigen Initiativen erreichen wollen – im Extremfall findet Greenwashing statt, wie im vorangehenden Teil dieses Kapitels ausgeführt wurde. Neben einer ebenfalls möglichen Einforderung von Mitspracherecht bezüglich der Mittelverwendung und der Möglichkeit der Werbung mit dem Engagement werden von der Organisation kaum konkrete weitere Gegenleistungen erwartet. Teilweise ist also ausgeprägter Eigennutz in der Motivationslage zu beobachten, es wird aber keine reziproke Gegenleistung vom Interaktionspartner erwartet.

Grundsätzlich ist in Bezug auf kaum oder nur sehr schwach ausgeprägte Reziprozitätsbeziehungen zwischen organisationsinternen und -externen Akteuren festzuhalten, dass die Austauschbeziehungen durch ein Ungleichgewicht geprägt sind. Die Solidargeber (Spender/innen oder Engagierte) geben mehr, als die Solidarempfänger (Klienten oder Organisation) überhaupt als Gegenleistung in der Lage wären aufzuwenden. Die nicht-reziproken (oder nur schwach reziproken) Solidarbeziehungen sind dadurch gekennzeichnet, dass die wechselseitigen Erwartungen der einzelnen Akteure sich grundsätzlich qualitativ nicht entsprechen können.

Starke Reziprozität

Anders stellt sich das Bild dar, wenn man Solidarität in organisationsinternen Zusammenhängen betrachtet. Hier spielt Reziprozität eine viel bedeutendere Rolle. Solidaritätszusammenhänge finden diesbezüglich unter anderem in solidarischem Klima, gegenseitiger Unterstützung und hilfsbereitem Umgang der Organisationsmitglieder untereinander Ausdruck. Die Systematik, mit der wechselseitige Anforderungen an solidarisches Verhalten zu beobachten sind, deutet darauf hin, dass die spezifische zu beobachtende Solidarität sowohl Teil der Handlungsmaxime ist, die die Organisation ihren Mitgliedern vorgibt als auch Prinzip des Miteinanders.

Wie sehr diese solidarischen Zusammenhänge auf Wechselseitigkeit beruhen, wird deutlich, wenn man Organisationskontexte betrachtet, in denen gegenseitige Erwartungen an solidarisches Verhalten nicht mehr erfüllt werden. In den Daten werden verschiedene Umstände benannt, in denen Solidarität nicht (mehr) stattfindet, zum Beispiel wenn ein Vertrauensverhältnis ausgenutzt und solidarische Unterstützung abgewiesen wird. Die Handlungsmaxime Solidarität greift nicht mehr. Dann entsteht auch bei den Organisationsmitgliedern, denen der Solidaritätsentzug gilt, Unzufriedenheit und die wechselseitige Solidarität wird aufgekündigt. Hier wird deutlich, dass die solidarischen Beziehungen, die unter anderem in gegenseitigen Unterstützungsleistungen ihren Ausdruck finden, auf Wechselseitigkeit beruhen und bei fehlender Reziprozität ihre gemeinsame Basis verlieren.

Ein vergleichbarer Sachverhalt ist zu erkennen, wenn die Organisationsebene spezifische Erwartungen an das solidarische Verhalten ihrer Mitglieder formuliert. Sobald diese als überzogen bewertet werden (etwa im Falle von gefordertem Engagement über die eigenen Möglichkeiten hinaus), nimmt die Bereitschaft ab, sich gegenüber der Organisation solidarisch zu verhalten. Insbesondere ist dies der Fall, wenn eine Umsetzung der Handlungsmaxime Solidarität und der damit verbundenen Anforderungen als unrealistisch erscheint, da die Organisation versäumt, die dafür notwendigen Rahmenbedingungen bereit zu stellen. Hier ist eine Reziprozitätsbeziehung zwischen Organisation und Organisationsmitglied – oder einer

Gruppe von Mitgliedern – vorhanden, die ins Wanken gerät, sobald gegenseitige Erwartungen nicht mehr erfüllt werden.

Ähnlich stellt es sich dar, wenn Organisationen in Kooperationsbeziehungen stehen und sich gegenseitig zuarbeiten oder sich Aufgaben abnehmen. Hier werden spezifische Gegenleistungen erwartet, die bei Nichterfüllung zu einer Beschädigung der wechselseitigen Erwartungen und abnehmender Bereitschaft zu deren Einhaltung von beiden Seiten führen können.

Vor allem in diesen Fällen und in Solidarbeziehungen der Mitglieder untereinander werden gegenseitige Erwartungen formuliert, die sich grundsätzlich qualitativ entsprechen. Die Solidarbeziehungen sind somit nicht durch ein Ungleichgewicht bestimmt, sondern vielmehr weitestgehend ausgewogen. Auch die Wechselbeziehungen zwischen Organisation und Organisationsmitglied sind bei hohen Erwartungshaltungen der Organisation abhängig von Gegenleistungen, um die Einhaltung des solidarischen Verhaltens zu gewährleisten. Reziproke Solidarbeziehungen, wie sie sich organisationsintern zumeist darstellen, sind durch Ausgewogenheit und qualitative Entsprechung der Erwartungshaltungen gekennzeichnet.

In Bezug auf die Entstehungsbedingungen von Solidarität kann festgehalten werden, dass Reziprozitätsbeziehungen vor allem in organisationsinternen Prozessen eine Basis für solidarische Handlungen darstellen; die hier wirksamen Reziprozitätsbeziehungen können in weiten Teilen als „stark" bezeichnet werden. In Bezug auf organisationsexterne Beziehungen ist die Reziprozität hingegen eher schwach ausgeprägt. Hier haben reziproke Beziehungen eine weniger wichtige Funktion für das Entstehen von Solidarität. Werte und Normen sowie Empathievermögen der handelnden Personen sind hier entscheidend, wobei Solidarzusammenhänge durch sich intensivierende Beziehungen zwischen organisationsinternen und -externen Personen verstärkt werden. Darüber hinaus ist Eigennutz immer ein Faktor in der Motivation für solidarisches Engagement, unabhängig davon, ob die Reziprozitätsbeziehungen stark oder schwach ausgeprägt sind.

Sanktionsmechanismen im organisationalen Miteinander

Im Zusammenhang mit Reziprozität als einer möglichen Voraussetzung von Solidarität kommt ein weiterer Mechanismus ins Spiel, der in der soziologischen Literatur als Bedingung für Solidarität benannt wird. Solidarisches Verhalten wird gesichert, indem Organisationsmitglieder einander gegenüber die Einhaltung überwachen – es greifen Sanktionsmechanismen.[74] Dies ist in erster Linie auf organisationsinterne Beziehungen zu beziehen, die durch starke Reziprozitätsbeziehungen bestimmt sind und als solche ausgewogen in ihren gegenseitigen Erwartungshaltungen bezeichnet werden können. Es sind gemeinsame Interessen und Situationsdefinitionen vorhanden, die sich in übereinstimmenden Zielen widerspiegeln und als solche auch in den von der Organisation vorgegebenen Handlungsmaximen Entsprechung finden. Organisationsmitglieder stimmen darin überein, dass es wichtig sei, offen, aufmerksam und rücksichtsvoll miteinander umzugehen, sich in Krisensituationen zu unterstützen und den Leistungsdruck gering zu halten.

Es werden aber auch Umstände offenbar, in denen die Situationsdefinitionen der Organisationsmitglieder nicht mehr korrespondieren. Dies ist beispielsweise der Fall, wenn das Handeln anderer Organisationsmitglieder als primär eigennützig und unsolidarisch wahrgenommen wird. In der Folge entstehen Konflikte und Unzufriedenheit. In diesem Zusammenhang werden Mitglieder sanktioniert, etwa indem ihnen das Vertrauen entzogen wird und gegebenenfalls sogar ihre Absetzung aus einer bestimmten Position in der Organisation in die Wege geleitet wird (zum Beispiel durch Umsturzversuche). Ein solches Vorgehen ist Ausdruck des Entzugs sozialer Anerkennung – einhergehend mit „harten" Sanktionen wie der Abwahl von Posten innerhalb der Organisation – und geht auch mit dem Vorwurf des Eigeninteresses einher. Dem voraus gehen unterschiedliche Einschätzungen über Notwendigkeiten der Organisation. Hier werden Mechanismen offenbar, mit denen Abweichungen von den solidarischen Handlungsmaximen negativ sanktioniert werden.

Es werden aber auch positive Sanktionierungen im organisationsinternen Geschehen sichtbar. Organisationsmitgliedern wird für ihr Engagement gedankt und es sind Bemühungen zu erkennen, Ehrenamtlichen entsprechend ihrer Erwartungen eine besondere Anerkennung für ihren Einsatz für die Organisation zukommen zu lassen. Die Intention besteht auch darin, die Organisationsmitglieder zu animieren, ihr Engagement fortzusetzen.

Es wird deutlich, dass Organisationsmitglieder einander bezüglich der Einhaltung der Handlungsmaximen und der damit einhergehenden solidarischen Erwartungen kontrollieren und positiv oder negativ sanktionieren. Damit dies möglich ist, müssen bestimmte Bedingungen erfüllt sein. Die Organisationsmitglieder sind auf Gemeinsamkeiten und eine bestimmte Nähe zueinander angewiesen – eine gewisse Homogenität der Gruppe ist eine notwendige Voraussetzung. Wie Kauf-

74 Die Ähnlichkeit dieser Mechanismen mit Maßnahmen von Emotionsarbeit und Emotionsmanagement werden in den folgenden beiden Kapiteln sichtbar.

mann schreibt, sind hiermit Kriterien wie soziale Ähnlichkeit, übereinstimmende Orientierung an Werten, kollektive Risiken, reziproke Abhängigkeiten und beständige soziale Beziehungen (vgl. Kaufmann 1984, 169) verbunden.

Es überwachen aber nicht nur Organisationsmitglieder untereinander die Einhaltung der solidarischen Handlungsmaximen, sondern die Organisation übt ebenfalls Sanktionsmechanismen aus, wenn sich Organisationsmitglieder nicht den Anforderungen entsprechend verhalten. Mitglieder werden von der Organisationsleitung beispielsweise direkt darauf hingewiesen und im Extremfall werden sie aus der Organisation ausgeschlossen.

Die benannten Sanktionsmechanismen greifen in erster Linie in organisationsinternen Zusammenhängen. Allerdings kann die Organisation – beziehungsweise können andere Organisationsmitglieder – auch überwachen, ob sich Organisationsmitglieder gegenüber organisationsexternen Personen der Organisationsziele entsprechend solidarisch verhalten. In Beziehungen der Organisationen mit externen Akteuren (zum Beispiel Spendern) entbehren die Organisationen weitgehend jeglicher Grundlage unsolidarisches Handeln negativ zu sanktionieren. Wenn Spender ihre Geldzahlungen einstellen, hat die Organisation kaum Handhabung dem entgegenzuwirken. Sie kann nur versuchen, die Bindung der jeweiligen Person an die Organisation durch positive Sanktionen zu verstärken. Als Möglichkeit der negativen Sanktionierung bleibt ihr nur der Entzug sozialer Anerkennung. Allerdings hat der Spender dann die Möglichkeit sich seiner Wertschätzung an anderer Stelle zu versichern, indem er sein Geld dort einsetzt. Somit wird die negative Sanktionierung nur sehr eingeschränkt greifen.

In der soziologischen Literatur wird das Streben nach sozialer Anerkennung als zentrale Motivation für das Einhalten der Handlungsmaximen der Organisation benannt (Teil eins des Kapitels). Dies entspricht den Ergebnissen der erhobenen und analysierten Daten: „weiche" Sanktionsmechanismen in Form von Entzug und Zuweisung sozialer Anerkennung findet auf allen Organisationsebenen sowie im Austausch mit der Organisationsumwelt statt, um Solidarität zu sichern. Darüber hinaus greifen aber auch „harte" Sanktionsmechanismen, wie etwa Umsturzversuche und Ankündigungen, der Organisation verwiesen zu werden.

Hauptamtliche sind durch weitreichendere Verpflichtungen in die Organisation integriert als Ehrenamtliche, sie verbinden mit der Organisation konkrete Verträge, die einen Austausch von Arbeitsleistung gegen Geld regeln. Teil davon kann auch die Umsetzung und Sicherstellung bestimmter solidarischer Ziele der Organisation sein. Hier hat die Organisation die Möglichkeit, Mitglieder auch „hart" zu sanktionieren. Anders sieht es in ehrenamtlichen Zusammenhängen aus. Sie sind nicht vertraglich an die Organisation gebunden und haben somit nur geringe Sachzwänge, die sie an die Organisation binden, „harte" Sanktionen können ihren Verbleib in der Organisation nicht erzwingen. Hier kann solidarisches Verhalten vor allem durch „weiche" und positive Sanktionen gesichert werden, beispielsweise durch die Würdigung des Engagements. „Weiche" Sanktionsmechanismen spielen insofern eine besondere Rolle, da sie Solidarität auch in ehrenamtlichen Zusammenhängen sichern können, die von Freiwilligkeit des Engagements geprägt sind.

Gemeinschaft als grundlegende Bedingung für Solidarität

Auf Basis der Analyseergebnisse wird deutlich, dass sich organisationsinterne Solidarität – sowie solidarische Handlungsmuster und Prinzipien – auf dem Nährboden von Nähe und Gemeinsamkeiten entwickeln. Die Einhaltung dieser solidarischen Handlungsmaximen wird dabei unterstützend ermöglicht und gesichert, indem Sanktionsmechanismen greifen. Homogene Gruppenzusammenhänge erleichtern das Entstehen und die Überwachung solidarischer Handlungsmaximen durch andere Organisationsmitglieder.

Dabei spielen zum einen gegenseitige Abhängigkeiten eine wichtige Rolle, wie sie Durkheim im Konzept der organischen Solidarität betont. Individuen übernehmen unterschiedliche Rollen und Funktionen in arbeitsteiligen Gesellschaften – und somit auch innerhalb von Organisationen. Sie sind folglich darauf angewiesen, dass andere Organisationsmitglieder ihnen in Bezug auf bestimmte Themen helfend zur Seite stehen. Dem zugrunde liegen Unterschiede – etwa in den Fähigkeiten – der Organisationsmitglieder. Es ist nicht vorgesehen und praktikabel, dass jede/r alle Arbeitsschritte gleichermaßen erledigen kann. Allerdings wird mit diesem Analyseansatz nur ein Aspekt der Bedingungen für Solidarität in Organisationszusammenhängen berührt.

Analog zu den Ausführungen Kaufmanns wird anhand der Untersuchungsergebnisse deutlich, dass solidarisches Miteinander in Organisationen (in der vorliegenden Untersuchung bezogen auf den Dritten Sektor) vor allem auf Ähnlichkeiten beruht.[75] Dies betrifft unter anderem gemeinsame Wert- und Normvorstellungen, übereinstimmende Vorstellungen des Umgangs miteinander in den Tätigkeitszusammenhängen (zum Beispiel Hilfsbereitschaft, wenig Konkurrenz) und Verbundenheitsgefühle. Die Organisationsmitglieder weisen viele Übereinstimmungen auf,

75 Wenn auch in sozial differenzierten Gesellschaften Unterschiede ein wesentlicher Bestandteil der sozialen Strukturiertheit sind. Individuen unterscheiden sich in ihren Sozialisationsbedingungen, in ihren Zugehörigkeiten zu sozialen Gruppen, in Bezug auf ihre verschiedenen Rollen in unterschiedlichen gesellschaftlichen Kontexten, usw.

die die in ihnen wirkende Solidarität in die Nähe zur Durkheimschen Konzeption von mechanischer Solidarität rückt. Organisationsmitglieder beginnen ihr Engagement etwa, da sie ein gemeinsames Ziel antreibt, das mit anderen Organisationsmitgliedern und der Zielsetzung der Organisation übereinstimmt. Sie benennen, dass sie sich in ihrer Organisation unter ihresgleichen fühlen. Die These, dass mechanische Solidarität in modernen, arbeitsteilig organisierten Gesellschaften sehr wohl eine zentrale Rolle spielt, ist somit zu unterstützen, und nicht, wie von Durkheim angenommen, dass sie aus dem sozialen Geschehen verschwindet.

In den Untersuchungsergebnissen wird dieser Aspekt vor allem aufgrund von zwei Zusammenhängen deutlich: einerseits anhand der Wahrnehmung der Organisation als starke Gemeinschaft. Andererseits wird die Bedeutung mechanischer Solidarität anhand der Folgen sichtbar, wenn Zusammengehörigkeit und gemeinsame Interessen als Grundlage schwinden und Solidarzusammenhänge in der Folge ihre Stabilität einbüßen. Hier wird eine schwache Gemeinschaft offenbar.

Aspekte starker Gemeinschaft

Die befragten Organisationsmitglieder benennen in weiten Teilen, dass ihre Organisation für sie durch eine besondere Gemeinschaftlichkeit geprägt ist. Verschiedene Aspekte verdeutlichen die dort wirkenden Mechanismen der Zusammengehörigkeit als starke Gemeinschaft. Die Organisation wird als Teil der Familie oder des Freundeskreises wahrgenommen, hierdurch wird eine besondere Verbundenheit der Mitglieder mit ihrer Organisation zum Ausdruck gebracht. Die Organisation ist nicht nur ein Ort, in dem Aufgaben erledigt und Ziele verfolgt werden, sondern er hat für die Mitglieder eine besondere Funktion: er integriert sie in eine Gruppe von Menschen, die für sie eine besondere emotionale Bedeutung hat. Damit geht einher, dass die Organisationsmitglieder die Tätigkeit für die Organisation als Teil ihrer Freizeitgestaltung verstehen. Insbesondere gilt dies für ehrenamtlich Engagierte.

Die Organisation wird als Solidargemeinschaft wahrgenommen, die den Mitgliedern in Krisensituationen Hilfestellung und Rückhalt verspricht. Auch bei generellen Schwierigkeiten der Alltagsbewältigung steht die Organisation helfend zur Seite – die Organisation ist ein Ort der Solidarität. Hier wird wiederum der familiäre Aspekt der Gemeinschaft berührt: Unterstützung in Notlagen wird normalerweise im privaten Umfeld von Familie und Freunden erwartet und weniger von Organisationen, für die man eine Leistung erbringt (normalerweise gegen Geldzahlungen). Darüber hinaus ist das Miteinander durch ein solidarisches Klima geprägt, das sich durch ein wertschätzendes, freundliches Miteinander und geringe Konkurrenz sowie wenig Leistungsdruck auszeichnet.

In den Organisationen, in denen ein hoher Grad an solidarischer Unterstützung vorhanden ist, geht dies häufig mit einer Ähnlichkeit der dort agierenden Individuen einher. Sie haben eine gemeinsame solidarische Idee und ähneln sich in ihren Wert- und Normvorstellungen, aber auch vor ihrem Sozialisationshintergrund. Organisationsmitglieder beziehen sich jedoch nicht alleinig positiv auf Ähnlichkeiten anderer Organisationsmitglieder. Sie grenzen sich auch gegenüber anderen organisationsinternen oder -externen Individuen, Gruppen oder sogar gegenüber ganzen Organisationen ab, wenn sie Unterschiede wahrnehmen. Beispielsweise werden neue Mitglieder abweisend begrüßt. Es formieren sich Gruppen gegenüber anderen mit konkurrierenden Interessenlagen und agieren anschließend rivalisierend. Außerdem wird die Besonderheit der eigenen Organisation beschworen, indem Schwächen anderer Organisationen herausgestellt werden. Durch die Grenzziehung und Verschlossenheit gegenüber außen, wird wiederum der Aspekt der Gemeinschaft untereinander gestärkt.

Schließlich konstituiert ein dynamischer Aspekt die Wahrnehmung der Organisation als Gemeinschaft: das gemeinsame Einstehen für die Sache und die Möglichkeit gemeinsam etwas zu verändern befördert die Kohärenz der Gruppe.

Aspekte schwacher Gemeinschaft

Eine Gemeinschaft ist eher schwach ausgeprägt und durch geringe Solidarität in den organisationsinternen Tätigkeitszusammenhängen gekennzeichnet, wenn die Organisation aus konkurrierenden Gruppen besteht, die anhand unterschiedlicher Interessenlagen – unter anderem der Bewahrung sich unterscheidender Besitzstände – und verschiedener Einschätzungen der Notwendigkeiten für die Organisation differieren. Der geringe Grad solidarischer Handlungen ist allerdings nicht auf Gruppen beschränkt, sondern kann auch in Bezug auf Einzelpersonen beobachtet werden. Darüber hinaus agieren einzelne Organisationsmitglieder als Trittbrettfahrer, indem sie die Solidarität anderer ausnutzen, oder als Einzelkämpfer, indem sie sich nicht in die Organisation integrieren und verweigern, ihre Handlungsmaximen zu befolgen. Ferner ist Unzuverlässigkeit von Organisationsmitgliedern zu verzeichnen.

Es kann aufgrund der Analyseergebnisse nicht einwandfrei festgestellt werden, warum sich Einzelpersonen unsolidarisch verhalten. Geballt tritt dieses Phänomen auf, wenn Organisationen insgesamt ein gering ausgeprägtes solidarisches Klima aufweisen. Allerdings spielen in diesem Zusammenhang vermutlich weitere Faktoren eine Rolle. Insgesamt ist festzustellen, dass all diese Aspekte einer schwachen Gemeinschaft und gehäuftem unsolidarischem Verhalten etwas gemeinsam haben:

die Zusammensetzung ihrer Organisationsmitglieder ist sehr heterogen. Gruppen sowie einzelne Organisationsmitglieder in der Organisation weisen unterschiedliche Interessenlagen und Verhaltensweisen auf, die die Unterschiede manifestieren. In Ursache und Folge ist wahrscheinlich, dass Sanktionsmechanismen der Organisationsmitglieder untereinander nicht ausreichend greifen, da einerseits die Basis einer starken Gemeinschaft als Voraussetzung für die Handlungsmaxime Solidarität und die Kontrolle ihrer Einhaltung nicht gegeben ist. Anderseits sinken die Möglichkeiten einzelner Mitglieder, die Einhaltung von Handlungsmaximen anderer zu überwachen, wenn sich deren Interessenlagen signifikant unterscheiden.

Es kann festgestellt werden, dass Solidarität eher in starken als in schwachen Gemeinschaften entsteht, wobei dem Aspekt der Heterogenität als Bremse von Solidarität eine wichtige Bedeutung zukommt. In heterogenen Organisationen treten in der Folge verstärkt Konflikte auf und die Einhaltung solidarischer Handlungsmaximen ist nur eingeschränkt gewährleistet. Der Aspekt der starken Gemeinschaft ist somit förderlich für das Entstehen von Solidarität und steht in direktem Zusammenhang mit einer homogenen Zusammensetzung der Mitgliedschaft der Organisation. Es kann daraus allerdings nicht im Umkehrschluss gefolgert werden, dass heterogen zusammengesetzte Organisationen solidarische Zusammenhänge organisationsintern immer entbehren. Vor allem in großen Organisationen mit einer breiten Behandlung verschiedener Themen können sich sehr verschiedene Individuen zusammenfinden. Vielmehr konzentrieren sich Solidarzusammenhänge dann auf bestimmte Gruppen, wobei deren Mitglieder wiederum besondere Ähnlichkeiten aufweisen. Eine gemeinsame Zielsetzung, verbunden mit spezifischen Handlungsmaximen, bildet hier den einheitlichen Rahmen der Organisation.

Werte und Normen

Vor allem in der Tradition von Durkheim gelten Werte und Normen als weiterer wichtiger Einflussfaktor auf solidarisches Verhalten von Akteuren. Obwohl auch eigennützige Interessen eine Rolle spielen – wovon sich Durkheim selbst klar abgegrenzte – machen die Daten in Bezug auf Non-Profit-Organisationen deutlich, dass sich Individuen, neben eigennützigen Motiven, bei solidarischen Handlungen an Werten und Normen orientieren. Dabei kann es sich zum einen um solche handeln, die weitgehend auf gesamtgesellschaftlicher Ebene verankert sind und folglich eine generelle Gültigkeit beanspruchen. Die befragten Organisationsmitglieder benennen als Beweggründe für ihr Engagement etwa christliche Werte, Nächstenliebe oder auch „einen [gesellschaftlichen] Beitrag leisten“, was sich unter anderem auf das demokratische Funktionsprinzip der Gesellschaft bezieht.

Werte und konkretisierte Normen haben einen wichtigen Anteil an dem Zustandekommen von solidarischem Handeln und begründen die Beziehungen zwischen organisationsinternen und -externen Akteuren (zum Beispiel zwischen Organisationsmitglied und Klient/in oder Spender/in und Organisation). Der Aspekt des Eigennutzes ist hier insofern berührt, da beispielsweise die Absicht, „einen Beitrag für die Gesellschaft leisten" zu wollen, häufig mit sozialer Anerkennung einhergeht, die wiederum ein eigennütziges Bedürfnis befriedigt.

Zum anderen finden Werte und Normen organisationsintern in den gemeinsamen Interessen und Zielen der Organisation und ihrer Mitglieder Ausdruck, die die Grundlage der Handlungsmaxime der Organisation bilden. Dabei finden sich Engagierte in einer Organisation zusammen, weil ihre Wertvorstellungen übereinstimmen, welche sich auch in den Organisationszielen widerspiegeln. Die Werte – wie etwa Solidarität gegenüber gesellschaftlich Benachteiligten – schlagen sich in konkreten Handlungsanweisungen nieder, wie Hilfestellung gegenüber Klienten der Organisation. Außerdem entsteht im organisationalen Miteinander ein spezifischer Umgang miteinander – zum Beispiel ein solidarisches Miteinander – der sich in der Folge in bestimmten Regeln des Umgangs manifestiert. Diese Umgangsformen können sich normativ als Wertschätzung und Freundlichkeit gegenüber Kollegen und anderen Engagierten darstellen. Die Einhaltung der Werte und Normen wird durch die Organisationsmitglieder untereinander und durch die Organisation überwacht.

Die Orientierung an Werten und Normen spielt sowohl in organisationsinternen als auch in organisationsexternen Kontexten eine zentrale Rolle für solidarisches Verhalten. Allerdings sind auch organisationsinterne Vorgänge zu beobachten, in denen Werte und Normen von Organisationsmitgliedern nicht eingehalten werden und solidarisches Verhalten damit einhergehend nicht stattfindet. Beispielsweise verhalten sich Organisationsmitglieder unsolidarisch, indem sie vertrauliche Informationen weitergeben und verstoßen somit gegen den Wert Fairness. Obwohl nicht einwandfrei festgestellt werden kann, was die Voraussetzungen dafür sind, dass Werte und Normen nicht eingehalten werden, spielt doch die Frage nach einer starken oder schwachen Gemeinschaft respektive der Heterogenität beziehungsweise Homogenität in diesem Zusammenhang eine wichtige Rolle. Die Einhaltung von Wertvorstellungen und Normen wird in heterogenen Zusammenhängen und schwachen Gemeinschaften erschwert.

Zusammenfassung

Wie vorangehend deutlich wird, bilden die vorhandenen soziologischen Konzepte eine gute Orientierung, um die Bedingungen für Solidarität in Organisationen des Dritten Sektors zu klären. Vor allem die von Kaufmann benannten Faktoren finden sich in den Analyseergebnissen weitgehend wieder. Allerdings sind ein paar Erweiterungen vorzunehmen.

Um zunächst den Durkheimschen Ansatz kritisch zu beleuchten: wie schon eingangs auf Grundlage der soziologischen Literatur vermutet, kann eine klare Trennung von mechanischer und organischer Solidarität nicht aufrecht zu erhalten werden. Im Gegenteil spielen in Bezug auf Non-Profit-Organisationen beide Solidaritätstypen mit ihrem jeweiligen Ursprung – arbeitsteilig verursachte Unterschiede einerseits und Ähnlichkeiten andererseits – eine wichtige Rolle. Sie ergänzen sich, wobei der Schwerpunkt aufgrund der Analyseergebnisse auf mechanischer Solidarität liegt. Hier werden vor allem Ähnlichkeiten und Nähe der Organisationsmitglieder in einer Organisation Voraussetzung für Solidarität deutlich. In Bezug auf Durkheim kann zudem bekräftigt werden, dass eine Orientierung der Organisationsmitglieder an Werten und Normen eine Einhaltung von solidarischem Handeln sichert. Allerdings sind auch Situationen zu bezeugen, in denen dies nicht gewährleistet ist. Durkheims Theorieansatz liefert dafür keine Erklärung.

Kaufmanns Modell von Solidarität als Steuerungselement sowie weitere in im ersten Teil des Kapitels ausgeführte Theorieansätze zu Solidarität, bieten weitere Differenzierungen für die Analyse der Bedingungen von Solidarität in Non-Profit-Organisationen. Vor allem Reziprozitätsbeziehungen und damit verbundene Motivationslagen der Engagierten, homogene Zusammensetzungen der Organisation bezüglich ihrer Mitglieder – in Teilen oder der gesamten Organisation – und damit verbundene Übereinstimmungen von Wert- und Normvorstellungen, gemeinsame Interessenlagen sowie eine starke Gemeinschaft und damit verbundene Möglichkeiten der Sanktionierung von unsolidarischem Verhalten spielen in diesem Zusammenhang eine wichtige Rolle.

Auf Grundlage der Analyseergebnisse sind jedoch weitergehende Differenzierungen vorzunehmen. Diese betreffen die Unterscheidung der Ebenen von organisationsexternen und -internen Zusammenhängen sowie, damit verbunden, von starker und schwacher Reziprozität. Außerdem dient das Konzept des Eigennutzes hier zur weiteren Differenzierung.

Die Unterscheidung der Ebenen der organisationsexternen und organisationsinternen Beziehungen gewichtet die Bedeutung der Aspekte von Reziprozität, Sanktionsmechanismen und Werten und Normen in den verschiedenen Zusammenhängen. Reziprozität und Sanktionierung greift vermehrt in organisationsinternen Kontexten. Hier sind eine ausgeprägte Gemeinschaft und starke Reziprozitätsbeziehungen eine wichtige Bedingung für Solidarität. Solidarität in Austauschbeziehungen der Organisation mit ihrer Umwelt beruht hingegen in erster Linie auf der Orientierung an Werten und Normen und nicht auf Sanktionierung. Es sind in den meisten Fällen nur schwache Reziprozitäten vorhanden.

In den soziologischen Theoriekonzepten, die im ersten Teil des Kapitels dargestellt sind, werden organisationsexterne Beziehungen weitgehend überhaupt nicht berücksichtigt. Die Analyseergebnisse zeigen jedoch, dass es sich dabei um eine spezifische Analyseebene handelt, die gerade in Bezug auf die Entstehung von Solidarität eine wichtige Rolle spielt. Ein relevanter Teil der Solidarbeziehungen im Kontext von Non-Profit-Organisationen findet im Austausch der Organisation mit ihrer Umwelt statt. Eine Unterscheidung der verschiedenen Ebenen führt zu differenzierten Erkenntnissen der Bedingungen von Solidarität in organisationalen Kontexten.

Wenn auch die in Voraussetzungen für Solidarität aus der Theorie in weiten Teilen mit den Analyseergebnissen übereinstimmen – aber genannter Erweiterungen bedürfen – bleibt ein weiterer Aspekt unberücksichtigt. Die Analyseergebnisse machen deutlich, dass solidarisches Verhalten nicht immer gewährleistet ist. Die Handlungsmaxime Solidarität wird in diesen Fällen nicht eingehalten. Einzelne Organisationsmitglieder oder ganze Gruppen verhalten sich unsolidarisch und lassen sich in ihren Handlungen nicht sanktionieren. Die Theorieansätze geben darauf höchstens implizite Antworten. Wenn Nähe, Ähnlichkeiten, gemeinsame Situationsdefinitionen, die Dauerhaftigkeit sozialer Beziehungen und gegenseitige Abhängigkeiten solidarisches Handeln befördern, legt der Umkehrschluss nahe, dass Distanz, divergierende Interessenlagen und Wertorientierungen sowie unbeständige soziale Beziehungen Solidarität behindern. Die Analyseergebnisse weisen in die gleiche Richtung. Sobald Homogenität und eine solidarische Gemeinschaft nicht mehr gewährleistet sind, ist auch die Sanktionierung der Befolgung von Handlungsmaximen nicht mehr gesichert und Solidarität in den Organisationszusammenhängen nimmt ab.

Ein weiterer wichtiger Aspekt von Solidarität in Organisationen, der in den soziologischen Konzepten zu Beginn dieses Kapitels bereits anklang und auf Grundlage der Analyseergebnisse weiter verdeutlich wurde, ist das Zusammenspiel von Emotionen und Solidarität. Das gilt auch für die Entstehungsbedingungen von Solidarität; in verschiedenen soziologischen Ansätzen wird in diesem Zusammenhang von „Verbundenheitsgefühlen" gesprochen. Dieser Aspekt wurde an dieser Stelle zunächst ausgespart, um ihn folgend einer detaillierten Analyse zu unterziehen und die Bedeutung der Berücksichtigung von Emotionen für die Weiterentwicklung soziologischer Theorieansätze zu beleuchten. Den emotionalen Aspekten von Solidarität wird durch die separate Behandlung ein besonderer Stellenwert eingeräumt, und seine Relevanz für die Erweiterung von Theorieansätzen zu Solidarität herausgestellt. Bevor auf das Zusammenspiel von Solidarität und Emotionen eingegangen wird, werden zunächst die Ergebnisse zur Sicherung und Steuerung von Solidarität vorgestellt.

6.3.2 Sicherung und Steuerungsmöglichkeiten von Solidarität in Dritte-Sektor-Organisationen

Die Entstehungsbedingungen von Solidarität sind ein wichtiger Ausgangspunkt bei der Frage nach der Sicherung und Steuerung von Solidarität. Voraussetzungen, die Solidarität gut gedeihen lassen – vor allem durch eine starke Gemeinschaft, bedingt durch Ähnlichkeiten und Nähe der Organisationsmitglieder zueinander – eröffnen auch die Möglichkeit, Einfluss auf Solidarität im Organisationsgeschehen zu nehmen. Dies ist insbesondere relevant für die Organisationsleitung, in deren Hand die Steuerung der Organisationsprozesse liegt. Die Analyseergebnisse weisen darauf hin, dass geringe Solidarität innerhalb der Organisationen und schwache Unterstützung von außen die Organisationen in ihrer Stabilität und ihrem Fortbestand gefährden. Die Sicherung von Solidarität stellt somit eine zentrale Aufgabe für die Organisationsleitung dar.

Konkret präsentieren sich Maßnahmen zur Steuerung von Solidarität in den befragten Organisationen auf zweierlei Art und Weise. Einerseits wird angestrebt, die innerorganisatorische Gemeinschaft und das damit zusammenhängende Gemeinschaftsgefühl zu stärken. Andererseits wird versucht, solidarisches Handeln der Mitglieder durch klar formulierte Vorgaben und Erwartungen sicherzustellen; Sanktionsmechanismen sind hierbei ein zentraler Aspekt.

Eine Stärkung der Gemeinschaft und Beförderung der Nähe der Organisationsmitglieder zueinander wird erstens mithilfe von institutionellen Maßnahmen verfolgt. In erster Linie werden hier Räume geschaffen, die den Austausch der Organisationsmitglieder untereinander verbessern und sicherstellen sollen. Auf der einen Seite sind diese Räume auf den Austausch zu organisationsrelevanten Themen bezogen, um einen Informationsaustausch und eine gut funktionierende Zusammenarbeit sicherzustellen. Auf der anderen Seite sollen die Räume auch gerade ermöglichen, dass private Themen und Befindlichkeiten ausgetauscht werden (zum Beispiel durch Nullrunden vor Besprechungen, bei der jede/r erzählen kann, was ihn/sie gerade privat bewegt). In Zusammenhang der Schaffung von Freiräumen zur Förderung von privatem Austausch unter den Organisationsmitgliedern werden auch gemeinsame Aktivitäten geplant und durchgeführt wie beispielsweise ein jährlicher Betriebsausflug für alle Mitarbeiter/innen und Engagierten.

Zweitens wird benannt, dass die Organisationsleitung – in Form von Geschäftsführung oder ehrenamtlicher Leitung – in konkreten, alltäglichen Interaktionen mit Mitarbeiterinnen und Mitarbeitern oder Ehrenamtlichen versucht, Nähe und gute Zusammenarbeit herzustellen. Dazu zählt unter anderem, die Engagierten in relevante Entscheidungen einzubinden, sie bei ihrer Tätigkeit zu unterstützen und ihnen bei gemachten Fehlern beizustehen, anstatt sie zu bestrafen. Außerdem wird benannt, dass Ehrenamtliche eine besondere Art der Zuwendung brauchen, die sich zum Beispiel darin äußert, dass sie Anerkennung und Dankbarkeit für ihre Tätigkeit erwarten.

Drittens wird die Gemeinschaft in der Organisation gefördert, indem eine Abgrenzung nach außen stattfindet – es werden etwa die Besonderheiten der Organisation betont; was die Organisation besser macht als andere, um eine Aufwertung der eigenen Organisation gegenüber anderen Organisationen beziehungsweise externen Akteure zu erreichen.

Die Untersuchungsergebnisse lassen erkennen, dass das solidarische Miteinander dann besonders gut funktioniert, wenn Zusammengehörigkeit und Zufriedenheit bei den Mitarbeitern und Engagierten sichergestellt sind. Maßnahmen, die dies erreichen, sind somit erfolgreich in der Steuerung und Sicherung von Solidarität. Die Analyseergebnisse geben Hinweise darauf, dass die oben beschriebenen Maßnahmen in diesem Zusammenhang von Erfolg gekennzeichnet sind.

Weitere Maßnahmen zur Steuerung und Sicherung von Solidarität, die sich aus den Daten ableiten lassen, bestehen in klaren Vorgaben und Erwartungen an das solidarische Handeln von Organisationsmitgliedern. Es wird deutlich formuliert, was von Mitarbeiterinnen und Mitarbeitern oder auch Ehrenamtlichen erwartet wird. Es kann sich dabei etwa um die Bezifferung konkreter Teilnehmerzahlen für Hilfsaktionen handeln, die an die nächste verantwortliche Organisationsebene weitergegeben werden. Diese Maßnahmen können erfolgreich sein, wenn gleichzeitig angemessene Hilfestellungen zur Umsetzung angeboten werden. Wenn die formulierten Erwartungen als überzogen oder als Ausdruck von beabsichtigter Kontrolle – und gleichzeitig von wenig Vertrauen – wahrgenommen werden, dann entsteht bei den Organisationsmitgliedern Unzufriedenheit. Konflikte innerhalb der Organisation können entstehen. Die implementierten Maßnahmen, ohne ausreichende zur Verfügung Stellung der damit einhergehenden notwendigen Ressourcen, erweisen sich als hinderlich für die Förderung von solidarischem Verhalten unter den Organisationsmitgliedern. Hiermit geht ein weiterer Aspekt Hand in Hand, der bei den Bedingungen und Steuerungsmöglichkeiten von Solidarität zu beachten ist: solidarisches Verhalten lässt sich in den wenigsten Fällen über Zwang erreichen. Da es sich bei solidarischen Handlungen meist um solche handelt, die durch mehr als reine Pflichterfüllung gekennzeichnet sind, beruhen sie vor allem auf Freiwilligkeit. Wenn die Organisationsleitung dies nicht berücksichtigt und versucht, Solidarität über Verbindlichkeiten einzufordern, kann dies in einer Verweigerungshaltung der betreffenden Organisationsmitglieder münden.

Die Sicherung von Solidarität spielt aber nicht nur in Bezug auf organisationsinterne Prozesse eine wichtige Rolle für die Funktionsfähigkeit von Organisationen. Non-Profit-Organisationen sind auch darauf angewiesen, dass sie solidarische Unterstützung von außen erhalten, etwa in Form von Geldspenden. Es gilt somit auch, die Solidaritätsbereitschaft von externen Akteuren zu sichern. Die Organisationen versuchen dies, indem sie ihre Dankbarkeit äußern und Spendern eine besondere Zuwendung zukommen lassen (zum Beispiel werden Spendern individuelle handgeschriebene Dankeskarten zugesendet). Diese Maßnahmen sollen die Verbundenheit von Spendern mit der Organisation sicherstellen und ihr solidarisches Engagement stimulieren.

Wenn man die Steuerungsmöglichkeiten von Solidarität in Non-Profit-Organisationen, die sich aus den Untersuchungsergebnissen ableiten lassen, nun mit denen kontrastiert, die zu Beginn des Kapitels aus den soziologischen Theorieansätzen hergeleitet wurden, fällt auf, dass hier weitgehende Übereinstimmungen ausgemacht werden können.

Zum einen wird in der soziologischen Literatur beschrieben, dass die Steuerung von solidarischem Verhalten vor allem auf der Mikroebene beim Individuum stattfinden kann. Hier sind die konkreten solidarischen Handlungen verortet und die Einflussnahme kann somit ebenfalls hier wirken. Ein Mechanismus, der zur Einhaltung solidarischer Handlungsmaximen beiträgt, besteht in diesem Zusammenhang aus Sanktionen. Organisationsmitglieder sanktionieren sich gegenseitig und stellen so sicher, dass sie die gleichen Ziele und Interessen verfolgen. Dieser Aspekt kann mithilfe der Analyseergebnisse unterstützt werden. Allerdings wird deutlich, dass hier weitere Aspekte und verschiedene Ebenen zu unterscheiden sind. Organisationsmitglieder untereinander können sich sowohl positiv als auch negativ sanktionieren, da sie weitestgehend gleiche Zielsetzungen und Interessen verfolgen – sie stehen somit in Abhängigkeit zueinander. Zusätzlich ist zu differenzieren, ob es sich um haupt- oder ehrenamtliche Zusammenhänge handelt.

Ein weiterer Aspekt der Steuerungsmöglichkeiten von Solidarität, der in der Forschungsliteratur benannt wird, betrifft die Möglichkeit der Steuerung von Solidarität durch Governance-Strukturen, die Nähe und Gemeinschaft in den organisationsinternen Zusammenhängen stimulieren. Dies kann geschehen, indem Entscheidungsprozesse in den Organisationen transparent stattfinden, klare Handlungsorientierungen benannt werden und dauerhafte Beziehungen gefördert werden. So werden Organisationsmitglieder in die Organisation eingebunden und die nötige Nähe hergestellt, um Sanktionsmöglichkeiten zu gewährleisten. Auch dies stimmt weitgehend mit den Analyseergebnissen überein. Als solidaritätsfördernde Mechanismen können solche benannt werden, die organisationsintern ein Gemeinschaftsgefühl sicherstellen, Nähe unter den Organisationsmitgliedern anregen und somit dabei unterstützen, homogene Strukturen zu fördern.

Eine Erweiterung ist jedoch vorzunehmen: wie schon bei den Entstehungsbedingungen von Solidarität sind auch bei der Sicherung und Steuerung von Solidarität zwei Ebenen zu unterscheiden, die in ihren Voraussetzungen divergieren. Einerseits ist Solidarität organisationsintern zu steuern, wobei auf die Gestaltung der institutionellen Rahmenbedingungen durch die Organisation, innerhalb derer die Organisationsmitglieder interagieren um Nähe in der Solidargemeinschaft und Sanktionsmechanismen zu gewährleisten, zurückgegriffen werden kann. Um solidarisches Verhalten von organisationsexternen Akteuren zu beeinflussen – das hauptsächlich in der Unterstützung mit Finanz- oder Sachmitteln besteht – sind weit weniger Möglichkeiten vorhanden. Hier kann höchstens auf „weiche" Sanktionsmechanismen zurückgegriffen werden, die etwa darin bestehen, Zufriedenheit mit der Organisation und ihrer Arbeit herzustellen.

Die Untersuchungsergebnisse – in Übereinstimmung mit der benannten Forschungsliteratur – lassen die Ableitung von praktischen Implikationen für die Steuerung von Solidarität in Non-Profit-Organisationen zu. Maßnahmen zur Förderung einer starken organisationsinternen Gemeinschaft (siehe oben), verbunden mit Nähe und Verbundenheit der Organisationsmitglieder, legen die Basis für starke solidarische Gemeinschaften, in denen solidarische Handlungsmaximen eingehalten werden. Auch klare Handlungsorientierungen und transparente Entscheidungsfindungen sind förderlich – allerdings nur dann, wenn die Organisation ausreichend Mittel bereitstellt, damit Organisationsmitglieder die Anforderungen auch tatsächlich umsetzen können. Hinzu kommt, dass Anforderungen an solidarisches Verhalten in weiten Teilen nur dann befolgt werden, wenn zumindest eine gewisse Freiwilligkeit gewährleistet ist. Sobald Erwartungen an ihr Verhalten von den Organisationsmitgliedern als Zwang empfunden wird, besteht die Gefahr, dass das solidarische Miteinander und solidarische Handlungen für die Organisation abnehmen. Beide Aspekte werden durch die Ergebnisse des folgenden Abschnitts unterstützt: Emotionen wirken in diesem Zusammenhang unterstützend und verstärkend. Diese Zusammenhänge weisen viele Gemeinsamkeiten zu Steuerungsmöglichkeiten von Vertrauen und Emotionen auf im Organisationsgeschehen auf. Eine Zusammenführung der Ergebnisse findet in Kapitel 8 statt.

6.3.3 Emotionen und Solidarität

In der soziologischen Forschungsliteratur wird vielfach benannt, dass Emotionen im Zusammenhang mit Solidarität eine wichtige Rolle spielen. Die zentrale Bedeutung von Emotionen für solidarische Interaktionsbeziehungen wird an verschiedener Stelle ausdrücklich betont. Kaufmann benennt ein „Zusammengehörigkeitsgefühl als Basis aller solidarischen Beziehungen" (Kaufmann 1984, 171). An anderer Stelle ist zu lesen, Solidarität ist ein durch Gefühle motiviertes Handlungsmuster:

> [...] so dass zusammenfassend gesagt werden kann, dass Solidarität ein emotional getöntes Handlungsmuster kennzeichnet, dessen Motivation altruistisch ist und das die Idee von Gerechtigkeit zugrunde legt, der sich die handelnden Personen verpflichtet fühlen. (Bierhoff & Fechtenhauer 2001, 10)

Und auch Durkheim spricht bereits von Verbundenheitsgefühlen, die Solidarität befördern. Er betont hier vor allem, dass Gefühle, die durch die Zusammengehörigkeit mit anderen entstehen – sowohl aufgrund von Ähnlichkeiten (mechanische Solidarität) als auch aufgrund von Abhängigkeiten (organische Solidarität) – die Einhaltung von Normen und Werten regulieren („Druck sozialer Gefühle" bei Durkheim (Dallinger 2009, 56)). Außerdem handelt es sich bei Verbundenheitsgefühlen um eine „Quelle altruistischer Motive" (Kaufmann 1984, 173). Handeln richtet sich in der Folge nicht an Eigennutz, sondern am Wohl der Gemeinschaft aus.

Die verschiedenen Autoren benennen somit Gefühle als ein zentrales Moment für solidarische Interaktionszusammenhänge. Vor allem Nähe von Organisationsmitgliedern zueinander und Verpflichtung zu solidarischen Handlungen würden durch Zusammengehörigkeits- oder Verbundenheitsgefühle gefördert. Allerdings wird in den verschiedenen Theorieansätzen nicht systematisch ausgeführt, wie dies genau erfolgt und in welchen charakteristischen Wechselbeziehungen Emotionen und Solidarität stehen. Die soziologische Literatur geht darüber hinaus nicht darauf ein, welche Bedeutung und Funktion das Zusammenspiel von Emotionen und Solidarität im Sozialsystem Organisation einnimmt.

Um diese Zusammenhänge zu veranschaulichen, können die Untersuchungsergebnisse herangezogen werden, die aufzeigen, wie Emotionen und Solidarität im Organisationsgeschehen von Non-Profit-Organisationen miteinander verwoben sind. In Teil zwei des Kapitels sind die Analyseergebnisse detailliert ausgeführt und erlauben einen Einblick in das Zusammenspiel von Emotionen und Solidarität. Im Folgenden werden die Forschungsergebnisse nun mit den Theorieansätzen kontrastiert. Außerdem werden sie mit den oben ausgeführten Erweiterungen zu den Bedingungen, der Steuerbarkeit und der Sicherung von Solidarität in Beziehung gesetzt. Dabei werden drei Aspekte besonders herausgestellt: emotionale Aspekte der Motivation zu solidarischem Engagement, die organisationsinterne Solidargemeinschaft als emotional erlebter Raum und Sanktionsmechanismen im Zusammenspiel mit Emotionen.

Emotionale Aspekte der Motivation von solidarischem Handeln

Die detaillierte Betrachtung der Motivationslagen von solidarischem Handeln – in Bezug auf den vorliegenden Untersuchungsgegenstand sind hiermit insbesondere die Beweggründe für das Engagement für die betreffenden Dritte-Sektor-Organisationen gemeint – gibt zentrale Hinweise auf die Entstehungsbedingungen von Solidarität auf Mikroebene der Organisationen. Kaufmann benennt, dass Solidarität auf individueller Ebene von einer „moralischen Gefühlslage" abhängig sei, zum Beispiel als Pflicht, Begeisterung oder Neigung (Kaufmann 2002, 47f.).

Die erhobenen Daten geben Auskunft, wie sich eine „moralische Gefühlslage" konkret ausgestaltet. In den untersuchten Organisationen wurden von den Befragten verschiedene Motivationslagen benannt, die in enger Wechselwirkung mit in diesem Zusammenhang erlebten Emotionen stehen. Wenn Engagierte Werte und Normen verletzt sehen, ist damit eine emotionale Reaktion verbunden. Sie erleben gesellschaftliche Umstände als ungerecht und entwickeln damit einhergehend Emotionen – unter anderem Wut. Diese Emotionen beschreiben sie als handlungsleitendes Motiv für ihr Engagement.[76] Außerdem wird das Engagement als „seelisches Bedürfnis" oder Herzensangelegenheit verstanden.

Darüber hinaus werden Emotionen als Ergebnis des Engagements erlebt. Einerseits wird hier benannt, dass gemeinsam mit Klienten der Organisation erlebte Emotionen – wie Traurigkeit oder Freude – die Beziehung zu den Interaktionspartnern stärken. Andererseits wird das Erleben von positiven Emotionen – wie Glück – als Lohn für die Tätigkeit bezeichnet. Beide Aspekte befördern die Motivation für weiteres Engagement. Emotionen wirken jedoch nicht nur förderlich für die solidarische Tätigkeit – in anderen Zusammenhängen werden sie auch hemmend wirksam. Bei Unzufriedenheit und Ärger kann die Motivation beispielsweise als abnehmend erlebt werden.

---

76 Eine Studie von Bierhoff & Schülken zum Engagement für die Dritte Welt unterstützt diese Beobachtungen. Es werden dort insbesondere Schuldgefühle über eine ungerechte Privilegierung gegenüber anderen Menschen und Zorn über Benachteiligung anderer als handlungsleitende Emotionen benannt (Bierhoff & Schülken 2001, 200).

Es wird eine Wechselwirkung von Emotionen und den Motivationslagen für das solidarische Engagement offenbar –Emotionen können Motivation sowohl fördern als auch hemmen. Die Motivation umfasst dabei sowohl den initialen Auslöser zum solidarischen Engagement für eine Organisation als auch dessen Fortsetzung. Auch die Motivationslagen von organisationsexternen Personen für solidarisches Engagement für die Organisation – zum Beispiel in Form von Sach- oder Geldspenden – sind hiervon berührt.

Emotionen können insgesamt als wichtiger Faktor für die Motivation von solidarischem Engagement gelten. Allerdings sind keine direkten Zusammenhänge zwischen spezifischen Emotionen und der Zu- oder Abnahme von Einsatz für die Organisation zu erkennen. Zwar kann festgestellt werden, dass positive Emotionen Engagement tendenziell befördern – negative Emotionen hingegen können solidarische Handlungen sowohl hemmen als auch anregen. An dieser Stelle können nur Tendenzen aufgezeigt werden. Um wirklich belastbare Aussagen zu treffen, ist weitere Forschung nötig, die die Zusammenhänge gezielt untersucht.

Die emotional erlebte Gemeinschaft

Eine starke Gemeinschaft stellt eine wichtige Voraussetzung für Solidarität in Organisationszusammenhängen dar. Eine schwach ausgeprägte Gemeinschaft innerhalb der Organisation geht hingegen mit einem nur geringen Maße an Solidarität einher. Die Untersuchungsergebnisse im Rahmen dieser Arbeit können diese Zusammenhänge entschlüsseln, da die zentrale Rolle von Emotionen für das von den Organisationsmitgliedern empfundene Gemeinschaftsgefühl und die Stabilität der Gemeinschaft in Organisationen offenbar wird.

Die Analyseergebnisse zeigen ein emotionales Erleben der Eingebundenheit in eine Gemeinschaft auf. Die Angehörigen von starken Gemeinschaften erleben diese häufig als Teil ihrer Familie oder ihres Freundeskreises. Generell bilden die Sozialzusammenhänge von Familie und Freundeskreis Orte, die im Privaten verortet werden und denen generell eine Emotionalität zugeschrieben wird (u.a. in Form von Liebe, Freundschaft, und so weiter) und damit einhergehend die Möglichkeit, diese auszuleben. Die Untersuchungsergebnisse unterstützen dies, indem der Verbundenheit mit der Organisation Ausdruck verliehen wird und die Organisationen als Orte wahrgenommen werden, die auch in Krisensituationen unterstützend zur Seite stehen. Die Verbundenheit mit der Gemeinschaft schlägt sich darüber hinaus in konkreten Emotionen nieder. Das Erleben der Gemeinschaft geht in erster Linie mit positiven Emotionen – wie Glück – einher.

Darüber hinaus entstehen im Kontext starker Gemeinschaften solidarische Gefühle in Interaktionen mit anderen Organisationsmitgliedern. Diese können sich entweder positiv oder aber in negativen Emotionen als Wut über Ungerechtigkeit äußern. Aufgrund der erlebten Emotionen werden solidarische Handlungen weiter befördert. Die Eingebundenheit in eine starke Gemeinschaft evoziert somit Emotionen, die die Verbundenheit weiter steigern und Solidarität stärken.

Im Zusammenhang mit einer starken Gemeinschaft ist darüber hinaus ein weiterer Aspekt des Zusammenspiels von Solidarität und Emotionen zu beobachten. In vielen Fällen wird in Bezug auf die betreffenden Organisationen ein solidarisches Klima benannt. Organisationsmitglieder helfen einander, sind freundlich und kollegial. Der Umgang miteinander wird als emotional wahrgenommen und eigene Emotionen werden induziert. Das solidarische Klima hat somit eine emotionale Komponente und das solidarische Miteinander von Organisationen wird erneut durch Emotionen befördert.

In schwachen Gemeinschaften werden ebenfalls Emotionen in Zusammenhang mit der Wahrnehmung der Organisation als Ort der eigenen Tätigkeit und dem darin stattfindenden Miteinander erlebt. Da zumeist wenig bis kaum Solidarität in den Interaktionszusammenhängen schwacher Gemeinschaften vorhanden ist, wird damit einhergehend die innerorganisationale Solidarität als nicht ausreichend empfunden. Emotionale Reaktionen von Organisationsmitgliedern in Form von negativen Emotionen wie Frust, Ärger oder Enttäuschung können die Folge sein. Verbunden ist dies teilweise mit abnehmender Bereitschaft zu solidarischem Engagement. Es kann festgehalten werden, dass die mangelnde Solidarität in schwachen Gemeinschaften emotionale Reaktionen bei Organisationsmitgliedern hervorruft, die wiederum Bereitwilligkeit zu solidarischen Handlungen weiter einschränkt. Eine Gefährdung der organisationalen Stabilität kann die Folge sein.

Auch wenn die Ergebnisse durch weitergehende Forschung auf ein breiteres Fundament gestellt werden sollten, kann doch festgehalten werden, dass die Untersuchungsergebnisse explorative Zusammenhänge vom Zusammenspiel von Emotionen und Solidarität in Organisationen aufzeigen. Die Unterscheidung von starken und schwachen Gemeinschaften spielt hierbei eine entscheidende Rolle, um die Wechselwirkungen zu erfassen. In starken Gemeinschaften entstehen Emotionen, die tendenziell die Bereitschaft zu weiterem solidarischen Engagement befördern und somit Solidarität stärken. In schwachen Gemeinschaften ruft die geringe Solidarität Emotionen hervor, die die Bereitschaft zu solidarischen Handlungen noch weiter abnehmen lässt. Emotionen haben in diesem Zusammenhang – wie auch schon bei der Motivation zu solidarischem Engagement – sowohl eine verstärkende als auch hemmende Wirkung auf Solidarität.

Sanktionsmechanismen und Emotionen

Die Frage nach dem Zusammenspiel von Emotionen und Solidarität in Dritte-Sektor-Organisationen berührt eine weitere Bedingung von Solidarität: die Möglichkeit der Durchsetzung von Sanktionsmechanismen zur Sicherung von solidarischem Engagement.

Wie im vorangehenden Abschnitt deutlich wurde, verstärken Emotionen die Eingebundenheit in die Gemeinschaft der Organisation – sofern diese stark ist und somit durch vorhandene Solidarität gekennzeichnet. In diesem Zusammenhang wird auch die Verbundenheit und Nähe zwischen den Organisationsmitgliedern befördert. In diesem Kontext wird es vereinfacht Sanktionen durchzusetzen, da Organisationsmitglieder sich mit der Organisation und ihren Mitgliedern so verbunden fühlen, dass sie die dort geltenden Handlungsmaximen anerkennen und befolgen. Die in den Handlungsmaximen enthaltenen Werte und Normen stimmen in starken Gemeinschaften weitgehend überein, da sie ebenfalls durch Homogenität der Organisationsmitglieder untereinander gekennzeichnet sind.

Die im Rahmen der Untersuchungsergebnisse gemachten Beobachtungen entsprechen der von der soziologischen Literatur beschriebenen Rolle von Gemeinschafts- beziehungsweise Verbundenheitsgefühlen. Es entsteht eine „normative Verpflichtung" durch ein „Gefühl der Zusammengehörigkeit" (Kaufmann 1984, 169). Organisationsmitglieder richten sich aufgrund ihrer Eingebundenheit in die Organisation an den in der Organisation geltenden Prinzipien aus.

Hiervon ist ein weiterer Aspekt berührt, der aufgrund der Daten sichtbar wird: gegenseitige Sanktionierung von solidarischem Handeln findet nicht nur in konkreten Bestrafungen und Belohnungen Ausdruck (zum Beispiel als Abmahnung oder als Übertragung verantwortungsvoller Aufgaben). Sanktionierung vollzieht sich in vielen Fällen auch durch Zuweisung oder Entzug sozialer Anerkennung. Damit einhergeht – bei erfolgreicher Anerkennung – eine Steigerung des Selbstwertgefühls. Der emotionale Aspekt besteht hierbei einerseits darin, dass Mitleid und Sympathie mit anderen die solidarische Handlung auslöst und damit einhergehend Selbstwertgefühle steigen (Lilli & Luber 2001, 286). Außerdem besteht eine Voraussetzung für Prozesse sozialer Anerkennung und damit einhergehend der Förderung des Selbstwertgefühls darin, dass die Organisationen als „Wahlverwandtschaften" oder „Gesinnungsgemeinschaften" wahrgenommen werden, die primär emotional sind (Kaufmann 2002, 46). Wie bereits deutlich wurde, ist dies in den befragten Organisationen wiederholt der Fall.

Die Analysedaten machen deutlich, dass der Mechanismus sozialer Anerkennung insbesondere zwischen Mitgliedern auf einer Hierarchieebene greift. Außerdem findet Sanktionierung durch Anerkennung – oder Anerkennungsentzug – vor allem gegenüber Ehrenamtlichen statt, da hier kaum andere Sanktionsmechanismen zur Verfügung stehen. Bei der Person, der der Anerkennungsentzug oder die Zuwendung durch Anerkennung gilt, ist dies mit einer emotionalen Reaktion verbunden. Zuweisung von Anerkennung – etwa in Form von Dankbarkeit oder Wertschätzung – ruft bei der betreffenden Person positive Emotionen hervor, die wiederum zu einer Bindung an die Organisation beitragen. Einhergehen können diese positiven Emotionen mit einer Steigerung des Selbstwertgefühls. Entzug sozialer Anerkennung – das sich etwa durch Misstrauen in die Arbeitsleistung äußert – ruft hingegen negative Emotionen (wie Frust oder Enttäuschung) hervor, die das Engagement hemmen und im Extremfall zu dessen Abbruch beitragen. Es kann allerdings auch vorkommen, dass der Entzug sozialer Anerkennung ein konformes Verhalten provoziert, um die Anerkennung und die damit verbundenen positiven Emotionen zurück zu erlangen.

An dieser Stelle wird ebenfalls ein Steuerungspotential von Solidarität offenbar – nämlich über den Versuch der Beeinflussung der Emotionen der Organisationsmitglieder (oder externer Personen wie Spenderinnen und Spendern). Es ist ein Streben nach sozialer Anerkennung zu beobachten, das bei Erfüllung für die betreffenden Personen mit positiven Emotionen verbunden ist. Wenn das Anerkennungsbedürfnis befriedigt wird, werden positive Emotionen bei den Organisationsmitgliedern (oder externen Spenderinnen und Spendern) evoziert, die wiederum die Verbundenheit mit der Organisation und in der Folge das solidarische Engagement fördern. In den befragten Organisationen lässt sich dieser Mechanismus beobachten. Ehrenamtlichen wird eine besondere Behandlung zuteil – es wird etwa viel Wert darauf gelegt, organisationsinternen Engagierten oder organisationsexternen Spendern auf persönliche Art und Weise zu danken. Beide Maßnahmen sind darauf ausgelegt, die jeweiligen Personen langfristig an die Organisation zu binden. Darüber hinaus wird von Organisationsmitgliedern eine emotionale Bindung an die Organisation abverlangt. Von Hauptamtlichen wird etwa erwartet, dass sie die Tätigkeit als Herzensangelegenheit begreifen und mit Leidenschaft betreiben. Hier wird ein weiterer Versuch der Steuerung der Emotionen der Organisationsmitglieder offenbar, was in der Konsequenz wiederum zur Sicherung von Solidarität beitragen kann – wenn die Organisationsmitglieder denn bereit sind, die Anforderungen zu erfüllen.

6.3.4 Ausblick: Erweiterung des Konzeptes Solidarität durch Emotionen

Die Untersuchungsergebnisse zeigen auf, welche zentrale Rolle Emotionen im Zusammenspiel mit Solidarität im Geschehen von Non-Profit-Organisationen spielen. Die soziologische Forschungsliteratur gibt darauf zwar erste Hinweise und somit einen Ausgangspunkt für die vorliegende Forschung, eine systematische Analyse wurde bisher aber nicht durchgeführt. Die Forschungsergebnisse, die im Rahmen dieser Arbeit erhoben und analysiert wurden, füllen hier eine Lücke. Sie machen deutlich, dass Emotionen Solidarität in organisationalen Kontexten sowohl hemmen als auch fördern können. Dabei spielen die Ausgangsbedingungen eine wichtige Rolle: in Organisationen, die einen hohen Grad an solidarischen Beziehungen aufweisen – etwa in Form eines solidarischen Klimas – helfen Emotionen dabei, die vorhandene Solidarität weiter zu fördern. Fehlende Solidarität reproduziert sich allerdings ebenfalls mithilfe von Emotionen, wie auf Basis der Untersuchungsergebnisse deutlich wird.

Die Forschungsliteratur deutet an, dass Zusammengehörigkeits- und Verbundenheitsgefühlen in diesem Zusammenhang eine wichtige Funktion zukommt. Allerdings werden darüber hinausgehende Emotionen nicht berücksichtigt. Das Gleiche gilt für die hemmende Rolle, die Emotionen in Bezug auf Solidarität ausüben können – Emotionen haben bei weitem nicht nur eine fördernde Funktion für Solidarität in den organisationalen Zusammenhängen. Die bisherige soziologische Forschungsliteratur gibt darauf keine Hinweise.

Darüber hinaus wird deutlich, dass Solidarität nicht nur in organisationsinternen Zusammenhängen von Bedeutung ist, sondern Emotionen auch in den Wechselbeziehungen mit der Organisationsumwelt eine zentrale Bedeutung zukommt –, auch wenn in der vorliegenden Arbeit in erster Linie auf die Bedeutung von Emotionen für Solidarität innerhalb der Organisation eingegangen wurde. Emotionen befördern solidarisches Handeln ebenfalls in Wechselbeziehungen mit der Organisationsumwelt, vor allem mit Klienten der Organisation. Wie bereits weiter oben im Zusammenhang mit den Entstehungsbedingungen und der Steuerbarkeit von Solidarität ausgeführt, sind auch an dieser Stelle die Ebenen organisationsinterner und -externer Zusammenhänge zu differenzieren.

Die Untersuchungsergebnisse zeigen auf, dass theoretische Ansätze, die sich an den beiden Paradigmen zur Erklärungskraft von Solidarität orientieren, die zu Beginn dieses Kapitels illustriert wurden, zu kurz greifen. Einerseits wird hier mit der Orientierung an Normen und Werten argumentiert, andererseits wird sich des Konzeptes von Eigennutz als Begründung bedient. Beide Aspekte haben zwar eine nicht unwesentliche Bedeutung zur theoretischen Fassung von Solidarität, wie in diesem Kapitel – auch auf Grundlage der Analyseergebnisse – deutlich wurde. Die Lücke, die die Verbindung beider Ansätze möglich macht, ist aber noch zu schließen. Hier kann der Bezugnahme auf Emotionen eine essentielle Bedeutung zukommen.

Emotionen „lenken" das Handeln der Organisationsmitglieder in Bahnen, die die in der Organisation geltenden Handlungsmaximen berücksichtigen und somit einen normativen Aspekt haben. Außerdem sind Wertvorstellungen mit Emotionen verbunden, indem sie die Reaktion verstärken, wenn ein Verstoß gegen Werte und Normen festgestellt wird. Emotionen spielen in der Folge eine wesentliche Rolle für die Motivation solidarischen Handelns. Auch Eigennutz als Antrieb für solidarisches Handeln hat emotionale Aspekte, beispielsweise indem nach sozialer Anerkennung gestrebt wird. Emotionen verstärken die Effekte der Anerkennung und befördern Engagement. Allerdings werden auch weitere Aspekte von Emotionen und Solidarität offenbar, die nicht in direktem Zusammenhang mit Werten und Normen beziehungsweise Eigennutz stehen.

Die Einbeziehung von Emotionen erlaubt, die Erklärungskraft der normativen Ansätze einerseits und Rational-Choice-basierenden Theorieansätze andererseits deutlich zu steigern, indem eine Brücke geschlagen wird. Eine Erweiterung der bestehenden soziologischen Theorieansätze um den Aspekt von Emotionen ist somit unbedingt notwendig.

In diesem und dem vorausgehenden Kapitel zur Bedeutung von Emotionen im Zusammenhang mit Vertrauen wurden wichtige Funktionen von Emotionen im Organisationsgeschehen von Dritte-Sektor-Organisationen offenbar. Im Folgenden dritten Hauptkapitel dieser Arbeit werden weitere Bedeutungszusammenhänge von Emotionen in Non-Profit-Organisationen sichtbar. Alle Ergebnisse werden schließlich final im letzten Kapitel zusammengeführt.

7

Emotionen in Dritte-Sektor-Organisationen

Wie in den beiden vorausgehenden Kapiteln deutlich wurde, spielen Emotionen eine wichtige Rolle im Organisationsgeschehen von Dritte-Sektor-Organisationen: unter anderem wirken Emotionen befördernd für Prozesse von Vertrauen und Misstrauen sowie für die Motivation solidarischer Handlungen auf der einen und fehlender Solidarität in Handlungszusammenhängen auf der anderen Seite. Einige Kontexte, in denen Emotionen eine besondere Bedeutung zukommt sind bereits skizziert worden. Es sind jedoch zahlreiche weitere Zusammenhänge auszumachen, in denen Emotionen wirken.

Emotionen sind überall im Organisationsgeschehen eingebettet. Genauso wie Menschen die Vorgänge in den Organisationen bestimmen, wirken hier auch ihre Gefühlslagen und Emotionen mit. Emotionen wie Freude oder Ärger entstehen in den Organisationen oder werden aus organisationsfremden Zusammenhängen „mitgebracht". Die Gefühlslagen der Mitglieder wirken auf die Interaktionen in den Organisationen ein und haben darüber hinaus Einfluss auf Stimmung und Klima.

Besonders in Dritte-Sektor-Organisationen kommt Emotionen ein zentraler Stellenwert zu, da der gesamte Non-Profit-Bereich zu einem großen Teil auf ehrenamtliches Engagement angewiesen ist. Einerseits findet Motivation für die Organisation durch Werte und Normen statt, die auch durch emotionale Beweggründe – wie beispielsweise ein Ungerechtigkeitsempfinden – begleitet werden. Andererseits haben – vor allem Ehrenamtliche – hohe Erwartungen an die Tätigkeit in den Organisationen, da sie auch Teil ihrer Freizeitgestaltung darstellt. Wenn die Möglichkeiten und Rahmenbedingungen des Engagements nicht ihren Vorstellungen entsprechen, kann schnell Unzufriedenheit entstehen und das Engagement beendet werden.

Das sind nur einige Funktionen, die Emotionen vor allem im Kontext von Dritte-Sektor-Organisationen mutmaßlich zukommen. Ein differenzierteres Bild wird sich im Folgenden auf Grundlage der Theorieansätze zu Emotionen (in Organisationen) einerseits und der Analyse auf Gemeinsamkeiten der erhobenen Daten andererseits entwickeln.

Die Theorie zeigt vor allem auf, wie Emotionen und soziale Strukturen miteinander in Wechselwirkung stehen und wie damit zusammenhängend Emotionen in Organisationen auf Basis von Emotionsnormen durch Emotionsarbeit und Emotionsmanagement reguliert werden. Außerdem werden konzeptionelle Annäherungen an das Phänomen der kollektiven Emotionen vorgestellt. Hier wird vor allem auf von Scheve (2009), von Scheve & von Lüde 2005, aber auch auf von Scheve & Ismer (2013), von Scheve & Salmela (2014), Hochschild (1979, 1983) und Fineman (2008) Bezug genommen.

Auf Grundlage der Datenanalyse lassen sich Dritte-Sektor-Organisationen als emotionale Soziotope identifizieren, die sich als Harmoniesoziotope und Konfliktsoziotope benennen lassen. Die in den organisationalen Kontexten erlebten

Emotionen stellen sich unterschiedlich dar; es lassen sich aber unter anderem positive Emotionen bestimmen, die motivierende Wirkung entfalten. Negative Emotionen können zwar auch motivationale Aspekte haben, in erster Linie hemmen sie aber das Engagement. Schließlich werden Versuche der Einflussnahme auf die Gefühlslagen der Akteure durch Emotionsarbeit und Emotionsmanagement sowie die Regulierung eigener Emotionen beim Individuum beobachtet.

Theorie und Untersuchungsergebnisse werden abschließend zusammengeführt. Dabei wird vor allem dargelegt, wie sich bisherige Forschung und Untersuchungsergebnisse in ihrer Erklärung des Phänomens Emotionen in Dritte-Sektor-Organisationen ergänzen, und wo Anpassungen der theoretischen Konzepte vorgenommen werden müssen.

7.1 Forschungsstand: Emotionen in Organisationen

Emotionen haben in der Soziologie seit einigen Jahrzehnten zunehmende Beachtung erfahren und sind mit der Emotionssoziologie mittlerweile als ein Teilbereich fest in der soziologischen Wissenschaftslandschaft verankert. Auch innerhalb der Organisationsforschung wird Emotionen ein wichtiger Platz eingeräumt (vgl. u.a. Fineman 1993, 2008; Ashkanasy et al. 2015[77]). Ashkanasy & Humphrey (2011a) sehen eine explosionsartige Zunahme der Forschung zu Affekten und Emotionen in Organisationen seit Mitte der 90er Jahre "[...] a veritable explosion of interest in the study of affect and emotions in organizations" (214).

Obwohl sich die verschiedenen Disziplinen mit Emotionen befassen, findet dies vor allem innerhalb neu etablierter spezieller Bereiche statt. Eine reguläre Berücksichtigung von Emotionen steht noch aus.

Die Bedeutung von Emotionen für soziale Prozesse wurde bereits in soziologischen Klassikern artikuliert (vgl. u.a. Durkheim 1994 (Original: 1912); Elias 1976; Smith 1993, Original: 1776). Eine soziologische Auseinandersetzung mit Emotionen als eigenständigem Forschungsgegenstand begann dennoch erst in den 1970er Jahren. Zunächst wurde Emotionen in der anglo-amerikanischen Soziologie eine besondere Aufmerksamkeit zuteil (vgl. u.a. Hochschild 1979, 1983; Kemper 1978, 1990), bevor sie auch in der deutschen Soziologie Beachtung fanden (vgl. u.a. Flam 1990a, 1990b; Gerhards 1988). Mittlerweile findet sich eine große Vielfalt verschiedener Theorieansätze, die sich vor allem anhand der Frage unterscheiden lassen,

77 Es handelt sich um eine Sammelband-Reihe, die jährlich seit 2005 erscheint.

wie Emotionen entstehen und wie sie wiederum im Zusammenspiel mit sozialen Prozessen und Strukturen wirken.

Die so genannten kognitivistischen Theorien sind die am stärksten verbreiteten Theorien innerhalb der Emotionssoziologie (vgl. u.a. Elster 1999; Hochschild 1979, 1983; de Sousa 2002). Außerdem lassen sich behavioristische Emotionstheorien, neurologische Emotionstheorien und phänomenologische Emotionstheorien unterscheiden (vgl. Senge 2013). Die kognitivistischen Theorien beschreiben, dass Emotionen immer mit kognitiven Bewertungen der betreffenden Situation verbunden sind, in der die Emotion auftritt. Dabei ruft nicht die Situation die Emotion hervor, sondern die individuelle Bewertung derselbigen. Emotionen sind hierbei untrennbar verbunden mit Beurteilungen und Einschätzungen und weisen immer eine Intentionalität auf.

Auch neuere Arbeiten, die Emotionen und soziale Strukturen als eng miteinander verbunden ansehen, beschreiben die Einschätzungen der betreffenden Akteure bezogen auf die Situationen als ein zentrales Erklärungsmuster. Vor allem die grundlegenden Ausführungen von von Scheve & von Lüde (2005) und von Scheve (2009) sind hier zu nennen. Sie sehen Emotionen und Kognitionen als in reziprokem Wechselverhältnis stehend an (von Scheve & von Lüde 2005, 308). Emotionen sind dabei Kognitionen nicht nachgelagert (von Scheve 2009, 152f.). Von Scheve & von Lüde greifen die gängigen emotionssoziologischen Theorien auf und erweitern sie um interdisziplinäre Erkenntnisse zu Emotionen aus den Neurowissenschaften und der Sozialpsychologie. Aufgrund der breiten Basis der einbezogenen Theorien ist die theoretische Auseinandersetzung mit Emotionen sehr fundiert, elaboriert und erlaubt neue Einsichten über die Entstehung und Funktion von Emotionen im sozialen Miteinander. Die Darstellung des Forschungsstandes zur Emotionssoziologie und der theoretische Hintergrund, vor dem die Untersuchungsergebnisse diskutiert werden, beruht in diesem Kapitel deshalb vor allem auf von Scheve 2009, da dort die grundlegenden Überlegungen von Scheves & von Lüdes weiter ausdifferenziert werden.

Sein Ansatz wird im vorliegenden Kapitel insbesondere daraufhin überprüft, inwiefern er zur Erklärung von Emotionen in Organisationen, mit dem besonderen Fokus auf Dritte-Sektor-Organisationen, herangezogen werden kann. Dazu werden weitere emotionssoziologische Arbeiten berücksichtigt, die sich mit Emotionen in Organisationen befassen, um die Bedeutung von Emotionen im Organisationsgeschehen von Dritte-Sektor-Organisationen zu beleuchten. Zentrale Konzepte sind in diesem Zusammenhang Emotionsarbeit und Emotionsmanagement, die den Einsatz und die Regulierung von Emotionen im Arbeitsalltag von Organisationen von Seiten des Organisationsmitglieds und der Organisation beschreiben. Ferner hat emotionale Ansteckung Einfluss auf die Emotionen der Organisationsmitglieder im Miteinander. Die Konzepte berühren maßgeblich die Frage, inwiefern und inwieweit Emotionen im Organisationsgeschehen beeinflusst und gelenkt werden.

Das Konzept der Kollektiven Emotionen erweitert den Erkenntnisgewinn, indem der Blick über Emotionen als individuelles Phänomen hinaus gerichtet wird.

7.1.1 Emotionen und Rationalität

Wenn der Frage nachgegangen wird, welche Bedeutung Emotionen in sozialen Zusammenhängen – hier vor allem in Organisationen – zukommt, ist auf die wissenschaftliche Auseinandersetzung mit dem Begriff „Rationalität" zu verweisen und wie sich Emotionen darin wiederfinden. Lange Zeit wurden Emotionen aus der Analyse der Mikroebene von Entscheidungen, Handlungen, aber auch von Prozessen auf Ebene der Organisationen weitgehend ausgeklammert beziehungsweise höchstens als Störfaktoren einbezogen. Zurückzuführen ist dies vor allem auf die Soziologie Max Webers, die Handeln an verschiedenen Rationalitätstypen ausgerichtet sieht und Organisationen als rationale Gebilde begreift.[78] Dieses Rationalitätsideal hat die nachfolgende Soziologie, aber auch andere Disziplinen wie die Wirtschaftswissenschaften, maßgeblich beeinflusst. Deutlich wird dies insbesondere anhand von Rational-Choice-Theorien (vgl. u.a. Axelrod 1984, Elster 1986), die davon ausgehen, dass mit Handlungen sowohl ein gewisser Nutzen als auch bestimmte Kosten verbunden sind und die Akteure genau abwägen, welche Entscheidungen unter dem Einsatz bestimmter Mittel die Besten für sie seien. Emotionen spielen hierbei in der Regel keine Rolle oder werden höchstens als Störfaktoren angesehen – sie führten zu suboptimalen Entscheidungen.

Obwohl das Ideal der Rationalität in den Sozial- und Wirtschaftswissenschaften weiterhin weitgehend unhinterfragt den Status Quo bildet, befassen sich Teilbereiche innerhalb der Disziplinen sehr wohl mit dem Zusammenspiel von Emotionen und Rationalität und benennen die Aufteilung in zwei sich gegenüberstehende und gegenseitig ausschließende Pole als überholt. Auch Rational-Choice-Theoretiker integrieren Emotionen in ihre Erklärungsansätze von Entscheidungen (zum Beispiel Elster 1999; Frank 2004).

---

78 Dies geht auf Webers Analyse von Bürokratie in Organisationen zurück (vgl. Weber 1976). Damit ist allerdings nicht gesagt, dass Weber Emotionen nicht berücksichtigt. Im Gegenteil spielen Emotionen bei ihm als Teil affektuellen Handelns bereits eine wichtige Rolle in der Analyse von Handlungen – allerdings nicht als stabilisierender Faktor für soziale Ordnungen.

Kritik am Homo Oeconomicus, der alleine aufgrund nutzenmaximierender Abwägungen entscheidet, wird aber vor allem aus der Soziologie heraus laut. Eine sehr fundierte Auseinandersetzung mit der Integration von Emotionen in Rationalitätskonzepte findet sich bei von Scheve 2009. Von Scheve unterscheidet in Bezugnahme auf Barbalet (1998) Theorieansätze zu Emotionen und Rationalität anhand von drei Paradigmen. Der konventionelle Ansatz vertritt die Auffassung von Emotionen und Rationalität als zwei entgegengesetzte Pole. Als Beispiel ist der Emotional Man (vgl. Flam 1990a, 1990b) zu nennen, der dem Idealtyp des rationalen Akteurs einen emotional handelnden Part gegenüber stellt. Der kritische Ansatz sieht Emotionen und Rationalität als komplementär zueinander. Der radikale Ansatz versteht beide Konzepte als miteinander verschränkt und als zwei Ausdrucksformen ein und desselben Phänomens als „zwei Kategorien des Denkens" (von Scheve 2009, 183). Die Emotionssoziologie ordnet von Scheve in erster Linie dem kritischen Paradigma zu und sieht auch seinen eigenen Theorieansatz hier verortet. Von Scheve greift Handlungstheorien und das damit verbundene Postulat der Rationalität auf und führt aus, dass diese in ihrer Erklärungskraft zu kurz greifen. Auch die Theorien, die auf Emotionen als fördernden Mechanismus für rationale Handlungen zurückgreifen, würden in weiten Teilen einen wichtigen Aspekt übersehen: die Einbettung von Emotionen in ihre soziale Umwelt.

Der folgende Abschnitt zeigt auf, wie Kognitionen und Emotionen zusammenwirken und dabei untrennbar mit sozialen Strukturen verbunden sind. Einschätzungsprozesse haben dabei immer unbewusste und automatische Komponenten, die sich dem Zugriff und Einfluss der Akteure entziehen. Eine rein rationalistisch-kognitive Abwägung von Entscheidungsalternativen und bewusste Bewertung von den mit der Situation verbundenen Emotionen ist somit schlicht nicht möglich (ebenda, 323).

7.1.2 Emotion und Kognition

Ein zentraler Argumentationsstrang in von Scheves theoretischer Analyse besteht im Zusammenspiel von Kognitionen und Emotionen. In der gängigen sozialwissenschaftlichen Forschung liegt der Fokus in weiten Teilen auf der Kognition. Vor allem Rational-Choice-Theorien überbetonen den kognitiven Aspekt in der Entscheidungsfindung stark. Die wichtige Rolle von Emotionen bei der Informationsverarbeitung wird vielfach ausgeblendet.

Eine Unterscheidung von Kognition und Emotion ist in diesem Zusammenhang vonnöten, um das Zusammenspiel beider Phänomene im Prozess von Informationsverarbeitung, Einschätzungen, Entscheidungen und Handlungen verstehen zu können. Von Scheve führt hierzu aus, dass Kognition und Emotion zwar unterschiedliche Phänomene darstellen, die aber, wie auch Rationalität und Emotion, miteinander verbunden sind (ebenda, 202f.).

Kognition und Rationalität werden beide als Phänomene beschrieben, die von Emotionen unterschiedlich sind, aber gleichzeitig mit ihnen interagieren. Deshalb werden hier die Unterschiede kurz verdeutlicht: Rationalität beschreibt die Bewertung eines Entscheidungsprozesses – der schließlich gewöhnlich in einer Handlung mündet – anhand bestimmter Kriterien. Eine Entscheidung ist rational, wenn es sich um die beste Entscheidung unter Einsatz bestimmter Mittel handelt, das zentrale Kriterium ist dabei die Nutzenmaximierung. Kognition ist hingegen eine angeborene geistige Fertigkeit, die bei allen Handlungs-, Entscheidungs- und Einschätzungsprozessen eine zentrale Rolle spielt.

Kognitionen werden – neben Emotionen – als primäre Phänomene des menschlichen Geistes, und somit seines Seins und Handelns beschrieben. Kognitionen sind dabei geistige Fähigkeiten wie Denken, Planen, Bewerten, Informationsverarbeitung und -speicherung aber auch Absichten, Überzeugungen, Wünsche und Motive (ebenda, 202f.).

Eine Entscheidung[79] hat immer emotionale und kognitive Komponenten. Eine Entscheidung muss aber nicht immer rational sein. Es gibt beispielsweise irrationale Entscheidungen, bei denen Emotionen den zentralen Handlungsimpuls geben – etwa die Entscheidung aus Eifersucht den Nebenbuhler zu töten, auch wenn als Folge eine lange Gefängnisstrafe droht. Dennoch spielen bei der Entscheidung für die affektive Handlung auch kognitive Verarbeitungs- und Denkprozesse eine Rolle.

Kognitionen und Emotionen als geistige Verarbeitungsprozesse stehen in einem Wechselspiel bei der Entscheidungsfindung. Von Scheve greift hier auf Erkenntnisse aus den Neuro- und Kognitionswissenschaften zurück und beschreibt, dass beide Prozesse sich gegenseitig bedingen und ergänzen (ebenda, 152f.). Zwar können Emotionen durch Kognitionen wie Wünsche oder Bewertungen entstehen, sie unterstützen aber andererseits auch die Informationsverarbeitung bei Urteils- und Entscheidungsfindungen und finden somit zeitlich auch vor kognitiven Prozessen statt (ebenda, 206).

---

79 Die Konzentration auf das Konzept der Entscheidung soll keine inhaltliche Verkürzung darstellen. Entscheidungen werden hier stellvertretend für weitere Prozesse wie Einschätzungen und Handlungen betrachtet, die eng mit Entscheidungen verbunden sind. Einerseits liegen Entscheidungen immer Einschätzungsprozesse zugrunde. Andererseits gehen allen Handlungen - bewusste und unbewusste - Entscheidungsprozesse voraus. Ohne eine Entscheidung findet keine Handlung statt. Aber auch die Entscheidung zu einer Nicht-Handlung stellt eine Entscheidung dar.

Bei der Verbindung von Einschätzungstheorien (vgl. u.a. Reisenzein 2001; Smith & Kirby 2001) einerseits und neurowissenschaftlichen Theorien (vgl. u.a. Damasio 1995; Davidson 2001; LeDoux 1996; Rolls 1999) andererseits wird deutlich, dass Emotionen und Kognitionen nicht nur bei der Entscheidungsfindung miteinander verwoben sind, sondern die Entstehung von Emotionen bereits ein Zusammenspiel von affektuellen und kognitiven Strukturen und Prozessen darstellt (von Scheve 2009, 138f.). Emotionen haben eine affektive Komponente, bei der automatisierte (und unbewusste) Einschätzungen auf einen bestimmten Stimulus hervorgerufen werden, es handelt sich hierbei um assoziative Verarbeitungen. So werden etwa physiologische Erregungen sowie Handlungstendenzen hervorgerufen. Daraufhin wird eine deliberative Verarbeitung des Stimulus unter Bezugnahme auf den Affekt sowie eine sensomotorische Empfindung angestoßen, die bewusst wahrgenommen werden kann. Das Ereignis wird aktiv – und unter Umständen neu – bewertet, auch unter Bezugnahme auf Kontextinformationen. Dies können auch Ziele und Überzeugungen sein. Es handelt sich um eine wissensbasierte Einschätzung; eine Emotion entsteht (ebenda, Abb. 7, 141).

Grundlegend für die Argumentation der Verbundenheit von Emotionen und Kognitionen bei der Entscheidungsfindung ist unter anderem die Forschung des Neurowissenschaftlers Damasio (1995, 2003).[80] Er argumentiert anhand mehrerer Fälle von Personen, die große Schwierigkeiten hatten im Alltag (rationale) Entscheidungen für das „persönliche und soziale Wohlergehen" (von Scheve 2009, 223) zu treffen, obwohl ihre Fähigkeiten des Erinnerns, Lernens und des Gedächtnisses intakt waren. Auch das Wissen über soziale Normen und Konventionen war noch vorhanden, trotzdem kam es zu Auffälligkeiten im sozialen Verhalten. Gleichzeitig war eine emotionale Gleichgültigkeit zu beobachten, die mit der Abwesenheit von Emotionen einherging. Damasio entwickelte auf Basis dieser Erkenntnisse die Theorie der somatischen Marker, die eben besagt, dass Emotionen – vor allem soziale Emotionen – bei der Entscheidungsfindung unterstützen. Vor der bewussten Abwägung von Argumenten, Gründen und Konsequenzen findet eine physiologische Reaktion statt – etwa als subjektives Gefühl – die eine bestimmte Entscheidung akzentuiert, so die Alternativen reduziert und zu einer effizienteren Entscheidungsfindung beiträgt.

Auf diese Art bereits Erfahrenes wird mithilfe von somatischen Markern im Gehirn gespeichert und in ähnlichen Situationen reaktiviert; Entscheidungsalternativen werden reduziert. Negative somatische Marker wirken hingegen wie eine

---

80 Eine detaillierte Übersicht, die der folgenden Darstellung zugrunde liegt findet sich bei von Scheve 2009, 222ff.

Art Alarmglocke, die Aufmerksamkeit auf die Situation lenken. Somatische Marker sind sozial geprägt und werden während der Sozialisation internalisiert und wirken wiederum sozial, indem sie in Entscheidungssituationen das soziale Handeln beeinflussen. Sie können so auch emotionales Handeln initiieren.

Damasios Theorie zeigt auf, wie eng Emotionen und Kognitionen miteinander verwoben sind, sich gegenseitig bei der Entscheidungsfindung unterstützen und dabei von ihrem sozialen Umfeld geprägt werden. Es wird außerdem deutlich, wie Emotionen Rationalität befördern. Emotionen sind dabei behilflich, aus dem unendlichen Pool von Entscheidungen auszuwählen. Auch rationale Entscheidungen werden so begünstigt. Ohne Emotionen ist Rationalität oft gar nicht möglich, da die Kontextbedingungen automatisiert und schnell einbezogen werden (ebenda, 180).

Von Scheve greift diese Argumentation auf und führt die damit eng verbundene Idee aus, dass Erfahrungen in so genannten Schemas mithilfe von Emotionen im Gehirn repräsentiert sind und in ähnlichen Situationen reaktiviert werden. Emotionen sind hierbei hoch selektiv und lenken die Aufmerksamkeit auf ein Ereignis oder einen Gegenstand.[81] Emotionen wirken dabei komplexitätsreduzierend: Sie bestimmen welche Informationen des bisherigen Erfahrungshorizontes zur Entscheidungsfindung zur Verfügung stehen (ebenda, 212).

7.1.3 Emotionen in Interaktionen

Von Scheves Hauptaugenmerk liegt auf dem Zusammenspiel von Emotionen und sozialen Strukturen. Er arbeitet heraus, wie diese miteinander interagieren, sich gegenseitig befördern und reproduzieren. Auch die Schemas mit denen Erfahrungen abgespeichert und in sich ähnelnden Situationen reaktiviert werden, sind zentral sozial geprägt, da sie „immer im Zuge der Auseinandersetzung mit den Anforderungen der sozialen Umwelt entstehen“ (ebenda, 167). Vor allem die kognitiven Strukturen und Prozesse als Bestandteile der beteiligten Emotionen „[spiegeln] wie kaum eine andere Komponente die soziale Situiertheit eines Akteurs [wider]“ (ebenda, 162).

Die mit Situationen verbundenen Einschätzungs- und Entscheidungsprozesse münden oftmals in Handlungen, die Teil von Interaktionen mit anderen Akteuren

81 Eine wichtige Rolle spielt hierbei die Valenz der Emotionen, indem positive Emotionen automatisierte Prozesse anstoßen und negative zu einer bewusst-kognitiven Verarbeitung der Informationen führen (von Scheve 2009, 207).

sind. Um die individuelle Ebene in seiner Argumentationskette zu verlassen, richtet von Scheve seinen Blick auf Interaktionen als interindividuelle Wechselprozesse.

Interaktionen sind von hoher Relevanz, indem sie zeigen, wie die beim Individuum mithilfe von Emotionen internalisierten sozialen Strukturen wieder in die soziale Umwelt zurückwirken. Eine wesentliche Bedeutung kommt Emotionen hier unter anderem aufgrund ihrer Unmittelbarkeit und Vielfältigkeit in den Ausdrucksmöglichkeiten zu. So wird Kommunikation an sich, aber vor allem auch nonverbale Kommunikation erleichtert – verbunden mit einer Einschätzung der Absichten der Interaktionspartner. „Dieses emotionsbasierte Fremdverstehen ermöglicht Akteuren in sozialen Interaktionen, sich gegenseitig relativ zuverlässig Ansichten, Wünsche und Intentionen zuzuschreiben" (ebenda, 251).

Emotionen als „Träger sozialer Strukturen" (ebenda, 337), die bidirektional zwischen Handlung und Struktur vermitteln, setzen Handlungsimpulse und tragen so dazu bei, die soziale Ordnung zu reproduzieren. Sie geben aber auch Impulse zur Veränderung.

Hier wird ein weiterer zentraler Aspekt von von Scheves Theorie deutlich, der bereits bei von Scheve & von Lüde (2005) benannt wird: die in der Soziologie weit verbreitete Trennung in Mikrotheorien auf der einen und Makrotheorien auf der anderen Seite und die damit verbundene Frage nach dem Verhältnis von Individuum und Gesellschaft wird überbrückt. Dies gelingt durch einen Mikro-Makro-Link, indem ausgeführt wird, wie soziale Strukturen Emotionen prägen und Emotionen andererseits durch Handlungen auf soziale Strukturen wirken.

Emotionsnormen

Ein ganz zentrales Moment, das beinhaltet, wie soziale Strukturen Eingang in die Handlungen der Akteure finden, besteht darin, dass soziale Normen, Konventionen und damit verbundene Regeln das Handeln leiten. In diesem Zusammenhang vermitteln Emotionsnormen zwischen den Emotionen der Akteure einerseits und den Erwartungen an ihr Handeln, die durch die sozialen Strukturen festgelegt sind andererseits. Emotionsnormen geben durch Gefühlsregeln vor, welche Emotionen mit welcher Intensität gefühlt werden und bestimmen durch Darstellungsregeln, wie die Emotionen in den Interaktionen ausgedrückt werden sollen. Emotionen sind somit gesellschaftlich normiert (ebenda, 252f.).

Die Emotionsnormen bestimmen, welche Emotionen in den jeweiligen Situationen erwartet werden. Im Trauerfall und auf Beerdigungen wird beispielsweise die Darstellung von Traurigkeit vorausgesetzt, wobei dies auch mit einer gewissen Zurückhaltung in der Zurschaustellung der eigenen Gefühle einherzugehen hat.

Eine gewisse Gefasstheit wird erwartet, Trauerkarten tragen meist Schriftzüge wie: „In stiller Trauer", „In stillem Gedenken" oder „Ein stiller Gruß". Vor allem die Darstellung von Freude (etwa in Form von Lachen), aber auch starke Gefühlsausbrüche – etwa der Verzweiflung – gelten als unangemessen.

Die Befolgung von Emotionsnormen findet gemeinhin implizit und unbewusst statt. Sie sind Teil der Einschätzungen, die zu Entscheidungen und Handlungen führen und sind mit den gespeicherten Schemas verbunden. Hier wirken Emotionen unterstützend, indem die Berücksichtigung der normativen Vorschriften automatisiert erfolgt: mit Emotionen verbundene Schemas werden in den betreffenden Situationen abgerufen und führen entweder dazu, dass die Regeln befolgt oder aber dass sie verweigert werden.

Emotionen kommt in diesem Zusammenhang eine zentrale Funktion bei der sozialen Kontrolle zu. Wenn die Emotionsnormen nicht befolgt werden – also die dargestellten Emotionen nicht den Erwartungen entsprechen – greifen andere an der Interaktion beteiligte Akteure maßregelnd ein. Der Grund für die Sanktionierung normverletzenden Verhaltens liegt vor allem darin, dass bei den Interaktionspartnern negative Emotionen wie Wut oder Verärgerung entstehen (können) (ebenda, 326). Missbilligung und Maßregelung ist wiederum die Folge. Dies ruft im Gegenzug unangenehme Gefühle – wie Scham oder Schuld – bei den Akteuren hervor, die initial gegen die Emotionsnormen verstoßen haben. Außerdem ist damit möglicherweise verbunden, dass die Interaktionspartner wichtige soziale Ressourcen wie Unterstützung oder Kooperation entziehen (ebenda, 321).

Da Individuen danach streben positive Emotionen zu empfinden und negative zu vermeiden, werden die Emotionsnormen in vielen Fällen eingehalten, um Sanktionsmaßnahmen von vornherein zu verhindern. So wird erneut deutlich, wie Emotionen dazu beitragen, soziale Strukturen zu sichern.

> Die Regulation von Emotionen und deren Expressionen und die emotionsbasierte Sanktionierung abweichenden Verhaltens sind ein wesentliches Instrument der sozialen Kontrolle, das zur Verfestigung strukturverstärkenden Handelns und Verhaltens beiträgt. (Ebenda, 253)

Enkodierung und Dekodierung von Emotionen

Eine Voraussetzung für die Befolgung von Emotionsnormen – aber auch ihrer Sanktionierung – ist die Übereinstimmung des Verständnisses der Enkodierung und Dekodierung von Emotionen (ebenda, 259ff.). Hier ist berücksichtigt, wie Emotionen ver- und entschlüsselt werden. Nur wenn das Verständnis darüber, wie die

Emotionen auszudrücken sind und was sie in der jeweiligen Situation bedeuten, kongruent ist, kann Interaktion gelingen.[82] Die Enkodier- und Dekodierregeln sind somit abhängig vom sozial geteilten Wissen über die Situation in der die Interaktion stattfindet. Darüber hinaus beruhen die dargestellten Emotionen auf den Informationen, die generell über die jeweilige Situation zur Verfügung stehen (ebenda, 268f.). Es besteht ein gemeinsames Wissen und Einverständnis darüber, welche Emotionen mit welcher Intensität in jeweils bestimmten Situationen als angemessen gelten.

Die Emotionsnormen, Enkodier- und Dekodierregeln sind maßgeblich sozial geprägt. Sie sind deshalb immer im Kontext ihrer sozialen Umgebung zu verstehen und spiegeln immer auch die sozialen Strukturen wieder, in die sie eingebettet sind (ebenda, 272).

In Bezug auf das Thema dieser Arbeit kann davon ausgegangen werden, dass die einzelnen Dritte-Sektor-Organisationen jeweils spezifische Emotionsnormen und Regeln der Enkodierung und Dekodierung aufweisen. Auch Unterschiede von Non-Profit-Organisationen gegenüber Organisationen des Profit-Bereiches sind zu vermuten. Da allerdings alle Organisationen vor demselben gesamtkulturellen Hintergrund agieren, sind die Unterschiede vermutlich gering. Trotzdem werden die jeweils spezifischen Strukturen sich auch auf die Art und Weise auswirken, wie Emotionen vermittelt und welche Art der Emotionen und ihrer Darstellung erwartet werden. Fineman spricht in diesem Zusammenhang von emotionologies, die bestimmen, wie in Organisationen mit Emotionen wie Ärger, Neid oder Freude umgegangen wird. Emotionologies prägen die emotionale Kultur der Organisationen und wirken in Interaktionen handlungsleitend (Fineman 2008, 2). Organisationaler Wandel wird dadurch möglich, dass Emotionen anders ausgedrückt werden als in den emotionalen Regeln der Organisation vorgesehen ist. Wenn die verändernden Impulse von Seiten der Organisation kommen, wird dies als corporate emotionologies (ebenda, 5) bezeichnet. Für die Atmosphäre beziehungsweise

---

82 Es gibt in diesem Kontext eine lebhafte Diskussion darüber, ob es Emotionen und Emotionsdarstellung gibt, die universal übereinstimmend ist und somit zur biologischen Grundausstattung des Menschen gehört, oder aber ob Emotionen immer kulturell bedingt sind. In diesem Zusammenhang werden auch Basisemotionen und sekundäre Emotionen unterschieden. Die Debatte wird an dieser Stelle nicht weiter ausgeführt, sondern auf von Scheve 2009 verwiesen. Er schlussfolgert in diesem Zusammenhang:

„[Es] kann festgehalten werden, dass die Expression von Emotionen zwar universale biologische und psychologische Mechanismen aufweist, diese Grundlagen aber je nach kulturellem und sozialem Umfeld auf unterschiedliche Weise gespeist und geformt werden" (von Scheve 2009, 278).

Stimmung der Organisation können so wesentliche Impulse der Veränderung gesetzt werden. Wie sich dies genau darstellt, wird aber nicht ausgeführt.

Emotionsregulation

Eine Voraussetzung dafür, dass Individuen überhaupt in der Lage sind Emotionsnormen sowie Regeln der Enkodierung und Dekodierung von Emotionen zu befolgen, liegt in der Fähigkeit zur Regulation der eigenen Emotionen und der damit einhergehenden Anpassung des eigenen emotionalen Empfindens (von Scheve 2009, 254). Zum einen ist davon das individuelle Emotionsempfinden betroffen und zum anderen die Darstellung von Emotionen nach außen. Emotionsnormen beinhalten mit Gefühls- und Darstellungsregeln Vorschriften für beide Arten der Regulierung. Emotionsregulation kann bewusst oder auch unbewusst stattfinden. Unbewusste Anpassung der Emotionen wird vom Individuum nicht als solche wahrgenommen, ein Beispiel für bewusste Emotionsregulation besteht etwa im „sich auf die Zunge beißen" (ebenda, 299).

Die Regulation der eigenen Emotionen führt dazu, dass Emotionen verstärkt oder abgeschwächt erlebt, aufrechterhalten oder verdrängt werden. Dabei sind alle Komponenten von Emotionen betroffen: die Art und Weise des Ausdrucks nach außen, aber auch, wie die Emotion subjektiv empfunden und körperlich erlebt wird (ebenda, 298f.). Emotionsregulation findet somit einerseits intraindividuell statt. Andererseits wird im sozialen Miteinander auch auf die Emotionen anderer Einfluss genommen beziehungsweise auf soziale Anforderungen reagiert.

Emotionsempfinden und -darstellung werden durch die Anpassung von Individuen an soziale Anforderungen in Form von sozialen Regeln und (Emotions-)Normen bestimmt. Vor allem findet eine Regulation aber im Austausch mit anderen in Interaktionen statt. Entweder werden in diesem Zusammenhang Vorgaben der Emotionsregulation gemacht, die schließlich befolgt werden oder Emotionsexpressionen anderer Akteure werden nachgeahmt. Letzteres wird auch als emotionale Ansteckung bezeichnet.

> Damit ist gemeint, dass Akteure in der Regel unbewusst, automatisch und oft auch für andere kaum merklich die wahrgenommenen (aber nicht notwendigerweise bewusst erkannten) Emotionsexpressionen anderer Akteure imitieren. (Ebenda, 281f.)

Beispielsweise überträgt sich eine schlechte Stimmung auf andere Mitglieder einer Gruppe. Dieser Prozess findet für die Individuen weitgehend automatisch und unbewusst statt (ebenda). Von Emotionen bestimmtes Handeln ist somit auch von

Emotionen anderer Akteure beeinflusst. „Emotionales Handeln ist damit nicht nur abhängig von den eigenen Emotionen, sondern bis zu einem gewissen Grad auch von den Emotionen anderer Akteure.“ (Ebenda, 287)

In institutionalisierten Zusammenhängen – wie etwa Organisationen – kann emotionale Ansteckung Auswirkungen auf die gesamte Organisation haben. Beispielsweise werden dem Klima in der Organisation die Eigenschaften freundlich und offen zugeschrieben, wenn das Gegenüber in Interaktionen vorher als interessiert und zugewandt wahrgenommen wurde. Von Scheve beschreibt in Anlehnung an Hatfield et al., dass größere soziale Einheiten – wie etwa Organisationen – durch emotionale Ansteckung einem stabilisierenden Einfluss unterliegen. „Die emotionale Ansteckung hat für größere soziale Einheiten eine ähnlich adaptive und stabilisierende Funktion wie Emotionen für das Individuum.“ (Ebenda, 286)

Auch den Prozessen von Enkodierung und -dekodierung von Emotionen und der Emotionsexpression kommt eine vergleichbare Funktion zu. Es kann in diesem Zusammenhang davon ausgegangen werden, dass die Art und Weise der Vermittlung von Emotionen und Prozessen der emotionalen Ansteckung auch in Non-Profit-Organisationen generell dazu führen, dass die Organisation gestärkt und die Strukturen gefestigt werden. Mitglieder nähern sich einem ähnlichen emotionalen Empfinden und einem analogen Ausdrucksverhalten an, was wiederum Missverständnissen, Meinungsverschiedenheiten – die auf unterschiedlicher Wahrnehmung von Situationen beruhen – und Konflikten vorbeugt.

7.1.4 Emotionsarbeit und Emotionsmanagement

Emotionsregulation hat einen akteursinternen Aspekt, da die eigenen Emotionen angepasst und reguliert werden. Akteursübergreifend sind die Emotionen und ihr Ausdruck Versuchen der Beeinflussung im Miteinander der Organisationen ausgesetzt.

Zwei Konzepte greifen die Einflussnahme auf Emotionen in Interaktionen unter Berücksichtigung beider Aspekte auf: Emotionsarbeit und Emotionsmanagement. Beide Begriffe wurden ursprünglich von Hochschild (1979, 1983) geprägt. Hochschild legt zugrunde, dass Emotionen in Arbeitszusammenhängen einer besonderen Regulierung bedürfen, die mithilfe von Gefühls- und Darstellungsregeln vom Arbeitgeber vorgegeben wird. Dies benennt sie als Emotionsarbeit. Unter Emotionsmanagement wird die Regulierung eigener Emotionen im privaten Bereich verstanden. Hochschild nimmt die Unterscheidung von Arbeits- und Privatleben vor dem Hintergrund der Annahme vor, dass die eingeforderte Emotionsregulation in Arbeitszusammenhängen zu einer Entfremdung von den eigenen Gefühlen beim Individuum führen würde.[83]

In der Literatur zu Emotionsarbeit und Emotionsmanagement wird weitgehend auf die Konzepte von Hochschild zurückgegriffen. Die Hochschildsche Konzeption bleibt allerdings auf der Ebene des Individuums verhaftet, da sie alleinig die Emotionsanpassung von Individuen in den Fokus der Analyse rückt. Zwar geht sie darauf ein, dass die Emotionsanpassung aufgrund von Anforderungen der sozialen Umgebung des Individuums geschieht, allerdings trifft sie keine Unterscheidung der verschiedenen relevanten Akteursebenen. Aufgrund dieser fehlenden Differenzierung werden die Begriffe in dieser Arbeit mit dem Bedeutungsgehalt verstanden, der sich auch in den theoretischen Ausarbeitungen von Scheves findet. Hochschild zeigt jedoch anhand zahlreicher Beispiele differenziert auf, wie Emotionen – am Beispiel von Profit-Organisationen – von Seiten der Organisation bewusst gesteuert werden, beziehungsweise Versuche dazu unternommen werden. Im dritten Teil dieses Kapitels wird darauf genauer Bezug genommen, um die Ergebnisse der vorliegenden Untersuchung weiter in die bestehende Literatur einzuordnen.

Emotionsarbeit umfasst bei von Scheve die Regulation eigener Emotionen und die Einflussnahme auf Emotionen anderer auf Individualebene beim Akteur beziehungsweise zwischen Individuen in Interaktionen. Bei der Regulierung eigener Emotionen wird der Emotionsausdruck an die Situation angepasst, in der eine Interaktion stattfindet. Emotionsnormen wirken hier handlungsleitend. Wut gegenüber dem Chef oder der Chefin wird zurückgehalten und stattdessen ein Lächeln aufgesetzt. Wenn die Emotionsarbeit hingegen auf andere gerichtet ist, wird versucht, ihr emotionales Erleben oder auch ihr Emotionsausdruck zu beeinflussen. Beispielsweise wird der – bewusste oder unbewusste – Versuch unternommen, dass sich andere in der eigenen Gegenwart wohl fühle. Dies geschieht etwa, indem sich Arbeitskollegen untereinander zuvorkommend verhalten, zum Beispiel indem sie sich gegenseitig eine Tasse Kaffee an den Schreibtisch mitbringen. Die Absicht kann darin bestehen, sich Unterstützung bei eigenen Vorhaben innerhalb der Organisation zu versichern. Hier kann Eigeninteresse die Absicht hinter der Emotionsarbeit sein. Emotionsarbeit findet aber auch statt, um die Einhaltung der Emotionsnormen durch andere Akteure sicherzustellen. Hier ist positive oder negative Sanktionierung der Emotionsregulation anderer das Motiv hinter der Emotionsarbeit.

83 Dieser Zusammenhang wird mittlerweile differenzierter gesehen. Van Dijk und Kirk-Brown (2006) zeigen beispielsweise, dass Emotionsarbeit nur dann negative Effekte hat, wenn sie von emotionaler Dissonanz für das Individuum begleitet ist.

Das Konzept des Emotionsmanagements beschreibt den Versuch der Einflussnahme von Seiten der Organisation auf die Emotionen und die Emotionsdarstellung ihrer Mitglieder sowie anderer organisationsrelevanter Akteure. Beispielsweise legt die Organisationsleitung in Emotionsnormen fest, wie Unzufriedenheit zu äußern ist und wie Konflikte unter Organisationsmitgliedern auszutragen sind. Dies kann einerseits implizit durch ungeschriebene Darstellungs- und Gefühlsregeln stattfinden oder aber explizit, indem Mediationsverfahren zwischen Konfliktparteien eingeleitet werden.

Mit diesen Definitionen von Emotionsarbeit und Emotionsmanagement werden mehrere Ebenen angesprochen, auf denen Emotionsregulation in Organisationen stattfindet: die Individualebene des Akteurs, der seine eigenen Emotionen reguliert, die interindividuelle Ebene der Interaktionen von Akteuren sowie die Ebene der Organisation, auf der Versuche der Einflussnahme auf Emotionen gegenüber organisationsrelevanten Akteuren geschehen.

Auf eine Unterscheidung von beruflichem und privatem Kontext – wie Hochschild ihn vornimmt – kann auch deshalb verzichtet werden, da sich die Analyse von Emotionen in dieser Arbeit auf einen Bereich bezieht, in dem die Grenzen zwischen Beruf und Privatem für die Akteure oftmals verschwimmen. Vor allem Ehrenamtliche wenden einen Teil ihres Privatlebens für ihr Engagement auf. Bei den Akteuren in Dritte-Sektor-Organisationen handelt es sich aber nicht nur um Ehrenamtliche, sondern auch um Hauptamtliche. Für die Hauptamtlichen ist ihre Tätigkeit Beruf, sie sind aber oft auch über die vertraglich festgelegte Tätigkeit hinaus und somit ehrenamtlich oder auch „privat" für die Organisation tätig. Eine Zuordnung der im Kontext der Tätigkeit für die Organisation erlebten Emotionen in „beruflich" und „privat" ist kaum möglich. Inwiefern eine solche Unterscheidung in Bezug auf reine Arbeitsbeziehungen zielführend ist, kann an dieser Stelle nicht abschließend bewertet werden. Allerdings wird bezweifelt, dass eine solche Distinktion generell trennscharf möglich ist. Das Arbeitsleben ist immer auch ein Ort, in dem Beziehungen stattfinden, die zumindest private Komponenten aufweisen. Auch privat Erlebtes, Empfundenes, etc. wird hier ausgetauscht und Freundschaften, die in Arbeitskontexten entstehen, werden auch im privaten Bereich fortgeführt. Eine Unterscheidung von „privaten Gefühlen" und „Arbeitsgefühlen" ist vermutlich vor allem eine Idealtypisierung, die der Überprüfung in realen sozialen Zusammenhängen wahrscheinlich nur selten standhält.

Während das Konzept der Emotionsarbeit Emotionsregulation auf akteursinterner Ebene sowie in reziproken Handlungen berücksichtigt, bezieht sich der Begriff des Emotionsmanagements auf die Ebene der Organisation. Hier kommen Aspekte der Emotionsregulation ins Spiel, die die Organisation in ihren Aufgaben der Zielerreichung, der Erhaltung und Sicherung ihrer Strukturen betreffen. Emotionsmanagement wird unter anderem angewandt, um die Emotionen der Organisationsmitglieder so zu beeinflussen, dass sie ihre Aufgaben im Sinne der Organisation erfüllen. Etwa wird versucht Zufriedenheit herzustellen, indem die Organisation ihren Mitgliedern eine gute Arbeitsinfrastruktur zur Verfügung stellt. Ein prominentes Beispiel dafür ist die Unternehmensphilosophie von Google in Bezug auf die Gestaltung der Arbeitsräume. Hier wird Multifunktionalität mit einer phantasievollen Gestaltung verbunden – Räume sehen wie Schwimmbäder oder U-Bahn-Waggons aus – die zum Arbeiten, aber auch zu Erholungsphasen einladen; natürlich mit der Absicht, die Produktivität der Mitarbeiter zu steigern.

Eine besondere Bedeutung kommt hier auch der Führung in Organisationen zu. In Organisationen wird einzelnen Personen oder Gruppen gemeinhin Führungsverantwortung für die Organisation übertragen. In diesem Zusammenhang kommt es zu Versuchen der Einflussnahme auf die Emotionen der Mitglieder durch Emotionsmanagement. Führung und Emotionen in Organisationen sind oft eng miteinander verknüpft, etwa indem versucht wird, Stimmungen der Mitglieder zu beeinflussen oder auch indem eigene Emotionen der Führungspersonen an Anforderungen angepasst werden (vgl. Ashkanasy & Humphrey 2011b). Von Scheve beschreibt in diesem Zusammenhang, dass bestimmte Schlüsselakteure – worunter Führungskräfte der Organisation zu verstehen sind – Emotionsnormen implementieren können. „Eine Organisation kann beispielsweise die Regel aufstellen, stets positive Emotionen auszudrücken und negative Emotionen zu unterbinden (vgl. Flam 1993; Hochschild 1983)“ (von Scheve 2009, 295). Emotionsnormen werden somit von Seiten der Organisation beeinflusst und verändert. Andererseits wird Emotionsmanagement von Seiten der Organisation auch ausgeübt, um die Einhaltung der Emotionsnormen durch die Organisationsmitglieder sicherzustellen. Dies ist etwa der Fall, wenn Supermarktmitarbeiter/innen dazu angehalten werden, die Kundinnen und Kunden im Geschäft freundlich zu begrüßen.

Emotionsarbeit und Emotionsmanagement machen auf besondere Weise deutlich, wie Emotionen mit den sozialen Strukturen interagieren und wie Interaktionen dazu beitragen, beide zu sichern und zu reproduzieren. Auf den verschiedenen Ebenen von Individuum, Interaktionen und Organisation sind die Emotionen der Organisationsmitglieder einer steten Beeinflussung und Regulierung unterworfen. Das Individuum reguliert sein eigenes Gefühlsleben und seine Emotionsdarstellung unter Berücksichtigung der geltenden Emotionsnormen. In Interaktionen findet Emotionsregulierung statt, um eine Einhaltung von Emotionsnormen sicherzustellen. Auf Organisationsebene wird ferner die Einhaltung von Emotionsnormen überwacht und es werden die bestehenden Anforderungen und Regeln verwaltet, indem Emotionsnormen verändert oder neue aufgestellt werden.

Ebene	Individuum	Interindividuell/ Interaktion	Organisation
Art der Regulierung	*Regulierung eigener Emotionen*	*Regulierung der Emotionen Anderer*	*Regulierung der Emotionen Anderer*
Motive der Regulierung	*Einhaltung von Emotionsnormen*	*Sanktionierung der Einhaltung von Emotionsnormen durch Andere. Sicherung von Eigeninteressen*	*Sicherung der Interessen der Organisation*

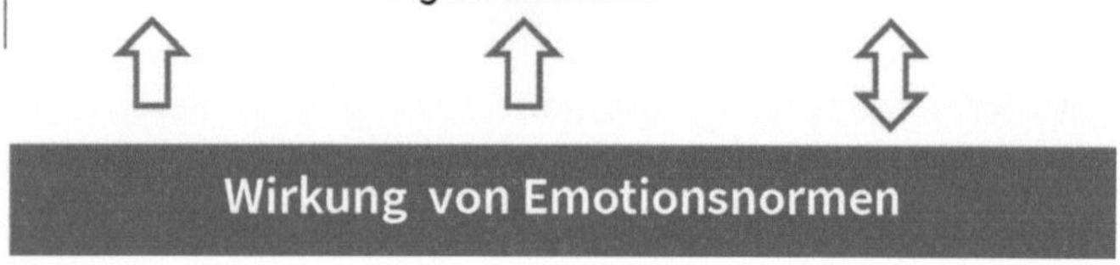

Abbildung 1: Verschiedene Ebenen der Emotionsregulation in Organisationen

Kollektive Emotionen

Wenn die Funktionen und Wirkungsweisen von Emotionen in sozialen Zusammenhängen beleuchtet werden, ist auch auf die Bedeutung von kollektiven Emotionen zu verweisen. Die weiter oben benannten Konzepte zur Wechselwirkung von Emotionen und sozialen Strukturen beruhen weitestgehend auf der Berücksichtigung von Emotionen als subjektiven, individuellen Phänomenen. Sie werden auf Ebene der einzelnen Akteure verortet und gelten somit vorrangig als individuelle Ereignisse – auch wenn sie über Interaktionen vermittelt werden und außerdem im Wechselspiel mit sozialen Strukturen stehen. Emotionen können jedoch auch als kollektive Phänomene auftreten. Durch ihre Analyse ist es möglich, weitere Erkenntnisse zu Emotionen in Organisationen zu generieren, die über die Erklärungskraft der bisherigen Konzepte hinausgehen.

Unter kollektiven Emotionen sind Phänomene zu verstehen, bei denen Gefühlszustände – bezogen auf spezifische Ereignisse oder Objekte – von Gruppen von Individuen geteilt werden: "Here, we propose an understanding of collective emotions as the synchronous convergence in affective responding across individuals towards a specific event or object." (von Scheve & Ismer 2013, 406)

Obwohl es bisher nur wenige detaillierte Analysen dazu gibt, worum es sich bei kollektiven Emotionen genau handelt, was sie hervorruft und wie sie sich subjektiv genau darstellen (von Scheve & Salmela 2014), können einige Aspekte ausgemacht werden, die eine zentrale Rolle in Bezug auf die Entstehung und den Wirkungsbereich von kollektiven Emotionen spielen (die folgenden fünf Absätze beruhen auf von Scheve & Ismer 2013):

In direkten Interaktionen werden kollektive Emotionen vor allem über emotionale Ansteckung hervorgerufen. Durch die physische Nähe wird die Übertragung von emotionalen Zuständen zwischen Akteuren erleichtert. Ein Akteur empfindet etwa Freude aufgrund eines bestimmten gemeinsam erlebten Ereignisses und andere beteiligte Akteure lassen sich von dieser positiven emotionalen Wahrnehmung der Situation anstecken.

Außerdem spielen die geteilte Kultur und gemeinsames Wissen über gesellschaftliche Zusammenhänge eine wichtige Rolle bei der Entstehung von kollektiven Emotionen. In Gruppen – von kleineren Gruppen von wenigen Personen hin zu größeren sozialen Zusammenhängen wie ganzen Gesellschaften oder Nationen – werden emotional wichtigen Ereignissen übereinstimmende Bedeutungen zugeschrieben. Daraus resultiert schließlich eine gemeinsame emotionale Kultur. Vor allem die in den institutionalisierten Zusammenhängen angesiedelten dauerhaften und stabilen sozialen und kulturellen Praktiken, Normen und Ideologien steuern das emotionale Erleben und den Ausdruck von Emotionen.

Schließlich kommt sozialer Identifikation – also das Zugehörigkeitsgefühl zu einer bestimmten sozialen Gruppe – eine bedeutende Rolle bei der Entstehung von kollektiven Emotionen zu. Wenn Ereignisse die Gruppe und somit auch die Identifikation mit der Gruppe betreffen, entstehen spezifische Emotionen bei den Gruppenmitgliedern. Diese Emotionen müssen aber nicht unmittelbar sozial geteilt sein – wie es etwa bei emotionaler Ansteckung der Fall ist –, da auch eine Handlung im Sinne der Gruppe eine Emotion hervorrufen kann, die nicht zwangsläufig simultan von anderen Gruppenmitgliedern erlebt wird.

Die einzelnen Ebenen der Entstehung kollektiver Emotionen sind miteinander verbunden. Emotionale Ansteckung, die emotionale Kultur und die Orientierung an Bedürfnissen und Notwendigkeiten der Organisation bedingen sich gegenseitig. Da alle Gruppenmitglieder eine emotionale Kultur teilen, ähnelt sich auch die Art und Weise der Darstellung von Emotionen stark. Normen und kulturelle Praktiken bestimmen hierbei, welche Emotionen in welchen Situationen als angemessen gelten. Auch Regeln der Dekodierung und Enkodierung von Emotionen stimmen überein. So wird für die Akteure untereinander die gleiche Gruppenzugehörigkeit erkennbar. Sie können daraus ferner erkennen, inwieweit sich andere Akteure mit der Gruppe identifizieren und verbunden fühlen.

Übereinstimmungen führen wiederum zu einer erleichterten emotionalen Ansteckung – mit der gleichen Gruppenzugehörigkeit geht bereits eine gewisse emotionale Nähe einher, die in der Folge weiter ausgebaut wird. Emotionale Ansteckung gelingt innerhalb von Gruppen besser als über Gruppengrenzen hinweg, was die emotionale Kohäsion weiter befördert. Aber nicht nur das Entstehen von kollektiven Emotionen in direkten Interaktionen kann so erleichtert werden,[84] auch sozial geteilte kognitive Bewertungsstrukturen und die Handlungsorientierung an Bedürfnissen der sozialen Gruppe nähern sich weiter an und bedingen die Entstehung von kollektiven Emotionen. Dies geschieht unter anderem, indem innerhalb der Gruppe gemeinsame Erfahrungen gemacht werden, die sich in kollektiven Erinnerungen niederschlagen. Diese bieten wiederum den Rahmen für das Entstehen von Emotionen und leiten in der Folge das weitere – an der sozialen Gruppe orientierte – Handeln.

Ferner wird mithilfe von kollektiven Emotionen Kommunikation erleichtert (gemeinsame Angst bedeutet beispielsweise Gefahr von außen) sowie die emotionale Bindung der einzelnen Akteure an die Gruppe und damit ihre Identifikation mit der Gruppe befördert. Gemeinsame positive Affekte führen unter anderem zu erhöhter Kooperation untereinander sowie zu einer Verringerung von Konflikten innerhalb von Gruppen (vgl. Kelly et al. 2014).

Wenn man diese theoretischen Überlegungen auf Organisationen überträgt, ist davon auszugehen, dass für sie das gleiche gilt wie für soziale Gruppen generell: kollektive Emotionen befördern die emotionale und soziale Kohäsion. Dies geschieht einerseits, indem Emotionen gleichzeitig erlebt werden oder sich im Organisationsgeschehen von einem zum anderen Akteur übertragen und somit zum kollektiven Phänomen werden. Andererseits werden die Emotionen durch übereinstimmende Orientierung an den Bedürfnissen der Organisation hervorgerufen. Ferner werden die Identifikation mit der Organisation und die Bindung an sie gestärkt.

Die theoretischen Ausführungen zu kollektiven Emotionen zeigen gegenüber einem rein individuellen Verständnis von Emotionen mehrere Aspekte auf, die zusätzlich betonen, welche Bedeutung Emotionen im Geschehen von Organisationen zukommt. Emotionen sind keine rein individuellen Phänomene, sondern entfalten durch ihre soziale Geteiltheit im Organisationsgeschehen verschiedene Wirkungen. Sie tragen zu einer Einheitlichkeit in der Darstellung und dem Empfinden von Emotionen bei und befördern die Bindung an die Organisation auf kollek-

84 Nach von Scheve & Ismer 2013 ist dies theoretisch plausibel, aber es gibt noch keine empirischen Belege.

tiver und individueller Ebene. Allerdings können kollektive Emotionen Organisationen auch in ihrer Stabilität bedrohen, wenn es aufgrund von gemeinsamen Affekten zu disruptiven emotionalen Prozessen in Gruppen kommt. Kelly et al. (2014) zeigen dies anschaulich am Beispiel von Massenhysterie und Gruppenpanik.

Wie Gruppenprozesse Einfluss auf das emotionale Erleben in Organisationen nehmen, zeigt sich auch anhand von Forschungsergebnissen, die aufzeigen, dass Emotionen der Mitglieder intensiviert werden, wenn die Aufmerksamkeit der Gruppe (hier verstanden als Summe der Aufmerksamkeit ihrer Mitglieder) auf ein Ereignis, Gegenstand oder ähnliches gerichtet ist (vgl. Shteynberg et al. 2014). Daraus lässt sich schlussfolgern, dass gemeinsames Erleben in Organisationen zu intensivierten Emotionen beiträgt, die wiederum verschiedene Wirkungen im Organisationsgeschehen entfalten. Sie wirken handlungsleitend für die Individuen und können sowohl die Organisation stabilisierende als auch disruptive Folgen haben. Vor dem Hintergrund dieser Ergebnisse zeigt sich erneut, welch wichtige Bedeutung Emotionen im Organisationsgeschehen zukommt.

Wie die benannten Forschungsergebnisse deutlich machen, wird vermehrt der Blick auf die Bedeutung von kollektiven Phänomenen für die Entstehung und Wirkungsweise von Emotionen gerichtet. Vor allem in Bezug auf die Relevanz von kollektiven emotionalen Prozessen für Organisationen können hier neue Zusammenhänge aufgezeigt und Erkenntnisse generiert werden. Eine weiterführende wissenschaftliche Analyse dieser Phänomene erscheint vielversprechend.

7.1.5 Zusammenfassung

Die Analyse der Wechselwirkungen von Emotionen und sozialen Strukturen zeigt sowohl die Kontextbedingungen der Entstehung von Emotionen – vor allem unter Berücksichtigung der daran beteiligten affektuellen und kognitiven Prozesse – als auch ihre Wirkungsweisen auf. Insbesondere können hier Rückschlüsse auf die Bedeutung von Emotionen für die Sicherung der Stabilität sozialer Zusammenhänge gezogen werden. Es kann sich dabei um lose Zusammenschlüsse wie informelle Gruppen handeln, aber auch um institutionalisierte Zusammenhänge wie Organisationen. Im Sinne einer deduktiven Vorgehensweise lassen die Forschungsergebnisse auch Rückschlüsse auf die Funktions- und Wirkungsweise von Emotionen im speziellen Organisationstyp der Non-Profit-Organisation zu.

Emotionen und soziale Strukturen wirken wechselseitig im Organisationsgeschehen, indem Emotionsnormen – als Teil der sozialen Strukturen – vorgeben, wie Emotionen reguliert werden. Einerseits findet die Regulierung beim einzelnen Individuum nach innen gerichtet statt und andererseits zwischen Akteuren sowie ferner auf Ebene der Organisation. Die organisationsrelevanten Akteure richten ihr emotionales Empfinden und ihr Handeln generell an den Emotionsnormen und damit verbundenen Gefühls- und Darstellungsregeln aus.

In Organisationen nehmen die Konzepte von Emotionsarbeit und Emotionsmanagement eine zentrale Position ein, da sie aufzeigen, wie das Individuum seine eigenen Emotionen reguliert, aber auch im Organisationsgeschehen auf die Emotionen von Interaktionspartnern einwirkt. Auch die Organisationen beeinflussen die Emotionen ihrer Mitglieder mithilfe von Emotionsmanagement. Emotionen sind in der Folge einer ständigen Regulierung ausgesetzt.

Schließlich kommt Emotionen auch als kollektiven Phänomenen im organisationalen Miteinander eine wichtige Bedeutung zu. Die Analyse der gemeinschaftlichen Aspekte von Emotionen zeigt auf, dass die soziale Geteiltheit Wirkungen entfaltet, die die soziale Kohäsion zusätzlich stärken – oder aber schwächen kann.

Die dargestellten Theorien zeigen in erster Linie die emotionalen Prozesse auf, die zur Reproduktion und Sicherung sozialer Strukturen beitragen; dass es im Miteinander von Organisationen aber auch zu disruptiven Dynamiken kommen kann wird zwar erwähnt, wie sich die dem zugrunde liegenden Mechanismen genau darstellen, wird aber nicht weiter ausgeführt.

Die vorliegende Untersuchung geht all diesen Zusammenhängen nach, die die Entstehungsbedingungen und Wirkungsweisen von Emotionen aufzeigen und somit die soziale Bedeutung von Emotionen dokumentieren. Dabei liegt der Fokus auf dem besonderen Organisationstyp der Dritte-Sektor-Organisation. Im folgenden Kapitel werden nun zunächst die Untersuchungsergebnisse vorgestellt, bevor diese anschließend mit den skizzierten Theorieansätzen kontrastiert werden.[85]

7.2 Untersuchungsergebnisse

Organisationen sind generell ein Ort, an dem Emotionen in unterschiedlichsten Kontexten auftreten und verschiedene Wirkungen entfalten. Emotionen entstehen dabei auf allen organisationsrelevanten Ebenen. Sie werden als Teil der Tätigkeit für die Organisation erfahren – sowohl im Rahmen der Teilnahme an singulären

85 Wie bereits in den vorausgehenden beiden Kapiteln benannt, fand die Datenerhebung nicht als Überprüfung der theoretischen Konzepte statt. Vielmehr fand der Forschungsprozess – ausgerichtet an dem Prinzip der Offenheit – so statt, dass er möglichst nicht durch theoretische Vorkenntnisse zum Untersuchungsgegenstand geprägt war.

ehrenamtlichen Aktionen als auch im Vollzug der Tätigkeiten im Arbeitsalltag. Emotionen entstehen als Antwort auf die Organisation oder Teile von ihr, aber auch in Bezug auf Personen, mit denen im Kontext der Organisation interagiert wird. Dabei handelt es sich sowohl um andere Organisationsmitglieder als auch um Personen außerhalb der Organisation. Emotionen werden jedoch nicht nur gegenüber Personen als organisationsexternen Akteuren empfunden, sondern auch gegenüber außenstehenden Organisationen und Institutionen.

Die Gefühle, die im Kontext der Organisation erlebt werden, treten sowohl als individuelle als auch als kollektive Emotionen auf. Sie finden beim Individuum bezogen auf das Miteinander in den Organisationen statt und entstehen in Interaktionen und entfalten dort ihre Wirkung. Es sind jedoch nicht nur Emotionen von Relevanz für die Organisationen, die innerhalb der Organisationen oder in Bezug auf sie entstehen. Emotionen werden auch von außen in die Organisation hineingetragen und wirken dort.

Emotionen entstehen in verschiedenen Kontexten der Organisationen und haben in diesen unterschiedliche Wirkungen. Unter anderem stellen sie sich als positive und negative Emotionen dar. Sie wirken motivierend oder hemmend für die Organisationsmitglieder, sie befördern oder unterbinden Konflikte. Sie stärken oder schwächen die Bindung an die Organisation und in der Folge stärken oder gefährden sie deren Stabilität.

Emotionen werden auf verschiedene Art und Weise artikuliert und dargestellt. Sie haben einen körperlichen Ausdruck, der von den einzelnen Akteuren erlebt (zum Beispiel schlaflose Nächte) oder auch für andere sichtbar wird (zum Beispiel Weinen).

In den organisationsinternen Interaktionen sind Emotionen jedoch keine unbeeinflussbare Größe. Es werden verschiedene Versuche der Beeinflussung unternommen. Einerseits findet dies als Emotionsarbeit beim Individuum hinsichtlich eigener Gefühle oder in Bezug auf die Gefühlslage von anderen statt. Anderseits wird von der Organisationsebene der Versuch der Einwirkung auf die Emotionen von organisationsinternen und -externen Akteuren unternommen. Diese Vorgänge sind als Emotionsmanagement zu bezeichnen.

Wie sich die Entstehung, Wirkung und Steuerung von Emotionen in den Organisationen genau darstellt, wird im Folgenden weiter ausgeführt, anhand von Beispielen verdeutlicht und mit Zitaten aus der Datenerhebung beispielhaft ergänzt.

7.2.1 Dritte-Sektor-Organisationen als emotionale Soziotope

Non-Profit-Organisationen werden als Orte porträtiert, in denen Emotionalität eine wichtige Bedeutung zukommt. Im Kontext von Non-Profit-Organisationen werden „hohe emotionale Momente“ erlebt. Emotionen „kochen hoch“, sie sind ein „Kosmos, in dem alle Emotionen aufs Schärfste hochgezüchtet werden“ und Orte von „erbittertem Streit“. Die Zusammenarbeit in den Organisationen sei teilweise durch lange emotionale Diskussionen geprägt. Gleichzeitig wird ein starker Zusammenhalt benannt, das Klima ist „sehr emotional“, „familiär“ und von „positiver Energie“ geprägt. Es wird benannt, dass im Kontext von Non-Profit-Organisationen eine „emotionale Zeit“ und emotional intensive Momente erlebt werden. „Und damals war es schon auch eine sehr emotionale Zeit. Als auch in den 80er Jahren das noch mit der Hafenstraße hochkam, usw.“ (Ehrenamtlicher)

Emotional geprägte Organisationskultur

Es werden verschiedene Gründe dafür benannt, dass die Organisationskultur eine hohe emotionale Intensität aufweist. Dies hängt zum einen mit den Strukturbesonderheiten von Dritte-Sektor-Organisationen zusammen: Ehrenamtliche und Hauptamtliche sind gemeinsam aktiv um die Organisationsziele zu erreichen. Zum anderen wird den in den Organisationen Tätigen eine „Begeisterung für die Sache“ – für das Themenfeld der Organisation – zugeschrieben.

Wie an anderer Stelle detailliert zu sehen ist, ist Ehrenamtlichen gegenüber eine besondere Emotionsarbeit und ein spezielles Emotionsmanagement notwendig. Um ihren Verbleib in der Organisation zu gewährleisten, sind Sanktionierungsmechanismen, die mit Zwang arbeiten, nicht dienlich. Vielmehr findet eine Bindung an die Organisation über Emotionen – wie Zufriedenheit oder auch Schmerz – statt. In diesem Zusammenhang wird benannt, dass Emotionalität „notwendig“ sei. „Ich glaube, dass der Verein genau diese Emotionalität braucht. Und die Emotionalität ist nun einmal nicht lustig, sondern schmerzhaft. Und das ist ein Ort: endlich lebt man.“ (Ehrenamtliche)

Die Organisationsmitglieder nutzen die Non-Profit-Organisationen als Orte der Emotionalität, indem sie private Probleme und damit verbundene Emotionen „reinbringen“ und „abbauen“. Frust „geht daneben“. Daraus erwächst teilweise eine hohe emotionale Belastung für die Organisationsmitglieder. „Also bei mir ist es eben das eben schon erwähnte Thema [Tod des Ehemannes], was mir spontan eingefallen ist als größte emotionale Belastung bei uns im Büro.“ (Hauptamtliche)

Harmoniesoziotop

Die Stimmung in den Organisationen und das dem übergeordnete Klima ist durch Zusammengehörigkeit, aber auch durch symptomatische Konflikte geprägt.

Das Klima wird häufig als emotional beschrieben. Es ist „schön", es ist durch Freundlichkeit und Kollegialität geprägt, die Atmosphäre ist locker und wertschätzend und die Stimmung überwiegend positiv. „Ich habe den Eindruck, dass das ein gutes Miteinander ist, eine sehr positive Energie." (Ehrenamtlicher)

Der Organisationsalltag ist weitgehend harmonisch, ohne nennenswerte Konflikte. Es herrscht ein Klima der Offenheit gegenüber neuen Ideen vor, aber auch eine Offenheit, die Anteilnahme am Schicksal von organisationsinternen und -externen Personen zulässt. „Und wir sind hier glaube ich auch in einem Verein, der sich das von der Kultur her bewahrt hat, dass man auch mal das individuelle Schicksal, und auch mal anders entscheidet, als es die Regel vorgibt." (Hauptamtliche) Darüber hinaus ist das Klima vom Anspruch etwas verändern zu wollen geprägt.

Als Gründe für ein gutes Klima werden geringe Hierarchien benannt sowie wenig Druck, der auf die Organisationsmitglieder ausgeübt wird. Außerdem wird Vertrauen ein wichtiger Stellenwert zugeschrieben.[86] Darüber hinaus wird benannt, dass das Klima stark von den agierenden Personen abhängt.

> *Hier ist eben dieses Positive und das hatte ich ja auch schon gesagt, erwähnt, dass sie alle ehrenamtlich hierherkommen, dass das deren Hobby ist, dass das deren Freizeitgestaltung ist. Und das merkt man einfach an dem ganzen Betriebsklima hier. Es ist ein ganz anderes Umgehen miteinander. Weil sie in der Freizeit hier sind. Und arbeiten in der Freizeit, für nichts bei uns arbeiten. Und dadurch ist der Austausch, es ist ja nicht dieser Druck da. (Hauptamtlicher)*

Konfliktsoziotop

Das Klima ist allerdings nicht alleinig durch Harmonie und Wertschätzung bestimmt. Es kann auch wechselhaft und durch verschiedene Stimmungen gekennzeichnet sein. Konflikte werden in diesem Zusammenhang als „normal" bezeichnet. „Und bei uns ist alles sehr, sehr stimmungsabhängig. Also man kommt morgens

86 Zur Bedeutung von Vertrauen im Organisationgeschehen vgl. Kapitel 5.

rein und muss erstmal tendieren, wie ist so die Stimmung, kann man reden, kann man nicht reden.“ (Hauptamtliche)

Konflikte sind typische intersubjektive Ereignisse in Organisationen – Emotionen gehen dabei „hoch“. Konflikte können verschiedene Intensitäten aufweisen, sich als singuläre Ereignisse darstellen oder auch dauerhaft sein, sie werden etwa als „schwelend“ bezeichnet. „Und da gab es eben auch schon [...] wo Stimmungen auf so Mitgliederversammlungen auf einmal kippten.“ (Hauptamtliche)

Die Emotionalität der Konflikte kann auf ganz unterschiedliche Art und Weise zum Ausdruck kommen. Verbunden ist sie unter anderem mit verletzten Eitelkeiten oder mit Antipathien. Die Konflikte vollziehen sich mithilfe von verbalen Verletzungen, die sich die an den Konflikten beteiligten Organisationsmitglieder zufügen. Noch deutlicher wird die den Konflikten inhärente Emotionalität anhand der verschiedenen Ursachen von Konflikten und der unterschiedlichen Formen, in denen sie Ausdruck finden.

Konflikte können in individuellen Interessen und Bedürfnissen der Organisationsmitglieder begründet sein. Private Probleme und Konflikte werden in die Organisation hineingebracht und wirken dort. Konflikte entstehen zudem aufgrund persönlicher Antipathien von Organisationsmitgliedern untereinander. „Alles, was zu Hause nicht läuft, wird in dem Verein dann abgebaut.“ (Ehrenamtliche) Außerdem spielen unterschiedliche Werte und Wertvorstellungen eine Rolle beim Ausbruch von Konflikten. Von der Organisation bearbeitete Themen werden beispielsweise unterschiedlich priorisiert, was wiederum Unstimmigkeiten verursacht.

Darüber hinaus sind sich unterscheidende Anforderungen und Erwartungen an die Organisation und andere Organisationsmitglieder potentiell konfliktträchtig. Hier bestehen beispielsweise unterschiedliche Vorstellungen darüber, wie viel Arbeitseinsatz notwendig ist. Vor allem die verschiedenen Organisationsebenen stellen unterschiedliche Ansprüche.

> *Das eine sind sozusagen Leute, die haben eine starke Energie, ein bestimmtes Thema voranzubringen, kommen aber mit unserer Struktur, oder mit unserer Arbeitsweise, mit den Themen nicht klar und dann clasht das halt, weil es nicht zueinander passt, wenn die Erwartungen unterschiedlich sind. (Hauptamtlicher)*

In diesem Zusammenhang entstehen auch Unzufriedenheit mit erbrachten Leistungen. Mangelhafte oder fehlende Kompetenzen von Ehren- und Hauptamtlichen verursachen ebenfalls Probleme.

Teilweise werden Ehrenamtliche ausgenutzt. Es wird etwa versucht, die Expertise von Menschen in prekären Lebensverhältnissen abzufragen und Ehrenamtliche werden zeitlich überfordert und unter Druck gesetzt. Es wird an ihr Gewissen appelliert, sich noch mehr für die Organisation zu engagieren. „Und das ist glaube ich der eine Konflikt, dass man als Hauptamtliche gern Ehrenamtliche überfordert." (Hauptamtliche)

Kooperationen sind ebenfalls potentielle Konfliktherde. Konflikte entstehen in – teilweise notwendigen – Kooperationen mit Partnern (zum Beispiel anderen Organisationen), wenn beispielsweise unterschiedliche Erwartungen die Zusammenarbeit prägen. Außerdem kann es zu Missverständnissen kommen, wenn Kooperation zwar erwünscht ist, aber wichtige Informationen fehlen, die zu einer gelingenden Kooperation notwendig wären.

Noch konfliktträchtiger sind jedoch Situationen, die von fehlendem Willen zur Zusammenarbeit geprägt sind. Ausbleibende Kooperation kann sich verschieden darstellen: sie äußert sich etwa in direktem Aufkündigen der Zusammenarbeit oder im Extremfall findet sie in Form von Betrug an Kooperationspartnern innerhalb der Organisation oder in Versuchen des Umsturzes von bestehenden Machtgefügen statt. Fehlende Kooperation kann aber auch als Unzuverlässigkeit auftreten, etwa indem Ehrenamtliche sich zeitlich übernehmen und Absprachen nicht einhalten können oder aus anderen Gründen gegen Vereinbarungen verstoßen.

> *Es gab schon auch Konflikte, also das war jetzt zwar nicht zwischen Ehrenamtlichen und Hauptamtlichen, aber es ist sehr häufig so, was ich auch schon in anderem Zusammenhang erlebt habe, dass bestimmte Aufgaben von Menschen übernommen werden, die auch berufstätig sind, usw. Und dass es ihnen dann schnell auch zu viel wird. (Ehrenamtlicher)*

Fehlende Unterstützung äußert sich außerdem darin, dass anderen Organisationsmitgliedern (auch in Notlagen) nicht geholfen wird. Es werden Erwartungen an die Organisation benannt und Kritik bekundet, die Organisation wird aber nicht dabei unterstützt es besser zu machen. Auch gibt die Führungsebene ihren Mitarbeitern nicht ausreichend Rückhalt, um die vereinbarten Arbeitsaufgaben zu erfüllen.

Konflikte finden ihre Ursache ebenfalls in Kommunikationsmustern, die in der Organisation wirken. Einerseits ufern Diskussionen über Arbeitsaufgaben und Entscheidungen und damit verbundene Konflikte aus. „Das finde ich so sehr stark aufgeladen, weil es geht eigentlich nur um Urlaub, nur um einen Tag. Und das wird immer so ausdiskutiert." (Hauptamtliche)

Anderseits laufen Konflikte unterschwellig ab. Es gibt keine Kultur der Kritik und Abgrenzung, alle wollen nett und freundlich zueinander sein. Auseinandersetzungen werden in der Folge gescheut oder systematisch unterbunden.

> *Ich glaube das ist im sozialen Bereich häufig so, dass es nicht so direkte Ansagen gibt. Oder nicht so direkte Konfrontationen, sondern eher so dieses, man ist so ziemlich freundlich, das ist ja auch*

> *political correct. Und man möchte lieb und nett sein, und man arbeitet im sozialen Bereich. Und dann laufen da aber irgendwie so auf anderen Ebenen irgendwie solche Konflikte ab. (Hauptamtliche)*

Schließlich haben Konflikte ihre Ursache in strukturellen Eigenschaften der Organisation. Fehlende oder sehr gering ausgeprägte Hierarchien verursachen Konflikte. Probleme sollen etwa untereinander geklärt werden, das gelingt aber nur schwer, da es keine Person gibt, die qua Hierarchie vermitteln kann. Außerdem werden Informationen teilweise nicht weitergegeben, da es niemanden gibt, der darüber entscheidet und den Informationsaustausch organisiert.

> *Und solche Situationen habe ich häufig in meinem Berufsleben in diesem Bereich, in diesem Sektor erlebt. Weil es keine direkte Chefrolle oder so gab. Also keine Geschäftsführung oder so etwas, sondern eigentlich alle gleichberechtigt sind, aber dann im Konfliktfall keine Methode, keinen Ansatz hatten, wie sie sich, wie man sich einigt. (Ehrenamtlicher)*

Teilweise gibt es in Organisationen das Ideal einer sehr flachen Hierarchie. Damit verbunden ist in einigen Fällen eine Gleichstellung in der Bezahlung bei unterschiedlicher Leistung. Dies wird häufig als ungerecht wahrgenommen und führt zu Konflikten. Teilweise sind Hierarchien vorhanden, werden aber „nicht gelebt". Die zuständige Hierarchieebene will ihre Entscheidungsbefugnisse nicht ausüben und verursacht damit Konflikte im Arbeitsteam.

Darüber hinaus ist häufig ein hoher Druck und damit verbundener Stress im Organisationsgeschehen zu beobachten, da das Zeitbudget für die zu erledigenden Aufgaben sehr gering ist. Dies geht meist mit geringen finanziellen Mitteln der Organisation einher. „Das ist ein enges Korsett, und deshalb arbeiten wir unter Druck. Das macht Stress. Das führt auch zu Konflikten und Missverständnissen." (Hauptamtliche)

Weitere strukturelle Gründe für mögliche Konflikte in den Organisationen bestehen in der Parallelstruktur von Haupt- und Ehrenamtlichen. Hauptamtliche haben etwa das Wissen über Abläufe und Strukturen der Organisation, binden Ehrenamtliche aber nicht ausreichend ein und halten Informationen vor. „Weil wir gerne die Öffentlichkeitsarbeit mitgestalten und mitbestimmen, und der Hauptamtliche oder die Hauptamtlichen, die machen das dann sozusagen auf ihren Striemel und beziehen uns dann gar nicht ein." (Ehrenamtliche)

Andererseits basiert die Mitarbeit von Ehrenamtlichen auf Freiwilligkeit. Es kann kein Druck ausgeübt werden, wenn sich die Engagierten nicht an Absprachen halten. Das behindert die Planungssicherheit der Organisationen. „Mit Freiwilligen zusammenzuarbeiten ist manchmal möglich, manchmal aber auch Nightmare. Also die kommen und gehen, das ist nicht einfach." (Ehrenamtlicher)

Ferner wird auch auf Hauptamtliche Druck ausgeübt. Sie sollten sich jenseits ihrer Arbeitszeit ehrenamtlich für die Organisation engagieren, es wird versucht ihre Arbeitszeit unentgeltlich auszudehnen.

Konflikte finden verschiedenartig Ausdruck und werden auf unterschiedliche Art und Weise vollzogen. Konflikte führen zu Missmut und Eifersüchteleien. Eine schlechte Kommunikationskultur schafft Unzufriedenheiten. Organisationsmitglieder fühlen sich ungerecht behandelt (beispielsweise aufgrund der Bezahlung), das äußert sich unter anderem in Neid auf andere Mitglieder. Unzufriedenheit, die aus Konflikten heraus entsteht, mündet beispielsweise in der Entlassung von Mitarbeitern, wenn die Zusammenarbeit von Konflikten geprägt ist und nicht gelingen will.

Die mit den Konflikten verbundenen Spannungsverhältnisse werden mithilfe von Meinungsverschiedenheiten ausgetragen, verschiedene Akteure (Einzelmitglieder und Gruppen verschiedener Organisationsebenen) ringen um Positionen und stehen sich als Konfliktparteien mit sich ausschließenden Interessen gegenüber.

Die Konflikte erfolgen durch Kritik, die verbal geäußert wird. Es werden Vorwürfe gemacht: es werde nicht genügend unterstützt oder die Arbeitsweise sei unzureichend. Die Kritik wird sachlich geäußert, es kommt aber auch vor, dass die Konflikte stark emotional geladen sind.

> *Es wurden Namen genannt, es wurden Sachverhalte erläutert und das wurde irgendwie auch da ausgetragen ohne bestimmte Spielregeln. Außer dass man respektvoll miteinander umgeht, aber trotzdem die Kritik sehr deutlich formuliert. (Hauptamtliche)*

Es wird Druck ausgeübt und Drohungen werden ausgesprochen. Es werden Vorwürfe gemacht, die teilweise mit verbalen Verletzungen einhergehen. „Aber wenn es dann Konflikte gibt, die ja normal sind in jeder Organisation, dann können sie auch sehr verletzend sein." (Ehrenamtliche) Die Konflikte haben unterschiedliche Folgen für das emotionale Empfinden der Mitglieder und für ihre Motivation, sich weiterhin für die Organisation zu engagieren.

Organisationsmitglieder sind aufgrund von Kritik, die ihnen gegenüber geäußert wird, beleidigt, sie fühlen sich angegriffen. Andere Akteure fühlen sich in ihrem Engagement behindert. Sie sind frustriert und lustlos. Außerdem führen lange emotionale Diskussionen zu Erschöpfung. Die hohe Emotionalität sei „zu viel". Engagement wird als Folge von Konflikten gehemmt. „Wo man irgendwann sagt, ey, ich habe jetzt keinen Bock mehr. Ich will einfach nicht. Ihr könnt jetzt machen, was ihr wollt. Also praktisch eine Frustration auch hochkommt." (Hauptamtliche)

7.2.2 Emotionen im Kontext der Organisation

Emotionen wirken in den Organisationen auf unterschiedliche Art und Weise. Da die Daten auf dem persönlichen Erleben des Organisationsgeschehens durch die befragten Mitglieder beruhen, stellen die Analyseergebnisse ebenfalls in erster Linie ihre Emotionen dar. Sie sind somit vor allem auf individueller Ebene bei den Akteuren angesiedelt. Es werden aber auch kollektive Emotionen benannt.

Bezüglich der Entstehung und dem Geltungsbereich der Emotionen lassen sich unterschiedliche Zuordnungen vornehmen. Emotionen werden gegenüber der Organisation als eigenem Akteur erlebt, gegenüber Akteuren außerhalb sowie gegenüber Akteuren innerhalb der Organisation. Außerdem werden Emotionen auf die Tätigkeit bezogen oder im Rahmen der Tätigkeit erfahren. In Bezug auf diese verschiedenen Zuweisungen lassen sich wiederum Unterschiede anhand von Valenz, Intensität und Wirkung der Emotionen ausmachen. Emotionen werden als positiv oder negativ, als motivierend oder auch bedrückend erlebt.

Die Organisationsmitglieder benennen ihr emotionales Erleben im Kontext ihrer ehren- oder hauptamtlichen Tätigkeit für die Organisationen. Sie erfahren in diesem Zusammenhang emotional intensive Momente, die sich sowohl positiv als auch negativ darstellen können. Die Erfahrungen mit hoher emotionaler Intensität werden im Rahmen der Tätigkeit erfahren, sie beinhalten Erlebnisse, die zusammen mit anderen Mitgliedern der Organisationen gemacht werden, zum Beispiel gemeinsame Aktionen und Erfolge (beispielsweise gelungene Hilfestellungen für Hilfsbedürftige). Es kann sich aber auch einfach um das Zusammensein mit anderen Organisationsmitgliedern handeln. Auch Entscheidungen, die im Rahmen der Tätigkeit für die Organisation getroffen werden, werden als emotional eindringlich erlebt. „Und da bin ich auch als Aktivist unterwegs gewesen. Und das war sozusagen der andere starke emotionale Moment. Da haben wir mal eine Aktion gemacht auf dem Frankfurter Hauptbahnhof." (Hauptamtlicher)

Emotionen gegenüber Akteuren von außen

Es werden verschiedene Emotionen in der Interaktion mit organisationsexternen Akteuren erlebt. Die Akteure sind einerseits kollektive Akteure wie Institutionen und Organisationen. Dabei handelt es sich um die Gesellschaft generell, um die Politik, um Behörden, die Presse oder auch Kooperationspartner wie Unternehmen. Andererseits sind es Einzelpersonen, wie etwa Klienten. Die Emotionen entfalten verschiedene Wirkungen in den betreffenden Interaktionen.

Bei den benannten Emotionen handelt es sich vermutlich nur um einen kleinen Ausschnitt aus dem gesamten Repertoire aller möglichen Emotionen. Die Emotionen, die gegenüber den Institutionen und Organisationen empfunden und von den Befragten benannt werden, sind alle derartiger Ausprägung, dass sie eine Aufgebrachtheit der Befragten deutlich machen. Möglicherweise hängt dies damit zusammen, dass die negativen Emotionen in diesen Zusammenhängen von höherer emotionaler Intensität sind und den Befragten somit eine Erwähnung wert. Eventuell werden negative Emotionen gegenüber Organisationen oder Institutionen als kollektiven Akteuren auch eher benannt, da diese nicht so leicht zu personifizieren sind, als wenn es sich um Personen handelte. Man äußert den Ärger bezogen auf eine vermeintliche „Sache“ und nicht gegenüber einem Interaktionspartner. Bezüglich anderer Personen werden auch positive Emotionen wie Freude und Sympathie formuliert, aber auch Ärger, beispielsweise aufgrund von Erwartungen von Klienten.

> *Und wir als [Name der Organisation] haben inzwischen in Hamburg einen Namen, jetzt so für die Hamburger, da werden wir oft angerufen. Und mit welcher Selbstverständlichkeit und manchmal auch, ja wie Leute manchmal auch frech rangehen. (Hauptamtlicher)*

Die mit der Aufgebrachtheit verbundenen Emotionen stellen sich unter anderem als Fassungslosigkeit, Wut, Ärger und Zorn dar. Ungerechtigkeit in der Gesellschaft verursacht Wut oder Ärger. Die Emotionen entstehen aber auch aus Interaktionen mit den externen Akteuren heraus, die nicht verlaufen wie erwünscht. Entscheidungen von externen Kooperationspartnern behindern unter anderem die Arbeit der Organisation, indem Vorschriften eine einschränkende Wirkung entfalten, Knowhow nicht abgefragt wird oder einfach nicht gehandelt wird. „Und wenn man uns da Steine in den Weg legt, die völlig irsinnig sind, dann kriegt man irgendwie einen inneren Zorn auch.“ (Hauptamtlicher)

Die Emotionen hängen mit Ablehnung und Vorbehalten zusammen. Unternehmen generell werden etwa als „Klassenfeind“ betrachtet; verbunden ist dies auch mit Berührungsängsten. „Also man hat immer noch totale Ablehnung, also ich würde sagen es ist nicht Ablehnung, aber man hat totale Vorbehalte. Weil es ist ja der Klassenfeind.“ (Hauptamtliche)

Die Emotionen münden oft in einen inneren Zustand der Abgrenzung gegenüber Interaktionspartnern. Es sind Verstimmungen zu beobachten, die sich in Enttäuschung, Fassungslosigkeit und Frustration niederschlagen. Zukünftige Kooperationen werden somit erschwert.

Ach, sagten die einen zu meiner Kollegin: ‚Ach, Frau [Name], arbeiten sie, denken Sie doch mal nicht so wissenschaftlich. Machen Sie das doch mal ganz einfach'. Und das frustriert dann natürlich schon, ne? Wenn dein Wissen nicht gefragt wird. (Hauptamtliche)

Auf die Organisation bezogene Emotionen

Gegenüber der Organisation, im Rahmen derer die Befragten tätig sind, werden Emotionen unterschiedlicher Ausprägungen erlebt. Sie stellen sich sowohl positiv (zum Beispiel als Freude) als auch negativ (zum Beispiel als Ärger) dar.

Es wird Freude über die Organisation und ihre Erfolge empfunden sowie Freude und Stolz für die Organisation tätig sein zu können.

Und ja, dann [die Organisation] natürlich immer bekannter und bekannter geworden. Und ich habe mich immer diebisch gefreut, je öfter ich in Medien Meldungen sah, dass [die Organisation] gefragt wird jedes Mal, wenn es nun um [das Thema] geht. (Ehrenamtliche)

Stolz auf die Organisation kann aber auch dazu führen, dass das Urteilsvermögen gegenüber der Organisation und ihren Eigenschaften eingeschränkt ist. Andererseits motivieren positive Emotionen für die Mitarbeit in der Organisation. „Und ich sag mal so: und das ist dann im Prinzip, kommt da im Prinzip so ein Verhältnis, wo der Stolz auf den guten Organisationsgrad dazu führt, dass gesellschaftliche Realität ausgeblendet wird." (Hauptamtliche)

Negative Emotionen, die in Bezug auf die Organisation erlebt werden, äußern sich unter anderem als Ärger. Dieser ist darauf gerichtet, dass behördenähnliche Strukturen der Organisation oder auch doppelte Strukturen die eigene Arbeit blockieren und behindern. Die Arbeitsweise der Organisation führt zu Frust und kann in der Folge das eigene Engagement hemmen. „Da kann ich nur sagen, da war ich dann wieder völlig frustriert, das ich gesagt hab, das kann doch nicht angehen. Wie kann denn so eine Riesenorganisation [...] so nen Müll machen." (Hauptamtliche)

Im Rahmen der Tätigkeit und im organisationalen Miteinander erlebte Emotionen

Die Emotionen, die während der Tätigkeit für die Organisation und im organisationalen Miteinander erlebt werden, können sich durch innere Bewegtheit, als positive, motivierende Emotionen sowie als Emotionen der Erregung und als bedrückende Emotionen äußern.

Innere Bewegtheit

Die Organisationsmitglieder beschreiben, dass sie sich durch die Tätigkeit für die Organisation und das Miteinander im Rahmen der Organisation innerlich bewegt fühlen. Dies kann sich auch in Form von emotionaler Betroffenheit äußern.

Die Tätigkeit für die Organisation ruft ein Erleben von Lebendigkeit hervor, es wird erinnert, worin die eigenen Werte und Überzeugungen bestehen. „Und das ist ein Ort: endlich lebt man. Man ist nie so nah bei sich, als in so einem Verein, wo man an seine Grenze geführt wird, wo man in dem Teilen von Dingen, was einem wichtig ist, an genau diesen Grenzen stößt." (Ehrenamtliche)

Es werden existentielle Erfahrungen gemacht, die etwa in Grenzerfahrungen im eigenen Erfahrungshorizont bestehen. Es wird aber auch die Bedrohungen der Existenzgrundlage von anderen Mitgliedern als Erfahrungen beschrieben, die „menschlich tief bewegen". Man fühlt sich „mitgenommen", da einem die anderen Menschen „am Herzen liegen". Das Schicksal – aber auch das Durchhaltevermögen – anderer Organisationsmitglieder oder externer Personen erzeugt Gefühle der Rührung. Diese Gefühle können aber auch aufgrund des eigenen Engagements erlebt werden. „Und ich bin dann schon, wenn ich so was höre, schon irgendwie – ihr wollt ja was Emotionales hören – so gerührt. Weil ich echt so einen Respekt davor habe, dass die so ein Durchhaltevermögen haben." (Hauptamtliche)

Die Emotionalität wird auch als schmerzlich erlebt und es wird beschrieben, dass Freud und Leid nahe beieinander liegen. Auch wird emotionale Betroffenheit erzeugt, wenn eigene Vertrauensseligkeit ausgenutzt wird oder Ungerechtigkeiten erlebt werden.

Das emotionale Empfinden im Kontext der Tätigkeit für die Organisation und im organisationalen Miteinander kann schnell wechseln. Einerseits alternieren Gefühle wie Erleichterung, Zufriedenheit und Erschrecken, andererseits werden widersprüchliche Gefühle wie Freude und Leid oder Freude und Schmerz gleichzeitig beziehungsweise kurz nacheinander empfunden. „Ich war erst sehr erschrocken und dann sehr erleichtert als ich merkte, dass ich es doch nicht finde. Und dann war ich wieder erschrocken, weil es doch so war." (Hauptamtlicher)

Emotionen, die im Kontext der Organisation erlebt werden, können als positiv und negativ klassifiziert werden. Positive Emotionen umfassen etwa Freude und Zufriedenheit. Negative Emotionen sind solche, die eine Aufgebrachtheit beschreiben, wie Ärger und Erschütterung oder die sich bedrückend äußern wie Frust und Unwohlsein. Die Emotionen können darüber hinaus verschiedene Wirkungen entfalten: sie sind motivierend oder aber bedrückend und demotivierend. Zu unterscheiden sind Emotionen, die bezogen auf die Tätigkeit oder während der Tätigkeit entstehen – etwa Freude als Antwort auf den Erfolg der Organisation – und Emotionen, die im Miteinander der Organisationsmitglieder und in ihren Interaktionen entstehen.

Positive, motivierende Emotionen

Das Erleben im Kontext der Organisation kann verschiedene Emotionen hervorrufen und ist mit emotionalen Bedürfnissen verbunden. Auch erzeugt die Tätigkeit selbst verschiedene Emotionen und das gemeinsame Engagement mit anderen im Rahmen der Organisation hat emotionale Wirkung. Auch entstehen Emotionen in den Interaktionen im Rahmen der Organisation, vor allem als Reaktion auf das Verhalten anderer Organisationsmitglieder oder auch externer Personen.

Das Thema der Organisation ist für viele Organisationsmitglieder sehr emotional besetzt. Sie empfinden das Thema als „Herzblut" und als „Herzensthema", sie haben Begeisterung und Leidenschaft für das Thema. Es ist für sie ein „seelisches Bedürfnis" die Sache der Organisation zu unterstützen.

> *Also es ist in diesem Verein eine unglaubliche emotionale Intensität gewesen über die Jahre, vor allem in den Anfängen, die ersten beiden Jahre, wo wir wirklich etwas bewegt haben, wo wir aus dieser scheuen Begeisterung für die Sache gelebt haben. (Ehrenamtliche)*

Es werden verschiedene Emotionen erlebt, die motivierende Wirkung entfalten. Hierzu gehört ein „Gefühl der Beflügelung", Freude, Spaß, Glück, Zufriedenheit und Dankbarkeit.

Die Emotionen entstehen zum einen bei der Tätigkeit selbst. Zum anderen sind sie eine Reaktion auf den Erfolg der Organisation und der Wirksamkeit der Tätigkeit. Außerdem ruft die Zusammenarbeit mit anderen die positiven Emotionen hervor.

Es wird Spaß und Freude empfunden, für die Organisation tätig sein zu können. Freude entsteht außerdem aus dem Zusammensein mit anderen heraus. Es kommt zu gemeinsamen Erlebnissen, etwa „schönen Abenden". Glück wird aufgrund guter Zusammenarbeit empfunden, das Miteinander ist „unterhaltsam" und macht Spaß. Es wird Freude und Dankbarkeit aufgrund von Begegnungen mit anderen Menschen im Rahmen der Organisation erlebt, die bemerkenswert viel Engagement mitbringen. Freude wirkt „ansteckend", wenn die Freude anderer geteilt wird. Außerdem wird Freude aufgrund von Unterstützung von anderen empfunden sowie darüber, andere unterstützen zu können. „Und trotzdem, Emotionen: geil. Wir fahren morgen mit 40 Leuten los, das wird ne geile Aktion werden. Wir haben ein bisschen überlegt, ein bisschen Stimmung machen, auch im Zug schon und so." (Hauptamtliche)

Die Zusammenarbeit und das Miteinander rufen auch Zufriedenheit hervor. Vor allem eine offene Kommunikation, das gemeinsame Lösen von Problemen und Erfolg wirken zufriedenstellend. „Ja, also inzwischen kann man sagen, sind die Mitglieder sehr zufrieden. Wir haben inzwischen zwei Mitgliedertreffen auch gemacht." (Ehrenamtlicher)

Außerdem erzeugt die Tätigkeit befriedigende Gefühle. Hiermit ist ein Gefühl der Selbstwirksamkeit und „das Richtige zu tun" verbunden. Es wird versucht „die Welt zu retten" und „einen Beitrag zu leisten". „Dann glaube ich, dass ich mich dann aber auch teilweise selbst gut fühle, weil ich sagen kann, ich habe dieses Projekt begleitet." (Hauptamtlicher)

Emotionen der Erregung und bedrückende Emotionen und ihre motivierende und demotivierende Wirkung

Emotionen können sich auch als negative Emotionen äußern. Die Emotionen, die beschrieben werden, lassen sich als bedrückende Emotionen und als Emotionen der Erregung klassifizieren. Als Folge der Emotionen sind sowohl demotivierende als auch motivierende Wirkungen zu verzeichnen.

Durch verschiedene Emotionen werden die Organisationsmitglieder aufgebracht und in einen Zustand der Erregung versetzt. Bei diesen Emotionen handelt es sich unter anderem um Wut und Ärger sowie um emotionale Zustände wie Schock und Erschütterung.

Im Zuge der Tätigkeit für die Organisation wird Ärger empfunden, entweder im Vollzug der Tätigkeit oder aber als Reaktion auf schlechte Rahmenbedingungen der Arbeit. „Da ärgert man sich, weil man mal einen schlechten Tag hatte und irgendeinen Fehler in der Arbeit gemacht hat oder irgendwas vergessen." (Hauptamtlicher)

Außerdem hängen Ärger und Wut mit dem Verhalten anderer Organisationsmitglieder zusammen. Es wird etwa eine fehlende Unterstützung durch die Organisationsleitung oder andere Organisationsmitglieder angekreidet. Zwar werden Anforderungen und Kritik geäußert, Unterstützung findet aber nicht statt.

> *Was in dem organisatorischen Bereich mich ärgert, ist, das habe ich auch mehrfach erlebt, dass wenn man in so einer Organisation ist, ist es auch schon häufiger vorgekommen, dass es dann Leute gibt, die einfach kritisieren, ohne sich da vielleicht auch richtig mit zu beschäftigen mit dem, was sie gerade da kritisieren. Und wenn man dann in Auseinandersetzungen ist, sie plötzlich verschwinden und gar nicht mehr da sind. (Ehrenamtlicher)*

Damit verbunden sind hohe Erwartungen an die Tätigkeit. Es kann sich dabei um Anforderungen von außen oder auch um eigene Erwartungen handeln. So wird ebenfalls Ärger hervorgerufen. Auch Unzuverlässigkeit und Trägheit anderer Mitglieder verärgert. Schließlich entsteht Wut und Ärger als Antwort auf Entscheidungen, die von anderen getroffen werden. „Es ärgert mich die Trägheit der Leute. Es ärgert mich, dass es immer wieder einschläft, wenn man nicht einen Tritt gibt. Es ärgert mich tierisch viel." (Ehrenamtliche)

Schock und Erschütterung sind unter anderem mit Lebensumständen der Klienten verbunden, mit denen die Organisationsmitglieder im Rahmen ihrer Tätigkeit konfrontiert werden. Im Zusammenhang mit der Ungerechtigkeit in der Gesellschaft werden zudem ebenfalls Ärger und Wut erlebt. Außerdem wird ein Schock durch emotional belastende Situationen erfahren.

> *An dem Tag ist mein Mann dann gestorben. Mit 51 an plötzlichem Herztod. Und das habe ich im Büro erfahren, den Anruf bekommen. [...] Da war unsere Praktikantin da. Das muss für die auch der absolute Schock gewesen sein, also die anderen schon weg, und sie alleine mit mir. (Hauptamtliche)*
>
> *Das sind natürlich alles Sachen, die, ja wo man zutiefst erschüttert ist. [...] Es ist einfach unfassbar, dass das was wir da [...] zum Teil vorfinden, dass das gesellschaftliche Realität ist. (Ehrenamtliche)*

Weitere negative Emotionen im Organisationsalltag werden von den Akteuren als bedrückend erlebt. Hierbei handelt es sich etwa um Verzweiflung, Frust, Enttäuschung, Hilflosigkeit, Schuldgefühle, Minderwertigkeitsgefühle und Gefühle von Ausweglosigkeit.

Negative Emotionen werden etwa durch hohe Ansprüche an die Tätigkeit verursacht – diese Erwartungen sind sowohl eigen- als auch fremderzeugt – und rufen negative Emotionen hervor. Hierzu gehören auch Minderwertigkeitsgefühle, also in der Selbstbeurteilung unzulänglich zu sein beziehungsweise nicht zu genügen. Besonders werden diese Gefühle als von Ehrenamtlichen erlebt benannt. „Aber ich glaube auch, dass Ehrenamtliche sich oft kleiner fühlen, als sie sind, wenn man so Emotionen anschaut." (Hauptamtliche) Verbunden mit Erwartungen an die eigene Tätigkeit sind auch Schuldgefühle, die aufgrund von eigenen Privilegien und eigenem Verhalten entstehen. „Es war manchmal so, dass die Hauptamtlichen dann auch ein schlechtes Gewissen gegenüber den Ehrenamtlichen haben, dass sie jetzt bezahlt werden oder sonst was." (Ehrenamtlicher)

Erwartungen werden nicht erfüllt, wenn Unterstützung versagt wird und weniger Engagement als erwartet stattfindet. Die Folge sind Gefühle von Enttäuschung oder auch von Frust und damit verbundenen Gefühlen, die als „Genervt

Sein" beschrieben werden. Der Eindruck ausgenutzt zu werden erzeugt Frustration. Frust entsteht zudem, wenn eigene Interessen und Meinungen nicht durchgesetzt werden können, wenn das Diskussionsverhalten in der Organisation als störend empfunden wird, etwa als „Totdiskutieren". Auch das Verhalten der Leitungsebene kann Frust erzeugt, zum Beispiel wenn diese Verantwortungen nicht übernehmen will. Auch Misserfolge wirken frustrierend. Fehlende Zuverlässigkeit im Organisationsmiteinander kann ebenfalls zu Frust führen.

> *Manchmal ist es schlicht einfach frustrierend. Vielleicht auch, vielleicht muss ich auch ehrlicherweise mal sagen, wenn so im Kontakt mit ehrenamtlichen Aktiven [...]. Wenn ich denke, wir könnten mehr erreichen, wenn die mehr in eine Verantwortung gehen würden. (Hauptamtliche)*
> *Manchmal bin ich da ein bisschen genervt, weil dann jeder kleine Pups abgestimmt werden soll. (Ehrenamtlicher)*

Unzuverlässigkeit anderer und daraus entstehender Druck, da die Aufgaben trotz fehlender Unterstützung erledigt werden müssen, verursacht Verzweiflung. Die Situation wird als Albtraum empfunden. Hilflosigkeit entsteht zudem aus dem Gefühl heraus, nichts Weiteres tun zu können, etwa um jemandem zu helfen. „Es gibt so ein Stück Hilflosigkeit, das eigentliche Übel werden wir wahrscheinlich nicht beheben können. Und das ist, das nimmt mich mal richtig mit." (Hauptamtliche)

Folgen negativer Emotionen

Negative Emotionen im Organisationsalltag führen zu Überforderung und Stress. Fremde und eigene Erwartungen an das Engagement erzeugen Überlastung, die chronisch werden kann. Hiermit verbunden ist die Unfähigkeit, sich von den Erwartungen anderer abzugrenzen. Auch haben die Emotionen Einfluss auf die Bewertung des Organisationsgeschehens, etwa in Form von Zynismus.

Belastung entsteht auch durch Überforderung, etwa aufgrund von hohem Arbeitsumfang oder aufgrund emotionaler Beanspruchung. Andere ruhen sich darauf aus, dass sie stark belastet sind und überlassen die zu tätigenden Aufgaben anderen. Belastend ist auch psychische Labilität anderer Mitglieder.

> *Negativ war, also ich glaube, dass es auch viele Leute gibt, die in dem Bereich dann hauptamtlich Fuß fassen, die sagen wir mal, sich darauf ausruhen, auf der, ich mach was toll Gerechtes. [...] Und alle müssen verstehen, dass ich ja so stark belastet bin privat. Und das immer auf die Kosten der anderen geht. (Hauptamtliche)*

Die negativen Emotionen entfalten schließlich demotivierende Wirkung. Die Emotionen münden in Lustlosigkeit, Rückzugsverhalten und Resignation. „Und eben auch mit der Finanzlage, weil die eben auch, also wir ein ziemliches Defizit haben. Das drückt natürlich auch aufs Gemüt, so ne. Dass wir da eben noch keinen richtigen Ausweg sehen." (Ehrenamtliche)

Negative Emotionen äußern sich jedoch nicht nur demotivierend. Neben den oben benannten Emotionen, die positiver Ausprägung sind, können auch negative Emotionen motivierende Wirkung entfalten. Es werden Unsicherheiten erfahren – etwa ob der Arbeitsplatz bestehen bleibt –, die kreativ machen und somit das Engagement befördern, zum Beispiel indem neue Arbeitsfelder erschlossen werden. Außerdem haben Ärger und Wut teilweise motivierende Wirkung, wenn sie dazu anregen aktiv zu werden. Eine ähnliche Wirkung kommt Schuldgefühlen zu.

Emotionen „von außen"

Emotionen, die in den Organisationen wirken, entstehen nicht alleine im Organisationsgeschehen selbst. Es werden auch Emotionen von außen in die Organisation hineingetragen. Emotionen, die aufgrund von Problemen im Privatleben außerhalb der Organisation entstehen, entfalten ebenfalls ihre Wirkung im Miteinander der Organisationen. Beispiele für solche Emotionen sind Traurigkeit und Frust. Emotionale Prozesse wie Trauer werden ebenfalls in die Organisation mitgebracht. „Und das war schon, also manchmal kommen ja auch so private Themen noch mit. Mein Stiefvater starb gerade quasi parallel in dieser Woche. Und ich dachte, das war schon Scheiße einfach." (Hauptamtliche)

Die Akteure bringen ihre Emotionen in die Organisation ein, weil ihre emotionale Grundstimmung – beispielsweise bei Trauer – sie in allen Lebenslagen begleitet. Außerdem versuchen sie, sich im Miteinander der Organisationen von belastenden Emotionen zu befreien. Das kann jedoch zu Spannungen führen. „Alles, was zu Hause nicht läuft, wird in dem Verein dann abgebaut." (Ehrenamtliche)

Das emotionale Erleben von Konflikten

Die in der Organisation stattfindenden Interaktionen und deren Folgen werden unterschiedlich erlebt. Dies wurde bereits anhand einiger Emotionen und deren motivierender, bedrückender und demotivierender Wirkung geschildert. Auch Interaktionen in den Organisationen, die als Konflikte beschrieben werden können, werden emotional erfahren. Es kommt zu Unwohlsein aufgrund der angespannten

Stimmung, die mit ungelösten Konflikten einhergeht. Die Stimmung kann auch als besondere Kälte empfunden werden oder als „emotional geladen", etwa indem Unzufriedenheit sich plötzlich entlädt. Auch drohende Konflikte erzeugen ein Gefühl des Unwohlseins und der Sorge. „Und wie gesagt, für mich ist es eine unbefriedigende Situation auch, ich fühle mich dann auch irgendwie total befangen und einfach unwohl." (Hauptamtliche)

Emotional können Konflikte als sehr anstrengend – etwa aufgrund der Art und Weise wie andere kommunizieren – und/oder als verletzend erlebt werden. Die Kränkungen werden etwa angesichts von Vorwürfen empfunden. „Aber wenn es dann Konflikte gibt, die ja normal sind in jeder Organisation, dann können sie auch sehr verletzend sein." (Hauptamtliche)

Wie bei den anderen negativen Emotionen auch können Emotionen, die im Rahmen von Konflikten erlebt werden, demotivieren und weiteres Engagement hemmen. „Mir fällt es total schwer irgendwie wenn die Luft so dick ist, dann da reinzugehen und meine Arbeit zu machen. Ich hasse das, ich finde das irgendwie echt ziemlich furchtbar." (Hauptamtliche)

Kollektive Emotionen

Emotionen, die im Organisationsgeschehen erlebt werden, stellen sich in weiten Teilen als individuelle Phänomene dar – aber nicht nur. Emotionen können auch kollektiv erfahren werden. Kollektive Emotionen sind, wie individuelle Emotionen auch, unterschiedlicher Ausprägung. Sie können sich beispielsweise als Gemeinschaftsgefühl, Freude, Unzufriedenheit, Antipathie und als emotionale Prozesse wie Trauer darstellen. Ebenso wie individuelle Emotionen verzeichnen sie bestimmte Wirkungen im Organisationsgeschehen.

Die Emotionen entstehen aus der Tätigkeit heraus, als Antwort auf gemeinsame Erfolge und Misserfolge. Sie werden aber auch in den gemeinsamen Interaktionen im Organisationsalltag hervorgerufen, beispielsweise in solchen, die durch Konflikte bestimmt sind.

Ein gemeinsam erlebtes Gefühl der Gemeinschaft entsteht aus dem Empfinden heraus, etwas verändern und bewegen zu können. Man fühlt sich zugehörig, aufgehoben, man hat die gleichen Werte und fühlt sich freundschaftlich miteinander verbunden. Auch gemeinsame Erfolge erzeugen ein Gemeinschaftsgefühl; gleichzeitig entsteht aber auch Freude, die kollektiv erlebt wird. Freude ist zudem mit gemeinsamen Erlebnissen verbunden. „Das natürlich, also wir haben das an dem Abend zusammen verfolgt, [...]. Und das war natürlich ein großes Ereignis. Wir haben uns sehr darüber gefreut." (Ehrenamtlicher)

Positive Emotionen wie Freude und Gemeinschaftsgefühle haben meist motivierende Wirkung, Sie wirken „beflügelnd" und lassen eine gemeinsame Stärke erleben. Außerdem sind sie verbunden mit einem Gefühl von Solidarität – man hilft einander. „Und vor allem, dass man das Gefühl hat gemeinsam stark zu sein. Ich fand ich das Wort [...] jetzt sehr schön: beflügelt." (Hauptamtlicher)

Kollektive Emotionen können sich aber auch als negative Emotionen und negative emotionale Prozesse darstellen. Ein Beispiel für gemeinsam erlebte Trauer besteht darin, dass ein Organisationsmitglied ein Familienmitglied verliert und andere Organisationsmitglieder mitfühlen. Emotionale Prozesse wie Trauer können aber auch gemeinsam mit organisationsexternen Personen erlebt werden.

Auch Emotionen, die mit Antipathien gegenüber einzelnen Personen verbunden sind, können sich als kollektive Emotionen darstellen. „Das war mit diesem Paul [Name geändert], er war auch nicht beliebt. Wie gesagt, aufgrund seiner mangelnden Kritikfähigkeit, der war sofort beleidigt." (Ehrenamtlicher)

Gleichzeitig kann es sich auch bei Unzufriedenheit um eine kollektive Emotion handeln. Dies entsteht vor allem aus Problemen in den Interaktionen und aus Konflikten heraus. Außerdem können neue Konflikte die Folge sein, die im schlimmsten Fall eine hemmende Wirkung auf weiteres Engagement haben.

> *Dann laviert man halt immer so rum. Und das ist total unbefriedigend für alle Parteien. Also auch für denjenigen oder diejenige, die halt, bei der alle wissen, dass sie alle unzufrieden sind. Aber keiner spricht das richtig aus. (Hauptamtliche)*

7.2.3 Emotionale Aspekte von Organisationsbindung und Motivation von Engagement

Die Organisationsmitglieder benennen verschiedene Gründe, warum sie sich im Rahmen der Organisationen – ehrenamtlich oder hauptamtlich – engagieren. Viele davon haben ausgeprägte emotionale Aspekte. Zu unterscheiden sich Aspekte, die sich auf die initiale Motivation beziehen, von solchen, die im Laufe der Tätigkeit für die Organisation entstehen. Alle motivationalen Gründe beinhalten Hinweise auf eine Verbundenheit mit anderen Menschen oder/und eine Bindung an die Organisation.

Inneres Bedürfnis

Als ausschlaggebend für den Beginn des Engagements werden vor allem innere Beweggründe benannt. Verbunden sind diese unter anderem mit Sinnhaftigkeit, Ungerechtigkeitsempfinden und Selbstverwirklichung.

Dabei ist der initiale Moment für den Beginn des Engagements häufig mit äußeren Umständen verbunden und als Reaktion auf diese zu verstehen. Es kann sich um eine eigene Betroffenheit von gesellschaftlichen Umständen – wie etwa Arbeitslosigkeit – handeln, auf die mit dem Engagement reagiert wird. Ergänzend werden oft emotional konnotierte Zustände von Verpflichtung oder Schuld als Motivation genannt. „Ich mache es, weil meine Biographie mich dazu auserwählt hat. Ich habe es nicht verdient, ich muss es machen. [...] also habe ich die Verpflichtung das zu tun." (Ehrenamtliche)

Auch die Betroffenheit anderer kann Engagement motivieren. Die Motivation besteht darin zu helfen. Man möchte andere, die mit schwierigen Lebensumständen konfrontiert sind, unterstützen und sich für sie einsetzen (zum Beispiel durch solidarische Aktionen). In diesem Zusammenhang werden die Begegnungen mit Betroffenen als motivierend benannt.

Ursächlich ist der Beginn des Engagements aber auch mit inneren Überzeugungen verbunden, die mit Werten wie Nächstenliebe und Gerechtigkeit sowie mit Bewertungen der Tätigkeit – etwa als sinnhaft – zusammenhängen.

> *Dann würde ich sagen, das ist ein wahnsinnig großer Bereich, weil ich sage, meine Emotion ist, dass ich etwas empfinde, dass die Welt ungerecht funktioniert und deswegen engagiere ich mich. Das ist ein unheimlich großer Aspekt. (Hauptamtliche)*

Emotionale Aspekte der inneren Überzeugung bestehen vor allem darin, dass die Tätigkeit als „seelisches Bedürfnis" betrachtet wird. Die Menschen fühlen sich innerlich bewegt und haben den erklärten Willen etwas zu verändern. Sie wollen „die Welt retten". Verbunden ist der Wille zur Veränderung auch mit negativen Emotionen wie Wut und Ärger. „Es sind Leute, die eben aus einer Emotion heraus sich anmelden und etwas machen wollen. Die Emotion kann vielseitig sein. [...] Jedenfalls ist es ein seelisches Bedürfnis." (Ehrenamtliche)

Der weiteren werden Sinnhaftigkeit und Sinnstiftung als motivierende Momente benannt. Die Tätigkeit wird dadurch als sinnstiftend erlebt, dass man der Gesellschaft etwas zurückgibt, etwa als guter Staatsbürger. Sinnstiftend wird die Arbeit, indem die Befragten eine persönliche Bereicherung aus der Tätigkeit ziehen. Verbunden ist dies auch damit, sich selbst verwirklichen zu wollen. Hierzu gehört, eigene Fähigkeiten bei der Tätigkeit einsetzen und auszubauen, sich weiterzuentwickeln und Erfüllung zu finden. „Was ich in vielen Gesprächen mit Ehrenamtlichen erlebt habe, dass sie eben nicht zielorientiert reden, sondern dass sie eher die Ehrenamtlichen sich selbst verwirklichen wollen in ihrem Amt." (Ehrenamtliche)

Thema und Art der Tätigkeit

Eine Verbundenheit mit der Organisation findet auch über eine Identifikation mit dem Themenbereich der Organisation statt. Die Motivation, die daraus erwächst, ist intrinsischer Art, also mehr über die innere Überzeugung als über monetäre Aspekte. Es wird benannt, dass das Thema lebenslang von persönlicher Bedeutung sei und emotionale Erfüllung bringe.

> *Und ich möchte immer in so einem Umfeld arbeiten, ich glaube allerdings, dass sich das in dem Non-Profit-Bereich insofern leichter einstellt, weil sozusagen diese intrinsische Motivation über das Thema, über diese, sage ich mal, nicht monetären Aspekte. (Hauptamtlicher)*

Außerdem wird das Engagement über die Art der Tätigkeit motiviert. Der Job bietet gewisse Gestaltungsmöglichkeiten: er offeriert eine flexible und abwechslungsreiche Tätigkeit, organisatorische Freiheiten, selbstständiges Arbeiten und verschiedene Entfaltungsmöglichkeiten, verbunden mit der Möglichkeit der Weiterentwicklung.

> *Und dafür gibt es auch Möglichkeiten sich hier weiterzuentwickeln. Aber das ist ja auch etwas, was einem auch ansonsten dann, also mir jedenfalls auch im Rest meines Lebens, im Privatleben ganz gut hilft, manchmal. Das sind Teile der Motivation. Die Vielfalt finde ich, ich mag auch gerne eine abwechslungsreiche Tätigkeit. (Hauptamtliche)*

Außerdem wird teilweise eine Beschäftigung für die Freizeit gesucht, genau die Mitarbeit in der Organisation eröffnet dabei neue Möglichkeiten und Horizonte. „Ich fand das also unglaublich, ja, bereichernd, diese Welt kennen zu lernen." (Ehrenamtliche)

Erfolg „beflügelt"

Die Motivation findet nicht nur über eine Identifikation mit abstrakten Zielen der Organisationen statt, sondern auch über tatsächliche Erfolge, die die Organisationen verzeichnen. Hier spielt die Außendarstellung eine Rolle, wenn Akteure als initiale Motivation für ihr Engagement die beobachteten Erfolge der Organisation angeben. Motivierend wirken aber auch die Erfolge, die während der Tätigkeit für die Organisation erfahren werden, und an denen ein eigener Anteil verbucht werden kann.

Erfolge können sich dabei unterschiedlich darstellen: es wird als Erfolg empfunden, dass Aktionen gelingen, dass die Außendarstellung funktioniert und dass monetäre Unterstützung in Form von Spenden eingeworben wird. Die Motivation hat auch emotionale Aspekte, etwa indem der Erfolg als positiver emotionaler Moment erlebt und Freude über den Erfolg empfunden wird. Diese Emotionen verstärken die Motivation.

Es wirkt zudem motivierend, Teil einer erfolgreichen Organisation zu sein, die etwas bewegt. In dieser Wahrnehmung lohnt es sich, sich zu engagieren, es kann eine Wirksamkeit mit relativ geringen Mitteln erreicht werden. Die Erfolge verstärken die Entscheidung für das Engagement – das Engagement lohnt sich. Es wird teilweise trotz Schwierigkeiten weitergemacht. Erfolge werden selbst organisiert, der „Laden am Laufen gehalten".

> *Wenn man weiß, man ist an einer guten Sache und man hat ein konkretes Ziel vor Augen, das kann dermaßen beflügeln. Und dann entdeckt man Kräfte in sich, von denen man gar nichts wusste. (Ehrenamtlicher)*
>
> *Und dann dieses Gefühl dann auch zu haben, wir können damit auch was bewegen. Also das ist, glaube ich auch, was, was bei mir bisher trägt. (Hauptamtliche)*

Zusammensein und Zusammenarbeit

Motivation erwächst auch aus dem Zusammensein und der Zusammenarbeit mit anderen im Rahmen der Organisation. Motivierend wirkt dabei eine gute, erfolgreiche und sachliche Zusammenarbeit. Die gemeinsame Tätigkeit findet lösungsorientiert und auf hohem fachlichem Niveau statt, sie wird als effektiv und harmonisch beschrieben. Eine gute, erfolgreiche Zusammenarbeit wirkt durch gemeinsames Gelingen und gemeinsam erlebte Zufriedenheit motivierend.

> *Und was ich daran so gut finde, in Ergänzung zu all dem was gesagt wurde, ist, dass es so motivierend wirkt. Also auch da mal auf einem Seminar zu sein und mit Ehrenamtlichen zu sprechen, sie für irgendwas fit zu machen. Und dann die Rückmeldung zu kriegen, warum sie so motiviert sind. Oder was sie für schöne Erlebnisse hatten. (Hauptamtliche)*

In der Zusammenarbeit mit anderen werden damit verbunden Emotionen wie Spaß und Freude hervorgerufen, die motivierende Wirkung entfalten. Auch das hohe Engagement anderer Ehrenamtlicher und Hauptamtlicher wirkt motivierend für die eigene Tätigkeit. Es werden eine ausgeprägte Bereitschaft zur Veränderung, fundierte Kompetenzen und ein hohes Engagement beobachtet. Andere werden für ihr Engagement bewundert. Die Befragten sind davon beeindruckt und fasziniert; auch das wirkt wiederum motivierend. „Es gibt ja unterschiedlichste Projekte und unterschiedlichste Leute. Trotzdem bin ich irgendwie fasziniert von dem Engagement.“ (Hauptamtliche)

Verbundenheit

Das Zusammensein in den Organisationen ist durch eine Verbundenheit der Organisationsmitglieder untereinander geprägt, die auch die Bindung an die Organisation befördert.

Eine Verbundenheit entsteht zum einen über das gemeinsame Thema, das bei vielen auch eine initiale Rolle für die Entscheidung zum Engagement spielt. Teilweise wird benannt, dass die Verbundenheit ausschließlich auf diese Art stattfindet. Eine Bindung an die Organisation und der Mitglieder untereinander geschieht zum anderen darüber, dass die Organisation einen Ort der Freizeitbeschäftigung bietet. Die Verbundenheit mit anderen in der Organisation findet ferner darin Ausdruck, dass eine gemeinsame „Energie“ wahrgenommen wird. Alle „ziehen an einem Strang“. Diese gemeinsame Stärke führt zu gemeinsamen Aktionen und gemeinschaftlichem Erfolg, der wiederum verbindet. „Und dass hier alle an einem Strang ziehen. Das sagen wir uns natürlich nicht jeden Tag. Aber man gibt sich gegenseitig das Gefühl, das ist natürlich klasse.“ (Hauptamtliche)

Die Bindung an andere und an die Organisation hat auch emotionale Aspekte. Es wird benannt, dass solidarische Gefühle gegenüber nahestehenden Personen den Wunsch zu helfen begründen. Es findet emotionale Verbundenheit statt, andere Personen sind „ans Herz gewachsen“. Sympathie und Bewunderung gegenüber anderen Organisationsmitgliedern erzeugt auch ein gutes Gefühl gegenüber der Organisation und eine damit zusammenhängende Bindung. Die Bindung befördert wiederum das Engagement. „Ich weiß noch, dass seinerseits musste man so ein Aufnahmegespräch führen mit einem Vorstandsmitglied. Und das war so sympathisch, dass ich da von Anfang an ein gutes Gefühl bei gehabt habe, bei der Organisation.“ (Ehrenamtlicher)

Zusammengehörigkeit und Zusammenhalt

Die Verbundenheit der Organisationsmitglieder untereinander findet auch in Zusammengehörigkeitsgefühlen und einem Zusammenhalt untereinander Ausdruck. Gemeinschaftsgefühle werden offenbar, da andere Organisationsmitglieder als Familienersatz und Familienbande betrachtet werden und die Organisation als Ort der Freundschaft, der Vertrautheit und als Zuhause angesehen wird.

> *Also was das Thema Emotionen angeht, glaube ich, ist dieses Gefühl von einer Familie, ein Stück weit zu haben, was so die Wertegemeinschaft angeht, man ist in einem Umkreis, wo man viel ähnlich denkt, fühlt, viel Zuspruch kriegt, für das, was man selber wichtig findet. (Hauptamtlicher)*

Der Zusammenhalt zeigt sich in gegenseitiger Unterstützung. Die Zusammenarbeit ist von Vertrauen[87] geprägt. Man vertraut sich gegenseitig, dass Verantwortung für die übertragenen Aufgaben übernommen wird, man informiert sich wechselseitig und ist offen für neue Ideen von anderen.

> *Grundsätzlich ist die Zusammenarbeit, das klingt jetzt immer wie so eine Floskel, aber das ist wirklich absolut vertrauensvoll. Vertrauen bedeutet, wenn ich meinen Vorstand informiere und sage, ich habe das so und so aus den und den Gründen gemacht, dass die sagen, ja, das ist ok. Und wenn irgendjemand kommt und sagt, was macht denn ihr Geschäftsführer da? Dass die sagen im Zweifel ist das erstmal ok, was der macht. (Hauptamtlicher)*

Vor allem schwierige Situationen werden gemeinschaftlich durchgestanden. Es wird gegenseitige Unterstützung geleistet und es wird zusammen für das gemeinsame Anliegen gekämpft. Man bekommt Anerkennung für sein Engagement oder Zuspruch in schwierigen privaten Lebensphasen.

Die Organisationsmitglieder fühlen sich in der Organisation aufgehoben. Teilweise suchen sie genau diesen Aspekt: Strukturen und eine Gemeinschaft, in der auch labile Menschen Unterstützung erhalten und aufgefangen werden.

> *Gleichzeitig ist es schwierig, also ich habe irgendwas erlebt, wo ein Mensch mitgearbeitet hat, der sehr instabil war und der sich auch immer das Leben nehmen wollte. Und das Thema war im Grunde, dass er durch diese Organisation sehr aufgefangen wurde. (Hauptamtliche)*

87 Vgl. Kapitel 5.

Motivationslagen Haupt- und Ehrenamtlicher

Es lassen sich einige Unterschiede in den Motivationslagen Haupt- und Ehrenamtlicher ausmachen. Hauptamtliche betonen eine starke Identifikation mit dem Themenbereich der Organisation. Die Entscheidung für die Tätigkeit hat wesentlich mit dem Eindruck zu tun, im Rahmen ihres Jobs etwas Sinnvolles, Sinnhaftes tun zu können.

Der Fokus liegt zudem auf den Möglichkeiten, die sich aus der alltäglichen Arbeit heraus ergeben. Sie haben dort freie Gestaltungschancen und können sich im Job weiterentwickeln. Die Motivationslage ist verbunden mit den Möglichkeiten, die die Tätigkeit bietet. Sie beruht eher auf intrinsischen Aspekten als auf finanziellen Anreizen. Es werden auch Abstriche bei der Bezahlung gemacht.

> *Ich habe vorher mehr verdient. Und [...] wenn ich diese Karriere im Beratungsbereich weiter vorangetrieben hätte, heute sicher bei dem Doppelten von dem sein, was ich jetzt verdiene. Die Frage ist immer, zu welchem Preis. Und die Freiheit, die ich hier habe, die Gestaltungsmöglichkeiten, die Flexibilität auch meine Arbeit so einzuteilen, wie ich das will. Das ist für mich unbezahlbar. (Hauptamtlicher)*

Ehrenamtliche betonen – eher als Hauptamtliche – emotionale Momente der Motivation wie Begeisterung oder die Tätigkeit als „seelisches Bedürfnis“. Monetäre Aspekte spielen keine Rolle, da das Engagement nicht mit der Notwendigkeit verbunden ist, den Lebensunterhalt zu bestreiten. Außerdem wird in der Regel weniger Zeit für die ehrenamtliche Tätigkeit aufgewendet, als dies bei dem Hauptamt der Fall ist. Somit spielen Aspekte des Arbeitsalltags eine weniger wichtige Rolle.

Nichts desto trotz überschneiden sich die Motivationslagen von Haupt- und Ehrenamtlichen stark. Dies ist unter anderem darauf zurückzuführen, dass hauptamtliche Tätigkeit in vielen Fällen aus einem Ehrenamt heraus entsteht. Das Engagement für die Organisation begann als Ehrenamt und es kam später die Möglichkeit einer bezahlten Beschäftigung auf. Häufig engagieren sich die Hauptamtlichen auch über ihre bezahlte Tätigkeit hinaus für die Organisation oder für andere Dritte-Sektor-Organisationen.

Insofern ist es zwar möglich, die Motivation von Haupt- und Ehrenamtlichen etwas zu differenzieren. Allerdings zeigt die soziale Wirklichkeit, dass Haupt- und Ehrenamt und ihre jeweiligen Motivationslagen nicht immer eindeutig voneinander zu trennen sind. Akteure sind oft Haupt- und Ehrenamtliche zugleich, oft sogar für dieselbe Organisation.

Demotivation

Im Organisationsgeschehen sind jedoch nicht nur Zusammenhänge von Verbundenheit, Emotionen und Motivationen zu beobachten. Auch Demotivation steuert das Engagement der Organisationsmitglieder.

Demotivation entsteht aus fehlendem Erfolg, es werden keine Erfolgschancen der Organisation (mehr) gesehen. Es wird der gleiche Trott, verbunden mit wenig Veränderung, beobachtet. Unter anderem wird der Vorstand als verbohrt beschrieben. Ein Wille zur Veränderung wird nicht artikuliert, im Gegenteil wird die Verantwortung für gemeinsame Aktionen anderen zugewiesen. Außerdem hemmt eine bestimmte Diskussionskultur von Mitgliedern, verbunden mit viel Reden und Kritik aber wenig Aktion, das Engagement. Die Wahrnehmung des Organisationsgeschehens wirkt in diesem Zusammenhang frustrierend. Sie führt schließlich zu Resignation der Organisationsmitglieder und hemmt ihr Engagement. Verbunden ist dies auch häufig mit Konflikten, die emotional erlebt werden.

> *Und da sind schon einige Weirdos dabei und wenn es dann von solchen Leuten, gibt es dann auch mal so Querschläge oder Schelte auch. Und da könnte man ja manchmal auch sagen, na gut, da hat man einen Nerv getroffen. Aber das motiviert eben nicht so. Das ist eher ein bisschen stressig, ne, wenn diese Leute aufkreuzen. (Hauptamtliche)*

Emotionale Aspekte der Demotivation des Engagements resultieren vor allem aus bedrückenden Emotionen (wie etwa Verzweiflung, Enttäuschung, Schuldgefühlen und Minderwertigkeitsgefühlen) und Emotionen der Erregung (wie etwa Wut und Ärger), die als Reaktion auf hohe Ansprüche, Erwartungen, fehlende Unterstützung und Unzuverlässigkeit im Miteinander der Organisation erlebt werden. Folge der Emotionen ist Überforderung, Stress und schließlich Lustlosigkeit und Resignation.

7.2.4 Emotionsarbeit: Regulierung und Versuche der Einflussnahme auf Emotionen

Emotionsarbeit umfasst sowohl die individuelle emotionale Regulierung als auch die kollektiven Versuche der Einflussnahme auf Emotionen. Sie ist einerseits nach innen gerichtet, mit der Absicht, die eigenen Emotionen anzupassen. Andererseits umfasst sie die Beeinflussung der Emotionen anderer, meist mit der Absicht, dadurch auf das Gefühlsleben der Interaktionspartner einzuwirken. Das Ziel kann etwa darin bestehen, bei einer anderen Person positive Emotionen in Bezug auf die

Organisation zu erzeugen und sie so dazu anzuregen, für die Organisation zu spenden.

Regulierung von Emotionen beim Individuum

Zur Regulierung eigener Emotionen kann gehören, eben diese gerade nicht lenken zu können oder zu wollen. Die Personen stehen zu ihren eigenen Emotionen und leben diese aus. Sie wollen authentisch sein, auch emotional. Sie können ihre Emotionen nicht verstecken und verschaffen dem unter anderem Ausdruck, indem sie weinen. Auch wollen sie ihren Gefühlen Luft verschaffen, indem sie etwas „loswerden“ und anderen ihr Herz ausschütten.

> *Dass ich plötzlich da, weißt du, also den Tonfall verändere, oder jetzt irgendwie in einer Distanz zum Thema spreche, weil ich jetzt ich meine, das würde jetzt bei dem Publikum besser ankommen. Ich bleibe da immer sehr vom Herzen her. (Hauptamtliche)*

Das emotionale Erleben in den Organisationen geht bisweilen mit einem inneren Spannungsverhältnis für die Organisationsmitglieder einher. Dies kann sich auch als innerer Konflikt darstellen, der einer Regulierung bedarf. Es besteht eine innere Zerrissenheit in Bezug auf Entscheidungen, die getroffen werden müssen. Es stehen einander verschiedene Interessen gegenüber, zum Beispiel in Form verschiedener Konfliktparteien, oder in der Frage, ob man bestimmte Personen als Mitglieder in die Organisation aufnimmt oder nicht. Teilweise steht die eigene Meinung auch dem Rollenauftrag beziehungsweise der Interessenvertretung entgegen. Eine Entscheidung um Gewichtung und Priorisierung der Aufgaben im Arbeitsalltag kann ebenso zu einem inneren Spannungsverhältnis führen. In diesem Zusammenhang kann auch die eigene Rolle in Interaktionen unklar sein und innere Dilemmata verursachen.

Entscheidungen gehen teilweise an die Substanz und bewegen tief. Sie sind etwa mit schlaflosen Wochenenden und ambivalenten Emotionen verbunden.

> *Und dass ist ein ganz schwieriges Problem, den Grad hinzukriegen, nach dem Motto, sich noch morgens im Spiegelbild Guten Morgen sagen zu können. Und die Abwägungen zu treffen, das ist nicht ganz einfach manchmal. (Hauptamtlicher)*

Ein weiterer Mechanismus der Regulierung eigener Emotionen besteht in innerer Abgrenzung beziehungsweise Rückzug. Emotionen werden kontrolliert und unterdrückt. Unter anderem wird Kritik abgewehrt, es wird „über den Dingen gestanden". Auch wird versucht, Emotionen durch Atemübungen zu kontrollieren.

> *Und gleichzeitig werden Emotionen aber auch sehr stark unterdrückt. Also mir ist es, wenn ich eine Emotion habe, das reicht mir jetzt. Das ist mir zu viel. Ich schaffe es nicht mehr. Es fasst mich zu sehr an. Ich kann die Bilder nicht mehr sehen. Dann ist es ein sehr starker Bereich, der dann aber auch unterdrückt wird. (Hauptamtliche)*

Teilweise werden eigene Emotionen nicht gezeigt (zum Beispiel in dem die Akteure freundlich sind, anstatt dem empfundenen Ärger Ausdruck zu verleihen) und die Situationen durchzustehen. Es kommt zum Rückzug. Eine abnehmende emotionale Involviertheit kann im Extremfall zu innerer Kündigung führen – allerdings ist dann der Verbleib in der Organisation äußerst fragwürdig. „Also eigentlich ziehe ich mich erstmal ein bisschen zurück, glaube ich mal. Und muss erstmal ein bisschen zeitlichen Abstand kriegen." (Ehrenamtliche)

Teilweise erweist sich eine Abgrenzung aber auch als schwierig. Entweder ist die emotionale Involviertheit zu stark, so dass Distanzierung nicht gelingt. Oder es wird mehr Zeit für das Privatleben eingefordert, das wird aber von anderen Organisationsmitgliedern nicht zugelassen. Wenn Abgrenzung und professionelle Distanz nicht gelingen, kann Überlastung die Folge sein.

> *Und dann immer so sich abzugrenzen und zu sagen, ne, jetzt habe ich aber, das ist mein Job und jetzt habe ich aber mal Feierabend, das ist schwierig dann oft. [...] Also ich glaube, wenn man es nicht schafft, sich abzugrenzen, arbeitet man immer viel zu viel. (Hauptamtliche)*

Eine weitere Möglichkeit der Regulierung eigener Emotionen besteht in der Anpassung an externe Erwartungen. Es werden Dinge hingenommen, von denen man eigentlich genervt ist und die verärgern. Emotionen können in der derart eingenommenen Rolle nicht dargestellt werden. Auch werden eigene Bedürfnisse und Wünsche untergeordnet, beispielsweise wird ein Teil des Privatlebens geopfert.

> *Zumal man teilweise auch als Privatperson, also außerhalb der Funktion, teilweise andere Ansichten hat, die man gerne auch irgendwie mal den Leuten auf den Tisch knallen würde. Aber man weiß ganz genau, das ist gefährlich, das kannst du nicht machen. (Hauptamtlicher)*

Versuche der Beeinflussung von Emotionen

Emotionsarbeit besteht neben der Beeinflussung des eigenen Gefühlslebens auch in der versuchten Lenkung der Emotionen anderer. Einerseits gehört dazu die Absicht, positive Emotionen beim Gegenüber zu erzeugen. Andererseits wird versucht, negative Emotionen absichtlich hervorzurufen beziehungsweise wird dies zumindest billigend in Kauf genommen. Der Zweck kann darin bestehen, eigene Interessen zu verfolgen oder solche der Organisation zu sichern.

Es gibt Strategien der Emotionsarbeit, bei denen negative Emotionen erzeugt werden, um das Verhalten von anderen Organisationsmitgliedern oder von organisationsexternen Personen zu beeinflussen. Dies kann gezielt stattfinden oder unbeabsichtigtes Nebenprodukt bei der Verfolgung von Interessen sein. Die Konfrontation mit anderen Organisationsmitgliedern wird gezielt gesucht. Es wird etwa Verständnis oder Unterstützung von anderen eingefordert, selbst wenn bei den Angesprochenen so negative Emotionen als Reaktion entstehen. Teilweise agieren Organisationsmitglieder hier als „Hackenbeißer".

Sympathie und Antipathie werden teilweise deutlich gezeigt, selbst wenn die Reaktion des Gegenübers darauf nicht positiv ausfällt. Auch wird Kritik offen geäußert und Drohungen werden ausgesprochen, um zu erreichen, dass andere dem folgen, was man selbst für richtig hält. „Ich bin da nicht, also ich gehe da nicht auf die Nerven, aber ich bin da schon Hackenbeißer. Und ich bin überzeugt davon. Und ich glaube das ist wirklich das Erfolgsrezept." (Hauptamtliche)

Es wird aber auch versucht, Einfluss auf das Gefühlsleben von anderen zu nehmen, indem der Versuch unternommen wird, positive Emotionen beim Gegenüber zu erzeugen. Das findet statt durch Strategien der Einfühlung, Unterstützung und Vermittlung. Organisationsmitglieder fühlen sich in die Gefühlswelt anderer ein. Sie versuchen andere Meinungen zu respektieren und Fehlverhalten zu „verzeihen". Sie zeigen Respekt vor Leistungen anderer.

Außerdem wird versucht, andere zu unterstützen, indem sie ermutigt werden sich stärker einzumischen. Ihnen wird in schwierigen Situationen zur Seite gestanden („Notfallprophylaxe"). Es wird versucht, schlechte Emotionen bei anderen zu verhindern.

> *Und manchmal ist es auch gut, diese emotionale Ebene, gerade wenn man unter Stresssituationen schnell was machen muss. Und jemand puffert das dann emotional [...] ab, indem er zum Beispiel dann das tut, [...] was gerade für dich gut ist. (Hauptamtliche)*

Auch sollen positive Emotionen bei anderen erzeugt werden, indem man ihnen schmeichelt (sie „bauchpinselt") oder auf andere Art erzeugt, dass sie sich gut fühlen – etwa damit sie für die Organisation spenden.

Es wird auch vermittelt, zum Beispiel zwischen Gruppen mit verschiedenen Interessen, mit der Absicht Konflikte zu vermeiden. Teilweise werden auch Kompromisse eingegangen – etwa um eine Kollegin nicht zu verärgern –, um zu verhindern dass ein Konflikt in der Folge entsteht. „Ich versuche immer sehr, denen das recht zu machen. Also die Stimmung auszuloten, und ich glaube, da habe ich auch ziemlich gutes Gefühl bei Leuten." (Hauptamtliche)

7.2.5 Strategien des Emotionsmanagements

Nicht nur in den Interaktionen von Organisationsmitgliedern untereinander und im Austausch mit organisationsexternen Personen werden Versuche der Steuerung der Emotionen des Gegenübers unternommen. Auch von Seiten der Organisation wird auf das emotionale Erleben ihrer Mitglieder Einfluss genommen. Die Maßnahmen können dabei von der Organisation als Ganzes oder aber stellvertretend von einzelnen Personen in Form der Geschäftsführung oder Vorstandsmitgliedern ausgeübt werden.

Es können verschiedene Strategien des Emotionsmanagements unterschieden werden: Kommunikation, Zuwendung gegenüber Organisationsmitgliedern, Konfliktlösung und Konfliktprävention, Strukturelle Maßnahmen, Anforderungen an Organisationsmitglieder und Rigorosität/Entschiedenheit.

Die Strategien bestehen vor allem darin, positive Emotionen zu erzeugen und negative zu unterbinden. Teilweise wird aber auch versucht, negative Emotionen – wie beispielsweise Schuldgefühle – beim Gegenüber hervorzurufen, um die Mitglieder mit ihrem Engagement an die Organisation zu binden.

Kommunikation

Es sind verschiedene Kommunikationsstrategien zu erkennen, die vor allem darauf ausgerichtet sind, Transparenz herzustellen. Transparenz ist dabei einerseits in die Organisation gerichtet – etwa durch Informationsabende – und soll organisationale Prozesse andererseits nach außen hin ersichtlich machen, beispielsweise durch Öffentlichkeitsarbeit. Das Ziel besteht darin, Projekte greifbar zu machen, so Missverständnissen vorzubeugen und potentielle Konflikte auszuräumen und Zufriedenheit bei Organisationsmitgliedern – aber auch bei externen Personen, die mit der Organisation verbunden sind – herzustellen.

> *Also wir haben hier keine großen Geheimnisse. Die Kollegen wissen, wie unser Jahresabschluss aussah. Hier wird nichts rumgeheimnisst. Die wissen auch, was irgendeine Reparatur kostet [...]. Das ist hier alles relativ transparent. Und muss es, finde ich, auch sein. (Hauptamtlicher)*

Eine weitere Kommunikationsstrategie des Emotionsmanagements besteht darin, andere in Entscheidungen, aber auch in Gefühlslagen einzubeziehen. Dabei werden einerseits eigene Gefühlslagen dargelegt und andererseits wird versucht, einen Einblick in das Gefühlsleben anderer zu erhalten – etwa indem Aussprache gesucht wird. Diese Form des Emotionsmanagements ist vor allem darauf ausgerichtet, positive Emotionen – etwa in Form von Zufriedenheit – bei den Organisationsmitgliedern herzustellen. Allerdings gelingt dies nicht immer.

> *Das, was einen bewegt im Inneren. Also eigentlich finde ich es doof, oder eigentlich darf ich oder will ich es eigentlich gar nicht doof finden oder sollte es gar nicht doof finden. Aber das kann man ja, diese Zwiespalt kann man, also den teile ich nicht immer, aber den teile ich auch mit. (Hauptamtliche)*

Auch wird die direkte Ansprache von Organisationsmitgliedern als Instrument gewählt um eine Verbindlichkeit bei der Erfüllung von Tätigkeiten einzufordern, etwa bei Unzuverlässigkeit. Hier wird versucht, Emotionen zu verursachen, die dazu führen sollen Verbindlichkeit zu sichern, etwa in Form von Schuldgefühlen. „Es geht einfach nicht, dass zwei, drei Tage die Leute einfach nicht kommen. Dann sprechen wir mit denen und sagen, habt ihr Lust oder habt ihr keine Lust?“ (Hauptamtlicher)

Zuwendung gegenüber Organisationsmitgliedern

Die Berücksichtigung und das Verständnis von Emotionen anderer Organisationsmitglieder sind auch damit verbunden, sich Organisationsmitgliedern im Namen der Organisation wohlwollend zuzuwenden, um so positive Emotionen bei den Mitgliedern zu erzeugen und ihr Engagement für die Organisation sicherzustellen. Dies findet mithilfe von Wertschätzung, Unterstützung und Einbindung statt. Strategien der Wertschätzung bestehen darin, Arbeitsleistungen anzuerkennen und Organisationsmitglieder – vor allem Ehrenamtliche – zu umsorgen. Es wird sich hier nach dem Befinden erkundigt und „liebevoll mit ihnen umgegangen“. Die Absicht besteht darin, ein Zufriedenheitsgefühl bei den Akteuren herzustellen.

> *Mit Ehrenamtlichen musst du versuchen, sie da abzuholen, wo sie sind und sie einzubinden. Ihnen auch das Gefühl zu geben, deshalb fand ich das mit dem Vorstandsgespräch, Assessment-Center, das fand ich so toll. Du gibst denen damit einen Wert. Du gibst ihnen damit das Gefühl, schön dass du dich für uns interessierst, schön, dass du zu uns kommst. (Ehrenamtliche)*
> *Und der Umgang mit Freiwilligen ist total was anderes. Also da muss ich im Prinzip permanent an Zuneigung, an Zeit, an Streicheleinheiten investieren. (Ehrenamtlicher)*

Unterstützung findet vor allem statt, indem bei emotionalen Befindlichkeiten und in schwierigen privaten Zeiten Rücksicht genommen wird. Es wird versucht die so auszugestalten, dass sie „fühlbar“ ist. Außerdem besteht die Absicht Ehrenamtliche vor Selbstausbeutung und Überforderung zu schützen.

Schließlich umfasst die Strategie der Einbindung, dass vor allem Ehrenamtlichen sich durch die Tätigkeit und ihr Engagement in ihrem Alltag strukturiert fühlen. So soll bei ihnen Zufriedenheit erzeugt werden. „Und meistens sind jetzt, ja, sagen wir mal jetzt, ich möchte ja auch nicht so diffamieren, aber oft auch nicht sehr strukturiert. Und dann muss man sie immer mit einbinden.“ (Hauptamtliche)

Konfliktlösung und -prävention

Weitere Strategien, die positive Emotionen sicherstellen und negative abwehren sollen, bestehen darin, Konflikte zu lösen oder präventiv zu vermeiden. Es wird versucht, zwischen Konfliktparteien zu vermitteln, zum Beispiel, damit Enttäuschung verarbeitet werden kann. Auch wenn die Haupt- und Ehrenamtlichen möglichst eigenständig arbeiten und ihre Probleme selbst lösen wollen, wird in Konfliktfällen doch häufig auf höhere Organisationsebenen zur Vermittlung zurückgegriffen. Teilweise wird auch organisationsexterne Hilfe in Anspruch genommen. Wenn sich Konflikte nicht anders lösen lassen, kommt es auch vor, dass die Organisationsleitung von ihrer Position abrückt, um Konflikte in der Organisation zu befrieden.

> *Es gab einen Vorstand, der möglichst die Hauptamtlichen in Ruhe lassen sollte, weil sie selbst arbeiten wollten. Aber in Konfliktfällen dann immer auf die ehrenamtlichen Vorstandsmitglieder zurückgegriffen haben. Das ist auch ein Phänomen, was ich sehr häufig beobachtet habe. (Ehrenamtlicher)*

Obwohl die Grenzen zwischen Konfliktprävention und Konfliktlösung nicht immer klar abgrenzbar sind, beziehungsweise es teilweise schwierig ist festzustellen wann ein Konflikt noch abzuwehren oder doch schon (unterschwellig) ausgebrochen ist, gibt es einige Strategien, die in erster Linie der Konfliktprävention zugeordnet werden können.

Teilweise werden potentielle Konflikte vor ihrer Entstehung „abgebügelt", etwa indem Fakten verheimlicht werden. Auch wird versucht, Entscheidungen im Konsens zu treffen; teilweise ist es aber nötig, sich an Mehrheitsmeinungen zu orientieren, um Diskussionen zu beenden. Es wird versucht, Eigenheiten und Meinungen von Organisationsmitgliedern zu respektieren. Schließlich wirkt eine gute Kommunikation konfliktvermeidend, etwa indem alle wichtigen Informationen benannt und Argumente ausgetauscht werden. Auch eine regelmäßige Supervision und Teampflege hilft hier, vor allem um emotionale Befindlichkeiten auszutauschen.

> *Was zu Emotionen auch führt ist, [...] die Zusammenarbeit zwischen Haupt- und Ehrenamt ist eine riesige Kommunikationsleistung. Je besser die Kommunikation funktioniert, beiderseitig, und je größer diese Kommunikationsleistung ist, umso weniger Reibungspunkte gibt es. (Hauptamtliche)*

Strukturelle Maßnahmen

Verschiedene strukturelle Maßnahmen institutionalisieren das Emotionsmanagement innerhalb der Organisationen. Einerseits wird Austausch durch Supervision und regelmäßige Gesprächsrunde und ähnliches institutionalisiert. So wird Raum für den offenen Austausch von Wünschen und anderen Befindlichkeiten mit hohem emotionalem Gehalt geschaffen. „Und das ist so was wie eine Teampflege. Wenn es Konflikte gibt, dann haben die dort Platz." (Hauptamtliche)
Andererseits wird Selbstständigkeit von Organisationsmitgliedern gefördert, um bei ihnen Zufriedenheit und andere positive Emotionen zu erzeugen sowie ihr Eigenengagement anzuregen. Dies geschieht vor allem, indem freie Entscheidungs- und Entfaltungsmöglichkeiten geschaffen werden und kaum Kontrolle stattfindet. „Und meines Erachtens gibt es die beste und höchste Motivation, indem Mitarbeiter ein Maximum an Freiheit haben und selbstständig arbeiten können." (Ehrenamtlicher)

Schließlich wird Emotionsmanagement institutionalisiert, indem eine Stabilität der Organisation sichergestellt wird und so versucht wird, Emotionen wie Angst vor Verlust des Arbeitsplatzes und emotionsgeladene Konflikte zu verhindern. Eine Stabilität kann etwa durch die Koordination der Tätigkeit Ehrenamtlicher hergestellt werden. Auch werden Entscheidungsprozesse formalisiert, um Transparenz zu gewährleisten und Zufriedenheit der Organisationsmitglieder zu erzeugen. Wenn sich die Organisationsmitglieder verantwortlich fühlen, wird Bindung hervorgerufen.

Wie mit Hierarchien umgegangen wird, ist in diesem Zusammenhang sehr unterschiedlich. Entweder werden klare Hierarchien geschaffen, um Handlungssicherheiten zu erzeugen oder es gibt es flache Hierarchie, damit jede/r gleichberechtigt mitgestalten kann. Auch wenn beide Modelle sicherlich ihre Vor- und Nachteile haben, führt das komplette Fehlen einer strukturierenden Entscheidungsinstanz in vielen Fällen zu Konflikten.

> *Aber insgesamt muss man eine gute Führung haben. Zum Beispiel war [Name der Organisation] ein selbstverwalteter Betrieb. Also es gab keinen Chef oder Chefin. Es gab einen Vorstand, der möglichst die Hauptamtlichen in Ruhe lassen sollte, weil sie selbst arbeiten wollten. Aber in Konfliktfällen dann immer auf die ehrenamtlichen Vorstandsmitglieder zurückgegriffen haben. Das ist auch ein Phänomen, was ich sehr häufig beobachtet habe. (Ehrenamtlicher)*

Anforderungen an Organisationsmitglieder (Gefühlsregeln)

Es werden verschiedene Erwartungen an Organisationsmitglieder formuliert, die beinhalten, wie Emotionen innerhalb und in Bezug auf die Organisation zu regulieren sind. Es wird von ihnen erwartet, dass sie Herzblut, Leidenschaft und Begeisterung für das Thema und Identifikation mit der Organisation mitbringen. Damit verbunden ist die Anforderung, Leistung zu erbringen und im Privatleben zurückzustecken. Außerdem werden bestimmte Fähigkeiten an die Emotionsarbeit der Organisationsmitglieder erwartet, etwa, wie mit potentiellen Spendern umgegangen wird. „[Ich frage die Mitarbeiter] Möchtest du das machen? Traust du dir das zu? Man muss da schon kommunikationsfreudig sein, wenn man dann gelöchert wird, von irgendwelchen Leuten.“ (Ehrenamtliche)

Rigorosität und Entschiedenheit

Eine weitere Strategie des Emotionsmanagements der Organisation besteht darin, rigoros und entschieden aufzutreten. In diesem Zusammenhang werden Strategien von Konfrontation, Sanktionierung und Abgrenzen beziehungsweise Ausgrenzen angewendet.

Konflikte werden hier offen, aber fair ausgetragen. Konfrontationen werden nicht gescheut. Organisationsmitglieder werden zurechtgewiesen („abgebürstet"), wenn sie nicht im Interesse der Organisation handeln. Es wird nicht zugelassen, dass sich Organisationsmitglieder abgrenzen. Sie werden kontrolliert und ihre Handlungen werden überwacht. Es wird Druck aufgebaut, und es werden bei Organisationsmitgliedern negative Emotionen hervorgerufen („man fühlt sich schlecht dabei"). Das Ziel besteht darin, dass Organisationsmitglieder ihre Aufgaben erfüllen oder auch zusätzliche übernehmen.

> *Dass es so weit ging, dass einzelne sagen konnten, ich hatte mit dir da und da ein Problem, weil ich deine Stimme oder deinen Tonfall so und so empfand. Oder du hast da und da nicht das gemacht, was ich dir als Arbeitsauftrag gegeben hatte und das hatte eine Frist. Also es war dann schon sehr klar auf Personen bezogen. Es wurden Namen genannt, es wurden Sachverhalte erläutert und das wurde irgendwie auch da ausgetragen ohne bestimmte Spielregeln. Außer dass man respektvoll miteinander umgeht, aber trotzdem die Kritik sehr deutlich formuliert. (Hauptamtliche)*

> *Also praktisch ein Druck da ist, der nicht direkt ausgeübt wird und gesagt wird, Sie müssen jetzt mehr arbeiten, sondern so ein indirekter Druck, wo eigentlich gesagt wird, vermittelt wird, du kriegst es bezahlt, dann kannst du auch ein bisschen mehr machen, auch, weil es ja für die gute Sache ist. (Hauptamtliche)*

Die Organisation verfügt ferner über verschiedene Strategien, um sich von Mitgliedern in emotional schwierigen Lagen abzugrenzen, damit sich daraus keine negativen Auswirkungen für die Organisation ergeben. Auf emotionale Befindlichkeiten wird etwa keine Rücksicht genommen und Organisationsmitgliedern in psychisch-labilen Zuständen kommt nur eingeschränkt Hilfe zu. Konflikte werden provoziert, um sich von Organisationsmitgliedern abzugrenzen oder einzelne Personen auszugrenzen. Im Extremfall werden Mitglieder entlassen. „Also, ich glaube, irgendwann muss man auch das deutlich machen, dass es nicht geht. Und sagen, da sind Grenzen. Und auch sagen, du kannst nicht mehr mitarbeiten." (Hauptamtliche)

Erfolg, Misserfolg und Grenzen von Emotionsmanagement

Emotionsmanagement ist generell erfolgreich, wenn es erreicht werden kann, positive Emotionen wie Freude und Zufriedenheit bei den Organisationsmitgliedern – und auch bei potentiellen Spendern – hervorzurufen, die Personen an die Organisation zu binden und ihr Engagement für die Organisation zu sichern. In diesem Zusammenhang ist es ebenfalls vielversprechend, wenn es glückt, negative

Emotionen abzuwehren. Wie die einzelnen Strategien gelingen können, ist oben beschrieben.

Emotionsmanagement ist allerdings nicht immer durch Erfolg gekennzeichnet. Es hat auch Grenzen und teilweise scheitert es sogar komplett. Häufig ist innerhalb der Organisation unklar, welche Maßnahmen ergriffen werden könnten um Emotionen der Mitglieder positiv zu beeinflussen – beispielsweise wie die Stimmung in der Organisation verbessert werden kann.

Auch kann Emotionsmanagement fehlschlagen, wenn Kommunikation nicht gelingt. Es gibt unter anderem Darstellungsregeln, die beinhalten, dass Kommunikation nur positiv stattfinden sollte, etwa mithilfe von Freundlichkeit. Schlechte Emotionen werden so unterdrückt und können schließlich in Konflikten münden.

> *Und ich glaube aber, das hat eben auch etwas mit diesen unklaren Zuständigkeiten zu tun, oder das wir halt immer alle, alle diese Grundhaltung. Damit hat das glaube ich viel zu tun, dass wir eben immer versuchen möglichst eben keine, also Kritik natürlich immer konstruktiv, gewaltfrei, also dass ist auch so ein Organisationsprinzip. Und letztendlich ist aber genau dieses, erzeugt ein, genau das Gegenteil. (Hauptamtliche)*

Schließlich scheitert Emotionsmanagement, wenn Organisationsmitglieder sich komplett verweigern und entziehen. Allerdings misslingt es auch, wenn die zuständige Ebene ihre Aufgaben nicht erfüllt. Das geschieht etwa, wenn Mitarbeiter ausgebremst werden und Verantwortung abgelehnt wird.

> *Und das ist meiner Meinung nach eine Führungsaufgabe, ein Klima herzustellen, und den Rahmen zu schaffen dafür, dass Leute an so etwas teilnehmen mögen. Muss man auch ein bisschen, da muss auch jeder selber in Verantwortung gehen, aber das muss eben auch, da muss es eben auch die Rahmenbedingungen geben. (Hauptamtliche)*

7.2.6 Zusammenfassung

Emotionen spielen eine wichtige Rolle im gesamten Organisationsgeschehen von Dritte-Sektor-Organisationen. Sie wirken und entstehen in unterschiedlichen Kontexten in den Organisationen, nämlich auf individueller, interaktionaler und kollektiver Ebene. Sie hängen eng mit den Motivationslagen von Haupt- und Ehrenamtlichen zusammen und sind im Organisationsalltag verschiedensten Versuchen der Einflussnahme unterworfen. Organisationsmitglieder passen ihre Gefühlslage an verschiedene Anforderungen an, Organisationsmitglieder untereinander versuchen, ihre Emotionen und ihren Emotionsausdruck zu beeinflussen und schließlich wirkt die Organisation als Ganzes auf die Emotionen ihrer Mitglieder ein. Es geht vor allem darum, die Interessen der Organisation sicherzustellen. In wenigen Fällen werden aber auch die Einzelinteressen von Mitgliedern verfolgt.

7.3 Zusammenführung von Untersuchungsergebnissen und Theorie

Die Untersuchungsergebnisse zeigen beispielhaft auf, welche Bedeutung Emotionen im Organisationsgeschehen von Dritte-Sektor-Organisationen zukommt. Es sind verschiedene Bereiche auszumachen, in denen Emotionen ihre Wirkung entfalten: Emotionen wirken auf die Kultur der Organisation inklusive der dort festgelegten Art und Weise des Umgangs miteinander; Emotionen setzen Handlungsimpulse und wirken motivierend und demotivierend; Emotionen befördern und schwächen eine Bindung an die Organisation und die Identifikation mit der Organisation; außerdem wirken sie generell auf Prozesse der Stabilisierung und Destabilisierung in den Organisationen ein.

Diese Funktionen und Wirkungsweisen von Emotionen im Organisationsgeschehen hängen mit verschiedenen Aspekten zusammen, die sich teilweise auch in den Forschungsergebnissen finden, die im Theorieteil dieses Kapitels vorgestellt wurden. Sie betreffen die Entstehungskontexte und Art der Emotionen, die Regulierung und Einflussnahme auf Emotionen, die emotionale Kultur sowie kollektive Emotionen.

Es kann davon ausgegangen werden, dass – auch auf Grundlage der bekannten Literatur – Emotionen in Organisationen generell eine zentrale Bedeutung zukommt. Dritte-Sektor-Organisationen stellen darüber hinaus einen Organisationstyp dar, der charakteristische Besonderheiten aufweist, welche wiederum Einfluss auf die Emotionen haben, die im Organisationsgeschehen entstehen und wirken. Hierzu gehört, dass die Organisationsziele an Prinzipien der Gemeinnützigkeit und an der Idee „Gutes zu tun" ausgerichtet sind. Ehrenamtliche engagieren sich unentgeltlich und freiwillig für die Organisation. Das Engagement begründet sich beispielsweise darin, dass Wut über die gesellschaftlichen Umstände empfunden wird oder empathische Gefühle mit Betroffenen erlebt werden.

Wie sich die Gefühlslagen der Organisationsmitglieder genau darstellen, wird – wie vorangehend verdeutlicht – in den Daten offenbar. Im Folgenden werden die Funktionen und Wirkungsweisen der Emotionen zusammengefasst und anhand der Theorie sichtbar. Außerdem werden die über die individuellen Emotionen hinausgehenden Wirkungen der kollektiven Emotionen beschrieben, die ebenfalls in der

Untersuchung hervorgetreten sind. Es wird ferner skizziert, was sich aus den Spezifika der emotionalen Kultur für die Prozesse von Emotionsregulierung und der Einflussnahme auf Emotionen in den Organisationen ergibt. Schließlich wird die Bedeutung von Emotionen für Prozesse der Stabilisierung, Destabilisierung und organisationalem Wandel verdeutlicht.

7.3.1 Funktion und Wirkungsweise von Emotionen

Die Ergebnisse der Datenanalyse zeigen die vielfältigen Entstehungs- und Wirkungskontexte und die Ausprägungen von Emotionen im Organisationsgeschehen von Dritte-Sektor-Organisationen auf. Es handelt sich hierbei um explorative Ergebnisse, die keine Repräsentativität für sich beanspruchen. Auf bestehende Studien kann so gut wie nicht zurückgegriffen werden, da die bisherige Datenlage zur Bedeutung von Emotionen im Organisationsgeschehen von Dritte-Sektor-Organisationen sehr gering ist.

Die vorliegende Arbeit erschließt somit neues Terrain, indem sie explorativ untersucht und beschreibt, wie sich die Zusammenhänge von den organisationalen Strukturen und Prozessen und den in diesen Kontexten entstehenden und wirkenden Emotionen darstellen. Vorausgehend sind die Untersuchungsergebnisse ausführlich dargestellt. Hier wird ein kurzer Überblick über die zentralen Wechselwirkungen der Entstehungskontexte der Emotionen und ihrer Wirkungsweisen gegeben.

Entstehungskontexte von Emotionen

Emotionen in Interaktionen

Die Entstehungskontexte von Emotionen in den Dritte-Sektor-Organisationen stellen sich verschiedenartig und vielfältig dar. Es können allerdings einige typische Zusammenhänge ausgemacht werden, die sich auf dreierlei Art und Weise klassifizieren lassen: Emotionen entstehen im Kontext von Dritte-Sektor-Organisationen erstens in Interaktionen, zweitens bezogen auf die Organisation oder drittens bezogen auf die Tätigkeit und durch die Tätigkeit. Die einzelnen Zusammenhänge werden im Folgenden ausgeführt.

Emotionen entstehen bei Organisationsmitgliedern im Austausch mit anderen Akteuren. Dabei kann es sich um Personen handeln, die ebenfalls Mitglied der Organisation sind, zum Beispiel Kolleginnen und Kollegen oder Chefinnen und Chefs. Es finden aber auch Interaktionen mit organisationsexternen Personen statt, wie Repräsentanten von anderen Organisationen – zum Beispiel Kooperationspartnern – oder mit Klienten der Organisation. Die Emotionen sind entweder auf die andere Person bezogen, inklusive ihrer Persönlichkeit und ihres Erscheinungsbildes oder sie entstehen als Reaktion auf wechselseitige Handlungen – beispielsweise, wenn Freude durch gegenseitige Unterstützung hervorgerufen wird.

Emotionen entstehen in Bezug auf das Verhalten anderer: Zuverlässigkeit etwa ruft positive Emotionen hervor. Unzuverlässigkeit, Trägheit oder auch Vertrauensmissbrauch provozieren negative Emotionen. Auch das hohe Engagement anderer kann bei Organisationsmitgliedern spezifische Emotionen erzeugen: hoch engagierte Organisationsmitglieder werden etwa für ihren Einsatz bewundert.

Emotionen sind darüber hinaus auf andere Personen bezogen, wenn sie durch Empathie oder emotionale Ansteckung entstehen. Bei diesen Emotionen handelt es sich weitestgehend um kollektive Emotionen. Außerdem entstehen Emotionen in wechselseitigen Handlungen und sind dann eine Antwort auf gemeinsame Erlebnisse mit anderen Akteuren. Wenn die Erlebnisse – wie etwa Erfolge oder Misserfolge – etwa durch kollektives Handeln hervorgerufen und gemeinsam erlebt werden, dann lassen sich in diesem Zusammenhang entstehende Emotionen ebenfalls als kollektive Emotionen fassen. Allerdings können diese Emotionen auch ausgeprägte individuelle Aspekte aufweisen: die gemeinsamen Momente und spezifischen Ereignisse im Kontext der Situation sind oft mit einer hohen emotionalen Intensität verbunden – das ist auch darauf zurückzuführen, dass es sich um singuläre Erlebnisse handelt, die in ihrer Einmaligkeit besonders gut erinnert und im Rückblick als wichtig bewertet werden. Die hohe emotionale Intensität, die mit diesen Momenten oftmals verbunden ist, wird auch anhand der Bewertung der Erlebnisse als „existentiell" offenbar; sie werden unter anderem als „Grenzerfahrungen" beschrieben. Dies ist etwa der Fall, wenn ein lange verfolgtes Ziel erreicht wird, zum Beispiel das Gewinnen eines Volksentscheids.

Zum anderen entstehen Emotionen in den Organisationen in wechselseitigen Handlungen, die durch gelingende oder aber gestörte Zusammenarbeit geprägt sind. Die Zusammenarbeit kann dabei erfolgreich, sachlich und harmonisch sein; in der Folge entstehen Emotionen wie Freude oder Zufriedenheit. Die Zusammenarbeit kann aber auch spannungsgeladen und von Konflikten geprägt sein. Die emotionale Reaktion besteht dann unter anderem in Ärger oder Frustration.

Auch wenn die einzelnen Aspekte gelegentlich in Wechselwirkung zueinander stehen, lassen sich doch einige Zusammenhänge der Entstehung von Emotionen in Interaktionen idealtypisch nachzeichnen, wie die Abbildung 2 verdeutlicht.

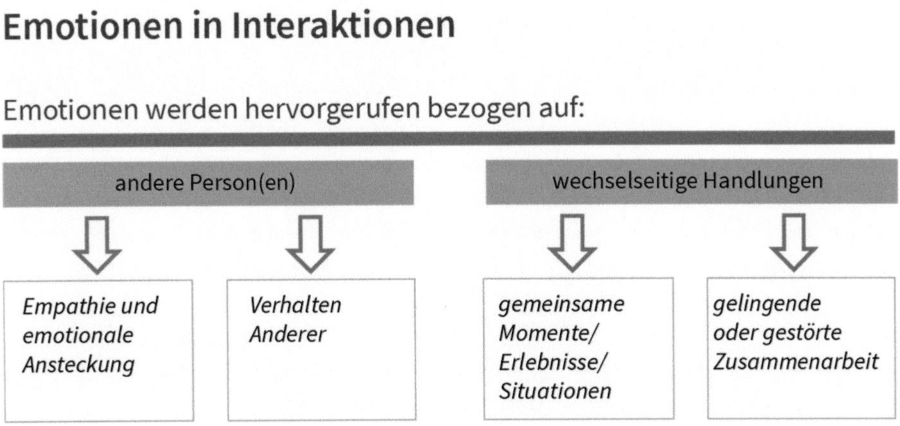

Abbildung 2: Entstehungskontexte von Emotionen in Interaktionen

Emotionen bezogen auf die Organisation

Emotionen entstehen – neben den interaktionalen Kontexten – auch als individuelle Phänomene ohne das direkte Zutun anderer Akteure. Sie werden beispielsweise bezogen auf die Organisation hervorgerufen. Dabei sind zwei Aspekte zu unterscheiden: Emotionen können einerseits eine Reaktion auf die Organisation als Institution und andererseits ein Resultat der Identifikation mit der Organisation sein.

Die Organisation als Institution beinhaltet einerseits institutionalisierte Arbeitsprozesse und Arbeitsabläufe und gibt die Struktur der Organisation vor. Andererseits umfasst sie die Organisationskultur (inklusive der emotionalen Kultur). Organisationsstruktur und Organisationskultur setzen die Rahmenbedingungen für das Handeln der Organisationsmitglieder. Wenn diese als unzureichend empfunden werden, kann sich dies in emotionalen Reaktionen wie Wut oder Frust niederschlagen. Freude und Zufriedenheit entstehen hingegen, wenn die institutionalisierten Abläufe erfolgreich verlaufen.

Eine Identifikation mit der Organisation findet darin Ausdruck, dass Organisationsmitglieder froh sind, Teil der Organisation zu sein. Sie empfinden eine Übereinstimmung mit ihren inneren Überzeugungen und Werten und können im Rahmen der Organisation ihre Leidenschaft und ihr Herzensthema verfolgen.

Emotionen bezogen auf die Tätigkeit und durch die Tätigkeit

Ein weiterer Kontext, in dem Emotionen ohne den direkten Austausch mit Organisationsmitgliedern oder anderen Personen erzeugt werden, besteht darin, dass Emotionen bezogen auf die Tätigkeit für die Organisation selbst entstehen. Dabei sind Emotionen einerseits eine Reaktion auf die Möglichkeiten, die die Tätigkeit bietet. Es findet Freude über Gestaltungsmöglichkeiten und eigene Entfaltungsmöglichkeiten und Selbstverwirklichung statt. Andererseits ruft die Wirksamkeit der eigenen Tätigkeit ein emotionales Empfinden hervor. Dieses kann sich unter anderem in Form von befriedigenden Gefühlen äußern. Die Tätigkeit wird als sinnstiftend empfunden und als erfüllend erlebt. Teilweise steckt der Wunsch nach dem Erleben positiver Emotionen als Absicht hinter der Tätigkeit.

Es sind somit drei zentrale Zusammenhänge zu ermitteln, in denen Emotionen in Dritte-Sektor-Organisationen entstehen: Emotionen in Interaktionen, Emotionen, die bezogen auf die Organisation und Emotionen, die bezogen auf die Tätigkeit hervorgerufen werden. Wenn man die Theorie aus dem ersten Teil des Kapitels hinzuzieht, entstehen die Emotionen dabei nicht als Reaktion auf die Situation, in der sie hervorgerufen werden, sondern als Teil der Bewertung der selbigen. Emotionen sind in diesem Zusammenhang auch das Resultat kognitiver Einschätzungsprozesse, die in ihrem Verlauf auch affektuelle Komponenten aufweisen. Die Emotionen sind wiederum Teil von Situationsbewertungsschemas, die durch die Emotionen hervorgerufen werden. Diese beinhalten, wie die Vorgänge in den Organisationen wahrgenommen werden und welche Reaktionen und Handlungsmuster als Antwort angemessen sind. Emotionen haben so wesentlichen Einfluss auf das weitere Verhalten der Akteure im Organisationsgeschehen.

Art der zu beobachtenden Emotionen: Gefühlslagen und emotionales Befinden

Neben den Entstehungskontexten lassen sich die Emotionen ferner bezüglich ihrer Art und Wirkungsweisen differenzieren. Es können verschiedene Merkmale der Emotionen unterschieden werden: hierzu gehören Art, Ablauf und Intensität der Emotionen.

Zunächst ist die Valenz ein zentrales Klassifikationskriterium. Es sind positive Emotionen in den Daten zu finden, die sich unter anderem als Freude, Spaß, Glück, Stolz, Zufriedenheit oder Dankbarkeit kennzeichnen lassen. Ferner finden sich negative Emotionen, die in Emotionen der Erregung und bedrückende Emotionen zu differenzieren sind. Emotionen der Erregung sind unter anderem Wut, Ärger und Zorn. Bedrückende Emotionen zeigen sich etwa als Fassungslosigkeit, Traurigkeit, Minderwertigkeitsgefühle oder Hilflosigkeit.

Es gibt aber auch emotionale Befindlichkeiten, deren Valenz nicht eindeutig zu bestimmen ist. Dazu gehören unter anderem, sich im organisationalen Kontext lebendig zu fühlen, Leidenschaft für das Thema und die Tätigkeit zu haben sowie emotionale Betroffenheit zu empfinden – etwa in Form von Rührung oder „menschlich tief bewegt" zu sein. Bei allen diesen Gemütsverfassungen ist zu erkennen, dass es sich nicht um primär rationale Bewertungen der Organisationen und des in ihrem Kontext stattfindenden Geschehens handelt. Stattdessen wird den organisationalen Abläufen eine emotionale Bedeutung zugeschrieben. Die emotionalen Reaktionen sind allerdings nicht immer eindeutig anhand ihrer Valenz zuzuordnen und weisen auf emotionale Befindlichkeiten hin, die sich jenseits einer Dichotomie von positiv – negativ finden.

Dic bcobachtbaren Emotionen und emotionalen Zustände variieren in ihrer Intensität. Es ist auffällig, dass in den Befragungen viele Ereignisse benannt wurden, die emotionale Reaktionen von hoher emotionaler Intensität hervorgerufen haben – wie etwa erlebter Vertrauensmissbrauch als Negativbeispiel oder Erfolge, die mit großer Freude einhergehen, als positives Beispiel.

Allerdings ist auch erkennbar, dass emotionale Zustände im Organisationserleben ganz unterschiedlicher Intensität sein können. Das tatsächliche Spektrum der Intensität der erlebten Emotionen ist sicherlich noch größer, als es in den Daten sichtbar wird. Es ist davon auszugehen, dass die Befragten nur einen kleinen Ausschnitt ihres emotionalen Erlebens im Rahmen der Organisationen dargestellt haben. Vielfach lässt sich beobachten, dass die Befragten vor allem solche emotionalen Befindlichkeiten geäußert haben, die sie mit Situationen verbinden, die ihnen einerseits wichtig sind und die sie andererseits für beispielshaft für das Organisationsgeschehen halten.

Neben der Intensität der Emotionen, die auch im Verlauf eines Ereignisses stärker und schwächer werden kann, lassen sich verschiedene Abläufe von Emotionen registrieren. Emotionen können direkt aufeinander folgend stattfinden, sie können schnell wechseln oder auch gleichzeitig stattfinden. Dazu gehört auch, dass vermeintlich widersprüchliche Emotionen wie Freude und Traurigkeit gleichzeitig vorhanden sind.

Exemplarisch für den Verlauf von Emotionen sind ferner emotionale Vorgänge, die sich als emotionale Prozesse beschreiben lassen. Trauer ist dafür beispielhaft: es handelt sich um mehr als eine einzelne Emotion, da Trauer sehr langwierig sein kann und sich in ihrem Verlauf verschiedene seelische Zustände abwechseln. Man spricht oftmals auch von einem Trauerprozess, bei dem verschiedene Emotionen wie Traurigkeit, Verzweiflung und Hilflosigkeit gleichzeitig und abwechselnd vorhanden sind. Emotionale Prozesse sind davon geprägt, dass sie sich in ihrem Verlauf beschreiben lassen und von verschiedenen Emotionen geprägt sind.

Die Ergebnisse der Datenanalyse machen deutlich, dass es nicht unbedingt sinnvoll ist, nur von Emotionen zu sprechen, die sich anhand einer positiv-negativ Dichotomie beschreiben lassen. Vielmehr ist zu berücksichtigen, dass es weitere emotionale Befindlichkeiten gibt, die das emotionale Erleben im Rahmen der Organisation differenzierter beschreiben als es mit einer Einteilung in positiv und negativ möglich ist. Dabei kann es sich um emotionale Prozesse handeln, aber auch um Gemütszustände, die weder als positiv noch als negativ beschrieben werden können.

Wenn man sich alleinig auf ein Konzept verließe, das Emotionen anhand verschiedener Kriterien identifiziert und klassifiziert, würden verschiedene Aspekte des emotionalen Geschehens von Dritte-Sektor-Organisationen unberücksichtigt bleiben. Die zugrunde gelegte Minimaldefinition von Emotionen in Kapitel 1 dieser Arbeit bietet zwar einen guten Ausgangspunkt. Ohne die Berücksichtigung weiterer emotionaler Phänomene, wie etwa emotionalen Prozessen, bliebe das Bild der wichtigen Rolle von Emotionen im Organisationsgeschehen aber unvollständig und die theoretischen Ausführungen zu Emotionen würden an Erklärungskraft einbüßen.

Wirkungsweisen von Emotionen

Wenn man auf das initiale Forschungsanliegen aufgreift, das unter anderem nach den emotionalen Zusammenhängen der Bindung an die Organisation und der Motivation des Engagements in Dritte-Sektor-Organisationen fragt, lässt sich die Wirkung von Emotionen im Organisationsgeschehen anhand von zwei Aspekten beschreiben. Einerseits wird die Bindung an die Organisation durch das emotionale Erleben im Rahmen der Organisation befördert oder geschwächt. Andererseits werden durch Emotionen verschiedene Handlungsimpulse gesetzt, die für das Engagement der betreffenden Person als motivational oder als demotivational beschreiben lassen.

Eine Bindung an die Organisation findet vor allem über eine emotionale Verbundenheit mit anderen Organisationsmitgliedern und damit zusammenhängenden spezifischen Gefühlslagen statt. Die Organisation ist ein Ort, an dem man sich wie zu Hause fühlt und die Organisation wird als Familienersatz begriffen. Damit gehen solidarische Gefühle einher, die die Verbundenheit zusätzlich befördern.

Außerdem ist in vielen Fällen eine gemeinsame Energie und Stärke der in der Organisation agierenden Personen vorhanden, die als kollektives Phänomen auch die Bindung des Einzelnen an die Organisation befördert. Gleichzeitig ist die Bindung an die Organisation und sind die Verbundenheitsgefühle mit anderen Organisationsmitgliedern die Voraussetzung dafür, dass überhaupt erst eine gemeinsame Stärke sowie solidarische Gefühle entstehen können.

Genauso wie Verbundenheit entsteht, kann es im Umkehrschluss aber genauso zu einer Distanzierung von der Organisation kommt. Emotionen wie Ärger oder Frust, die im Organisationsgeschehen erlebt werden, führen zu einer Abwendung von der Organisation und ihren Mitgliedern.

Ähnliche Dynamiken sind in Bezug auf die Motivation und Demotivation des Engagements für die Dritte-Sektor-Organisationen zu erkennen. Vereinfacht lassen sich die damit verbundenen emotionalen Aspekte folgendermaßen darstellen. In erster Linie wirken positive Emotionen motivierend. Freude an der Tätigkeit führt dazu, dass dieser Gemütszustand aufrechterhalten bleiben soll und das Engagement somit fortgesetzt wird. Darüber hinaus haben aber auch Emotionen der Erregung motivationale Merkmale. Ärger oder Wut über bestimmte Zustände innerhalb oder außerhalb der Organisation führt dazu, es besser machen zu wollen. Die damit verbundenen Handlungsimpulse bestehen darin, aktiv zu werden und mitzuarbeiten.

Negative Emotionen, sowohl als bedrückende Emotionen als auch teilweise als Emotionen der Erregung, wirken allerdings größtenteils demotivierend. Sie führen etwa zu Überlastung, Resignation und Zynismus. Die hier entstehenden Handlungsimpulse stellen sich als Abgrenzung, Rückzug und im Extremfall in der Beendigung des Engagements dar. Ein Zusammengehörigkeitsgefühl und die damit verbundene Bindung an die Organisation brechen ab.

Diese emotionalen Aspekte von Motivation, Demotivation und Bindung wurden etwas vereinfacht dargestellt, um Zusammenhänge, die in der Analyse gefunden wurden, zu veranschaulichen. Es sind aber auch Zusammenhänge denkbar, in denen beispielsweise positive Emotionen demotivierende Wirkung entfalten könnten. Beispiele dafür konnten in den Daten aber nicht gefunden werden.

Durch die Datenanalyse werden verschiedene Zusammenhänge der Entstehung und Wirkungsweise von Emotionen darstellbar. Außerdem werden die Eigenschaften der auftretenden Emotionen genauer beleuchtet. Bei den in den Organisationen wirksamen Emotionen handelt es sich nicht nur um „klassische" Emotionen, sondern auch um emotionale Befindlichkeiten und emotionale Prozesse.

Die Entstehung von Emotionen kann mit dem direkten Austausch mit anderen Akteuren verbunden sein. Emotionen werden aber auch als Reaktion auf die Organisation, ihre Themen und die Tätigkeit selbst hervorgerufen. Die Emotionen resultieren schließlich in Bindung an die Organisation und in Handlungsimpulsen die sich motivierend oder auch demotivierend darstellen.

7.3.2 Kollektive Emotionen

Durch die Analyse der Daten werden nicht nur Emotionen offenbar, die auf individueller Ebene zu verorten sind. Emotionen können sich auch als von mehreren Akteuren gemeinsam erlebte Phänomene darstellen. Als solche sind sie auch als kollektive Emotionen zu bezeichnen.

Die kollektiven Emotionen, die mithilfe der Analyse der Daten sichtbar werden, entstehen vor allem in interaktionalen Zusammenhängen. Es werden gemeinsame Situationen im Zusammenhang mit der Organisation erlebt, die intensive Emotionen hervorrufen. Dabei kann es sich etwa um auf gesellschaftliche Missstände hinweisende öffentliche Aktionen handeln, die erfolgreich verlaufen – in der Folge wird unter den beteiligten Organisationsmitgliedern gemeinsame Begeisterung und Freude erfahren. Die Begeisterung kann sich auch auf organisationsexterne Personen übertragen, die die Aktion miterleben.

Die kollektiven Emotionen entstehen zudem in organisationsinternen Zusammenhängen, die den Umgang der Organisationsmitglieder untereinander betreffen. Die Art und Weise des Miteinanders kann sich etwa in Konflikten äußern. Unter anderem werden Ärger und Wut gemeinsam erlebt, wenn Meinungsverschiedenheiten zwischen unterschiedlichen Gruppen in der Organisation ausgetragen werden. In diesem Zusammenhang ist auch emotionale Ansteckung zu verzeichnen, wenn sich Ärgergefühle oder Antipathien verstärken, indem sie von Gruppenmitgliedern geteilt werden. Darüber hinaus spielt emotionale Ansteckung eine zentrale Rolle, wenn Akteure in Interaktionen mit den emotionalen Befindlichkeiten anderer konfrontiert sind. Mithilfe von Empathie und Mitgefühl erleben sie deren Gefühle mit; dies äußert sich unter anderem in emotionaler Betroffenheit oder auch Rührung. Freude und Traurigkeit oder auch emotionale Prozesse wie Trauer werden übertragen und miterlebt – die individuelle Trauer oder Freude Einzelner wird so zum kollektiven Phänomen.

Es sind außerdem Emotionen auszumachen, die nicht zwangsläufig im Zusammenhang mit Interaktionen hervorgerufen werden und trotzdem als kollektive Emotionen verstanden werden können: zu ihnen sind vor allem Gemeinschaftsgefühle zu rechnen. Sie entstehen unter anderem, wenn sich Organisationsmitglieder mit ihrer Organisation oder Teilen von ihr sowie ihrem Werten und Erfolgen identifizieren. Daraus resultiert das Gefühl, Teil einer Gemeinschaft zu sein, das sich auch anhand des Gefühls aufgehoben zu sein – also sich sicher zu fühlen – zeigt.

Die beiden Aspekte des Entstehens kollektiver Emotionen – einerseits in interaktionalen Zusammenhängen und andererseits durch Identifikation mit sozialen Zusammenhängen, die in Gemeinschaftsfühlen Ausdruck finden – stimmen mit zwei Kriterien des theoretischen Konzeptes kollektiver Emotionen überein, wie es im ersten Teil des Kapitels beschrieben wurde. Dort wird davon ausgegangen, dass kollektive Emotionen erstens durch emotionale Ansteckung in aufeinander bezogenen Handlungen entstehen und zweitens durch Identifikation mit der Gruppe, deren Teil man ist. Ferner wird ein drittes Kriterium benannt: kollektive Emotionen entstehen, indem Akteure derselben Gruppe Situationen die gleichen Bedeutungen zuschreiben – dies ist vor allem auf gleiche Wissensbestände zurückzuführen und eng verbunden mit einer gemeinsamen emotionalen Kultur. Es wird impliziert, dass die Emotionen nicht tatsächlich in den jeweiligen Situationen auch von anderen empfunden werden – also sozial geteilt sind –, sondern bereits dadurch kollektiv sind, dass sie unter Bezugnahme auf die Gruppe entstehen. Wenn man dieses Verständnis von kollektiven Emotionen für die Analyse der erhobenen Daten zugrunde läge, würden deutlich mehr der Emotionen, die in den Daten sichtbar wurden, als kollektive Emotionen gefasst – eine Vielzahl der in der Datenerhebung benannten Emotionen wurden unter Bezugnahme auf die Organisation erlebt.

Es stellt sich allerdings die Frage, welcher Erkenntnisgewinn sich daraus ergibt, einen Großteil der in den Organisationen entstehenden Emotionen unter dem Begriff der kollektiven Emotionen zu fassen. Nur solche Emotionen würden als individuelle Emotionen klassifiziert, die nicht unter Bezugnahme auf die Organisation entstehen. In anderen Theorieansätzen werden solche Emotionen auch als „private Emotionen" verstanden, da sie unabhängig vom Tätigkeitsbereich entstehen, und so von „Arbeitsgefühlen" abgegrenzt (vgl. Hochschild 1983). Eine solche Unterscheidung ist aber ebenfalls irreführend, da Emotionen, die im Kontext der Organisation erlebt werden, nicht automatisch „Arbeitsgefühle" sind. Wie bereits in Kapitel 5 argumentiert, wird die Tätigkeit für die Organisation vor allem beim Ehrenamtlichen auch als Teil des Privatlebens erlebt – auch die in diesem Kontext entstehenden Emotionen sind somit „privat". Deshalb wird hier dafür plädiert, auf eine Unterscheidung von „privaten" und „Arbeitsgefühlen" zu verzichten und auch nicht alle Emotionen als kollektive Emotionen zu verstehen, die unter Bezugnahme auf die Organisation entstehen.

Wenn die Absicht verfolgt wird darzustellen, dass viele Emotionen kollektive Aspekte beinhalten und somit auch Funktionen für die Gemeinschaft haben – vor allem, indem sie Homogenität und Zusammenhalt befördern – gelingt dies auch indem man das Wechselspiel von Emotionen und sozialen Strukturen aufzeigt (wie dies bereits bei von Scheve 2009 stattfindet). Organisationsmitglieder schreiben der Organisation und den Situationen, die sie in ihrem Kontext erleben, generell ähnliche Bedeutungen zu. Das liegt vor allem an einem Bewertungsrahmen, der durch die Zugehörigkeit zur Organisation geprägt ist. Hier wirken auch Emotionen mit, indem sie automatische Situationsbewertungen aktivieren. Einerseits entstehen Emotionen aufgrund der Bewertungen, die stattfinden, anderseits rufen Emotionen

Bewertungen hervor. Emotionen und soziale Strukturen stehen somit im wechselseitigen Austausch und befördern auch die Homogenität im organisationalen Miteinander.

Eine Unterscheidung von individuellen und kollektiven Emotionen erscheint unter Bezugnahme auf andere Kriterien vielversprechender: nämlich anhand ihrer sozialen Geteiltheit. Vor allem die physische Nähe spielt hierbei eine wichtige Rolle. Es sind unmittelbar geteilte Emotionen (kollektiv) und nicht unmittelbar geteilte Emotionen (individuell) zu differenzieren. Alle Emotionen, die in Interaktionen entstehen und von mehreren Akteuren empfunden werden, sind somit als kollektive Emotionen zu verstehen.

Einen Sonderfall stellen Gemeinschaftsgefühle dar, da sie nicht immer abhängig von physischer Nähe entstehen. Sie werden unter anderem durch die soziale Identifikation mit der Gruppe – beziehungsweise der Organisation – hervorgerufen. Selbst wenn sie nicht im Moment des Entstehens gleichzeitig von anderen Akteuren empfunden werden, sind sie dennoch als kollektive Emotionen zu verstehen. Dies ist darauf zurückzuführen, dass sie einerseits als Reaktion auf die soziale Nähe der Gemeinschaft zu verstehen sind. Andererseits liegt den Gemeinschaftsgefühlen zumindest implizit zugrunde, dass auch andere Akteure die gleichen Gefühle gegenüber der Gruppe hegen – eine soziale Geteiltheit wird vorausgesetzt. Wenn es schließlich zu Interaktionssituationen kommt, werden die Emotionen auch gemeinschaftlich erlebt.

Interessant ist am Phänomen der kollektiven Emotionen vor allem, dass Emotionen durch die soziale Geteiltheit in ihrer Wertigkeit und ihrer Funktion verstärkt werden, unabhängig von ihrer Valenz – oder dass sie durch emotionale Ansteckung überhaupt erst entstehen. Die verstärkende Wirkungsweise der Emotionen schlägt sich unter anderem darin nieder, dass organisationsinterne Prozesse beschleunigt oder gestört werden – beides kann dabei positive oder auch negative Folgen für die Organisation entfalten. Gemeinsame positive Emotionen wie Freude fördern das Zusammengehörigkeitsgefühl und in der Folge auch die Solidarität in der Organisation. Unzufriedenheit kann über emotionale Ansteckung übertragen werden und verringert die Motivation betroffener Organisationsmitglieder. Was die verstärkende Wirkung von Emotionen als kollektiven Phänomenen für die Organisation bedeutet, wird folgend weiter ausgeführt.

In den Wirkungsweisen kollektiver Emotionen, die aufgrund der unmittelbaren sozialen Geteiltheit über die von individuellen Emotionen hinausgehen, steckt die eigentliche Erklärungskraft kollektiver Emotionen.

7.3.3 Emotionale Kultur von Dritte-Sektor-Organisationen

Die Emotionen, die in den Organisationen entstehen, sind nicht alleine individuell und kollektiv zu verstehen, sondern können auch als auf der Organisationsebene angesiedeltes Phänomen aufgefasst werden. Sie werden der Organisation als Ganzes zugeordnet. Als solche sind sie ebenfalls kollektiv, aber erreichen eine weitere Abstraktionsebene. Sie sind emergent, indem sie mehr als die Summe der individuellen Emotionen darstellen: Emotionen und emotionale Zustände werden der Organisation als Akteur zugeschrieben.

Dritte-Sektor-Organisationen werden von ihren Mitgliedern als Orte hoher Emotionalität, als „emotionale Soziotope", wahrgenommen. Dies äußert sich unter anderem darin, dass das organisationale Klima als „sehr emotional" erlebt wird oder die Organisation als Familienersatz dient. Die Institutionalisierung von Emotionen im Organisationsgeschehen, die diese Emotionalität begründet, umfasst die emotionale Kultur der Organisation – wenn man das Konzept der emotionalen Kultur (vgl. von Scheve & Ismer 2013) so versteht, wie es im Theorieteil des Kapitels skizziert wurde. Zusammengefasst beschreibt die emotionale Kultur einer Organisation in diesem Sinne den spezifischen Umgang mit Emotionen in der Organisation sowie die Regulierung von Emotionen. Der Umgang mit Emotionen wird ausgerichtet an in der Organisation sozial geteilten Normen, Ideologien sowie stabilen kulturellen und sozialen Praktiken, die bestimmen, wie Emotionen vermittelt werden, wie sie zu vermitteln sind und wie sie dargestellt werden. Mit anderen Worten umfassen sie die Emotionsnormen sowie darin enthaltene Gefühls- und Darstellungsregeln in der Organisation (ebenda). Auch die Bewertung von organisationalen Ereignissen mit ihrem emotionalen Gehalt und das damit verbundene emotionale Erleben finden unter Bezugnahme auf sozial geteilte Bedeutungszuweisungen statt (ebenda). Hierbei kann es sich etwa um die Bewertung eines Ereignisses als Erfolg für die Organisation handeln, das auch emotional erlebt wird, indem es zum Beispiel von Emotionen der Freude begleitet wird.

Auch wenn sich die Organisationen, die an der vorliegenden Untersuchung teilgenommen haben, in ihrer Größe, Struktur, Ausrichtung und weiteren Ausprägungen unterscheiden, sind trotzdem Gemeinsamkeiten und Spezifika ihrer emotionalen Kulturen auszumachen. Eine wahrgenommene hohe Emotionalität in den Organisationen weist in diesem Zusammenhang generell auf eine stark ausgeprägte emotionale Kultur hin.

Die emotionale Kultur ist in den Organisationen häufig durch binäre Ausprägungen charakterisiert: Einerseits wird Zusammenhalt als zentrales Moment im Miteinander benannt, die Organisation sei „familiär" und durch eine „positive

Energie" geprägt. Es handele sich um einen Ort der Verbundenheit und der Vertrautheit. Andererseits weisen einige Organisationen eine Kultur der Auseinandersetzung auf, die auch emotional konnotiert ist. Das Miteinander in den Organisationen kann sich als konfliktreich darstellen, die Organisationen sind Orte von „erbittertem Streit".

Die emotionale Kultur der Organisationen stellt sich somit einerseits als „Konfliktsoziotop" und andererseits als „Harmoniesoziotop" dar. Dabei schließen sich beide Ausprägungen nicht gegenseitig aus. Ein und dieselbe Organisation kann als harmonisch wahrgenommen werden und gleichzeitig durch Konflikte geprägt sein.

Eine soziale Praktik, die Teil der emotionalen Kultur ist, besteht in der Art und Weise der Kommunikation in den Organisationen: Emotionen wird ein Platz eingeräumt. In den Emotionsnormen, Gefühls- und Darstellungsregeln ist festgelegt, dass Emotionen weitgehend offen dargestellt werden dürfen – seien sie positiver Art, als auch negativer. Dies spiegelt sich etwa in „langen emotionalen Diskussionen" wieder, oder auch darin, dass private – außerhalb der Organisation erfahrene – Probleme und Emotionen ausgelebt und „abgebaut" werden. Aber auch Freude und Enthusiasmus werden offen dargestellt. Ein weiteres Merkmal der offenen Emotionskultur ist das intensive Erleben von Emotionalität in der Organisation – etwa als „emotionale Zeit".

Weitere soziale Praktiken, die die Art und Weise des Umgangs untereinander in den Organisationen betreffen, klassifizieren das Miteinander in der Organisation als „Harmoniesoziotop" – es ist wertschätzend, freundlich und generell durch wenig Druck gekennzeichnet. Dem zugrunde liegen geteilte Vorstellungen davon, wie man miteinander umgehen möchte. Vertrauen und Solidarität sind in diesem Zusammenhang wichtige Handlungsmaximen.

Allerdings wird das Miteinander in den Organisationen auch teilweise als „Konfliktsoziotop" wahrgenommen; analog dazu ist hoher Erwartungsdruck, fehlende Unterstützung und Vertrauensmissbrauch im Organisationsgeschehen zu beobachten. Hier wird im Übrigen deutlich, dass in Organisationen auch stabile disruptive soziale Praktiken entstehen können: es kann ein Klima des Misstrauens resultieren, dass durch Argwohn gegenüber anderen Organisationsmitgliedern gekennzeichnet ist.

Des Weiteren sind spezifische Gefühls- und Darstellungsregeln bezüglich der Haltung gegenüber der Organisation und ihrem Themenbereich zu identifizieren. Es wird von den Organisationsmitgliedern vielfach verlangt, sich mit der Organisation zu identifizieren und die Tätigkeit für die Organisation mit Begeisterung und Leidenschaft zu verfolgen. Verbunden damit ist teilweise die Erwartung eines hohen Arbeitseinsatzes – auch auf Kosten des Privatlebens. Es sind hohe Ansprüche an Engagement und Tätigkeit vorhanden, die auch auf gemeinsame ideologischmoralische Einstellungen der Organisationsmitglieder zurückzuführen sind. Es sind ein hoher Gerechtigkeitsanspruch und ein ausgeprägtes Ungerechtigkeitsempfinden zu beobachten, die sich im Willen, etwas an den gesellschaftlichen Zuständen zu verändern, niederschlagen. In diesem Zusammenhang werden auch spezifische Emotionen wie Ärger oder Wut erfahren. Die Einstellungsmuster und damit zusammenhängend erlebten Emotionen finden ihren Ausdruck in Handlungstendenzen – unter anderem darin, sich ehrenamtlich zu engagieren. Die Einstellungsmuster sind auch mit einem inneren Bedürfnis nach Sinnstiftung verbunden, dass durch das Engagement befriedigt werden soll.

Im Konzept der emotionalen Kultur wird suggeriert, dass die die emotionale Kultur begründenden sozialen Praktiken weitgehend stabil sind und den Zusammenhalt stärken. Allerdings wird dadurch nur ein Aspekt berücksichtigt, der im Organisationsgeschehen von Dritte-Sektor-Organisationen beobachtet werden kann. Es gibt auch disruptive soziale Praktiken, die – wie die Daten zeigen – ebenfalls in der emotionalen Kultur der Organisationen begründet liegen können. Neben dem Beispiel der Organisation als „Konfliktsoziotop" wird beispielsweise von Organisationsmitgliedern verlangt, sich mit den privaten Problemen von Kollegen zu befassen, auch wenn sie dies nicht möchten. In der Folge kommt es unter anderem zu innerer Distanzierung und der Erwägung, die Organisation zu verlassen. In diesem Zusammenhang ist keine stabilisierende Wirkung der emotionalen Kultur zu erkennen; im Gegenteil ist die Organisation in ihrer Stabilität bedroht.

In den Daten sind ferner Zusammenhänge zu erkennen, die eine gleichzeitige Prägung der emotionalen Kultur durch vermeintlich widersprüchliche soziale und kulturelle Praktiken, die sich unter „Konflikt" einerseits und „Harmonie" andererseits zusammenfassen lassen, aufzeigen. Dem liegen nicht selten fehlende Gemeinsamkeiten in persönlichen Bewertungskategorien der Organisationsmitglieder zugrunde; in der Folge werden Emotionsnormen, Gefühls- und Darstellungsregeln nicht eingehalten. Die Unterschiede in den Bewertungsschemata würden gegen eine gemeinsame emotionale Kultur sprechen, wenn nicht gleichzeitig übereinstimmende soziale und kulturelle Praktiken erkennbar wären.

Die Organisation stabilisierende und disruptive soziale Praktiken sind keine binären Kategorien, sondern können gleichzeitig oder auch alternierend auftretend. Sie können unter Umständen auch alle als Teil ein und derselben emotionalen Kultur der Organisation gefasst werden. Verschiedene Ausprägungen der emotionalen Kultur innerhalb einer Organisation können sich vor allem in Bezug auf unterschiedliche Organisationsebenen oder verschiedene Gruppen innerhalb der Organisation unterscheiden.

Das bestehende Konzept der emotionalen Kultur deckt einen wichtigen Aspekt nicht ab: auch widersprüchliche soziale und kulturelle Praktiken sowie disruptive

Prozesse, die von der emotionalen Kultur ausgehen, sind empirisch nachweisbar und somit auch Teil derselbigen. Die Ausprägungen der emotionalen Kultur inklusive ihrer Wirkungsweise sind somit um weitere Aspekte zu ergänzen und das Konzept der emotionalen Kultur ist folglich zu erweitern.

7.3.4 Emotionsregulierung und Einflussnahme auf Emotionen

Emotionsarbeit

Die Analyse der emotionalen Kultur der Organisationen zeigt auf, welche Erwartungen im Rahmen der – hauptamtlichen oder ehrenamtlichen – Tätigkeit für die Organisationen an die Akteure gestellt werden. Die Gefühlslagen von Individuen sind immer auch durch ihre soziale Umgebung bestimmt, indem durch Emotionsnormen vorgegeben wird, wie im Kontext der Organisation zu fühlen ist und wie die Emotionen in Interaktionen im Rahmen der Organisation nach außen dargestellt werden. Besonders deutlich wird dies in der Literatur anhand der grundlegenden Untersuchung von Hochschild (1983). Allerdings untersucht sie die Vorgaben der Anpassung von Emotionen in Organisationen des Profit-Bereichs. Wie die vorliegende Untersuchung deutlich macht, sind die Akteure im Rahmen von Dritte-Sektor-Organisationen ebenfalls mit spezifischen Anforderungen an ihre Emotionen konfrontiert. Diese werden aufgegriffen, indem das eigene Gefühlserleben an Anforderungen der Organisation angepasst wird. Es finden somit Versuche der Einflussnahme auf die Emotionen der Akteure statt, die auf verschiedene Art und Weise von den Individuen umgesetzt werden.

Die intraindividuelle Regulierung der eigenen Emotionen wird auch als Emotionsarbeit bezeichnet. Sie findet fortlaufend statt und umfasst laut der im ersten Teil des Kapitels angeführten Literatur die Anpassung des eigenen emotionalen Empfindens sowie die regulierte Darstellung von Emotionen in Interaktionen (vgl. von Scheve 2009). Auf Grundlage der Datenanalyse sind verschiedene Strategien von Emotionsarbeit zu unterscheiden. Eine eindeutige Differenzierung anhand der Kriterien „nach innen“ und „nach außen“ gerichteter Emotionsregulierung ist allerdings kaum möglich. Die Emotionsregulierung ist weitgehend von beiden Kriterien bestimmt.

A. *Anpassung:* Emotionsnormen und andere Anforderungen an die Tätigkeit in der Organisation werden anstandslos befolgt. Eigene Wünsche und damit verbundene Emotionen werden untergeordnet und angepasst.

B. *Ambivalenz:* Eine Befolgung der geltenden Emotionsnormen kann innere Konflikten und innere Dilemmata hervorrufen. Die Akteure möchten die Anforderungen erfüllen, ihr individuelles emotionales Empfinden ist aber mit einem anderen Handlungsimpuls verbunden. Auch kann es vorkommen, dass die mit der Rolle verbundenen Anforderungen sich widersprechen und ambivalente Gefühle hervorrufen, die einer Regulierung bedürfen. Hier ist die Anpassung der Emotionen vor allem nach innen gerichtet, um die Erwartungen in der Tätigkeit für die Organisation auch weiterhin erfüllen zu können.

C. *Innere Abgrenzung:* Es sind ferner Strategien der inneren Abgrenzung zu beobachten. Einerseits ist dies begleitet von einer Distanzierung von den geltenden Emotionsnormen und anderen Regeln, indem die Erwartungen nicht widerspruchslos erfüllt werden. Andererseits findet eine Kontrolle der Emotionen statt, die nach außen dargestellt werden. Hier werden tatsächlich empfundene Emotionen nicht gezeigt oder Emotionen – etwa durch lächeln – simuliert, obwohl die tatsächliche Gefühlslage eine andere ist.

D. *Verweigerung:* Es ist der Unwille – oder die Unfähigkeit – zu beobachten, eigene Emotionen zu lenken. Man will authentisch bleiben, auch wenn es in den jeweiligen Situationen eventuell als deplatziert gilt.

Die Strategien von A bis D weisen zahlreiche Übereinstimmungen mit denen auf, die auch Hochschild in Bezug auf die Identifikation mit dem Job und der damit einhergehenden Anpassung der eigenen Emotionen beschreibt (Hochschild 1983, 187). Die unterschiedlichen Strategien machen deutlich, dass die Regulierung eigener Emotionen sowohl von Anforderungen beeinflusst wird, die von außen an das Individuum gestellt werden als auch Resultat des originär subjektiven Gefühlserlebens ist. Dabei kann es sich beispielsweise um Gefühlslagen handeln, die in Kontexten außerhalb der Organisation entstanden sind. Eine Emotionsregulierung ist immer davon begleitet, beide Aspekte miteinander in Einklang zu bringen und kann schließlich in unterschiedlichem Verhalten resultieren: im Verzicht auf eigene Interessen und Wünsche zugunsten der Organisation oder aber in Abgrenzung und Rückzug.

Neben der individuellen Emotionsregulierung ist die Einflussnahme auf Emotionen anderer Akteure ein weiterer Aspekt von Emotionsarbeit. In den Daten ist ersichtlich, dass hier entweder negative Emotionen beim Gegenüber mithilfe von Mechanismen wie Konfrontation oder Drohungen erzeugt werden – oder die Akteure nutzen Praktiken von Einfühlung auch in die Gefühlswelt anderer sowie Unterstützung, um bei Interaktionspartnern positive Emotionen zu erzeugen (eine detaillierte Darstellung findet sich im zweiten Teil des Kapitels).

Emotionsmanagement

Neben der Einwirkung auf Emotionen in Interaktionen zwischen Individuen umfasst das Emotionsmanagement in den Organisationen Versuche der Einflussnahme auf Emotionen der Mitglieder von Seiten der Organisation beziehungsweise ihrer Vertreter, zum Beispiel Angehörigen der Leitungsebene. Auf Grundlage der erhobenen Daten können unterschiedliche Strategien unterschieden werden, die hier erneut zusammenfassend skizziert werde.

A. *Kommunikation:* Mithilfe von Transparenz oder Einbindung in Entscheidungen sollen Emotionen hervorgerufen werden, die an die Organisation binden, wie etwa Zufriedenheit. Direkte Ansprache evoziert hingegen unter anderem Schuldgefühle.

B. *Konfliktlösung und -prävention:* Präventiv soll Konflikten und damit verbundenen Emotionen mithilfe von Entscheidungen im Konsens, dem Respektieren von Eigenheiten und Meinungen der Mitglieder, durch regelmäßige Teampflege oder auch der Unterbindung von Dissensen vorgebeugt werden. Konflikte werden gelöst und es werden Versuche unternommen negative Emotionen in ihrer Wirkungskraft abzumildern, indem Vermittlung stattfindet, organisationsexterne Hilfe eingeholt wird oder die Organisation auch mal einlenkt.

C. *Strukturelle Maßnahmen:* Der direkte Austausch – auch von emotionalen Befindlichkeiten – soll sichergestellt werden. Ferner wird Selbstständigkeit und Eigenengagement gefördert, indem Kontrolle so gut wie nicht stattfindet. Schließlich wird versucht, entweder durch eindeutige oder aber durch flache Hierarchien eine Arbeitsatmosphäre zu erzeugen, in der Zufriedenheit und andere positive Emotionen entstehen können.

D. *Zuwendung gegenüber Organisationsmitgliedern:* Organisationsmitglieder werden unterstützt, etwa indem auf ihre emotionalen Befindlichkeiten Rücksicht genommen wird oder ihnen bei privaten Schicksalsschlägen geholfen wird. Sie werden wertgeschätzt und umsorgt. Außerdem werden sie in das Organisationsgeschehen eingebunden.

E. *Anforderungen an Organisationsmitglieder (Gefühlsregeln):* An die Emotionsarbeit der einzelnen Mitglieder werden bestimmte Anforderungen gestellt. Sie sollen Herzblut, Leidenschaft und Begeisterung für das Tätigkeitsfeld der Organisation mitbringen. Sie sollen Leistungen erbringen, auch wenn sie dafür im Privatleben zurückstecken müssen. Zudem werden spezifische Erwartungen an ihre Fähigkeiten zur Emotionsarbeit artikuliert.

F. *Rigorosität/Entschiedenheit:* Negative Emotionen der Mitglieder werden in Kauf genommen, um Konflikte in der Organisation zu lösen oder aber die

Mitglieder aufgrund von Schuldgefühlen oder ähnlichem zur Tätigkeit zu motivieren. Dies geschieht, indem Konfrontationen gesucht werden, Kontrolle, Druck und Überwachung stattfindet. Um die Organisation vor belastenden Situationen zu schützen, werden Mitglieder auch vereinzelt ausgegrenzt.

In erster Linie handelt es sich bei A bis F um Strategien, mit denen die Organisation bei ihren Mitgliedern – und teilweise auch organisationsexternen Personen wie etwa Spenderinnen und Spendern – versucht, positive Emotionen zu erzeugen und negative Emotionen abzuwehren. Die Absicht besteht darin, die Bindung an die Organisation zu fördern, Engagement zu sichern und Konflikte zu vermeiden. Nur in wenigen Fällen werden negative Emotionen der Akteure bewusst in Kauf genommen – oder sogar motiviert – etwa um Organisationsmitglieder durch Schuldgefühle zum Engagement zu bewegen.

Ferner beinhaltet die Strategie unter E, dass die Organisation ihren Mitgliedern eine bestimmte Emotionsregulierung und Emotionsdarstellung abverlangt. Wie im Theorieteil dieses Kapitels beschrieben ist, können diese Gefühlsregeln ungeschriebener oder expliziter Art sein. Die in der Datenerhebung vorgefundenen Beispiele sind originär implizit. Die Datenanalyse macht deutlich, dass sie zwar artikuliert werden – auch von Führungskräften der Organisation – allerdings ist es wohl in den wenigsten Fällen so, dass sie schriftlich festgehalten sind. Ein Beispiel ist in diesem Zusammenhang die Erwartung von Organisationsseite, dass sich Hauptamtliche auch über die vertraglich festgelegte Arbeitszeit hinaus für die Organisation engagieren – und das zusätzlich mit hoher Begeisterung. Ganz anders ist dies in den Beispielen der Untersuchung von Hochschild. Sie beschreibt, wie Flugbegleiterinnen in Trainings konkrete Anweisungen gegeben werden, wie sie sich in Konfliktsituationen zu verhalten hätten. Etwa sollten sie gegenüber Fluggästen immer freundlich bleiben und sich bei Konflikten mit Fluggästen vorstellen, diese hätten eine traumatische Vergangenheit (Hochschild 1983, 120).

Gerade die fehlende Formalitität dieser Anforderung führt bei Organisationsmitgliedern zu Problemen wie Überforderung und Überlastung, wenn sie versuchen die Regeln zu befolgen. Eine Anpassung der Erwartungen an die Anliegen und das Leistungsvermögen der Mitglieder findet nur selten statt. Es ist zu vermuten, dass dies auch mit der Möglichkeit der Organisationsleitung zu tun hat, sich darauf zurückziehen, dass die Regeln schriftlich nicht fixiert sind und ergo nicht existieren würden. Es fällt in diesem Zusammenhang auf, dass Emotionsarbeit und Emotionsmanagement in Organisationen nicht alleine durch Emotionsnormen gekennzeichnet ist. Auch vermeintlich „emotionsfreie" Anforderungen wie die Ausweitung des Arbeitseinsatzes evozieren Emotionen bei den Organisationsmitgliedern.

Die Strategien des Emotionsmanagements, die in den Dritte-Sektor-Organisationen vorzufinden sind, sind – neben den Strategien von Emotionsarbeit – Teil der emotionalen Kultur, da sie umfassen, wie in den Organisationen mit Emotionen umgegangen wird.

Motive von Emotionsarbeit und Emotionsmanagement

Für die Befolgung und Sicherstellung der Emotionsnormen mithilfe von Emotionsarbeit sowie durch Maßnahmen des Emotionsmanagements lassen sich diverse Motive ausmachen. Eine zentrale Rolle spielen die Interessenlagen der beteiligten – individuellen und kollektiven – Akteure, wie sie in Abbildung 1 dargestellt sind. Emotionsmanagement sichert die Interessen der Organisation. Durch Emotionsarbeit – als Beeinflussung der Emotionen anderer – verfolgen Akteure vor allem ihre Eigeninteressen. Wie bereits im Theorieteil dieses Kapitels deutlich wird, leisten Organisationsmitglieder zudem Emotionsarbeit, indem sie Andere bei Verstößen gegen Emotionsnormen sanktionieren: sie versuchen bei ihrem Gegenüber negative Emotionen (zum Beispiel Scham) hervorzurufen. Die Interessen der Organisation werden also auch durch die Sanktionierung von Verstößen gegen Emotionsnormen sichergestellt. Darüber hinaus passen individuelle Akteure ihr Empfinden und ihre Emotionsdarstellung den Emotionsnormen und anderen Anforderungen im Rahmen der Organisation an (individuelle Emotionsarbeit), um Sanktionierungen zu entgehen. Sie haben ein inhärentes Bedürfnis nach positiven Emotionen.

Die Emotionsnormen hängen eng mit den Situationsbewertungen der Organisationsmitglieder zusammen. Individuen haben internalisierte Situationsbewertungsschemas, die mithilfe von Emotionen in den betreffenden Kontexten aktiviert werden. Es handelt sich dabei um einen weitgehend automatisierten Prozess. Wenn die Emotionsnormen im Organisationsgeschehen nun vorgeben, welche Emotionen mit welcher Intensität empfunden werden sollen, hat das in der Folge auch Einfluss auf die Situationsbewertungen der Individuen.

Viele Emotionen, die von den Organisationsmitgliedern im Organisationsalltag erlebt werden, werden durch geltende Emotionsnormen bestimmt. Diese emotionalen Anforderungen wirken sich somit auch darauf aus, wie die Organisation mit ihren Abläufen, den in ihr stattfindenden Interaktionen, etc. wahrgenommen wird. Ferner tragen Emotionen mit ihrer komplexitätsreduzierenden Funktion dazu bei, dass bei Entscheidungen im Kontext der Organisation nur noch auf bestimmte Informationen zurückgegriffen werden kann. Über Emotionsnormen und Emotionsmanagement wird also auch darauf Einfluss genommen, welche Informationen Organisationsmitglieder bei Entscheidungsfindungen berücksichtigen.

Es ist davon auszugehen, dass sich auch die Situationsbewertungen der Organisationsmitglieder in der Folge einander annähern – wenn denn die Gefühlsregeln befolgt werden. Es sind verschiedene Beispiele in den Daten ersichtlich, dass Emotionsnormen oder andere Anforderungen, die mit der Darstellung von Emotionen verbunden sind, nicht eingehalten werden. Teilweise verfolgen Organisationsmitglieder primär ihre eigenen Interessen und verstoßen so gegen Regeln und Emotionsnormen der Organisation. Dies ist beispielsweise der Fall, wenn ein Vorstandsmitglied die Organisation betrügt, indem es Geld veruntreut. Auch sind Situationen zu beobachten, in denen Konflikte wie aus dem Nichts eskalieren und gegenseitige Vorwürfe erhoben werden, obwohl der Umgang in den Organisationen eigentlich durch Freundlichkeit und Zuwendung geprägt sein sollte – zumindest schreiben die Emotionsnormen dies vor. Schließlich sind Strategien des Rückzugs und der inneren Abgrenzung Beispiele dafür, dass die emotionalen Anforderungen der Organisation von Mitgliedern nicht beachtet werden.

Möglichkeiten der Einflussnahme auf Emotionen im Organisationsgeschehen

Verstöße gegen Emotionsnormen, Gefühls- und Darstellungsregeln sind Phänomene, die in allen möglichen Kontexten im Alltagsgeschehen zu verzeichnen sind. Auch wenn die Literatur, die im Theorieteil dieses Kapitels angeführt ist, nicht leugnet, dass es Abweichungen gibt, liefert sie dafür aber dennoch keine stichhaltigen Erklärungen. Im Gegenteil, es wird ausführlich dargelegt, warum Akteure ihr Verhalten an den geltenden Regeln ausrichten und ihre Emotionen dementsprechend regulieren. Es wird aber kaum darauf eingegangen, welche Mechanismen wirken, wenn dies nicht (mehr) stattfindet.

Vor dem Hintergrund der empirischen Daten lassen sich verschiedene Erklärungsversuche anstellen, warum Organisationsmitglieder von den Erwartungen an ihr Emotionsempfinden, ihre Emotionsdarstellung und ihr Verhalten abweichen. Auf dieser Grundlage lässt sich zudem schlussfolgern, inwiefern auf die Emotionen der Mitglieder im Organisationsgeschehen Einfluss genommen werden kann. Organisationsmitglieder verstoßen gegen die in der Organisation geltenden Erwartungen an das Erleben und die Darstellung von Emotionen, da – wie im Klima des Misstrauens deutlich wird – die Erwartungshaltungen von Organisationsmitgliedern nicht übereinstimmen, es herrscht Misstrauen vor und Kooperation wird gemieden. Teilweise werden vor allem Eigeninteressen verfolgt.

Außerdem kommt es zu Verstößen, da die Emotionsnormen, Gefühls- und Darstellungsregeln auch innerhalb der Organisationen nicht immer einheitlich sind.

Das wurde bereits in den Erläuterungen zur emotionalen Kultur ersichtlich: es sind teilweise übereinstimmende und widersprüchliche soziale und kulturelle Praktiken gleichzeitig zu beobachten, die alle Teil derselben emotionalen Kultur sind.

Teilweise variieren die Anforderungen an das emotionale Erleben und die Darstellung der Emotionen der Akteure auf den unterschiedlichen Ebenen der Organisation. Ausdruck kann dies etwa darin finden, dass die Organisation spezifische Erwartungen an das Miteinander in der Organisation formuliert, der tatsächliche Umgang in den Arbeitsteams aber ein anderer ist.

In Bezug auf Widersprüche in den Gefühls- und Darstellungsregeln innerhalb der Organisationen wird zum Beispiel einerseits benannt, dass offen mit emotionalen Befindlichkeiten umgegangen wird. Andererseits soll in diesem Zusammenhang erlebte Unzufriedenheit in der Zusammenarbeit aber nicht formuliert werden. Es ist die Anforderung vorhanden, mit anderen nur wertschätzend und „nett" umzugehen – das Formulieren von Kritik ist unerwünscht. In derartigen Zusammenhängen wissen die Organisationsmitglieder nicht, wie sie sich „korrekt" verhalten können. Die Erwartungen sind widersprüchlich und teilweise diffus. Das ist auch der Fall, wenn sich Führungskräfte nicht an die Anforderungen halten, die sie selbst formulieren.

In diesen Zusammenhängen sind Verstöße gegen Emotionsnormen nicht notwendigerweise als absichtliche Auflehnung gegen die Prinzipien der Organisation zu verstehen, sondern vielmehr Ausdruck von Unklarheiten, worin die Anforderungen bestehen. Da die Unstimmigkeiten von der Organisation verursacht sind, kann sie auch selbst für die Lösung der Verwirrungen sorgen und Eindeutigkeit schaffen, welche Emotionsnormen sowie Gefühls- und Darstellungsregeln in der Organisation tatsächlich gelten. Vor allem Klarheit und Einheitlichkeit verbunden mit offener Kommunikation von Erwartungen können Widersprüche ausräumen und Orientierung ermöglichen. Die Organisation ist hier auch selbst angehalten zu überprüfen, ob die an die Organisationsmitglieder gestellten Erwartungen auch tatsächlich gelebt werden – oder ob es sich um Regeln handelt, die festgeschrieben sind, aber nicht mehr praktiziert werden. Vor allem Führungskräften kommt in diesem Zusammenhang eine wichtige Vorbildfunktion zu.

Ein weiterer Aspekt, der auf die Berücksichtigung – oder Nichtbefolgung – der Erwartungen der Organisation bezüglich der Emotionen ihrer Mitglieder einwirkt, besteht in Einflüssen der Organisationsumwelt. Für das Organisationsgeschehen sind nicht nur Emotionen relevant, die in ihm selbst hervorgerufen werden. Auch

Emotionen „von außen“[88] entfalten hier eine Wirkung. Dabei kann es sich um Emotionen handeln, die im Zusammenhang mit emotional belastenden Zuständen entstehen: in einem Beispiel aus den empirischen Daten ist der Ehepartner einer Befragten verstorben. Dieses Ereignis hatte erhebliche Auswirkungen auf ihre gesamte Gemütsverfassung und Arbeitsleistung und somit auch wesentlichen Einfluss auf das Organisationsgeschehen. Ein weiteres Beispiel besteht darin, dass Organisationsmitglieder außerhalb der Organisation erfahrene – mit negativen Emotionen verbundene – Erlebnisse in der Organisation „abarbeiten“.

Die gleichzeitige Eingebundenheit in verschiedene Lebenskontexte spielt eine wichtige Rolle dabei, welche Emotionen beim Individuum entstehen und wie diese reguliert werden. Akteure sind in sozial differenzierten Gesellschaften immer auch mit unterschiedlichen Rollenerwartungen konfrontiert, die auch Emotionsnormen, Gefühls- und Darstellungsregeln beinhalten. Es stellt sich in diesem Zusammenhang die Frage, inwieweit es den Akteuren überhaupt möglich ist, zwischen den einzelnen Erwartungen zu differenzieren. Das individuelle Emotionserleben ist ein hochkomplexes Phänomen, bei dem auch der individuelle Erfahrungshorizont der Akteure eine wesentliche Rolle spielt. Ein unterschiedlicher Erfahrungsschatz führt auch zu Differenzen in den Situationsbewertungen sowie zu Diskrepanzen, welche Emotionen welche Bewertungsschemas aktivieren. Die gleichen Maßnahmen des Emotionsmanagements können in der Folge bei unterschiedlichen Personen deshalb auch verschiedene emotionale Reaktionen hervorrufen.

Die Komplexität der Emotionsentstehung erklärt die Schwierigkeiten der Organisationen, die Emotionen ihrer Mitglieder gezielt zu beeinflussen. Auch wenn dies durch Maßnahmen des Emotionsmanagements unentwegt versucht wird, ist es nur teilweise von Erfolg gekrönt. Die verschiedenen Strategien des Emotionsmanagements zeigen allerdings verschiedene Beispiele auf, in denen die Abwehr von negativen Emotionen für die Organisationen wirksam ist, indem negative Folgen verhindert werden sowie positive Emotionen befördert werden, die zu einer Bindung an die Organisation beitragen.

Unter anderem wird versucht, dass Organisationsmitglieder emotionale Zustände wie Unzufriedenheit, aber auch Emotionen wie Traurigkeit und Verzweiflung, die bei ihnen in Kontexten außerhalb der Organisation entstehen, nicht in der Organisation ausleben. Vor allem die Maßnahmen des Emotionsmanagements

---

88 Wie an anderer Stelle bereits erwähnt wurde, ist die Unterscheidung der Emotionen anhand von „privat“ und „arbeitsbezogen“ in diesem Zusammenhang gängig. Es wird an dieser Stelle aber dafür plädiert, sie anhand der Kriterien „intern“ und „extern“ zu differenzieren, da nur so deutlich wird, in welchen Kontexten die Emotionen entstehen und ob sie im Gültigkeitsbereich der Emotionsnormen hervorgerufen werden.

„Zuwendung gegenüber Organisationsmitgliedern" und „Rigorosität/Entschiedenheit" wirken in diesem Zusammenhang. Den Organisationsmitgliedern wird vermittelt, dass ihre Befindlichkeiten wahrgenommen und ernst genommen werden und es wird versucht ihnen dabei zu helfen, diese für sich zu lösen. Beispielsweise sollen „Nullrunden" vor Arbeitsbesprechungen dabei helfen, dass die Organisationsmitglieder ihrem Ärger, ihrer Freude, etc. Luft verschaffen können.

Neben Maßnahmen der „Zuwendung" greift die Organisation in anderen Fällen aber auch zu entschiedenen Mitteln: unter anderem signalisiert sie ihren Mitgliedern, dass Behinderungen der Organisation in der Erfüllung ihrer Tätigkeiten durch individuelle Befindlichkeiten nicht toleriert wird und verweist sie im Extremfall der Organisation.

Im Organisationsgeschehen werden ständig Versuche der Einflussnahme auf die Emotionen ihrer Mitglieder unternommen. Dies geschieht von Seiten der Organisation, aber auch von Mitgliedern untereinander. Es werden sowohl individuelle Interessen als auch Organisationsinteressen verfolgt. In einigen Fällen gelingt die Einflussnahme auf Emotionserleben und -darstellung – in vielen aber auch nicht. Wenn man die Untersuchungsergebnisse von Hochschild (1983) einbezieht, so wird deutlich, dass Einflussnahme auf das emotionale Erleben von Organisationsmitgliedern dann gelingt, wenn damit explizite Anforderungen an die Arbeitsrolle verbunden sind. Verstöße können mit Kündigung des Arbeitsverhältnisses einhergehen. Die Befolgung der Gefühlsregeln beruht nicht auf Freiwilligkeit. Die Erwartungen sind explizit in den Jobanforderungen verankert und für alle nachvollziehbar. Emotionsmanagement scheitert vor allem daran, dass Anforderungen unklar sind oder Emotionsanforderungen individuell unterschiedlich verstanden werden. Außerdem kommt es vor, dass Eigeninteressen verfolgt werden, die mit denen der Organisation in Widerspruch stehen.

7.3.5 Ausblick: Stabilisierung und Destabilisierung von Organisationen und organisationaler Wandel

Wenn man verstehen möchte, warum die Einflussnahme auf Emotionen im Organisationsgeschehen teilweise gelingt, teilweise aber auch nicht, dann ist man auch mit der Frage konfrontiert, was zu Stabilisierung und zu Destabilisierung in Organisationen führt. Mit anderen Worten ist die Frage nach organisationalem Wandel berührt.

Generell ist Stabilität von Organisationen gewährleistet, wenn die Einflussnahme auf die Emotionen der Mitglieder erfolgreich ist: Emotionsnormen werden befolgt, Sanktionierungsmaßnahmen bei Verstößen durch Emotionsarbeit und

Maßnahmen des Emotionsmanagements greifen. Positive Emotionen werden ferner durch emotionale Ansteckung angeregt und eine Bindung an die Organisation wird so avanciert. Auch die Bewertungsschemas der Organisationsmitglieder gleichen sich in diesem Zusammenhang an und die Homogenität der Organisation wird gefördert. Diesen Argumentationszusammenhang weist auch von Scheve (2009) aus, wie im Theorieteil des Kapitels sichtbar wird. Allerdings wird so keine Erklärung geliefert, wie und warum Destabilisierungsprozesse entstehen. Von Scheves Modell beschreibt, wie sich Emotionen und soziale Strukturen gegenseitig befördern, es geht aber kaum darauf ein, warum auch genau gegenteilige Bewegungen eintreten. Zwar ist berücksichtigt, dass Abweichungen von den Emotionsnormen zu gesellschaftlichem Wandel führen, wie genau dies aber stattfindet, wird nicht behandelt. Die Datenanalyse macht deutlich, wie dies geschieht: Organisationsmitglieder verstoßen gegen Emotionsnormen, sie handeln so entgegen den Interessen der Organisation, die ihnen eigentlich durch die emotionale Kultur vorgegeben werden.

Die Theorie aus dem ersten Teil dieses Kapitels liefert wenig Aufschluss über diese Zusammenhänge. Es lassen sich aber aus der Datenanalyse einige Erklärungsansätze ableiten. Vorangehend wurde ausgeführt, wann die Einflussnahme auf Emotionen im Organisationsgeschehen nicht gelingt. In diesen Zusammenhängen können Prozesse der Destabilisierung entstehen und wirken. Hierin findet sich ebenfalls ein Ausgangspunkt, um organisationalen Wandel zu erklären. Es wird vor allem deutlich, dass organisationale Veränderung eigenen Dynamiken folgt, in die nur teilweise steuernd eingegriffen werden kann. Von Scheve geht in diesem Zusammenhang lediglich darauf ein, dass neue Emotionsnormen intentional von der Organisation implementiert werden können. Auf Basis der Datenanalyse ist aber zu bezweifeln, dass dies immer einwandfrei gelingt.

Emotionen sind so hochkomplexe Phänomene, die vor allem von den biographischen Hintergründen und Verläufen der beteiligten Individuen geprägt sind. Sicherlich spielt das Organisationsgeschehen inklusive der zahlreichen Versuche der Beeinflussung eine wichtige Rolle für das Gefühlserleben der Mitglieder. Allerdings sind die mit Emotionen verbundenen Bewertungsschemas im Laufe des Lebens erworben und somit von zahlreichen weiteren Lebenszusammenhängen geprägt, als nur von der Tätigkeit für die Organisation. Emotionsanforderungen werden von Individuum zu Individuum unterschiedlich verstanden und auch die eigenen Interessen stimmen nicht immer vollständig mit denen der Organisation überein und werden teilweise untergeordnet. Die Bedeutung, die Emotionen im Organisationsgeschehen zukommt, kann zwar retrospektiv analysiert werden. Eine Vorhersage gestaltet sich aufgrund der unterschiedlichen Einflussfaktoren allerdings als schwierig.

Nichtsdestotrotz wird deutlich, welch wichtige Bedeutung Emotionen im Organisationsgeschehen von Dritte-Sektor-Organisationen zukommt. Im aktuellen und in den vorausgehenden Kapiteln 5 und 6 wurde zudem bereits deutlich, dass Emotionen im Wechselverhältnis mit Vertrauen und Misstrauen, Solidarität und Unsolidarität stehen. Diese Zusammenhänge werden im folgenden abschließenden Kapitel systematisch ausgeführt.

8

Zusammenspiel von Emotionen, Vertrauen und Solidarität

Non-Profit-Organisationen sind Orte hoher Emotionalität. Ehrenamtliche – aber auch Hauptamtliche – werden in ihrer Tätigkeit für die Organisationen zu einem wesentlichen Anteil auch aufgrund von Emotionen motiviert. Das Betätigungsfeld ist ein „Herzensthema" und wird mit „Herzblut" verfolgt. Die Ziele der Organisationen transportieren für sie wichtige Werte, die auch mit einer emotionalen Bedeutung versehen sind, zum Beispiel in Form von Gerechtigkeit oder Nächstenliebe. Im Organisationsgeschehen kann die hohe Emotionalität der Mitglieder ein verbindendes Element sein, indem „gemeinsame Stärke" entsteht. Die Emotionen können aber auch explosive Wirkung entfalten, etwa wenn es zu „erbittertstem Streit" kommt. Eine Herausforderung besteht für die Organisation vor allem darin, ein „Bedürfnis nach Anerkennung" der Ehrenamtlichen zu erfüllen, das mit der hohen emotionalen Bedeutung einhergeht, die die Engagierten mit ihrer Tätigkeit verbinden – sie tun etwas Gutes und möchten dafür gewürdigt werden.

Erlebnisse im Rahmen der Organisationen werden oftmals sehr emotional wahrgenommen und als individuell besonders bedeutsam beschrieben. Erfolge sind etwa mit großer Freude verbunden und Erfahrungen werden als „existentiell" erlebt. Die Emotionen, die bei den Engagierten im Kontext des Organisationsgeschehens entstehen, wirken unter anderem motivierend (zum Beispiel als Freude oder auch Wut) oder demotivierend (beispielsweise als Frust). Die Organisationen werden darüber hinaus als Orte beschrieben, die einen Familienersatz bieten und nicht zuletzt deshalb Emotionen wie Gemeinschaftsgefühle hervorrufen. Emotionen kommt an vielen Stellen eine maßgebliche Bedeutung im Organisationsgeschehen zu.

Das Gleiche gilt für Vertrauen in den Organisationen. Vor allem in den Zusammenhängen, die durch Gemeinschaftlichkeit charakterisiert sind, kann Vertrauen entstehen und wirken. Auch positive Emotionen spielen hier eine wichtige Rolle. Diese Kontexte können auch als Klimata des Vertrauens benannt werden.

Vertrauen ist gleichzeitig Voraussetzung für gelingende Zusammenarbeit in den Organisationen: Vertrauen ist besonders in Ehrenamtliche zu setzen, dass sie die ihnen übertragenen Aufgaben verlässlich erfüllen. Eine Aufnahme von Ehrenamtlichen in die Organisationen findet nur selten aufgrund ihrer Qualifikationen statt, sie ist vielmehr mit dem Interesse der Engagierten an einem bestimmten Thema und einer spezifischen Tätigkeit begründet. Vertrauen ist darüber hinaus unerlässlich für die Funktionsfähigkeit der Organisationen, wenn es um die Bindung von Spenderinnen und Spendern, Ehrenamtlichen und Klienten an die Organisationen geht. Spenderinnen und Spender geben nur Geld, wenn sie vertrauen, dass dies auch sinnvoll eingesetzt wird. Ehrenamtliche engagieren sich, wenn sie vertrauen, dass sie ihre Ziele und moralischen Vorstellungen im Rahmen der Organisation verfolgen können. Organisationsexterne Personen, die Hilfsleistungen der

Organisation in Anspruch nehmen – am Beispiel des Vereins der Verwaisten Eltern und Geschwister e.V. in Form von Unterstützung bei der eigenen Trauerarbeit – sollten der Ansicht sein, dass sie sich der Organisation mit ihren Problemen anvertrauen können.

Für das Organisationsgeschehen sind aber nicht nur Kontexte von Vertrauen von Relevanz. Es sind auch Klimata von Misstrauen vorhanden, die mit Emotionen wie Ärger und Frust verbunden sind und die Funktionsfähigkeit der Organisationen gefährden können.

Ein weiterer sozialer Mechanismus, dem eine zentrale Bedeutung im Organisationsgeschehen der Dritte-Sektor-Organisationen zukommt, ist Solidarität. Einerseits ist Solidarität als Handlungsmaxime Teil der Zielsetzung der Organisation, beispielweise erklärt sich die Hamburger Tafel solidarisch mit obdachlosen und anderen mittellosen Menschen, die auf Lebensmittelspenden angewiesen sind. Andererseits sind die Interaktionsbeziehungen von Organisationsmitgliedern und Klienten der Organisation durch solidarisches Handeln geprägt. Die Engagierten unterstützen die Menschen im Sinne der Organisation, etwa durch Hausaufgabenhilfe bei Kindern. Schließlich ist auch das Miteinander in den Organisationen durch Solidarität gekennzeichnet. Organisationsmitglieder, die gesundheitliche Probleme haben oder persönliche Schicksalsschläge verkraften müssen, werden von Kollegen entlastet und unterstützt. Für Ehrenamtliche ist der Ort des Engagements auch oft einer, in dem sie sich aufgehoben fühlen und aufgefangen werden. Vielfach geht dies mit solidarischen Gefühlen einher.

Genauso wie Vertrauen verloren gehen kann und durch Misstrauen ersetzt wird, kann auch Solidarität verschwinden und von unsolidarischem Verhalten ersetzt werden. Reaktionen darauf können bei anderen Organisationsmitgliedern unter anderem in Wut und Enttäuschung bestehen.

8.1 Erfahrungen mit der Methodologie und den Erhebungsmethoden im Forschungsprozess

Die umfassenden und ausführlichen Forschungsergebnisse die in Kapitel 5, 6 und 7 dargestellt sind, wurden durch die Ausrichtung des Forschungsprozesses an den Prinzipien und Regeln der Qualitativen Heuristik möglich. Durch die Offenheit im Forschungsprozess konnte nicht nur ein lebendiges Bild der Entstehungsbedingungen und Wirkungsweisen von Emotionen in den Dritte-Sektor-Organisationen entstehen, sondern auch die Bedeutung von Vertrauen und Solidarität im Organisationsgeschehen sowie der jeweiligen Wechselwirkungen aufgezeigt werden.

Auch wenn die Auswahl der Organisationen in verschiedenen Eigenschaften variiert wurde, um die Bandbreite des Dritten Sektors abzubilden, sollte immer berücksichtigt werden, dass das empirische Vorgehen im Sinne der Qualitativen Heuristik eine Repräsentativität der Ergebnisse für Dritte-Sektor-Organisationen im Allgemeinen nicht vorsieht. Die Untersuchungsergebnisse zeigen vielfältige Wirkungen und Zusammenhänge von Vertrauen, Solidarität und Emotionen in Non-Profit-Organisationen auf, es wird aber nicht impliziert, dass die Zusammenhänge im Sinne einer Repräsentativität verallgemeinerbar sind.

Die Daten geben detailliert Auskunft über die Emotionen der Befragten sowie über ihre emotionale Wahrnehmung der Organisation und der in ihnen stattfindenden Prozesse. Es hat sich somit bestätigt, dass die Methode der Dialogischen Introspektion in Kombination mit Leitfadeninterviews erlaubt, die Bedeutung von Emotionen in Dritte-Sektor-Organisationen zu erschließen.

Durch die Offenheit der Dialogischen Introspektion, die die Befragung mit nur einer Eingangsfrage strukturiert, wurde wenig Einfluss auf das Erzählte genommen. Die Befragten berichteten frei von ihrem Erleben, das aufgrund der Forschungsfrage erinnert wurde. Eine vertiefte Reflektion der eigenen Berichte fand aufgrund der Schilderungen der anderen Teilnehmenden statt (dafür ausschlaggebend ist das dialogische Element der Methode). Teils wurde explizit nach Emotionen gefragt, teils nach Erleben generell. Es wurden aber in beiden Fällen emotionale Gehalte des Erlebens geschildert. Im Gros der Dialogischen Introspektionen haben sich die Teilnehmenden geöffnet und Persönliches mit emotionaler Bedeutung preisgegeben. Nicht zuletzt kann dies auf ein gemeinschaftsstiftendes Moment der Methode zurückgeführt werden.

Ein weiterer Vorteil der Methode besteht in ihrer Zeitökonomie: es konnten in kurzer Zeit Daten erzeugt werden, die die Berichte mehrerer Personen umfassen. In sechs Dialogischen Introspektionen – jeweils im Umfang von etwa einer Stunde – wurden Daten von 44 Personen erhoben.

Auch die Kombination der Dialogischen Introspektionen mit Leitfadeninterviews für die Erhebung der Daten hat sich als erfolgreich erwiesen. Zum einen konnten so auch Organisationen einbezogen werden, die aufgrund fehlender Möglichkeiten oder mangelnder Bereitschaft nicht an einer Dialogischen Introspektion teilnehmen konnten – für ein Interview musste nur eine Person in der jeweiligen Organisation gefunden werden.

Zum anderen strukturierte ein Leitfaden die Interviews, so dass direkt nach Inhalten gefragt werden konnte, die für die weitere Datenanalyse von Interesse waren. Außerdem konnte bei Schilderungen mit emotionalem Gehalt nachgefragt werden, um zum vertieften Reflektieren des emotionalen Erlebens anzuregen. Die

Befragten haben sehr offen erzählt und ihr Erleben im Organisationsgeschehen detailreich geschildert.

Für die Datenanalyse konnte schließlich auf sehr vielfältiges und verschiedenartiges Datenmaterial zurückgegriffen werden.

8.2 Zusammenfassung: Vertrauen, Solidarität und Emotionen

In Kapitel 5 wurden zunächst anhand von Luhmanns Theorie (Luhmann 1984, 1989, 2001) die soziale Funktion von Vertrauen als komplexitätsreduzierendem Mechanismus aufgezeigt und ihm eine wichtige Rolle für die Funktionsfähigkeit von Organisationen zugewiesen. Die sozialen Phänomene Vertrauen, Vertrautheit, Zuversicht und Misstrauen wurden anhand ihrer verschiedenen Funktionen im sozialen Miteinander unterschieden. Ebenso wurde dargestellt, dass Vertrauen auf unterschiedlichen Ebenen von Organisationen verortet ist. Unter Bezugnahme auf Kritik am Luhmannschen Ansatz (vgl. u.a. Gargiulo & Ertug 2006; McLeod 2011) wurden zudem weitere Bedeutungen von Vertrauen in Organisationen verdeutlicht.

Die Untersuchungsergebnisse illustrierten anschließend anhand von in der sozialen Wirklichkeit vorgefundenen Zusammenhängen von Vertrauen und Misstrauen in Dritte-Sektor-Organisationen, wie diese entstehen und wirken. Vertrauen und Misstrauen sind auf allen Ebenen der Organisationen zu finden: organisationsintern betreffen sie die Zusammenarbeit in Arbeitsteams und Gruppen von Freiwilligen sowie in der Interaktion von Hauptamtlichen und Ehrenamtlichen miteinander. In Bezug auf die Organisationsumwelt findet sich Vertrauen und Misstrauen in Austauschprozessen mit Spenderinnen und Spendern oder auch Klienten der Organisationen sowie mit anderen Organisationen und Institutionen. Es wird nicht nur Personen vertraut oder misstraut, die Teil der Organisation sind, sondern auch der Organisation als eigenständigem Akteur.

Es sind ferner Klimata von Vertrauen und Misstrauen zu unterscheiden, die als mehr als die Summe ihrer Einzelereignisse gelten können. Sie prägen nicht nur die Beziehungen von einzelnen Organisationsmitgliedern, sondern sind auch Ausdruck von Stimmungen in Gruppen oder in der gesamten Organisation. Die Klimata des Vertrauens und Misstrauens wurden mit ihren Eigenschaften und Abläufen skizziert. Sie reproduzieren sich selbst und wirken wechselseitig aufeinander ein. Außerdem werden emotionale Zusammenhänge in ihnen sichtbar. Für die jeweiligen Klimata können verschiedene Entstehungsbedingungen und eine sich unterscheidende Beschaffenheit ausgemacht werden, die später in diesem Kapitel vergleichend mit den solidarischen und unsolidarischen Klimata sowie Harmonie- und Konfliktsoziotopen dargestellt werden.

In den Organisationszusammenhängen sind ferner Vorgänge beobachtbar, die durch Vertrauensverlust gekennzeichnet sind. Zu unterscheiden sind bewusste Täuschung (Vertrauensmissbrauch) und unbeabsichtigte Täuschung des Vertrauens.

Zudem wird deutlich, dass es verschiedene organisationsrelevante Strategien gibt, um Vertrauen zu sichern und die Funktionsfähigkeit der Organisation zu gewährleisten, diese werden ebenfalls an späterer Stelle – zusammenfassend mit Versuchen der Steuerung von Emotionen und Solidarität – vorgestellt.

Anschließend werden in Kapitel 5 die Untersuchungsergebnisse mit den am Anfang des Kapitels vorgestellten theoretischen Ansätzen zusammengeführt. An mehreren Stellen können die Untersuchungsergebnisse herangezogen werden, um die theoretischen Konzepte zu untermauern. An anderer Stelle trifft die Theorie in Bezug auf die vorliegenden Ergebnisse nicht zu oder bedarf einer Erweiterung.

Vor allem kann aufgrund der Untersuchungsergebnisse bestätigt werden, dass Vertrauen als soziales Phänomen nicht nur in Interaktionen auf der Mikroebene zu verorten ist. Es wird auch zwischen Organisationsebenen, zwischen Einzelakteuren und der Organisation als Ganzes sowie zwischen Organisation(en) und/oder Institution(en) sichtbar. Ferner lässt sich anhand zahlreicher Beispiele zeigen, wie Vertrauen und Misstrauen als Mechanismen zur Reduktion sozialer Komplexität wirken, auch im Zusammenspiel mit Emotionen.

Schließlich können die im Luhmannschen Konzept bedeutsamen Erwartungserwartungen nachgewiesen werden: die Untersuchungsergebnisse zeigen beispielhaft auf, dass in Beziehungen, die von Vertrauen geprägt sind, wechselseitige Erwartungen eingelagert sind. Wenn jedoch Misstrauen vorherrscht, stimmen die Erwartungshaltungen der Akteure nicht mehr überein, sondern sind durch sich unterscheidende Anspruchshaltungen bestimmt; weiteres Misstrauen wird so gefördert.

Die Konzepte von Vertrautheit, Vertrauen und Zuversicht lassen sich auf Grundlage der Analyseergebnisse hingegen nicht derart trennscharf unterscheiden, wie dies in Luhmanns Theorie skizziert wird. Vor allem Vertrauen und Zuversicht sind nicht zu differenzieren; es werden aber zahlreiche Hinweise auf Vertrautheit sichtbar. Bei Luhmann findet Vertrautheit allerdings nur im privaten Milieu statt; die Daten zeigen hingegen auf, dass Vertrautheit auch in Arbeitszusammenhängen lokalisiert werden kann.

Im Theorieteil von Kapitel 5 wurden ferner anhand der Literatur zentrale Forschungsergebnisse zu Schattenseiten von Vertrauen vorgestellt. Diese können in Bezug auf die vorgefundenen Zusammenhänge von Vertrauen in Non-Profit-Organisationen teilweise als zutreffend bezeichnet werden, teilweise bedürfen sie aber einer Erweiterung. In den Daten lässt sich vor allem „exzessives Vertrauen“

inklusive der davon ausgehenden Wirkungen finden. In diesen Zusammenhängen werden hohe Anforderungen an Organisationsmitglieder gestellt, die zu Überlastung führen können. In der Folge kann ein Klima des Misstrauens entstehen und Engagement für die Organisation verloren gehen. Eine Revision der Schattenseiten von Vertrauen ist insofern angezeigt, da primär negative Folgen für die Organisationsmitglieder sichtbar werden. Erst in der Folge entstehen ungünstige Dynamiken für die Organisation. Außerdem sind Hinweise auf „ungerechtfertigtes Vertrauen" zu finden: ein Vertrauensvorschuss gegenüber der Organisation oder anderen Mitgliedern wird eingeräumt, erweist sich aber als unberechtigt. Auf Basis der Untersuchungsergebnisse wird in diesem Zusammenhang dafür plädiert, auch die dynamischen Aspekte von Vertrauen zu betonen.

In Bezug auf das Zusammenspiel von Vertrauen und Emotionen lässt sich aufzeigen, dass Emotionen in Prozesse von Vertrauen und Misstrauen eingelagert sind und die jeweiligen Prozesse der Komplexitätsreduktion verstärken. Anders als bei Luhmann finden sich diese Wechselwirkungen auch in hochdifferenzierten respektive komplexen sozialen Zusammenhängen wie einem Klima des Vertrauens, das die gesamte Organisation umfasst. Vertrauen und Emotionen werden hier nicht zwangsläufig durch andere Mechanismen ersetzt.

Abschließend wird anhand der Untersuchungsergebnisse – unter Bezugnahme auf die Theorie – zusammengefasst, warum Vertrauen und Misstrauen gerade in Dritte-Sektor-Organisationen eine solch zentrale Bedeutung zukommt. Gerade in Bezug auf die Entscheidungen die in Organisationen, mitsamt ihrer Folgen, getroffen werden, kommt Vertrauen eine besondere Funktion zu. Vertrauen und Misstrauen haben beide komplexitätsreduzierende Funktionen, aber Vertrauen ermöglicht erst Kooperation und trägt zur Funktionsfähigkeit der Organisation bei. Ferner wird ausgeführt, in welchen Zusammenhängen Vertrauen im Organisationsgeschehen möglicherweise gezielt beeinflusst werden kann. Es werden Richtlinien skizziert, mit deren Hilfe ein Klima des Vertrauens in Dritte-Sektor-Organisationen gefördert werden kann.

In Kapitel 6 wurde zunächst auf Basis der Unterscheidung von mechanischer und organischer Solidarität von Durkheim (1992) eine Begriffsbestimmung von Solidarität skizziert. Es wurde dabei zudem auf Theorieansätze eingegangen, die eigennützige Motive für solidarisches Verhalten anführen. Außerdem wurde auf das Konzept der Reziprozität Bezug genommen und Kaufmanns (1984, 2002, 2004) Verständnis von Solidarität als Steuerungsform einbezogen.

Anschließend wurden die Untersuchungsergebnisse vorgestellt, die Solidarität in den Kontexten von Dritte-Sektor-Organisationen beschreiben. Zunächst konnten so verschiedene Aspekte von Solidarität als Handlungsmaxime verdeutlicht werden: einerseits ist Solidarität mit benachteiligten gesellschaftlichen Gruppen ein

Beweggrund für Engagement. Bestehende Beziehungen zwischen Organisationsmitgliedern und Klienten der Organisation sind andererseits oft durch emotionale Anteilnahme und Unterstützung der hilfsbedürftigen Personen gekennzeichnet, sie können aber auch auf Interessensaustausch beruhen. Die solidarischen Beziehungen von der Organisation und ihren Mitgliedern mit der Organisationsumwelt sind auf zweierlei Art zu unterscheiden: es werden entweder gleichwertige Gegenleistungen erwartet (reziprokes solidarisches Verhalten) oder nicht (nicht-reziprokes solidarisches Verhalten). Außerdem kann Solidarität als Handlungsmaxime abstrakt in den Organisationszielen enthalten sein. Schließlich ist Solidarität Prinzip des Miteinanders in der Organisation. Wie dies ausgestaltet ist, wird im nächsten Teil dieses Kapitels im Vergleich mit Klimata des Vertrauens und Harmoniesoziotopen zusammenfassend ausgeführt. Auch unsolidarische Zusammenhänge in Dritte-Sektor-Organisationen werden beschrieben, die ebenfalls – vergleichend mit Klimata des Misstrauens und Konfliktsoziotopen – später im Kapitel skizziert werden.

In den Untersuchungsergebnissen lassen sich ferner verschiedene Hinweise auf Solidarität als Steuerungsmechanismus finden. Solidarität ist einerseits eine Notwendigkeit der Organisation; ehrenamtliches Engagement für die Organisation ist beispielsweise zu einem wesentlichen Teil durch Solidarität motiviert. Andererseits ist Solidarität ein verbindendes Element im organisationalen Miteinander und fördert die Stabilität der Organisation. Darüber hinaus werden verschiedene Versuche der Steuerung von Solidarität sichtbar. Es können Übereinstimmungen mit Steuerungsversuchen von Vertrauen und Emotionen ausgemacht werden, wie später ausgeführt wird.

Es werden schließlich Zusammenhänge nachvollziehbar, die das Zusammenwirken von Solidarität und Emotionen illustrieren. Solidarisches Verhalten und fehlende Solidarität rufen spezifische Emotionen hervor. Emotionen können im Gegenzug Solidarität befördern und hemmen: positive Emotionen wie Freude oder negative wie Traurigkeit und Wut rufen solidarisches Verhalten hervor, Ärger und Enttäuschung behindern Solidarität.

Die Zusammenführung der Untersuchungsergebnisse mit der Theorie zu Solidarität zeigt schließlich auf, dass die zu Anfang des Kapitels vorgestellten Theorieansätze zu Solidarität als weitestgehend zutreffend bezeichnet werden können – auch in Bezug auf Solidarität in Non-Profit-Organisationen. Allerdings sind an einigen Stellen Erweiterungen vorzunehmen.

Zum einen handelt es sich bei Solidarität nicht nur um ein rein interindividuelles Phänomen, wie Kaufmann dies beschreibt. Es kann sich auch abstrakt darstellen, da es Teil der in der Organisation gültigen Handlungsmaximen sein kann oder auch in Interaktionen zwischen Organisationen eine Rolle spielt. Zum anderen werden weitere notwendige Ergänzungen der Theorien zu Solidarität anhand der

Bedingungen von Solidarität, der Sicherung und Steuerungsmöglichkeiten und dem Zusammenspiel von Emotionen und Solidarität deutlich.

In Bezug auf die Entstehungsbedingungen von Solidarität sind organisationsinterne und -externe Solidarzusammenhänge zu differenzieren. Vor allem die Unterscheidung von schwachen und starken Solidaritäts- und Reziprozitätsrelationen ermöglicht, neue Aspekte der Bedingungen von Solidarität im Organisationsgeschehen aufzuzeigen. In diesem Zusammenhang wird für einen eng gefassten Reziprozitätsbegriff plädiert, der die Erwartung von sich entsprechenden Gegenleistungen voraussetzt. Interaktionszusammenhänge mit der Organisationsumwelt sind weitestgehend durch schwache Reziprozität geprägt – organisationsintern ist überwiegend starke Reziprozität vorzufinden. Zunehmende Erwartungen von Engagierten an die Organisationen – wie von Bode & Brose (1999) skizziert – können aufgrund der Datenlage aber nicht bestätigt werden.

Eine weitere Bedingung für Solidarität in Organisationen besteht – auf Basis der Literatur – in der gegenseitigen Sanktionierung von Organisationsmitgliedern, wenn gegen die Handlungsmaxime Solidarität verstoßen wird. In diesem Zusammenhang können „weiche" und „harte" Sanktionsmechanismen unterschieden werden. Bei Ehrenamtlichen greifen weitgehend nur „weiche" Sanktionsmechanismen wie etwa der Entzug sozialer Anerkennung. In hauptamtlichen Zusammenhängen kann hingegen auch „hart" sanktioniert werden, etwa durch Abmahnungen.

Solidarität entsteht ferner vor allem in Gemeinschaften, die als „stark" bezeichnet werden können und durch eine große Verbundenheit mit den anderen Organisationsmitgliedern und der Organisation als Ganzes sowie durch Homogenität gekennzeichnet sind. Eine „schwache Gemeinschaft" weist hingegen geringe Solidarität, konkurrierende Interessenlagen und Interessengruppen sowie tendenziell eine eher heterogene Zusammensetzung der Organisationsmitglieder auf. Auf Basis dieser Ergebnisse lässt sich bestätigen, dass – anders als von Durkheim vermutet – Solidarität auch in modernen, arbeitsteilig organisierten Gesellschaften weiterhin eine wichtige Bedeutung zukommt.

Schließlich lässt sich als Bedingung von Solidarität die Orientierung an Werten und Normen benennen. Dabei kann es sich um gesamtgesellschaftlich gültige, aber auch um gemeinsame Werte und Normen in den Organisationen handeln. Allerdings kommt auch dem Aspekt des Eigennutzes eine zentrale Bedeutung zu, etwa wenn solidarisches Handeln mit der Absicht sozialer Anerkennung stattfindet.

Die Unterscheidung von organisationsexternen und organisationsinternen Beziehungen ist vor allem relevant, da die Aspekte Reziprozität, Sanktionsmechanismen und Werte und Normen für die Entstehung von Solidarität in den einzelnen Zusammenhängen unterschiedlich gewichtet werden. Reziprozität und Sanktionierung spielen vor allem in organisationsinternen Kontexten eine Rolle. Austauschbeziehungen der Organisation mit ihrer Umwelt beruhen hingegen in erster Linie auf der Orientierung an Werten und Normen und sind von schwachen Reziprozitätsbeziehungen gekennzeichnet. Die Untersuchungsergebnisse zeigen in diesen Zusammenhängen ebenfalls auf, wann Solidarität nicht (mehr) stattfindet. Die Theorie geht auf diese Zusammenhänge nicht ein. Aus den Bedingungen von Solidarität lassen sich konkrete Maßnahmen ableiten, die Hinweise darauf geben, wie Solidarität in Dritte-Sektor-Organisationen unter Umständen gesichert werden kann.

Die Erkenntnisse zum Zusammenspiel von Emotionen und Solidarität können schließlich dabei behilflich sein, die beiden Paradigmen zusammenzuführen, die – wie im Theorieteil von Kapitel 6 dargestellt – die theoretische Annäherung an das Konzept Solidarität bestimmen. So kann eine einheitliche Begriffsfassung von Solidarität gelingen. Neben der Begründung von solidarischem Handeln als orientiert an Werten und Normen sowie motiviert durch rational begründeten Eigennutz kommen Emotionen als drittes Element hinzu. Anhand der Untersuchungsergebnisse wird dies belegt und weiter illustriert.

In Kapitel 7 wurde zunächst anhand von Theorie zum Zusammenspiel von Emotionen und sozialen Strukturen (von Scheve 2009) ausgeführt, inwiefern Emotionen als soziale Phänomene zu verstehen sind, die als binärer Vermittler zwischen Handlungen und Strukturen gelten können. Ferner wurde darauf eingegangen, wie Emotionsregulation durch Emotionsarbeit und Emotionsmanagement erfolgt. Die Theorie wurde schließlich in ihrer Relevanz für Organisationen skizziert.

Nach der theoretischen Annäherung an das soziale Phänomen Emotion wurde seine Bedeutung im Kontext von Non-Profit-Organisationen anhand der Ergebnisse aus der Datenanalyse illustriert. Hier werden vor allem Zusammenhänge von Entstehung, Funktion und Wirkungen von Emotionen sichtbar. Die Organisationen können generell als Orte hoher Emotionalität gelten, deren Organisationskultur ausgeprägte emotionale Komponenten aufweist. In diesem Zusammenhang können Harmoniesoziotope und Konfliktsoziotope unterschieden werden, die später im Kapitel mit Klimata von Vertrauen und Misstrauen sowie solidarischen und unsolidarischen Klimata zusammengeführt werden.

Emotionen, die im Kontext der Organisationen entstehen, sind in alle denkbaren Zusammenhänge eingelagert: sie entstehen in Interaktionen von Organisationsmitgliedern oder mit Akteuren außerhalb der Organisation, sie werden bei der Tätigkeit erlebt oder auch gegenüber der Organisation. Ferner werden sie von „außen" in das Organisationsgeschehen hineingebracht. Die Emotionen unterscheiden sich in Art, Valenz und Intensität. Unter anderem werden Freude, Spaß, Ärger, Wut, Enttäuschung und Verzweiflung erlebt, aber auch emotionale Prozesse wie Trauer, die durch mehr als eine Emotion gekennzeichnet sind. Außerdem werden Befindlichkeiten sichtbar, die nicht eindeutig anhand eines Positiv-Negativ-

Schemas definierbar sind (zum Beispiel Rührung oder „menschlich tief bewegt zu sein“). Emotionen weisen zudem unterschiedliche Funktionen und Wirkungen auf. Sie können motivierend wirken und demotivieren, außerdem unterstützen sie eine Bindung an die Organisation oder wirken hemmend.

Ferner wird auch der kollektive Aspekt vieler Emotionen deutlich: sie werden gemeinsam im Organisationsgeschehen erlebt und führen häufig zu einer intensivierten Bindung an die Organisation. Zu diesen Emotionen gehören etwa Freude, aber auch Antipathie, eine gemeinsame Stärke oder gemeinsam erlebte emotionale Prozesse wie Trauer. Kollektive Emotionen werden einerseits durch Interaktionen hervorgerufen, aber auch durch emotionale Ansteckung. Sie entstehen zudem als Reaktion auf die Identifikation mit der Organisation und ihren Mitgliedern und äußern sich als Gemeinschaftsgefühle.

Weitere Wirkungen von Emotionen bestehen in Überlastung, Stress, Burnout und damit verbundener Resignation beziehungsweise Demotivation. Hier spielen vor allem Emotionen wie Frust, Verzweiflung, Enttäuschung oder Minderwertigkeitsgefühle eine Rolle.

Schließlich zeigt die Analyse auf, wie Emotionen im Organisationsgeschehen reguliert werden und wie Versuche der Steuerung unternommen werden. Als Emotionsarbeit der Regulierung eigener Emotionen werden verschiedene Strategien sichtbar: eine Anpassung der eigenen Emotionen an äußere Vorgaben wird verweigert. Darüber hinaus kommt es zu einer inneren Zerrissenheit beziehungsweise zu inneren Dilemmata aufgrund von spezifischen Anforderungen, verbunden mit ambivalenten Gefühlen. Außerdem sind Kontrolle und Unterdrückung eigener Emotionen zu beobachten und schließlich findet eine Anpassung an externe Erwartungen statt.

Emotionsarbeit als Beeinflussung der Emotionen anderer findet statt, indem negative Emotionen durch Konfrontationen oder Kritik erzeugt werden. Positive Emotionen werden durch Einfühlung oder Unterstützung hervorgerufen. Außerdem werden Versuche unternommen, negative Emotionen abzuwehren, etwa durch Vermittlung zwischen Konfliktparteien.

Maßnahmen des Emotionsmanagements umfassen Versuche der Organisation, auf Emotionen der Mitglieder Einfluss zu nehmen. Als konkrete Strategien können benannt werden: Kommunikation, Zuwendung gegenüber Organisationsmitgliedern, Konfliktlösung und -prävention, strukturelle Maßnahmen, Anforderungen an Organisationsmitglieder und Rigorosität/Entschiedenheit. Vor allem sollen durch die einzelnen Maßnahmen positive Emotionen erzeugt und negative unterbunden werden. Eine Einbindung in die Organisation wird aber auch versucht zu erreichen, indem absichtlich Schuldgefühle beim Gegenüber hervorgerufen werden oder negative Emotionen wissentlich in Kauf genommen werden.

Abschließend werden die Untersuchungsergebnisse in ihren zentralen Aussagen präzisiert und mit der Theorie zusammengefasst. Zunächst werden dabei die Entstehungskontexte von Emotionen zusammengefasst und ihre Wirkungsweise in den Organisationen verdeutlicht. Außerdem wird die besondere Bedeutung herausgestellt, die kollektiven Emotionen zukommt. Es sind Übereinstimmungen mit der Theorie zu kollektiven Emotionen auszumachen, allerdings wird für eine engere Begriffsfassung plädiert. Es wird argumentiert, dass eine Unterscheidung von individuellen und kollektiven Emotionen anhand der Kriterien unmittelbar geteilte Emotionen (kollektiv) und nicht unmittelbar geteilte Emotionen (individuell) stattfinden sollte. Gemeinschaftsgefühle können auch zu den kollektiven Emotionen gezählt werden, da ihnen die Annahme zugrunde liegt, dass andere Organisationsmitglieder ähnlich empfinden. Durch die soziale Geteiltheit werden kollektive Emotionen in ihrer Funktion verstärkt, hier wird ein Unterschied zu individuellen Emotionen sichtbar.

Ferner wird in Dritte-Sektor-Organisationen eine emotionale Kultur ausgemacht, die durch hohe Emotionalität geprägt ist. Ihre Ausprägungen und damit verbundene soziale Praktiken wurden beschrieben. Anders als in der Theorie wird angenommen, dass die emotionale Kultur sehr dynamisch sein kann, etwa indem sie disruptive soziale Praktiken entfaltet.

Die in den Daten vorgefundenen Praktiken von Emotionsarbeit und Emotionsmanagement sind überdies deckungsgleich mit den Definitionen, die im Theorieteil des Kapitels skizziert wurden. Die verschiedenen Strategien von Emotionsarbeit und Emotionsmanagement werden zusammenfassend dargestellt und mit den Interessenlagen der jeweiligen Akteure verbunden. Obwohl anhand der Strategien des Emotionsmanagements einige Zusammenhänge aufgezeigt werden können, in denen eine Einflussnahme auf Emotionen gelingt, sind die Möglichkeiten generell recht begrenzt. Dies ist vor allem auf den hohen individuellen Anteil des Emotionserlebens zurückzuführen, der vor allem durch die Sozialisation der betreffenden Akteure bestimmt ist.

Gründe für Stabilisierung und Destabilisierung von Organisationen und organisationalem Wandel sind in der Folge vor allem aus den Steuerungsmöglichkeiten von Emotionen ableitbar. Stabilität ist gegeben, wenn Einflussnahme gelingt und im Sinne der Organisation gehandelt wird. Destabilisierung entwickelt sich in Kontexten, in denen Emotionsnormen nicht beachtet werden. Außerdem sind äußere Faktoren von besonderem Interesse, zum Beispiel Konflikte, die in die Organisationen hineingetragen werden. Organisationaler Wandel – inklusive seinem emotionalen Anteil – folgt Dynamiken, die von zahlreichen organisationsexternen und -internen Faktoren abhängt. Es kann dabei nur teilweise steuernd eingegriffen werden.

8.3 Zusammenhänge von Vertrauen, Solidarität und Emotionen

Durch die Zusammenführung der Untersuchungsergebnisse zu Emotionen, Vertrauen und Solidarität im Kontext von Non-Profit-Organisationen – unter Einbeziehung der Theorie – werden sowohl Gemeinsamkeiten als auch Unterschiede sowie Wechselwirkungen der verschiedenen sozialen Phänomene sichtbar.

Ganz grundsätzlich gilt für alle drei sozialen Phänomene, dass sie Voraussetzungen für das Gelingen von sozialem Miteinander sind. Sie sind kooperationsfördernd und Bedingung für die Funktionsfähigkeit und das Fortbestehen von Organisationen. Ferner ähneln sie sich aufgrund ihrer ursächlichen Voraussetzungen und ihrer Funktionen im sozialen Miteinander aber auch in Bezug auf ihre Entstehungsbedingungen in den Organisationen, den zu beobachtenden Versuchen der Steuerung und ihrer Steuerbarkeit. In den Zusammenhängen werden allerdings auch Unterschiede sichtbar. Die Übereinstimmungen und Unterschiede sowie das Zusammenspiel der einzelnen Phänomene werden im Folgenden zusammenfassend skizziert.

8.3.1 Grundlegende Voraussetzungen

Wenn man den Blick darauf richtet, welche grundsätzlichen Bedingungen Emotionen, Vertrauen und Solidarität zugrunde liegen, wird sichtbar, wie die einzelnen Mechanismen bereits in ihrer Genesis zusammenwirken. Alle drei Phänomene sind mit Bewertungen der Situationen verbunden, in denen sie entstehen. Dabei handelt es sich um Situationen, die wir alltäglich erleben und die den Rahmen für unser Handeln setzen. Emotionen sind dabei elementarer Teil der kognitiven Bewertungen der Situationen. Der – von von Scheve beschriebene – Mechanismus besteht darin, dass im menschlichen Gehirn Erfahrungen in so genannten Schemas mithilfe von Emotionen erfasst sind. In ähnlichen Situationen werden diese reaktiviert und bestimmen, wie die jeweilige Situation bewertet wird (von Scheve 2009, 222ff.). Emotionen sind stets Bestandteil von sozialen Interaktionen, es sind keine Situationen denkbar, die durch ihre vollständige Abwesenheit geprägt sind. Welche Emotionen konkret in den spezifischen Situationen empfunden und dargestellt werden, ist wiederum durch Emotionsnormen und Darstellungsregeln bestimmt, die im Laufe des Lebens erlernt werden.

Bei Vertrauen handelt es sich ebenfalls um einen sozialen Mechanismus, der während der Sozialisation verinnerlicht wird. Wir lernen, wem wir wann vertrauen. Emotionen sind hier beteiligt, indem sie Teil der Situationsbewertungen sind, die in neuen Situationen darüber entscheiden, ob wir vertrauen (oder zuversichtlich sind) oder nicht. Vertrauen hat somit immer auch einen emotionalen Anteil.

Das gleiche gilt für Solidarität. Solidarischen Handlungen geht ebenfalls stets eine Situationsbewertung voraus. Die damit einhergehenden Emotionen haben Anteil an der Entscheidung für eine solidarische Handlung, indem sie ein Situationsbewertungsschema aktivieren. Solidarische Handlungen sind zum einen durch die Orientierung an Werten und Normen motiviert. In den Bewertungsschemas ist festgelegt, welche Werte und Normen den jeweiligen Akteuren wichtig sind. Der Wert Gerechtigkeit wird beispielsweise durch Ungerechtigkeitsempfinden aktiviert und löst so eine bestimmte Handlung aus. Zum anderen wird solidarisches Handeln durch Eigennutz motiviert; da Emotionen und Kognitionen immer miteinander verbunden sind, haben Emotionen auch hier einen Anteil.

Obwohl soziales Miteinander ohne Vertrauen (sowie Vertrautheit und Zuversicht) und Solidarität im Allgemeinen nicht gelingen kann, gibt es allerdings auch Situationen, die durch die Abwesenheit von Vertrauen und/oder Solidarität gekennzeichnet sind. Ein Beispiel besteht in der Beziehung zweier Kollegen in der Organisation, in der nur unsolidarische Handlungen und Misstrauen vorhanden sind. Hier wird ein Unterschied zu Emotionen sichtbar: soziale Situationen haben immer einen emotionalen Anteil.

Eine weitere Gemeinsamkeit von Vertrauen und Solidarität besteht darin, dass immer ein Gegenüber notwendig ist. Es muss einen anderen Akteur geben, auf den das Vertrauen oder die Solidarität gerichtet ist. Anders ist dies bei Emotionen – Emotionen können auch ohne einen Akteur als Gegenüber entstehen, etwa wenn sie während eines Gedankenprozesses hervorgerufen werden oder Reaktion auf die Arbeit am Computer sind.

8.3.2 Wechselseitige Funktionen im Miteinander

Wie bereits deutlich wurde, sind sowohl Vertrauen als auch Emotionen und Solidarität mit automatisierten Situationsbewertungen verbunden. Vertrauen und Emotionen können in diesem Zusammenhang beide – wie bereits von Luhmann erläutert – als Mechanismen zur Reduktion sozialer Komplexität gelten (vgl. Luhmann 1989). Die Auswahl einer bestimmten Handlung, aus der Gesamtheit aller möglichen, wird unterstützt. Im Falle von Vertrauen und positiven Emotionen werden in diesen Zusammenhängen negative Konsequenzen ausgeblendet. Emotionen und Vertrauen spielen ferner dabei eine wichtige Rolle, wie wir andere Menschen bewerten: Zuneigung und Vertrauen lassen unser Gegenüber etwa verlässlich erscheinen. Auch solidarisches Handeln wird so gefördert, da ausgeblendet wird, dass die andere Person eventuell nicht kooperationsbereit ist beziehungsweise sich unsolidarisch verhalten könnte.

Ob die kognitiven Bewertungen der jeweiligen Situationen weitgehend automatisiert sind oder aber auf einer bewussten Ebene ablaufen, hängt wesentlich von der Valenz der beteiligten Emotionen ab. Positive Emotionen führen laut von Scheve dazu, dass Situationen und Personen unreflektiert bewertet werden. Negative Emotionen fördern hingegen vermehrt eine bewusst-kognitive Verarbeitung der Informationen, die über die Situation zur Verfügung stehen (von Scheve 2009, 207). Da es jedoch vom Zeitaufwand gar nicht möglich ist, alle Informationen abzuwägen, um sich für eine Handlung zu entscheiden, kann – auch auf Basis der Untersuchungsergebnisse – vermutet werden, dass negativen Emotionen ebenfalls eine komplexitätsreduzierende Funktion zukommt. Das Gleiche gilt für Misstrauen, wie Luhmann beschreibt (vgl. Luhmann 1989, 78): der Blick wird auf mögliche negative Folgen der Entscheidungen und damit verbundenen Handlungen gerichtet. Allerdings sind die Wirkungen kooperationshemmend und unsolidarisches Handeln wird befördert. Wie die Untersuchungsergebnisse verdeutlicht haben, stehen Misstrauen und Emotionen hier in gegenseitigem Wechselverhältnis.

8.3.3 Entstehungsbedingungen und Wirkungen im Miteinander

Vertrauen, Solidarität und Emotionen sind miteinander verbunden, indem ihnen gegenseitig unterstützende Wirkung zukommt. Das Gleiche gilt aber auch für Misstrauen, Unsolidarität und – zumeist negative – Emotionen. Wie eng die sozialen Phänomene jeweils in Wechselwirkung stehen, lässt sich auch beispielhaft anhand der Zusammenführung der Harmoniesoziotope mit Klimata des Vertrauens und der Solidarität einerseits und der Konfliktsoziotope mit Klimata des Misstrauens und Zusammenhänge unsolidarischen Handelns andererseits aufzeigen. Ausgangspunkt ist hierfür die illustrative Darstellung der Analyseergebnisse aus den Kapiteln 5, 6 und 7.

Aufgrund der Ähnlichkeiten in den Eigenschaften der jeweiligen Klimata kann davon ausgegangen werden, dass ein Harmoniesoziotop in weiten Teilen gleichzeitig ein solidarisches Klima (auch: starke Gemeinschaft) und Klima des Vertrauens darstellt und ein Konfliktsoziotop sich zugleich mit einem unsolidarischen Klima (auch: schwache Gemeinschaft) und Klima des Misstrauens überschneidet. Sichtbar wird dies, indem einige, den Klimata jeweils gemeinsame, Eigenschaften vorgestellt werden. Hiervon sind sowohl die Entstehungsbedingungen der sozialen Phänomene als auch ihre Wirkungen betroffen.

Klimata von Harmonie, Vertrauen und Solidarität

Organisationen, die Klimata von Harmonie, Vertrauen und Solidarität aufweisen, werden gemeinhin als Gemeinschaft wahrgenommen, in Kapitel 6 ist ausgeführt, dass ein Klima der Solidarität auch als „starke Gemeinschaft" bezeichnet werden kann. Außerdem ist das Miteinander durch Vertrautheit geprägt. Teilweise wird die Organisation sogar als „Familienersatz" empfunden. In diesen Zusammenhängen entstehen weitgehend positive Emotionen wie Freude oder Zufriedenheit und solidarische Gefühle. Die Organisationsmitglieder fühlen sich unter Gleichgesinnten – die Gruppen sind weitgehend homogen. Es wird eine gemeinsame „Idee" verfolgt und die Erwartungen an das organisationale Miteinander und die Arbeitsweise der Organisation stimmen überein.

Die Zusammenarbeit ist außerdem durch gegenseitiges Verständnis füreinander und Unterstützung charakterisiert, sie ist vertrauensvoll und besonders gegenüber neuen Organisationsmitgliedern wird Vertrauensvorschuss eingeräumt. Die Kommunikation ist durch Offenheit geprägt: Informationen und Arbeitsprozesse werden transparent gemacht, Probleme werden angesprochen und Emotionen können offen dargestellt werden. Die Klimata sind generell durch eine geringe Anzahl von Konflikten geprägt.

Ferner sind die Organisationen, in denen sich positive Emotionen, Vertrauen und Solidarität entwickeln können, durch klare Rollenverteilungen und flexible Hierarchien gekennzeichnet. Es können wenig Konkurrenz und geringer Leistungsdruck verzeichnet werden, nach Auskunft einiger Befragter hängt dies auch mit einem hohen Anteil an Ehrenamtlichen in den Organisationen zusammen.

Es wird weitgehend ein Klima beschrieben, in dem sich die Organisationsmitglieder wohl fühlen und zu weiterem Engagement motiviert werden. Allerdings kann es auch Schattenseiten aufweisen, etwa wenn die Anforderungen so hoch sind, dass es zu Überforderung und Überlastung bei Organisationsmitgliedern kommt.

Die Klimata von Harmonie, Vertrauen und Solidarität unterscheiden sich darin, dass Harmonie und Vertrauen vor allem das organisationale Miteinander innerhalb der Organisationen bestimmt. Solidarität ist demgegenüber sowohl Handlungsmaxime innerhalb der Organisationen als auch nach außen gerichtet. Solidarität kann Teil der Organisationsziele sein und die Interaktionen mit organisationsinternen Personen leiten. Klimata des Vertrauens und der Harmonie sind im Miteinander weitgehend durch solidarische Handlungen geprägt, Solidarität ist aber nicht notwendigerweise in den Organisationszielen verankert, sondern jeweils abhängig von den Zielsetzungen der Organisationen.

Klimata von Konflikten, Misstrauen und Unsolidarität

Die Klimata, die von Konflikten, Vertrauen und fehlender Solidarität gekennzeichnet sind, zeigen auf, dass sich die Interessenlagen sowie Anspruchs- und Erwartungshaltungen der Organisationsmitglieder an das Organisationsgeschehen stark unterscheiden. Ferner ist die Zusammenarbeit durch kaum vorhandene gegenseitige Unterstützung und Hilfsbereitschaft gekennzeichnet. Diese Zusammenhänge können auch als „schwache Gemeinschaft" bezeichnet werden, wie in Kapitel 6 in Bezug auf ein unsolidarisches Klima ausgeführt ist. In diesen Zusammenhängen entstehen oft negative Emotionen wie Ärger oder Frust. Generell werden Emotionen in diesen Zusammenhängen aber nur selten offen dargestellt, das Miteinander ist üblicherweise vielmehr durch Distanz und Verschlossenheit charakterisiert. Konflikte sind in diesen Zusammenhängen einerseits eher unterschwellig vorhanden und werden als „schwelend" bezeichnet, allerdings können sie plötzlich aufbrechen und zu offenen Auseinandersetzungen führen. Andererseits werden Konflikte offen ausgetragen und sind durch ausufernde Diskussionen gekennzeichnet.

Die Zusammenarbeit ist in den Klimata von Konflikten, Misstrauen und Solidarität durch gegenseitiges Misstrauen in die Verlässlichkeit und Arbeitsweise anderer Organisationsmitglieder bestimmt, unter anderem wird ein reiner Machtanspruch unterstellt. Teilweise kommt es auch zu bewusstem Betrug und zu Illoyalitäten gegenüber anderen Personen. Die Verbindlichkeit der Tätigkeitserfüllung kann als abnehmend bezeichnet werden.

Die Organisationsstruktur ist in den skizzierten Zusammenhängen träge, und verhindert in der Folge solidarisches Handeln und einen vertrauensvollen Umgang miteinander. Insgesamt beschreiben Klimata, die durch Misstrauen, fehlende Solidarität und Konflikte geprägt sind, ein Milieu in dem Unzufriedenheit und Frust entstehen. Diese wirken folglich demotivierend und weiteres Engagement für die Organisation wird gehemmt. Allerdings entstehen auch andere negative Emotionen, wie zum Beispiel Wut, die Engagement auch befördern können. Auch wenn die Klimata nicht zwangsläufig eine hemmende Wirkung auf das Engagement in den Organisationen haben, beeinträchtigen sie trotzdem weitgehend ihre Funktionsfähigkeit.

8.3.4 Versuche der Steuerung

Aufgrund der immanenten Bedeutung von Vertrauen, Solidarität und spezifischen Emotionen für die Funktionsfähigkeit von Organisationen werden zahlreiche Zusammenhänge in den Untersuchungsergebnissen sichtbar, in denen Versuche der

Einflussnahme auf das emotionale Befinden und das Vertrauen von für die Organisation bedeutenden Akteuren zu erkennen sind. Außerdem wird versucht, das Handeln von Organisationsmitgliedern so zu beeinflussen, dass es an der Handlungsmaxime Solidarität ausgerichtet wird. In Bezug auf die Versuche der Einflussnahme sind zahlreiche Übereinstimmungen auszumachen.

Es sind verschiedene Ebenen zu identifizieren, von denen die Steuerungsversuche ausgehen und auf denen sie wirken (sollen). Einerseits ist die Organisation als Ganzes Ausgangspunkt, andererseits finden die Versuche der Einflussnahme in Interaktionen statt, deren daran beteiligte Akteure sich innerhalb und außerhalb der Organisationen befinden. In Bezug auf Emotionen stellt sich der Sonderfall dar, dass Individuen auch versuchen, ihre eigenen Emotionen zu steuern, indem sie diese an bestimmte Umstände anpassen, mit denen sie im Rahmen der Organisationen konfrontiert sind. Als derartige Strategien können Anpassung, Ambivalenz, innere Abgrenzung und Verweigerung benannt werden.

Die unterschiedlichen Versuche, Vertrauen, Solidarität und Emotionen innerhalb und außerhalb der Organisationen zu beeinflussen, stimmen in weiten Teilen darin überein, dass die Bindung von Akteuren an die Organisation und der Zusammenhalt in der Organisation gefördert und gesichert werden soll. In Bezug auf die Einflussnahme auf Emotionen besteht die Absicht in diesem Zusammenhang vor allem darin, positive Emotionen (wie Zufriedenheit) zu erzeugen und negative abzuwehren.

Hinsichtlich der konkreten Strategien, mit denen Vertrauen, Solidarität und Emotionen gesichert werden sollen, sind in zahlreichen Punkten Überschneidungen auszumachen. Zusammenfassend stellt sich dies folgendermaßen dar: Die Organisationen versuchen, einen offenen Austausch und ehrliche Dialoge zu gewährleisten. Dies erfolgt auch institutionalisiert durch regelmäßige Gesprächsrunden und Supervision. Auch die Prävention und Lösung von Konflikten soll auf diese Art und Weise gelingen, um Misstrauen und unsolidarischem Verhalten den Nährboden zu nehmen. Eine weitere Strategie besteht darin, Organisationstätigkeit nach innen und außen transparent zu machen. So können sich alle Interessierten informieren, wofür die Organisation ihre Mittel aufwendet und wie Entscheidungen zustande kommen.

Als weitere strukturelle Maßnahmen der Organisationen lassen sich beobachten, dass die Rahmenbedingungen für die Tätigkeit in der Organisation übersichtlich gestaltet werden. Hierzu gehört zum einen die Ausgestaltung der hierarchischen Struktur. Von Organisation zu Organisation kann sich dies aber unterschiedlich darstellen: einige Organisationen bevorzugen flache, andere ausgeprägte Hierarchien. Außerdem sind Konzepte vorhanden, um die Tätigkeit Ehrenamtlicher zu koordinieren.

Zusätzliche Versuche, Zufriedenheit von Organisationsmitgliedern und Vertrauen gegenüber der Organisation und ihren Mitgliedern herzustellen, bestehen zudem darin, Mitgliedern Vertrauensvorschuss zu gewähren, ihnen Verantwortung zu übertragen und ihre Selbstständigkeit in Bezug auf die Erfüllung ihrer Aufgaben zu fördern. Ferner erfahren Organisationsmitglieder sowohl bei der Tätigkeit als auch in privaten Lebenslagen Unterstützung.

Vor allem Ehrenamtlichen gegenüber wird eine besondere Zuwendung sichtbar, indem Ihnen gegenüber zum Ausdruck gebracht wird, welch wichtigen Beitrag sie leisten – ihnen wird „geschmeichelt". Ferner wird Wert darauf gelegt, die Grenzen ihrer Leistungsfähigkeit und Leistungsbereitschaft zu akzeptieren. Allerdings wird ebenfalls organisationsexternen Personen – wie Spenderinnen und Spendern – vermittelt, dass sie einen zentralen Beitrag für die Organisation leisten. In diesem Zusammenhang werden unter anderem Versuche unternommen, persönliche Beziehungen aufzubauen. Aber auch gegenüber Klienten wird ersichtlich, dass ihnen mit Offenheit begegnet und an ihrem Schicksal Anteil genommen wird.

Es sind ferner Maßnahmen erkennbar, die durch einen „raueren" Ton gekennzeichnet sind, beziehungsweise bei denen negative Emotionen in Kauf genommen werden. Diese Strategien werden aber ebenfalls weitestgehend angewendet, um Vertrauen und Solidarität in den Organisationen zu sichern. Einerseits wird Zuverlässigkeit und Verbindlichkeit durch direkte Ansprache eingefordert. Es wird sich so der Vertrauenswürdigkeit und der Unterstützung durch andere versichert. Ferner geschieht dies, indem klare Anforderungen artikuliert werden. Es werden Gefühlsregeln formuliert: es sollte „Herzblut" und „Leidenschaft" für die Tätigkeit vorhanden sein und oftmals wird damit einhergehend hoher Arbeitseinsatz verlangt. Zuweilen wird Druck aufgebaut, um Organisationsmitglieder zu ihrem Engagement zu verpflichten, so werden unter anderem Schuldgefühle erzeugt. In direkten Interaktionen werden auch Antipathien offen gezeigt und Kritik klar formuliert. Schließlich greift die Organisation zu „harten Mitteln" um sich selbst zu schützen: wenn Organisationsmitglieder den Zusammenhalt und so die Stabilität der Organisation gefährden, kommt es im extremsten Fall zu Ausgrenzung von Mitgliedern.

Es können zahlreiche Gemeinsamkeiten in den Steuerungsversuchen von Vertrauen, Solidarität und Emotionen im Kontext von Dritte-Sektor-Organisationen ausgemacht werden. Die einzelnen Strategien wirken dabei auch zusammen: Emotionen sind oftmals ein Teil oder wohlwollend in Kauf genommenes Resultat davon, Vertrauen, Solidarität und Bindung an die Organisationen weiter zu befördern.

8.3.5 Steuerbarkeit

Vor allem die jeweiligen Gegenüberstellungen der Untersuchungsergebnisse mit den Theorien zu Vertrauen, Solidarität und Emotionen bringen Licht ins Dunkel, inwieweit eine gezielte Einflussnahme auf das Vertrauen, die Emotionen und die solidarischen Handlungen von organisationsinternen und organisationsexternen Akteuren möglich ist, respektive inwiefern die vorangehend geschilderten Steuerungsversuche wirksam sind.

Wie die Rahmenbedingungen für Vertrauen, Solidarität und Vertrauen gestaltet werden können, wird anhand der dargestellten Zusammenhänge der verschiedenen Klimata deutlich. Ferner wurden verschiedene konkrete Strategien sichtbar, mittels derer Versuche unternommen werden, Vertrauen, Solidarität und positive Emotionen sicherzustellen. Es lassen sich Best-Practice-Beispiele ableiten, die beschreiben, wie Klimata von Vertrauen, Harmonie und Solidarität in Organisationen mutmaßlich gesichert und destabilisierende Dynamiken abgewendet werden können.

Gleichzeitig wird anhand der vorliegenden Untersuchung aber auch ersichtlich, dass es zu Zusammenhängen von Vertrauensverlust, Misstrauen, fehlender Solidarität und Konflikten kommt und es nicht immer gelingt, davon ausgehende für die Organisation disruptive Entwicklungen abzuwehren.

Zurückzuführen sind Grenzen in der Steuerung von Emotionen, Solidarität und Vertrauen zum einen darauf, dass alle drei sozialen Mechanismen auf Freiwilligkeit beruhen – sie können nicht erzwungen werden. Zum anderen werden die Limitierungen anhand der grundlegenden Entstehungsvoraussetzungen sichtbar. Welche Emotionen wir empfinden und zeigen und wem wir wann vertrauen, ist von Erfahrungen abhängig, die wir im Laufe unseres bisherigen Lebens gemacht haben – auch kommen stets neue hinzu. Das Gleiche gilt für die Handlungen, die wir in bestimmten Situationen wählen: die Situationseinschätzung und damit zusammenhängende Handlungsentscheidungen sind ebenfalls erlernt und hängen eng mit Emotionen zusammen. Auch solidarische Handlungen sind dabei eingeschlossen. Ferner ist auch Vertrauen ein erlernter sozialer Mechanismus, der durch die bisherige Lebensgeschichte geprägt ist. Welche individuellen Voraussetzungen die Personen mitbringen, die in den verschiedenen Organisationen zusammenkommen, entscheidet somit zu einem wesentlichen Teil darüber, wie sich ihre Reaktionen auf Versuche der Steuerung ihrer Emotionen, ihrer Bereitschaft zu vertrauen und ihrer Handlungen darstellen. Zwei verschiedene Personen können in denselben Zusammenhängen höchst unterschiedlich reagieren. Genauso bringen sie unterschiedliche Gefühlslagen in die Organisationen ein, die durch ihr Erleben außerhalb der Organisationen bestimmt sind.

Möglichkeit der Einflussnahme auf Emotionen, Vertrauen und Solidarität in Dritte-Sektor-Organisationen sind somit nicht zuletzt von den einzelnen Individuen abhängig, die in den Organisationen zusammenkommen. Trotzdem können die Organisationen Rahmenbedingungen schaffen, in denen Vertrauen, solidarische Handlungen und positive Emotionen gute Voraussetzungen haben.

Hochschild macht anhand zahlreicher Beispiele aus dem Profit-Bereich deutlich, wie systematisiert – und auch erfolgreich – Emotionen von Mitarbeiterinnen und Mitarbeitern teilweise gesteuert werden. Im Gegensatz zu freiwilligem Engagement, das einen großen Teil der Tätigkeit im Dritten Sektor ausmacht, kann hier bis zu einem gewissen Grad auch Zwang ausgeübt werden: wer nicht mitmacht, droht seinen Job zu verlieren. Dies kann auch in bezahlten Tätigkeiten im Dritten Sektor beobachtet werden, wenn die Beschäftigung an Vorschriften von spezifischen Gefühls- und Darstellungsregeln geknüpft ist. Allerdings machen sowohl die Untersuchungsergebnisse der vorliegenden Arbeit als auch die Literatur deutlich, dass eine grundsätzliche Bereitschaft zur Befolgung der Vorschriften an die eigenen Emotionen vorhanden sein muss, sonst kommt es unter anderem zu Mechanismen wie innerer Abgrenzung oder innerer Kündigung.

Eine Befolgung von Anforderungen an das Verhalten von Organisationsmitgliedern findet ferner statt, da – wie anhand der Theorie sichtbar wurde – Akteure immer auch nach sozialer Anerkennung streben. Wenn sie gegen in der Organisation gültige Regeln der Emotionsdarstellung oder auch der Handlungsmaxime Solidarität verstoßen, werden sie durch andere Organisationsmitglieder oder die Organisation sanktioniert (vgl. Kaufmann 2004; von Scheve 2009). Anforderungen an das Fühlen und Handeln werden auch eingehalten, damit nicht sanktioniert wird. Jedoch findet sich auch darin keine endgültige Garantie, dass Versuche der Sicherung von positiven Emotionen, Solidarität und Vertrauen gelingen.

8.3.6 Motivation von Engagement und Bindung an die Organisation

Zu Beginn der vorliegenden Arbeit wurden verschiedene Fragen aufgeworfen, die zum einen nach der Bedeutung von Emotionen im Organisationsgeschehen im Allgemeinen und zum anderen nach der Motivation von Engagement in Dritte-Sektor-Organisationen und der Bindung an die Organisationen im Speziellen fragen.

Auf Grundlage der Ergebnisse der vorliegenden Untersuchung konnten vielfältige Zusammenhänge aufgezeigt werden, in denen Emotionen eine zentrale Rolle zukommt, außerdem wurde ihre Wirkung in diversen Kontexten verdeutlicht. Es konnten Wechselwirkungen von Emotionen mit Solidarität und Vertrauen in den

Organisationen dargestellt werden, denen allen – auch im Zusammenspiel – eine zentrale Bedeutung für die Funktionsfähigkeit von Dritte-Sektor-Organisationen zukommt.

Die in den vorangehenden Abschnitten dieses Kapitels skizzierten Zusammenhänge von Vertrauen, Solidarität und (zumeist positiven) Emotionen einerseits und Misstrauen, Unsolidarität und (zumeist negativen) Emotionen andererseits sowie die Ausführungen zu Steuerungsversuchen und Steuerbarkeit von Emotionen, Vertrauen und Solidarität zeigen zudem Aspekte auf, die die Motivation zu Engagement in Non-Profit-Organisationen sowie die Bindung an die Organisationen betreffen.

Unter Bezugnahme auf die Untersuchungsergebnisse lässt sich folgendes zusammenfassen: Die Motivation zum Beginn des Engagements ergibt sich zum einen aus einer starken Identifikation mit dem Thema der Organisation, verbunden ist dies auch mit Werten und Normen und der Absicht etwas Sinnhaftes tun zu wollen. Auch die Handlungsmaxime Solidarität spielt hier eine zentrale Rolle, da das Engagement stattfindet, um benachteiligten gesellschaftlichen Gruppen zu helfen.[89] Emotionen sind in die Motivation eingelagert, indem die Themen häufig emotional besetzt sind („Herzensthema"). Außerdem wirken Emotionen initiierend für Engagement im Non-Profit-Sektor, indem gesellschaftliche Umstände als ungerecht empfunden werden und Wut darüber entsteht. Die Emotion ist auslösend für eine solidarische Handlung. Ferner wird eine emotionale Verbundenheit mit potentiellen Klienten der Organisationen erlebt. Es werden aber auch Motive für das Engagement sichtbar, die als eigennützig bezeichnet werden können, etwa wenn das Engagement als „Selbstverwirklichung" stattfindet. Vertrauen kommt ebenfalls eine Bedeutung zu, da Akteure sich dann für eine Organisation engagieren, wenn sie ihr vertrauen, dass sie den Themenbereich so bearbeitet, wie sie es für richtig halten.

Die Fortsetzung von bestehendem Engagement hängt darüber hinaus eng mit der Bindung an die Organisation zusammen. Akteure fühlen sich „ihrer" Organisation vor allem zugehörig, wenn sie dort eine starke Gemeinschaft, geprägt von positiven Emotionen, Vertrauen und Solidarität vorfinden. Damit sind auch Emotionen wie Gemeinschaftsgefühle verbunden. Die in diesen Zusammenhängen entstehenden positiven Emotionen stellen sich auch oftmals als kollektive Emotionen

89 Auch wenn sich die Ergebnisse der Untersuchung von Gazley und Dignam (2008) auf den Non-Profit-Sektor der USA beziehen, lassen sich weitgehende Übereinstimmungen in den Motiven für ehrenamtliches Engagement ausmachen.

dar, indem sie gemeinsam entstehen und sich durch emotionale Ansteckung verbreiten. Das gemeinschaftliche Klima verstärkt sich so zusätzlich.

Außerdem werden Organisationsmitglieder durch Erfolge in der Organisation motiviert, die sie gemeinsam mit Emotionen wie Freude erleben. Das Engagement „lohnt sich" und Erfolg „beflügelt".

Bindung an die Organisation kann insbesondere dann abnehmen, wenn sich das Klima in der Organisation so verändert, dass Misstrauen und vorwiegend negative Emotionen (wie Ärger oder Frust) entstehen und unsolidarische Handlungen stattfinden. Motivation für die Organisation weiter tätig zu sein, wird in der Folge gehemmt, indem Überlastung und Resignation entstehen.

Generell kann festgehalten werden, dass positive Emotionen eher motivierend wirken und negative tendenziell demotivieren. Positive Emotionen befördern Engagement und unterstützen die Bindung an die Organisation. Allerdings können auch negative Emotionen – wie Wut – motivieren. Weitgehend schwächen negative Emotionen jedoch die Bindung an die Organisation und hemmen Engagement.

8.4 Ausblick: zukünftige Forschung

Die Untersuchungsergebnisse der vorliegenden Arbeit konnten mithilfe des theoriegenerierenden Verfahrens der Qualitativen Heuristik explorativ aufzeigen, wie Emotionen, Vertrauen und Solidarität im Organisationsgeschehen von Dritte-Sektor-Organisationen wirken. Ferner konnte – auch unter Bezugnahme auf die Theorie – veranschaulicht werden, wie Emotionen, Vertrauen und Solidarität sich in diesen Zusammenhängen gegenseitig befördern. Einerseits konnten so konkrete Richtlinien für die Arbeit in und die Führung von Non-Profit-Organisation skizziert werden. Andererseits werden Anknüpfungspunkte für zukünftige Forschung deutlich.

Auf Grundlage der Untersuchungsergebnisse wird vermutet, dass die Zusammenhänge von Emotionen, Vertrauen und Solidarität nicht nur in Non-Profit-Organisationen eine wichtige Bedeutung zukommt. Auch wenn Dritte-Sektor-Organisationen spezifische Besonderheiten aufzeigen, finden sich ähnliche Zusammenhänge sicherlich auch im staatlichen Bereich und im Profit-Sektor. Auch dort fühlen sich die Mitglieder mit der Organisation verbunden, für die sie arbeiten. Sie pflegen mit anderen Organisationsmitgliedern Freundschaften, sie machen Überstunden und gehen über ihre vertraglich festgelegten Aufgaben hinaus. Auch Klimata von Vertrauen, Solidarität und Harmonie – sowie ihrem Gegenstück von Misstrauen, Unsolidarität und Konflikten – lassen sich vermutlich finden. Wie die

Bezugnahme auf die Ausführungen Hochschilds deutlich machen, sind sowohl in Organisationen des Profit-Sektors, als auch des Non-Profit-Sektors Vorgaben an das eigene emotionale Empfinden und die Darstellung der Emotionen nach außen wirksam. Inwiefern sich die Entstehungskontexte, die Wirkungen und die Wechselbeziehungen von Emotionen, Vertrauen und Solidarität in anderen Organisationstypen als Dritte-Sektor-Organisationen ähneln oder unterscheiden, ist noch systematisch zu untersuchen und somit eine Aufgabe für zukünftige Forschung.

Das Gleiche gilt für das Zusammenwirken von Emotionen und Vertrauen und Solidarität generell. Es konnte skizziert werden, wie Emotionen Vertrauen und Solidarität befördert. Eine weitergehende vertiefte wissenschaftliche Auseinandersetzung mit den einzelnen Aspekten hat sicherlich Potential, noch weitere Zusammenhänge aufzeigen. Unter anderem ist so eventuell eine einheitliche Begriffsfassung von Solidarität zu erreichen.

Auch wenn Zusammenhänge von Emotionen, Vertrauen und Solidarität in Non-Profit-Organisationen durch das empirische Vorgehen explorativ aufgezeigt werden konnten, bieten zahlreiche Aspekte Anknüpfungspunkte für weitere Forschung. Für die vorliegende Untersuchung wurden verschiedene Organisationstypen des Dritten Sektors vergleichend berücksichtigt, um ein möglichst umfassendes Bild des Dritten Sektors zu erlangen. Die Reduzierung auf einen bestimmten Organisationstyp in Bezug auf Größe, thematische Ausrichtung oder andere Aspekte kann sicherlich zu weiterführenden und punktuell detaillierteren Ergebnissen führen. Zu denken wäre hier etwa an die Untersuchung von Organisationen, die besonders hohe moralische und solidarische Zielsetzungen aufweisen, an Organisationen, die größtenteils auf das Engagement Ehrenamtlicher angewiesen sind oder an solche, die einen hohen formalen Strukturiertheitsgrad und somit beinahe behördenähnliche Strukturen aufweisen. Durch die empirische Untersuchung derartiger Teilaspekte kann ein noch differenzierteres Bild ermöglicht werden.

Ein weiterer Anknüpfungspunkt für weiterführende Forschung besteht in der Einbettung der Ergebnisse der vorliegenden Untersuchung in weitere zentrale Forschungsergebnisse zu Organisationen. So können weitere Dimensionen von Emotionen in Organisationen aufgezeigt werden. Dies kann beispielsweise gelingen, indem die Forschung verstärkt Emotionen in in der Soziologie gängige Konzepte einbezieht. Hier wäre unter anderem an die Bedeutung von Entscheidungen in Organisationen zu denken, wie Luhmann sie herausstellt. Luhmann (2006) benennt Entscheidungen als zentrale Kategorie der Unterscheidung von Organisationen zu anderen sozialen Systemen. Entscheidungen kommt somit eine elementare Bedeutung in Organisationen zu. Die in der vorliegenden Arbeit benannten Forschungsergebnisse zu Emotionen zeigen auf, wie eng Emotionen und Entscheidungen miteinander verknüpft sind und dass Emotionen in allen Entscheidungsprozessen eine zentrale Bedeutung zukommt, da Emotionen in allen Entscheidungsprozessen mit kognitiven Bewertungen der Situationen verbunden sind. Wie genau sich Emotionen in den organisationsrelevanten Entscheidungen darstellen, kann eine Aufgabe für zukünftige Forschung sein. Indem in diesem Zusammenhang Entscheidungsstrukturen untersucht werden, können auch Ergebnisse dazu erzielt werden, wie Emotionen in Entscheidungen in unterschiedlichen Organisationstypen wie etwa Profit-Organisationen im Vergleich zu Non-Profit-Organisationen wirken und wie sich sowohl Unterschiede, als auch Gemeinsamkeiten darstellen.

Auf Basis bestehender Forschung kann aufgezeigt werden, dass Emotionen im Geschehen aller Organisationstypen eine hohe Relevanz zukommt. Ergänzend zu den Ergebnissen der vorliegenden Untersuchung könnten aber noch weitere Spezifika einzelner Organisationstypen herausgestellt werden. Vor allem Unterschiede von Profit- und Non-Profit-Organisationen könnten weitergehend und systematisch herausgearbeitet werden. In der vorliegenden Untersuchung konnte gezeigt werden, welche spezifischen Besonderheiten Non-Profit-Organisationen aufweisen und wie dies auch auf die Emotionen wirkt, die in den Organisationen entstehen und wirken, etwa indem die Motivation für Engagement, verbunden mit teilweise starken Emotionen, unter anderem über moralische Identifikation mit der Organisation und ihrer Zielsetzung stattfindet. Ein systematischer Vergleich mit Organisationen des Profit-Sektors konnte aber nicht stattfinden. Es ist zu vermuten, dass Emotionen in vielen Kontexten der verschiedenen Organisationstypen ähnlich wirken und ihnen vergleichbare Bedeutung zukommt. Auch in Organisationen des Profit-Bereichs entstehen enge soziale Beziehungen von Kollegen untereinander, verbunden mit Emotionen, die ihr Wirken im Organisationsgeschehen maßgeblich beeinflussen. Unterschiede und Gemeinsamkeiten des Entstehens und Wirkens von Emotionen in Profit-Organisationen im Vergleich zu Non-Profit-Organisationen systematisch herauszuarbeiten, ist die Aufgabe zukünftiger Forschung. Einerseits kann dies im Rückgriff auf bestehende Theorien geschehen, indem etwa verstärkt die Untersuchungen Hochschilds von Profit-Organisationen einbezogen werden, andererseits bieten empirische Untersuchungen die Chance, neue Zusammenhänge aufzuzeigen.

9 Anhang

Literaturverzeichnis

Alscher, Mareike/ Droß, Patrick J./ Priller, Eckhard & Schmeißer, Claudia (2013): Vereine an den Grenzen der Belastbarkeit. WZBrief Zivil-Engagement, 07. April 2013. Berlin: Wissenschaftszentrum Berlin für Sozialforschung (WZB).

Anheier, Helmut K. (2005): Nonprofit Organizations. Theory, management, policy, New York: Routledge.

Anheier, Helmut K. & Kendall, Jeremy (2002): Interpersonal trust and voluntary associations: examining three approaches. In: British Journal of Sociology, 53 (3), 343–362.

Ashkanasy, Neal M./ Härtel, Charmine E. J. & Zerbe, Wilfried J. (Hrsg.) (2015): New Ways of Studying Emotions in Organizations. Volume 11, Research on Emotion in Organizations, Bradford: Emerald.

Ashkanasy, Neal M. & Humphrey, Ronald H. (2011a): Current Emotion Research in Organizational Behavior. In: Emotion Review, Vol. 3, No. 2, 214–224.

Ashkanasy, Neal M. & Humphrey, Ronald H. (2011b): Multi-Level View of Leadership and Emotion: Leading with Emotional Labor. In: Alan Bryman (et al.): The SAGE Handbook of Leadership. London (u.a.): SAGE Publ., 365–379.

Axelrod, Robert (1984): The evolution of cooperation. New York: Basic Books.

Bachmann, Reinhard (2006): Trust and/or power: towards a sociological theory of organizational relationships. In: Reinhard Bachmann & Akbar Zaheer (Hrsg.): Handbook of Trust Research. Cheltenham (u.a.): Edward Elgar Publishing Ltd., 393–408.

Backhaus-Maul, Holger (2011): Dritter Sektor. In: Ralf Mulot (Hrsg.): Fachlexikon der sozialen Arbeit, Baden-Baden: Nomos.

Barbalet, Jack (1998): Emotion, social theory and social structure. Cambridge: Cambridge University Press.

Bauer, Rudolph (2005): Ist der „Dritte Sektor" theoriefähig? Anmerkungen über Heterogenität und Intermediarität. In: Karl Birkhölzer, Ansgar Klein, Eckhard Priller & Annette Zimmer (Hrsg.): Dritter Sektor/Drittes System. Theorie, Funktionswandel und zivilgesellschaftliche Perspektiven, Wiesbaden: VS Verlag für Sozialwissenschaften, 105–112.

Beckert, Jens/ Eckert, Julia/ Kohli, Martin & Streeck, Wolfgang (2004): Einleitung. In: Jens Beckert, Julia Eckert, Martin Kohli & Wolfgang Streeck (Hrsg.): Transnationale Solidarität. Chancen und Grenzen, Frankfurt/M. (u.a.): Campus, 9–14.

Betzelt, Sigrid & Bauer, Rudolph (2000): Nonprofit-Organisationen als Arbeitgeber. Opladen: Leske + Budrich.

Bierhoff, Hans-Werner & Fetchenhauer, Detlef (Hrsg.) (2001): Solidarität. Konflikt, Umwelt und Dritte Welt. Opladen: Leske & Budrich.

Bierhoff, Hans-Werner & Schülken, Theo (2001): Ehrenamtliches Engagement. In: Hans-Werner Bierhoff & Detlef Fetchenhauer (Hrsg.): Solidarität. Konflikt, Umwelt und Dritte Welt, Opladen: Leske & Budrich, 183–204.

Birkhölzer, Karl (2005): Drittes System und Soziale Ökonomie im europäischen Kontext. In: Karl Birkhölzer/ Ansgar Klein/ Eckhard Priller & Annette Zimmer (Hrsg.): Dritter Sektor/Drittes System.

Theorie, Funktionswandel und zivilgesellschaftliche Perspektiven, Wiesbaden: VS Verlag für Sozialwissenschaften, 71–92.

Birkhölzer, Karl/ Priller, Eckhard & Zimmer, Annette (2005): Dritter Sektor/Drittes System im Spiegel von Theorie und Praxis – eine Einführung. In: Karl Birkhölzer/ Ansgar Klein/ Eckhard Priller /Annette Zimmer (Hrsg.): Dritter Sektor/Drittes System. Theorie, Funktionswandel und zivilgesellschaftliche Perspektiven, Wiesbaden: VS Verlag für Sozialwissenschaften, 41–48.

Birks, Melanie & Mills Jane (2011): Grounded Theory. A Practical Guide, London (u.a.): SAGE.

Bode, Ingo/ Evers, Adalbert & Klein, Ansgar (Hrsg.) (2009): Bürgergesellschaft als Projekt. Eine Bestandsaufnahme zu Entwicklung und Förderung zivilgesellschaftlicher Potentiale in Deutschland, Wiesbaden: VS Verlag für Sozialwissenschaften.

Bode, Ingo & Brose, Hanns-Georg (1999): Die neuen Grenzen organisierter Reziprozität. Zum gegenwärtigen Wandel der Solidaritätsmuster in Wirtschafts- und Nonprofit-Organisationen, Berliner Journal für Soziologie 9 (2), 179–196.

Bohn, Ursula (2007): Vertrauen in Organisationen: Welchen Einfluss haben Reorganisationsmaßnahmen auf Vertrauensprozesse? Eine Fallstudie, München: Univ., Diss., http://deposit.d-nb.de/cgi-bin/dokserv?idn=985211466 (abgerufen am 5. Mai 2013).

Braun, Sebastian (2010): Gemeinschaftsbeziehungen, Vertrauen und Reziprozitätsnormen - zur Reproduktion von „bonding social capital“ in freiwilligen Vereinigungen. In: Matthias Maring (Hrsg.): Vertrauen – zwischen sozialem Kitt und der Senkung von Transaktionskosten, Karlsruhe: Universitätsverlag Karlsruhe, 223–238.

Braun, Sebastian (2005): Bürgergesellschaft und sozialer Zusammenhalt. Theoretische Überlegungen und empirische Befunde zu den Integrationsleistungen von freiwilligen Vereinigungen im Dritten Sektor, in: Karl Birkhölzer/ Ansgar Klein/ Eckhard Priller & Annette Zimmer (Hrsg.): Dritter Sektor/Drittes System. Theorie, Funktionswandel und zivilgesellschaftliche Perspektiven, Wiesbaden: VS Verlag für Sozialwissenschaften, 132–159.

Bryant, Antony & Charmaz, Kathy (2007): Introduction: Grounded theory research. Methods and practices, in: Antony Bryant & Kathy Charmaz (Hrsg.): The SAGE handbook of grounded theory (1–28). London: SAGE.

Burkart, Thomas & Weggen, Jenny (2015): Dialogic introspection: a method for exploring emotions in everyday life and experimental contexts. In: Helena Flam & Jochen Kleres (Hrsg.): Methods of Exploring Emotions, Abingdon/ New York: Routledge.

Burkart, Thomas (2010): Die Methode der Dialogischen Introspektion. In: Thomas Burkart, Gerhard Kleining, & Harald Witt, (Hrsg.): Dialogische Introspektion: Ein gruppengestütztes Verfahren zur Erforschung des Erlebens. Wiesbaden: VS Verlag, 43–51.

Burkart, Thomas/ Kleining, Gerhard & Witt, Harald (Hrsg.) (2010): Dialogische Introspektion: Ein gruppengestütztes Verfahren zur Erforschung des Erlebens. Wiesbaden: VS Verlag.

Charmaz, Kathy (2000): Grounded theory: Objectivist and constructivist methods. In: Norman K. Denzin & Yvonna S. Lincoln (Hrsg.): Handbook of qualitative research, Thousand Oaks, CA: SAGE, 509–535.

Clarke, Adele (2005): Situational analysis: Grounded theory after the postmodern turn. Thousands Oaks, CA: SAGE.

Corbin, Juliet & Strauss, Anselm (2008): Basics of Qualitative Research. Techniques and Procedures for Developing Grounded Theory, London (u.a.): SAGE.

Currall, Steven C. & Inkpen, Andrew C. (2002): A multilevel approach to trust in joint ventures. In: Journal of International Business Research, 33 (3), 479–95.

Dallinger, Ursula (2009): Die Solidarität der modernen Gesellschaft. Der Diskurs um rationale oder normative Ordnung in Sozialtheorie und Soziologie des Wohlfahrtsstaates, Wiesbaden: VS Verlag für Sozialwissenschaften.

Damasio, Antonio (2003): Looking for Spinoza. Orlando, FL: Harcourt.

Damasio, Antonio (1995): Descartes' error. Emotion, reason and the human brain, New York: Avon Books.

Dathe, Dietmar/ Hohendanner, Christian & Priller, Eckhard (2009): Wenig Licht, viel Schatten – der Dritte Sektor als arbeitsmarktpolitisches Experimentierfeld, WZBrief Arbeit, 03. Oktober 2009. Berlin: Wissenschaftszentrum Berlin für Sozialforschung (WZB).

Davidson Richard (2001): Toward a biology of personality and emotion. Annals of the New York Academy of Sciences, 935, 191–207.

Denzin, Norman K. (2007): Grounded Theory and the Politics of Interpretation. In: Antony Bryant & Kathy Charmaz (Hrsg.): The Sage Handbook of Grounded Theory, 2007, London: SAGE, 454–571.

Deutsch, Morton (1962): Cooperation and Trust: Some Theoretical Notes. In: M.R. Jones (Hrsg.): Nebraska Symposium on Motivation. Lincoln, NE: University of Nebraska Press, 275–319.

Deutsch, Morton (1958): Trust and suspicion. In: Journal of Conflict Resolution, 2, 265–279.

Dijk, Peter A. Van, & Kirk-Brown, Andrea (2006): Emotional labor and negative job outcomes: An evaluation of the mediating role of emotional dissonance. In: Journal of Management & Organization, 12, 101–115.

Durkheim, Emile (1994, Orig. 1912): Die elementaren Formen des religiösen Lebens. Frankfurt am Main: Suhrkamp 1994.

Durkheim, Emile (1992, Orig: 1893): Über soziale Arbeitsteilung. Studie über die Organisation höherer Gesellschaften, Frankfurt a.M.: Suhrkamp.

Ehrhardt, Jens (2011): Ehrenamt: Formen, Dauer und kulturelle Grundlagen des Engagements. Frankfurt/M. (u.a.): Campus.

Elias, Norbert (1976): Über den Prozeß der Zivilisation. Bd.1, Frankfurt am Main: Suhrkamp.

Elster, Jon (1999): Alchemies of the mind. Rationality and the emotions, New York: Cambridge University Press.

Elster, Jon (Hrsg.) (1986): Rational Choice. Oxford: Blackwell.

Endreß, Martin (2002): Vertrauen. Bielefeld: transcript-Verlag.

Enquete-Kommission (2002): Zur Zukunft des Bürgerschaftlichen Engagement. Deutscher Bundestag (Hrsg.): Bürgerschaftliches Engagement: auf dem Weg in eine zukunftsfähige Bürgergesellschaft. Bericht, Bonn: Bundesanzeiger Verlagsgesell.

Etzioni, Amitai (1973): The Third Sector and Domestic Mission. In: Public Administration Review, 33, 314–323.

Fineman, Stephen (2008): Introducing the emotional organization. In: Stephen Fineman (Hrsg.): The Emotional Organization, Passion and Power, Oxford: Blackwell, 1–11.

Fineman, Stephen (Hrsg.) (1993): Emotion in Organizations. London: SAGE, 9–35.

Flam, Helena (1990a): Emotional ›Man‹: I. The Emotional ›Man‹ and the Problem of Collective Action. In: International Sociology 5 (1), 39–56.

Flam, Helena (1990b): The emotional ›Man‹ II. Corporate Actors as Emotion-Motivated Emotion Managers. In: International Sociology, 5(2), 225–234.

Fleck, Jan & Lüde, Rolf von (2015): Restoring Trust and Confidence at the Institutional Level by Higher Order Control. The Case of the Formation of the European Banking Union, in: BEHEMOTH, 8 (1), 91–108.

Flick, Uwe (2011): Qualitative Sozialforschung. Eine Einführung, Reinbek bei Hamburg: Rowohlt.

Frank, Robert H. (2004): Introducing Moral Emotions into Models of Rational Choice. In: Antony S.R. Manstead/ Nico Frijda & Agneta Fischer (Hrsg.): Feelings and Emotions. The Amsterdam Symposium, Cambridge: Cambridge University Press.

Gargiulo, Martin & Ertug, Gokhan (2006): The dark side of trust. In: Reinhard Bachmann & Akbar Zaheer (Hrsg.): Handbook of Trust Research. Cheltenham (u.a.): Edward Elgar Publishing Ltd., 165–86.

Gazley, Beth & Dignam, Monica (2008): The decision to volunteer. Why people give their time and how you can engage them, Washington D.C.: ASAE.

Gerhards, Jürgen (1988): Soziologie der Emotionen: Fragestellungen, Systematiken u. Perspektiven. Weinheim: Juventa.

Glaser, Barney G. & Strauss, Anselm L. (1967): The Discovery of Grounded Theory. Strategies for Qualitative Research, Chicago: Aldine.

Glaser, Barney G. & Strauss, Anselm L. (1965): Awareness of Dying. Chicago: Aldine Pub. Co.

Glaser, Barney G. (2011): Vierzig Jahre nach „The Discovery“: Grounded Theory weltweit. Barney G. Glaser im Gespräch mit Massimiliano Tarozzi, in: Günter Mey & Katja Mruck (Hrsg): Grounded Theory Reader. 2. aktualisierte und erweiterte Auflage, Wiesbaden: VS Verlag für Sozialwissenschaften, 53–68.

Glaser, Barney G. (2005): Constructivist Grounded Theory? In: FQS, 3(3), Art. 12., http://www.qualitative-research.net/index.php/fqs/article/view/825/1793.

Glaser, Barney G. (1992): Emergence vs. Forcing: Basics of Grounded Theory. Mill Valley, Calif.: Sociology Press.

Glaser, Barney G. (1978): Theoretical Sensitivity. Advances in the Methodology of Grounded Theory, Mill Valley, Calif.: Sociology Press.

Granovetter, Mark (1985): Getting a Job: A Study of Contacts and Careers. Chicago: University of Chicago Press.

Harnisch, Sebastian / Maull, Hanns W. & Schieder, Siegfried (2009) (Hrsg.): Solidarität und internationale Gemeinschaftsbildung. Beiträge zur Soziologie der internationalen Beziehungen, Frankfurt/M.: Campus.

Hardin, Russell (2001): Die Alltagsepistemologie von Vertrauen. In: Hartmann, Martin/Offe, Claus (Hrsg.): Vertrauen. Die Grundlage des sozialen Zusammenhalts, Frankfurt/M., New York: Campus, 295–332.

Hartmann, Martin (2001): Einleitung. In: Martin Hartmann & Claus Offe: Vertrauen. Die Grundlage des sozialen Zusammenhalts, Frankfurt/M.: Campus, 7–34.

Hechter, Michael (1987): Principles of Group Solidarity. Berkeley, Los Angeles, London: University of California Press.

Helfferich, Cornelia (2014): Leitfaden- und Experteninterviews. In: Nina Baur & Jörg Blasius (Hrsg.), Handbuch Methoden der empirischen Sozialforschung, Springer Fachmedien, Wiesbaden.

Hochschild, Arlie (1983): The managed heart. Berkeley, CA: University of California Press.

Hochschild, Arlie (1979): Emotion work, feeling rules, and social structure. American Journal of Sociology, 85 (3), 551–575.

Holland-Letz, Matthias (2012): Milliardenschwer und steuerbegünstigt. Wer kontrolliert die Stiftungen?, Deutschlandfunk, gesendet am 23.10.2012, http://www.dradio.de/dlf/sendungen/dasfeature/1859553/ (abgerufen am 4. Oktober 2015).

Hondrich, Karl-Otto & Koch-Arzberger, Claudia (1992): Solidarität in der modernen Gesellschaft. Frankfurt a. M.: Fischer.

Kaufmann, Franz-Xaver (2004): Sozialstaatliche Solidarität und Umverteilung im internationalen Wettbewerb. In: Jens Beckert, Julia Eckert, Martin Kohli & Wolfgang Streeck (Hrsg.): Transnationale Solidarität. Chancen und Grenzen, 51–71.

Kaufmann, Franz-Xaver (2002): Sozialpolitik zwischen Gemeinwohl und Solidarität. In: Herfried Münkler & Karsten Fischer (Hrsg.): Gemeinwohl und Gemeinsinn. Rhetoriken und Perspektiven sozial-moralischer Orientierung, Berlin: Akademie Verlag, 19–54.

Kaufmann, Franz-Xaver (1984): Solidarität als Steuerungsform – Erklärungsansätze bei Adam Smith. In: Markt, Staat und Solidarität bei Adam Smith. Frankfurt/M.: Campus, 158–179.

Kelly, Janice R./ Iannone, Nicole E. & McCarty, Megan K. (2014): The function of shared affect in groups. In: Christian von Scheve & Mikko Salmela (Hrsg.): Collective Emotions. Perspectives from Psychology, Philosophy, and Sociology, Oxford: Oxford University Press, 175–188.

Kemper, Theodor D. (1990): Themes and variations in the sociology of emotions. In: Theodor D. Kemper (Hrsg.): Research agendas in the sociology of emotions. Albany, NY: State University of New York Press, 3–23.

Kemper, Theodor D. (1978): A social interactional theory of emotions. New York: Wiley.

Kleining, Gerhard & Witt, Harald (2000). Qualitativ-heuristische Forschung als Entdeckungsmethodologie für Psychologie und Sozialwissenschaften: Die Wiederentdeckung der Methode der Introspektion als Beispiel [19 Absätze]. FQS, 1(1), Art. 13, http://nbn-resolving.de/urn:nbn:de:0114-fqs0001136.

Kleining, Gerhard (2010): Qualitative Heuristik. In: Günter Mey & Katja Mruck (Hrsg.): Handbuch Qualitative Forschung in der Psychologie, Wiesbaden: VS Verlag für Sozialwissenschaften, 65–78.

Kleining, Gerhard (1995): Lehrbuch Entdeckende Sozialforschung. Band 1: Von der Hermeneutik zur qualitativen Heuristik, Weinheim: Psychologie Verlags Union.

Kleining, Gerhard (1994): Qualitativ-heuristische Sozialforschung. Schriften zu Theorie und Praxis, Hamburg-Harvestehude: Rolf Fechner Verlag.

Kleining, Gerhard (1982): Umriß zu einer Methodologie qualitativer Sozialforschung. In: Kölner Zeitschrift für Soziologie und Sozialpsychologie, 34, 234–252.

Knijn, Trudie/ Komter, Aafke (Hrsg.) (2004): Solidarity between the Sexes and the Generations. Transformations in Europe, Cheltenham: Edward Elgar.

Krotz, Friedrich (2005): Neue Theorien entwickeln. Eine Einführung in die Grounded Theory, die Heuristische Sozialforschung und Ethnographie anhand von Beispielen aus der Kommunikationsforschung, Köln: Herbert von Halem Verlag.

Lamnek, Siegfried (2010): Qualitative Sozialforschung. Lehrbuch, 5. Überarbeitete Auflage, Weinheim, Basel: Beltz Verlag.

LeDoux, Joseph (1996): The emotional brain. New York: Touchstone 1998.

Lee, Hyung-Woo/ Robertson, Peter J.,/ Lewis, LaVonna/ Sloane, David/ Galloway-Gilliam, Lark & Nomachi, Jonathan (2012): Trust in a Cross-Sectoral Interorganizational Network: An Empirical Investigation of Antecedents. In: Nonprofit and Voluntary Sector Quarterly, 41 (4), 609–631.

Lenk, Hans (2010): Vertrauen als relationales Interpretations- und Emotionskonstrukt. In: Matthias Maring (Hrsg.): Vertrauen – zwischen sozialem Kitt und der Senkung von Transaktionskosten. Karlsruhe: Universitätsverlag Karlsruhe, 27–44.

Liebig, Reinhard & Rauschenbach, Thomas (2010): Die engagementpolitische Rolle von Akteuren des Dritten Sektors. In: Thomas Olk, Ansgar Klein, Birger Hartnuß (Hrsg.): Engagementpolitik. Die Entwicklung der Zivilgesellschaft als politische Aufgabe, Wiesbaden: VS Verlag für Sozialwissenschaften.

Liebold, Renate & Trinczek, Rainer (2009): Experteninterview. In: Stefan Kühl, Petra Strodtholz & Andreas Taffertshofer (Hrsg.): Handbuch Methoden der Organisationsforschung. Quantitative und Qualitative Methoden, Wiesbaden: VS Verlag für Sozialwissenschaften, 32–56.

Lilli, Waldemar & Luber, Manuela (2001): Solidarität aus sozialpsychologischer Sicht. In: Hans-Werner Bierhoff & Detlef Fetchenhauer (Hrsg.): Solidarität. Konflikt, Umwelt und Dritte Welt, Opladen: Leske & Budrich, 273–291.

Luhmann, Niklas (2006): Organisation und Entscheidung. Wiesbaden: VS Verlag für Sozialwissenschaften.

Luhmann, Niklas (2001): Vertrautheit, Zuversicht, Vertrauen: Probleme und Alternativen. In: Hartmann, Martin/Offe, Claus (Hrsg.): Vertrauen. Die Grundlage des sozialen Zusammenhalts, Frankfurt/M., New York: Campus, 143–160.

Luhmann, Niklas (1989): Vertrauen. Ein Mechanismus der Reduktion sozialer Komplexität, Stuttgart: Enke.

Luhmann, Niklas (1984): Soziale Systeme. Grundriß einer allgemeinen Theorie. Frankfurt am Main: Suhrkamp.

Luhmann, Niklas (1979): Trust and Power. Chichester: Wiley.

McEvily, Bill & Zaheer, Akbar (2006): Does trust still matter? Research on the role of trust in interorganizational exchange. In: Reinhard Bachmann & Akbar Zaheer (Hrsg.): Handbook of Trust Research. Cheltenham (u.a.): Edward Elgar Publishing Ltd., 280–300.

McLeod, Carolyn (2011): „Trust“, In: Edward N. Zalta (Hrsg.): The Stanford Encyclopedia of Philosophy (Spring 2011 Edition), http://plato.stanford.edu/archives/spr2011/entries/trust/ (abgerufen am 6. Oktober 2015).

Mey, Günter/ Mruck, Katja (Hrsg) (2011): Grounded Theory Reader. 2. aktualisierte und erweiterte Auflage, Wiesbaden: VS Verlag für Sozialwissenschaften.

Mey, Günter/ Mruck, Katja (Hrsg) (2007): Grounded Theory Reader. Supplement No. 19, Köln: Zentrum für Historische Sozialforschung.

Meyer (2010): Die methodische Entwicklung der Introspektion. In: Thomas Burkart, Gerhard Kleining, & Harald Witt (Hrsg.): Dialogische Introspektion: Ein gruppengestütztes Verfahren zur Erforschung des Erlebens. Wiesbaden: VS Verlag für Sozialwissenschaften, 167–174.

Montada, Leo (2001): Solidarität mit der Dritten Welt. In: Hans-Werner Bierhoff & Detlef Fetchenhauer (Hrsg.): Solidarität. Konflikt, Umwelt und Dritte Welt, Opladen: Leske & Budrich, 65–92.

Olk, Thomas/ Klein, Ansgar & Hartnuß, Birger (Hrsg.) (2010): Engagementpolitik. Die Entwicklung der Zivilgesellschaft als politische Aufgabe, Wiesbaden: VS Verlag für Sozialwissenschaften.

Prakash, Aseem & Gugerty, Mary K. (2010): Trust but verify? Voluntary regulation programs in the nonprofit sector. In: Regulation & Governance, 4, 22–47.

Priller, Eckhard/ Alscher, Mareike/ Droß, Patrick J./ Paul, Franziska/ Poldrack, Clemens J./ Schmeißer, Claudia/ Waitkus, Nora (2012): Dritte-Sektor-Organisationen heute: Eigene Ansprüche und ökonomische Herausforderungen. Ergebnisse einer Organisationsbefragung, Discussion Paper SP IV 2012 - 402, Berlin: WZB, www.wzb.eu/org2011.

Putnam, Robert D. (2000): Bowling Alone: The Collapse and Renewal of American Community, New York: Simon and Schuster.

Pynes, Joan (2011): Effective nonprofit management: context and environment. Armonk, NY (u.a.): Sharpe.

Reisenzein, Raner (2001): Appraisal processes conceptualized from a schema theoretic perspective: Contributions to a process analysis of emotions. In: Klaus R. Scherer/ Angela Schorr & Tim Johnstone (Hrsg.): Appraisal processes in emotion. Theory, Methods, Research, New York: Oxford University Press, 187–204.

Rolls, Edmund (1999): The brain and emotion. Oxford: Oxford University Press.

Rosenski, Natali (2012): Die wirtschaftliche Bedeutung des Dritten Sektors. In: Wirtschaft und Statistik, 2, 209–217.

Salamon, Lester M./ Anheier, Helmut K./ List, Regina/ Toepler, Stefan,/ Sokolowki Wojciech S. and Associates (1999): Global Civil Society. Dimensions of the Nonprofit Sector, Baltimore: Johns Hopkins Comparative Nonprofit Sector Project.

Salamon, Lester M. & Anheier, Helmut K. (Hrsg.) (1997): Defining the nonprofit sector. A cross-national analysis, Manchester/ New York: Manchester University Press.

Sanders, Karin/ Emmerik, Hatty van & Raub, Werner (2005): Solidarität am Arbeitsplatz: Fiktion, Fakten und Kräfte. In: Johannes Berger (Hrsg.): Zerreißt das soziale Band? Beiträge zu einer aktuellen gesellschaftspolitischen Debatte, Frankfurt/M.: Campus, 121–142.

Sanders, Karin/ Emmerik, Hatty van (2004): Does Modern Organization and Governance Threat Solidarity? In: Journal of Mangement and Governance, 8, 351–372.

Scheve, Christian von (2009): Emotionen und Soziale Strukturen, die affektiven Grundlagen sozialer Ordnung, Frankfurt/M. (u.a.): Campus.

Scheve, Christian von / Salmela, Mikko (2014): Collective emotions: An introduction. In: Christian von Schveve & Mikko Salmela (Hrsg.): Collective emotions. Perspectives from psychology, philosophy, and sociology, Oxford: Oxford University Press, viii–xxiv.

Scheve, Christian von/ Ismer, Sven (2013): Towards a Theory of Collective Emotions. In: Emotion Review, 5 (4), 406–413.

Scheve, Christian von/ Lüde, Rolf von (2005): Emotion and Social Structures: Towards an Interdisciplinary Approach. In: Journal for the Theory of Social Behaviour, 35 (3), 303–328.

Senge, Konstanze (2013): Die Wiederentdeckung der Gefühle. Zur Einleitung, in: Konstanze Senge & Rainer Schützeichel (Hrsg.): Hauptwerke der Emotionssoziologie, Wiesbaden: Springer VS, 11–32.

Shin, Hwa Ji & Schwartz, Michael (2006): Solidarity. In: Jens Beckert & Milan Zafirovski (Hrsg.): International Encyclopedia of Economic Sociology. London/New York: Routledge, 641–644.

Shteynberg, Garriy et al. (Jacob B. Hirsh, Evan P. Apfelbaum, Jeff T. Larsen, Adam D. Galinsky, Neal J. Roese) (2014): Feeling More Together: Group Attention Intensifies Emotion. In: Emotion, 14 (6), 1102–1114.

Smith, Adam (1993, Original: 1776): An inquiry into the nature and causes of the wealth of nations. Oxford: Oxford University Press.

Smith, Craig A./ Kirby, Leslie D. (2001): Toward a delivering on the promise of appraisal theory. In: Klaus R. Scherer/ Angela Schorr & Tim Johnstone (Hrsg.): Appraisal processes in emotion. Theory, Methods, Research, New York: Oxford University Press. 121–138.

Soeffner, Hans-Georg (2010): Sozialwissenschaftliche Hermeneutik. In: Uwe Flick, Ernst von Kardoff & Ines Steinke (Hrsg.): Qualitative Forschung. Ein Handbuch, Reinbek bei Hamburg: Rowolth, 164–174.

Sousa, Ronald de (2002): Emotional Truth. In: The Aristotelian Society, Suppl. Vol. LXXXVI: 247–263.

Statista: Soziales Engagement - Statista Dossier, http://de.statista.com/statistik/studie/id/6899/dokument/soziales-engagement-statista-dossier/ (abgerufen am 9. März 2016).

Stecker, Christina/ Nährlich, Stefan (2005): Die 'dunkle Seite' von Dritte-Sektor-Organisationen. Funktionen, Effekte und Konsequenzen, in: Karl Birkhölzer/ Ansgar Klein/ Eckhard Priller & Annette Zimmer (Hrsg.): Dritter Sektor/Drittes System. Theorie, Funktionswandel und zivilgesellschaftliche Perspektiven, Wiesbaden: VS Verlag für Sozialwissenschaften, 177–198.

Strauss, Anselm L. (1987): Qualitative Analysis for social scientists. Cambridge (u.a.): University Press.

Strauss, Anselm L. & Corbin, Juliet (1998): Basics of Qualitative Research: Techniques and Procedures for Developing Grounded Theory. Thousands Oaks, Calif.: SAGE.

Strauss, Anselm L. & Corbin, Juliet (1990): Basics of Qualitative Research. Grounded Theory Procedures and Techniques, Newbury Park, Calif. (u.a.): SAGE.

Strübing, Jörg (2011): Zwei Varianten von Grounded Theory? Zu den methodologischen und methodischen Differenzen zwischen Barney Glaser und Anselm Strauss. In: Günter Mey & Katja Mruck (Hrsg): Grounded Theory Reader. 2. aktualisierte und erweiterte Auflage, Wiesbaden: VS Verlag, 261–278.

Suddaby, Roy (2006): From the Editors: What Grounded Theory is not. Academy of Management Journal, 49 (4), 633–642.

Thome, Helmut (1999): Solidarity: Theoretical Perspectives for Empirical Research. In: Kurt Bayertz (Hrsg.): Solidarity. Dordrecht/Boston/London: Kluwer, 101–131.

Titscher, Stefan/ Meyer, Michael/ Wodak, Ruth & Vetter, Eva (2000): Methods of Text and Discourse Analysis. London (u.a.): SAGE.

Tonkiss, Frank/ Passey, Andrew (1999): Trust, Confidence and Voluntary Organisations: between Values and Institutions. In: Sociology, 33, 257–274.

Tranow, Ulf (2012): Das Konzept der Solidarität. Handlungstheoretische Fundierung eines soziologischen Schlüsselbegriffs, Wiesbaden: VS Verlag für Sozialwissenschaften.

Tschirhart, Mary & Bielefeld, Wolfgang (2012): Managing Nonprofit Organizations. San Francisco: Jossey-Bass.

Weber, Max (1976): Wirtschaft und Gesellschaft. Tübingen: Mohr.

Wittek, Rafael/ Flache, Andreas (2001): Solidarität am Arbeitsplatz. In: Hans-Werner Bierhoff & Detlef Fechtenhauer (Hrsg.): Solidarität. Konflikt, Umwelt und Dritte Welt, Opladen: Leske & Budrich, 149–182.

WZB: Gemeinnützige Organisationen in der Rationalisierungsfalle. Pressemitteilung des WZB vom 31.07.2012, http://www.wzb.eu/de/pressemitteilung/gemeinnuetzige-organisationen-in-der-rationalisierungsfalle (abgerufen am 4. Oktober 2015).

Zimmer, Annette & Priller, Eckhard (2007). Gemeinnützige Organisationen im gesellschaftlichen Wandel. Ergebnisse der Dritte-Sektor-Forschung, Wiesbaden: VS Verlag für Sozialwissenschaften.

Zucker, Lynne G. (1986): Production of trust: Institutional sources of economic structure, 1840–1920. In: Research in Organizational Behavior, 8, 53–111.

Tabellenverzeichnis

Abbildungsverzeichnis

Über die Autorin

Jenny Weggen hat Soziologie, Politikwissenschaft, Geschichte und Spanisch in Hamburg und Santiago de Chile studiert. Ihre Forschungsschwerpunkte der Organisationssoziologie und der Emotionssoziologie sowie der qualitativen Methoden konnte sie in ihrer anschließenden Promotion an der Universität Hamburg, begleitet durch einen Forschungsaufenthalt an der University of Queensland, miteinander verbinden und vertiefen.